# *Freiheit, Fortschritt und Verheißung*

**Blickwechsel zwischen Europa und Nordamerika seit der frühen Neuzeit**

Kataloge der Franckeschen Stiftungen 27

PENSYLVANIA
NOVA JERSEY
ET
NOVA YORK
CUM REGIONIBUS
AD FLUVIUM DELAWARE
IN AMERICA SITIS,
Nova Delineatione ob oculos
posita per
MATTH. SEUTTERUM
S.C.M.GEOGR.
AUG.VIND.
ONTARIO
LACUS
ONOYDA
Oswego
Hier ist ein schöner Wasser Fall.
Cataracta pulcherrime
Onondaga fl.
ONONDAGES
Salzgrube
Seneca Fl.
Onondaga Lacus
Table Mons
Osewingo
Mons
Oswegi
Goshen Mons
Die Grantzen von Pensylvanien dem Königlichen Patent.
Limites Pensylvaniæ juxta diploma regium.
Onixsat
Creck
Licking
Susquehana
Hier sind lauter immer fortwährend
Montium juga continua
Collis
Hier sind lauter Berge die man nicht passieren kan.
Montes inaccessi
Wöming

# Freiheit, Fortschritt und Verheißung

## Blickwechsel zwischen Europa und Nordamerika seit der frühen Neuzeit

Herausgegeben von
Claus Veltmann, Jürgen Gröschl
und Thomas Müller-Bahlke

Verlag der Franckeschen Stiftungen zu Halle
Harrassowitz Verlag in Kommission

# Geleitwort

Am 6. September 1711 wurde Heinrich Melchior Mühlenberg geboren. Mühlenberg genießt heute als Patriarch der lutherischen Kirche Nordamerikas hohe Verehrung. Aus Anlass seines 300. Geburtstags veranstalten die Franckeschen Stiftungen das ganze Jahr 2011 hindurch ein deutsch-amerikanisches Kultur- und Wissenschaftsprogramm. Mühlenbergs Leben und Werk liefern ein gutes Beispiel dafür, wie erfolgreich der Hallesche Pietismus zur weltweiten Verbreitung des Luthertums beigetragen hat. Mühlenberg, der bereits während seines Theologiestudiums in Göttingen in den Bann des Halleschen Pietismus gezogen wurde, wechselte 1738 nach Halle, um seine Ausbildung hier an den Anstalten Franckes fortzusetzen und mit vielfältigen Praxiserfahrungen anzureichern. Hier eignete er sich das typische Rüstzeug des Halleschen Pietismus an, das ihm die Grundlage für seine erfolgreiche Aufbauarbeit unter den deutschen Lutheranern in den britischen Kolonien Nordamerikas bot. Dazu gehörten drei wichtige Eigenschaften: Erstens eine theologische Ausrichtung, die der praktischen Glaubensausübung den Vorzug vor einem überladenen Dogmatismus gab. Seine spätere kirchliche Aufbauarbeit orientierte sich in diesem Sinne immer an den tatsächlichen Gegebenheiten und verfolgte das Ziel sichtbarer Ergebnisse im Rahmen des Möglichen. Zweitens ein geschulter Umgang vor allem mit dem gesprochenen, aber auch mit dem geschriebenen Wort. Mühlenberg gewann besonders durch seinen gleichermaßen verständlichen wie erbaulichen Predigtstil rasch an Anhängerschaft. Zudem lernte er noch vor seiner Ankunft in Amerika Englisch und bald danach Niederländisch. Drittens lernte er im Halleschen Pietismus, seine Mitmenschen als mündige Christen ernst zu nehmen. Seine Schulung durch den Pietismus, der einst selbst als Reformbewegung gegen die etablierte Kirche entstanden war, erleichterte ihm den Umgang mit seinen teilweise überaus kirchenkritischen Landsleuten in Amerika und ermöglichte es ihm, mit ihnen zusammen die erste gänzlich vom Staat unabhängige lutherische Kirche zu organisieren.

Die Jahresausstellung versteht sich als ein gewichtiger Beitrag zu dem diesjährigen deutsch-amerikanischen Programm der Franckeschen Stiftungen. Sie widmet sich den europäischen Bildern und Wahrnehmungen von Amerika, insbesondere Nordamerika, den Urteilen und Vorurteilen, den Schreckensszenarien, die man in Europa aus Unwissenheit oder Sensationsgier von jener fernen Weltgegend zeichnete, ebenso wie den positiven Überzeichnungen, die oft mit berechnender Absicht ein Land beschrieben, wo angeblich Milch und Honig fließen, etwa um Siedler dorthin zu locken und ihnen Land zu verkaufen. Die Ausstellung beschreibt auch das Bedingungsfeld, in das Mühlenberg vor 270 Jahren von Europa aus nach Amerika aufbrach, mit dem Auftrag versehen, dort seine lutherischen Landsleute seelsorgerlich zu betreuen. Mit seinen 30 Jahren war er zu diesem Zeitpunkt ein ordinierter Theologe mit einiger Berufserfahrung und ganz spezifischen Anschauungen, durch und durch von den europäischen Verhältnissen geprägt. Natürlich hatte auch er, wie die meisten Europäer, ein bestimmtes Bild von Nordamerika im Kopf, hatte viel gehört und gelesen von jenem weit entfernten Erdteil und den Verhältnissen dort. Anders als die meisten seiner Zeitgenossen hatte er aber durch seine Auswanderung die Gelegenheit, dieses Bild durch eigene Anschauung zu überprüfen. Mit seinen zahlreichen schriftlichen Berichten trug er dann sogar zur weiteren Formung des Amerikabildes in Deutschland bei. Aber die Ausstellung greift weiter, sie setzt mit der Entdeckung Amerikas ein und fragt durch die Jahrhunderte hindurch bis in die Gegenwart nach dem europäischen Bild von Nordamerika. Sie möchte zeigen, welch starken Konjunkturen dieses Bild ausgesetzt war – und immer noch ist.

Die erste Idee zu dieser Ausstellung verdanken wir Frau Dr. Britta Klosterberg, der Leiterin des Studienzentrums ‚August Hermann Francke'. Herr Dr. Jürgen Gröschl, als Stiftungsarchivar einer der besten Kenner unseres Amerikaarchivs, entwarf das Ausstellungskonzept. Herr Dr. Claus Veltmann, Kustos der Franckeschen Stiftungen, hat gemeinsam mit unserer wissenschaftlichen Volontärin Frau Dorothea Hornemann dieses Konzept weiterentwickelt und dann in Zusammenarbeit mit der Firma KOCMOC.NET in die dreidimensionale Praxis umgesetzt. Ihnen gilt mein herzlicher Dank ebenso wie den Mitarbeiterinnen und Mitarbeitern des Ausstellungsbüros sowie des Historischen Waisenhauses, die unsere Ausstellungen betreuen und beaufsichtigen. Wie immer bei unseren größeren kulturhistorischen Ausstellungen können wir auch in diesem Jahr einen wissenschaftlichen Begleitkatalog vorlegen, den Sie in den Händen halten. Allen Autoren sei herzlich gedankt, besonders Prof. Dr. Hermann Wellenreuther, der nicht nur den einleitenden Überblicksartikel verfasst hat, sondern uns von Beginn an bei der Ausstellungskonzeption beraten hat. Frau Metta Scholz aus unserem Verlag und Herrn Stefan Selbmann, dem wissenschaftlichen Volontär in diesem Bereich gilt ebenfalls mein herzlicher Dank. Sie haben trotz enormen Zeitdrucks mit hoher Professionalität dafür gesorgt, dass der Band pünktlich zur Ausstellungseröffnung vorliegt. Die Buchgestaltung lag in den erfahrenen Händen von Herrn Klaus E. Göltz, den Umschlag gestaltete in bewährter Art Herr Joachim Dimanski. Für die engagierte Öffentlichkeitsarbeit des gesamten transatlantischen Jahresprogramms, insbesondere aber dieser Ausstellung möchte ich Frau Dr. Kerstin Heldt und ihren Mitarbeiterinnen Frau Friederike Lippold und Frau Andrea Klapperstück sowie der wissenschaftlichen Volontärin Frau Manuela Lück sehr herzlich danken. Mein besonderer Dank gilt außerdem den zahlreichen Leihgebern in Nah und Fern, die uns für die Dauer dieser Ausstellung ihre wertvollen Objekte anvertraut haben. Und schließlich sei auch den Förderern der Ausstellung herzlich gedankt. Dazu gehören unsere öffentlichen Geldgeber vom Beauftragten der Bundesregierung für Kultur und Medien, dem Kultusministerium des Landes Sachsen-Anhalt und der Stadt Halle sowie der Saalesparkasse; ein besonderer Dank richtet sich darüber hinaus an den Arbeitskreis selbständiger Kulturinstitute e.V., der diese Ausstellung mit einer namhaften Zuwendung unterstützt hat. Bei dem bisher spürbaren Interesse an unserem Jahresthema „Freiheit, Fortschritt und Verheißung" wünschen wir uns auch eine hohe Resonanz auf diese Ausstellung der transatlantischen Blickwechsel.

Dr. Thomas Müller-Bahlke
Direktor der Franckeschen Stiftungen

## Zur Einführung

Der 300. Geburtstag Heinrich Melchior Mühlenbergs (1711–1787), der 1742 aus den Franckeschen Stiftungen nach Pennsylvania entsandt wurde und dort eine lutherische Kirche aufbaute, gab uns den Anlass, das Verhältnis zwischen Europa und Nordamerika zum Thema einer Ausstellung zu machen. Ausstellung und Katalog behandeln spezifische Aspekte der Beziehung zwischen Europa und Nordamerika mit einem zeitlichen Schwerpunkt auf der frühen Neuzeit. Zudem geht es vor allem um Bilder, nämlich die Bilder von Nordamerika, die in Europa kursierten. Dies suggeriert schon der Titel „Freiheit, Fortschritt und Verheißung", denn diese Schlagworte wurden und werden bis heute in Europa mit dem Halbkontinent jenseits des Atlantiks verbunden. Die Ausstellung wählt also ganz bewusst eine rein europäische Perspektive und bringt nicht den Blick der indigenen nordamerikanischen Bevölkerung auf die Europäer zum Ausdruck. Dies ist eine ganz andere Geschichte, die aufgrund mangelnder Quellen – und wenn, dann zumeist europäischer – wohl weitgehend im Dunkel bleiben wird. Grundsätzlich werden die Indianer, wie sie die Europäer aufgrund eines Irrtums des Kolumbus (1451–1506) nannten, die europäische Expansion schwerlich als Phase von Freiheit, Fortschritt und Verheißung gesehen, sondern wohl eher dem Satz von Georg Christoph Lichtenberg (1742–1799) zugestimmt haben: „Der Amerikaner, der den Kolumbus zuerst entdeckte, machte eine böse Entdeckung." Insofern ist die „Europalastigkeit" der Ausstellung nicht als Ignoranz gegenüber den Leiden der indigenen Bevölkerung Nordamerikas auszulegen.

Der europäische Blick auf die Neue Welt war geprägt vom Staunen, aber auch vom Nutzen, den sich Europa von dort erhoffte. Deshalb ist der erste Raum der Ausstellung als barocke „Wunderkammer Amerika" konzipiert, in der neben Amerika-Allegorien, Karten und Entdeckerberichten auch Pflanzen und Tiere aus Amerika vorgestellt werden, deren ursprüngliche amerikanische Herkunft uns heute gar nicht mehr bewusst ist. So haben amerikanische Bohnenarten von der Grünen bis zur Chilibohne schon im 17. Jahrhundert die europäischen Bohnen aus unserer Küche verdrängt. Zudem stammt das inzwischen so beliebte Putenfleisch vom amerikanischen Truthuhn, das schon Anfang des 16. Jahrhunderts von dort importiert wurde.

Nach der Entdeckung Amerikas durch Kolumbus wurden Süd- und Mittelamerika zügig erkundet, weil es dort Hochkulturen wie die Inka und Azteken gab, auf deren Gold es die Europäer abgesehen hatten. Nordamerika blieb vorerst im Schatten und wir wissen nicht einmal genau, wer der erste Europäer war, der seinen Fuß auf nordamerikanischen Boden setzte. Von den meisten Entdeckern des 16. und frühen 17. Jahrhunderts gibt es keine Porträts und sie haben von ihren Taten zumeist nur in Briefen an ihre Auftraggeber, Herrscher oder Handelsgesellschaften, berichtet, die zuweilen erst Jahrhunderte später erstmals in gedruckter Form veröffentlicht worden sind. Insofern stellte der Raum 2 der Ausstellung konzeptionell eine Herausforderung dar. Gezeigt werden hier vor allem frühe gedruckte Sammlungen von Reiseberichten wie die von Theodor de Bry (1528–1598), die sehr populär waren und deren Illustrationen das Bild der Europäer von Amerika stark prägten. Karten von Nordamerika zeugen von den Fortschritten der Erforschung der Küsten und des Landes.

Daran anschließend wird in Raum 3 die Besiedlung Nordamerikas bis zum frühen 18. Jahrhundert dargestellt, wobei der Schwerpunkt der Darstellung auf der Besiedlung der englischen Kolonien liegt. Denn deren Bevölkerungszahl stieg rapide an und lag um 1690 schon bei etwa 200.000 Menschen europäischer Abstammung, während es 1696 in Neu-Frankreich gerade einmal 14.000 Europäer

1.2 | Indianer als Amerika-Allegorie, Öl auf Leinwand von Christian und Wilhelm Richter in Schloss Moritzburg, Zeitz (Detail)

und in den spanischen Gebieten weniger als 10.000 Menschen waren. Viele der Siedler in den englischen Kolonien waren religiöse Dissidenten, die der Diskriminierung oder sogar Verfolgung ihres Glaubens in der Heimat entgehen wollten, so dass gerade für sie Nordamerika das Land von Freiheit und Verheißung war. Dies gilt auch für die erste deutsche Auswanderergruppe, Mennoniten vom Niederrhein, die sich 1683 in Pennsylvania niederließen.

Der zentrale Raum der Ausstellung widmet sich aus Anlass des Mühlenberg-Jubiläums den Kontakten der hallischen Pietisten und der Herrnhuter Brüdergemeine nach Nordamerika. Schon August Hermann Francke (1663–1727) korrespondierte mit dem Bostoner Theologen Cotton Mather (1663–1728). Ab 1734 wurden nach Georgia ausgewanderte Salzburger Protestanten von Pfarrern aus den Glauchaschen Anstalten, den heutigen Franckeschen Stiftungen, betreut und 1742 wurde Mühlenberg von hier aus nach Pennsylvania entsandt. Weitere Pfarrer wurden zur Betreuung der vielen ausgewanderten deutschen Lutheraner ebenfalls aus den Glauchaschen Anstalten dorthin geschickt – der letzte 1786. Vor allem Mühlenberg, aber auch seine Kollegen, schufen dann ein einheitliches Kirchenwesen für die deutschen Lutheraner an der amerikanischen Ostküste, das für die lutherische Kirche der USA wegweisend werden sollte. Gerade in Pennsylvania konkurrierten die Herrnhuter mit den hallischen Pfarrern und es kam zu heftigen Auseinandersetzungen. Die Herrnhuter Gründung Bethlehem ist heute eins der wichtigsten Zentren der *Moravian Church*.

Im Unterschied zu den hallischen Pastoren lag ein Schwerpunkt der Herrnhuter in der Missionsarbeit mit den Indianern. Aber schon seit dem 17. Jahrhundert hatten katholische Missionare und auch die verschiedener protestantischer Denominationen unter den Indianern gearbeitet. In dem Wissen, dass die Beherrschung der jeweiligen indianischen Sprache und die Kenntnis der Kultur der Schlüssel für eine erfolgreiche Missionsarbeit sind, waren die Missionare die ersten, die Wörterbücher und Abhandlungen über Indianerkulturen verfassten. Hier zeigt sich aber auch der Widerspruch im Verhältnis zwischen Europäern und indigenen Kulturen am deutlichsten, denn diejenigen, die sich am intensivsten mit den Indianern auseinandergesetzt haben und auch unter ihnen lebten, trugen durch die Missionstätigkeit entscheidend zur Schwächung von deren Kulturen bei. Diese Diskrepanz soll der Raum 5 der Ausstellung verdeutlichen.

Den Ausstellungsschwerpunkt des religiösen Einflusses Europas auf Nordamerika setzt der Raum 6 der Ausstellung mit der Darstellung des Great Awakening in den englischen Kolonien Nordamerikas fort. Denn es waren aus Europa kommende Prediger, die dieses Massenphänomen in den englischen Kolonien Nordamerikas auslösten. Behandelt wird zudem der Verkauf von deutschen Soldaten für den Einsatz im Amerikanischen Unabhängigkeitskrieg. Auf diese Weise gelangten etwa 30.000 Soldaten, vor allem Hessen, nach Nordamerika und kämpften auf Seiten der Briten.

Die große amerikanische Flagge in diesem Raum steht für einen Bruch in der europäischen Wahrnehmung, der durch die amerikanische Unabhängigkeit ausgelöst wurde. Während die Europäer Nordamerika vorher als unzivilisierte Ödnis wahrnahmen, avancierten die USA als erste Demokratie der modernen Welt zum Vorbild für die aufgeklärten Europäer, die dem Absolutismus in Europa ein Ende setzen wollten und eine bürgerliche Gesellschaftsordnung anstrebten. Deshalb wurden die Ereignisse in Amerika in der aufgeklärten europäischen Öffentlichkeit und ihren Medien intensiv diskutiert.

Getreu dem Titel der Ausstellung müsste eigentlich der letzte Ausstellungsraum das Verhältnis zwischen Europa und Nordamerika in den letzten beiden Jahrhunderten abbilden. Schnell wurde jedoch klar, dass dieses Thema in seiner Vielschichtigkeit nicht in einem Raum schlaglichtartig abgehandelt werden kann, sondern eigentlich eine eigene Ausstellung erfordert. Deshalb wurde dieser Raum als Kontrapunkt zur „Wunderkammer Amerika“ in Raum 1 gestaltet. Waren es dort amerikanische Pflanzen und Tiere, die die europäische Zivilisation bereichert haben, so werden hier unter dem Titel „Made in USA“ 240 amerikanische Produkte in Plastiktüten präsentiert. Diese „Wunderkammer Amerika“ steht symbolisch für die Amerikanisierung unserer Alltagskultur. Die Amerikanisierung umfasst sämtliche Lebensbereiche: Angefangen bei der Ernährung, denn die Flasche Ketchup fehlt wohl in keinem Kühlschrank, über unser Leseverhalten, Western und Comics erreichen in Deutschland weit höhere Auflagen als beispielsweise die deutschen Klassiker, bis hin zu unserem Medienkonsum, der vom amerikanischen Film, aber auch von aus Amerika stammenden Angeboten von google bis twitter im Internet dominiert wird.

Gerade die Gestaltung des letzten Raumes zeigt, dass die Ausstellung nicht alle Aspekte des Verhältnisses zwischen Nordamerika und Europa der letzten 500 Jahre berücksichtigen kann. Insgesamt verengt sich beim Gang durch die Geschichte der Fokus geografisch in Bezug auf Europa immer mehr auf Deutschland, in Bezug auf Nordamerika immer stärker auf die USA. Dies ist der Tatsache geschuldet, dass das Verhältnis Europas zu Nordamerika zu vielschichtig und im Laufe der Jahrhunderte so starken Veränderungen unterworfen war, dass es vermessen wäre, dies auf einer Ausstellungsfläche von etwas mehr als dreihundert Quadratmetern in all seinen Facetten darstellen zu wollen. Zudem wird man andere, das europäisch-amerikanische Verhältnis prägende Themen in der Ausstellung nur beiläufig dargestellt finden, z.B. die massenhafte Auswanderung, die im 19. Jahrhundert ihren Höhepunkt erreichte. Da dieses Phänomen in den letzten Jahrzehnten zumindest in Deutschland in vielen Ausstellungen und Publikationen behandelt worden ist und ihm sogar Museen wie das Deutsche Auswandererhaus Bremerhaven oder das Auswanderermuseum Ballinstadt in Hamburg gewidmet wurden, haben wir den Schwerpunkt unserer Ausstellung auf weniger bekannte, mit der Geschichte unserer eigenen Institution verwobene Phänomene, wie die Arbeit der hallischen Pfarrer in Nordamerika, gelegt.

Hingegen greift der vorliegende Katalog zeitlich weiter und behandelt – im Gegensatz zur Ausstellung – auch die Entwicklung des Verhältnisses zwischen Amerika und Europa in den letzten beiden Jahrhunderten ausführlich in den beiden abschließenden Katalogbeiträgen. Insgesamt spiegelt der Katalog nicht einfach die Ausstellung wider, sondern möchte dem Leser anhand einer Mischung aus Überblicks- und vertiefenden Artikeln das Themenspektrum der Ausstellung näher bringen. Die Ausstellung ist ein temporäres Ereignis, zeitlich begrenzt soll sie die Besucher nicht nur informieren, sondern auch unterhalten. Der Katalog dagegen bleibt auf Dauer. Seine Texte und Abbildungen möchten noch lange Zeit für diejenigen, die sich über das Verhältnis von Europa und Nordamerika informieren wollen, ein *good companion* sein.

Claus Veltmann für die Herausgeber

Hermann Wellenreuther

# Amerika in Europa. Europäische Bilder und Vorstellungen von Amerika vom 16. bis ins 19. Jahrhundert

Viele Wege führen nicht nur nach Rom, sondern auch zu den verschiedenen von unterschiedlichen Gesellschaftsschichten gehegten Bildern und Vorstellungen von Amerika in Europa. Zu keiner Zeit, weder im 16. Jahrhundert noch später gab es von dem neuen Erdteil eine einheitliche europäische Vorstellung. Es gab im europäischen Amerikabild Verengungen und Erweiterungen, Verschiebungen und Verlagerungen, die sich einzelnen Jahrhunderten zuordnen lassen. Diese erlauben eine grobe chronologische Gliederung, an die sich dann eine präzisere Diskussion der europäischen Vorstellungen und Bilder von Amerika anschließen lässt. Die wichtigste Wandlung des Amerikabildes ist jedoch nicht chronologischer, sondern materieller und ideeller Natur: Bis ins ausgehende 18. Jahrhundert ist das europäische Amerikabild durch die materiellen Qualitäten bestimmt, die Europa dem Kontinent zuschrieb, die seinen Nutzen für Europa bezeichneten und die Interessen potentieller Auswanderer ansprach. Nach der Amerikanischen Revolution gab es zwei Amerikabilder: Das der potentiellen Auswanderer blieb an den materiellen Qualitäten Amerikas orientiert; das der europäischen bürgerlichen Eliten maß dagegen die amerikanische Gesellschaft an ihren Prinzipien, Tugenden, Freveln, Sünden und Lastern.

Wenn es überhaupt vor dem 19. Jahrhundert eine Zeit gab, in der sich ein einheitliches *europäisches* Amerikabild nachweisen lässt, dann ist es das 16. Jahrhundert. Und dies gleich im doppelten Sinne: Zu keiner Zeit war das Amerikabild so stark geprägt durch die Vorstellung, Amerika sei das Land von Gold, Silber und Edelsteinen. Als Kolumbus' unmittelbare Nachfolger, vor allem Francisco Pizarro González (1476/1478–1541) und Hernán (auch Hernando) Cortés (1485–1547), reiche Gold und Silberschätze aus Mittel- und Südamerika nach Europa brachten, als englische Freibeuter wie Sir John Hawkins (1532–1595) spanische Silberflotten auf dem Atlantik aufbrachten und wie Sir Francis Drake (1540–1596) nach der Zerstörung vieler spanischer Orte und Siedlungen an der Ost- und Westküste Latein- und Nordamerikas 1578/79 durch reiche geraubte Beute den potentiellen Edelmetallreichtum Amerikas bestätigten, wurde Amerika in Europa zum Hort von Gold, Silber und Edelsteinen. Diese Vorstellung war verknüpft mit anderen, die jedoch weniger in das öffentliche Bewusstsein drangen: Kolumbus (1451–1506) suchte nicht Gold in Amerika, sondern den kürzeren und direkten Weg nach Asien auf der westlichen Route und deshalb, und nur deshalb wurde er gegen die portugiesische Konkurrenz von dem spanischen Königsehepaar in seinen ersten Fahrten unterstützt. Aus dem gleichen Grund unterstützte 1533/34 Franz I. (1494–1547) die Erkundungsfahrt von Jacques Cartier (1491–1557). Bis in die zweite Hälfte des 18. Jahrhunderts blieb die Suche nach der Nordwest-Passage nach China ein wichtiges Entdeckermotiv.

Drei weitere Vorstellungen konkurrierten in der europäischen Vorstellung von der Neuen Welt mit dem Edelmetall: Der Papagei als Sinnbild des Exotischen, der Kabeljau vor den Bänken von Neufundland, von dem Giovanni Caboto (John Cabot; um 1450–1499) nach seiner Erkundungsfahrt 1497 berichtete, und vor allem die antiken Monster, mit denen anfänglich Entdecker die Menschen der Neuen Welt identifizierten und als exotische Ungeheuer wie einäugige Wesen, Zweibeiner ohne Kopf und anderes mehr beschrieben. Der Papagei wurde zum Symbol des Exotischen schlechthin – des exotischen Amerika, wobei die Bilder des 16. Jahrhunderts noch nicht zwischen Nord- und Südamerika differenzierten. Die Berichte über die reichen Kabeljauvorkommen vor den Neufundländischen Bänken endlich leiteten die größte Verlagerung der Fischfanggründe der westlichen Welt ein. Nur wenige Jahre später fuhren jährlich hunderte von europäischen Fischerbooten nach

1.4 g | Der Aufzug der „Königin Amerika" am Stuttgarter Hof, kolorierte Federzeichnung (Detail)

Neufundland – allen voran spanische, portugiesische, französische, baskische, niederländische und englische Fischer –, fingen Kabeljau und entwickelten schnell ein komplexes System zur Trocknung dieses Fisches mit dem Ziel, ihn nicht nur transportfähig für die mehrmonatige Rückfahrt nach Europa, sondern auch für die langfristige Vermarktung vor allem in den katholischen Ländern zu machen.

Ebenso wichtig, aber sozialgeschichtlich von geringerer Durchschlagskraft war die Diskussion unter katholischen Theologen über die Frage, ob die Bewohner der Neuen Welt rechtlose Barbaren oder Menschen, ausgestattet mit natürlichen Menschenrechten, seien. Dazu plagten die Theologen weitere Fragen: Waren dies wirklich menschliche Wesen oder die Ungeheuer aus den Berichten der Antike? Wenn es sich um menschliche Wesen handelte, wann wurden sie geschaffen und wie ließ sich ihre Schöpfungsgeschichte mit der von Adam und Eva vereinbaren, die, so glaubten es die Christen seit mehr als tausend Jahren, ohne Zweifel in Eurasien als erste des Menschengeschlechtes von Gott modelliert worden waren? Für die gebildeten Menschen des 16. Jahrhunderts waren dies im Unterschied zu ihren Nachkommen lebenswichtige und entscheidende Fragen. Ihre befriedigende Beantwortung hieß auch, die Wahrheit der Schöpfungsgeschichte und damit die des wichtigsten und heiligsten aller Bücher des Abendlandes zu bestätigen. Höhepunkt dieser Auseinandersetzung war 1550 die berühmte Debatte in Valladolid zwischen dem Dominikaner und Bischof Bartolomé de Las Casas (1484–1566) und Juan Ginés de Sepúlveda (1490–1573), einem der klügsten Kirchenrechtler und Theologen, vor keinem geringerem als Kaiser Karl V. (1500–1558) mit dem Ergebnis, dass der Kaiser den nordamerikanischen Bewohnern in einem kaiserlichen Dekret alle Naturrechte von Menschen zusprach – was ihre Ausbeutung nicht verhinderte.

Diese Aktivitäten blieben nicht ohne Folgen für die Bewohner Amerikas – Berichte darüber produzierten Bilder und Texte, die weit über das Jahrhundert hinaus das europäische Gedächtnis mitbestimmen sollten: Schon die ersten Entdecker brachten amerikanische Bewohner nach Europa – bekannt sind jene, die 1510 in Rouen landeten, und die

1.4 e+d | Der Aufzug der „Königin Amerika" am Stuttgarter Hof, kolorierte Federzeichnungen

Söhne eines Häuptlings, die Jacques Cartier 1534 zurückbrachte. Bis zum Ende des 16. Jahrhunderts waren wahrscheinlich mehr als eintausend amerikanische Bewohner nach Europa in der Regel gewaltsam verschleppt worden. Die meisten starben bald nach ihrer Ankunft wie die Tochter von Powhatan, Pocahontas († 1617); nur die wenigsten konnten, wie die Söhne des Häuptlings nach Hochelaga beim späteren Montréal, zurückkehren. Für die Bevölkerung waren diese Menschen exotische Beweise für die Existenz eines Kontinents, dessen schillernde Produkte nun in Schatzkammern gesammelt wurden. Es bedurfte allerdings weiterer Belege, um den Europäer von der Existenz Amerikas zu überzeugen: Bilder von Indianern, die meist in den Posen antiker Statuen gezeichnet waren, tausende von lebenden Papageien, die in den Volieren von Königen, Fürsten und der kleinen Schar der superreichen Kaufleute wie den Fuggern und den Medici gehalten wurden, Federn, Pflanzen aus der neuen Welt und natürlich erste Produkte wie Kartoffeln, Tomaten und Mais, die in den Experimentiergärten und Parks des Hochadels angepflanzt wurden und von denen man sich zuerst vor allem eine Stärkung der Liebesfähigkeit versprach.

Die „Beweise" von der Existenz der Neuen Welt wurden durch zwei Produkte erweitert, vertieft und abgerundet: Durch Landkarten und – gegen Ende des 16. Jahrhunderts – durch reich illustrierte Sammlungen von Entdeckerberichten. Aus der Menge der Kartografen ragen im 16. Jahrhundert drei hervor: Martin Waldseemüller (um 1470–1520), auf dessen *Cosmographia Universalis* von 1507 zum ersten Mal die geografische Bezeichnung „America" auftauchte, dann die monumentale Kosmografie des Basler Gelehrten Sebastian Münster (1488–1552) aus dem Jahr 1544, die Weltkarte *Nova et accurata orbis terrae descriptio ad usum navigantium emendata accomodata* von Gerhard Kremeyr (1512–1594), die dieser 1569 unter seinem bekannteren latinisierten Namen Mercator in Duisburg veröffentlichte, und endlich Abraham Ortelius' (1527–1598) monumentale Kartensammlung *Theatrum Orbis Terrarum*. Alle diese Kosmografien basierten auf der sorgfältigen Auswertung von Reiseberichten: Die von Jacques Cartier prägten das geografische Bild des heutigen Kanadas, vor allem das des St. Lorenz-Strom-Gebietes; der von Giovanni da Verrazzano (1485–1528) die europäische Vorstellung der Küstenregion vom heutigen North Carolina bis nach Maine, die Berichte der beiden Franzosen René Goulaine de Laudonnière (1542–1582) und von Jean Ribault (1520–1565) die Gestaltung der Küstenregion südlich der Carolinas bis nach Florida.

Schon früh begannen einige Gelehrte damit, die Reiseberichte systematisch zu sammeln. Besonders einflussreich waren die Sammlungen und historischen Arbeiten von Pietro Martire de d'Anghiera (1457–1526), einem italienischen Gelehrten in spanischen Diensten, auf denen die Schriftsammlung von Giovanni Battista Ramusio (1485–1557) basiert. Martires *Decadas del nuevo mundo* bildeten die erste umfängliche Sammlung von Entdeckungs- und Reiseberichten. Sie prägten das Amerikabild bis ins 17. Jahrhundert hinein. Ramusios *Terzo Volume Delle Navigationi et Viaggi* erschienen zwischen 1556 und 1606. Sie eröffneten den Reigen großer Sammlungen von Reiseberichten, die mit den Namen von Richard Hakluyt dem Jüngeren (um 1553–1616), Theodor de Bry (1528–1598) und Samuel Purchas (1577–1626) verbunden sind. Hakluyt gab die erste englische Sammlung von Entdeckerberichten heraus, die letztlich die Grundlage für den englischen Rechtsanspruch auf Nordamerika bildete, ebenso wie seine Schrift *A discourse on Western Planting* zum ersten Mal umfassend den englischen Machtanspruch auf Herrschaft des Atlantiks gegenüber dem spanischen Reich begründen sollte. Hakluyt regte während de Brys Londonaufenthalts von 1586 bis 1588 diesen dazu an, eine Sammlung von Reise- und Entdeckerberichten zu planen. Gegen Ende seines Lebens übermachte Hakluyt dann seine Manuskripte dem anglikanischen Pfarrer Samuel Purchas, der sie unter dem Titel *Hakluytus Posthumus or Purchas: His Pilgrimes, Contayning a History of the World in Sea Voyages and Lande Travells, by Englishmen and Others* 1625 in mehreren Bänden in London veröffentlichte. Damit setzte er nicht nur Hakluyts Werk und die literarische Begründung der englischen Landnahme in Nordamerika fort, sondern verankerte zudem diesen Anspruch auf Land tief in der mittelalterlichen Mystik und Geschichte.

Die ohne Zweifel wichtigste Arbeit für die *europäische* Vorstellung von der Neuen Welt wurde im ausgehenden 16. Jahrhundert von einem wallonischen Kupferstecher und Verleger publiziert, der zuerst in Lüttich und Straßburg gewirkt hatte, bevor er sich endgültig in Frankfurt niederließ: Theodor de Bry. Es war ein für die Zeit gigantisches Unternehmen, an dem nicht nur der Vater, sondern auch seine beiden Söhne Johann Theodor (1561–1623) und Johann Israel (1565–1611) und ab 1616 auch Johann Theodors Schwiegersohn Matthäus Merian der Ältere (1593–1650) mitwirkten. Das Werk erschien ab 1590; der erste Band noch nicht unter dem Serientitel *Americae*, sondern mit dem Titel *Wunderbarliche / Doch Wahrhafftige Erklärung / Von der Gelegenheit und Sitten der Wilden in Virginia*. Er enthielt den Bericht von Thomas Harriot (1560–1621) über die von Sir Walter Raleigh (um 1552–1616) initiierte Expedition nach Roanoke. Es folgten Laudonnières, Ribaults und Jacob Le Moyne de Morgues (1533–1588) Berichte über die Region südlich der Carolinas im Jahr 1591 unter dem Titel *Der ander Theil der Newlich erfundenen Landschafft Americae*. Im folgenden Jahr erschien das *Dritte Buch Americae, Darinn Brasilia durch Johann Staden von Homberg auß Hessen* beschrieben wurde. Im vierten, fünften und sechsten Buch reichte de Bry Kolumbus' *Berichte* und Giralomo Benzonis (1519–1570) *Historia del Mondo nuovo* nach, die vor allem die westindischen Inseln beschrieben. Der Abdruck von Ulrich Schmidels (um 1510–um 1579) Reiseberichten nach Brasilien und Paraguay bildete den siebten Teil. Der achte Teil umfasste niederländische Entdeckungsberichte. Weitere Berichte, z.B. jene von Amerigo Vespucci (1554–1512), folgten bis 1618. Diese Berichte wurden nicht nur immer wieder im 17. Jahrhundert unter anderem auch von den Merians neu aufgelegt, sondern, und das macht eigentlich das besondere dieses Unternehmens aus, zeitgleich nicht nur in deutscher, sondern auch in französischer, englischer und lateinischer Sprache veröffentlicht: Sie waren wie Ortelius' *Theatrum Orbis Terrarum* für den gesamteuropäischen Markt bestimmt. Mit den Veröffentlichungen ab

1.48 | Indianer mit Papagei, kolorierte Zeichnung in: Christoph Weiditz: Trachtenbuch, um 1530

4
Das Ist auch ain
Indianer ain
Edler auf Irr
Manier.

Gramineae
(Andropogoneae)
218
E
3
1
2
B
8
6
7
A
C
D
4
5
Zea Mays L.
78

1595 wurde die konfessionelle Neutralität aufgegeben zugunsten eines gepflegten, aber deutlichen anti-spanischen und anti-französischen Ressentiments. Offensichtlich wurde dies im Titel des fünften Buches: *Von der Spanier Wüten, beyd wider jhre Knecht die Negriten, vnnd auch die arme Indianer: Wie die Spanier von den frantzösischen Meer-Räubern zum offtermal angriffen vnd geplündert worden, denn auch, wie sie erstlich das neue Spanien erfunden haben, vnd gantz erbärmlich mit dem armen Landtvölcklein daselbst vmbgangen sind.* Als guter Christ deutet de Bry in seinem Vorwort die französischen Piraten als Geißel und Strafe Gottes dafür, dass die Spanier gegen „das arme wehrlose Indianische Völcklein" so „grewlich" wüteten.

Wurde im 16. Jahrhundert das europäische Bild von Amerika durch exotische Güter, Reisebeschreibungen und Karten geprägt, die vor allem aus spanischen und italienischen Federn stammten, so ist das 17. Jahrhundert die Zeit der Werbe- und Propagandaschriften derjenigen Nationen, begünstigten Handelskompanien und Privilegierten, die für ihre von ihnen beanspruchten Länder oder verliehenen Gebiete in Amerika Siedler in Europa suchten. Alle diese Schriften waren geprägt durch offene oder verdeckte anti-spanische Ressentiments; umgekehrt rückte Spanien bis ins 18. Jahrhundert von seinem Anspruch auf das ganze Amerika kein Jota ab und behandelte alle, die ihm in die Hände fielen (und soweit es seinen eigenen Interessen diente) als Piraten, Eindringlinge und Räuber. Geografische Schwerpunkte dieser Schriften waren einmal die Nouvelle France, dann Virginia, New England und Maryland, die alle vier in der ersten Hälfte des 17. Jahrhunderts gegründet worden waren, dann in der zweiten Hälfte vor allem die Kolonie von William Penn (1644–1718), der selbst ab 1680 eifrig am Mythos seiner Kolonie mitstrickte. De Bry hatte schon 1590 mit seinem Abdruck von Harriots Bericht des gescheiterten Besiedlungsprojektes von Roanoke in North Carolina einen ersten wichtigen Beitrag zur Internationalisierung der englischen Besiedlungsbemühungen geleistet. John Smith (1580–1631), der bedeutendste, durchaus kritische Propagator der Besiedlung Virginias und New Englands, profitierte 1612 für seine Schrift *A Map of Virginia With a Description of the Countrey, the Commodities, People, Government and Religion* von de Brys Illustrationen des Harriot-Textes.

1.22 | Zea Mays (Maispflanze), Farbdruck in: Köhler's Medizinal-Pflanzen in naturgetreuen Abbildungen, 1887

1.20 | Tabakpflanze, kolorierte Lithografie in: Edwards's Botanical Register, 1829–1847

Der Titel verrät einiges über die neuen Interessen des europäischen Lesepublikums. Es wollte jetzt nicht mehr nur von neuen Entdeckungen lesen, sondern von den Produkten und der Beschaffenheit des Landes, den politischen Verhältnissen, dem Klima und von den Bedingungen wissen, unter denen Angehörige christlicher Konfessionen in der Neuen Welt leben konnten. Natürlich wurde in diesen Berichten geschönt – schließlich wollte man den potentiellen Siedler nicht abschrecken, sondern für seine Kolonie gewinnen. So schwärmte Samuel de Champlain (1567–1635) für die Fruchtbarkeit des Sankt-Lorenz-Stromgebietes, sein Mitstreiter, der Dichter Marc Lescarbot (1570–1641; *Histoire de la Nouvelle-France,* 1. Aufl. 1609), poetisch für

FOLGENDE DOPPELSEITE: 1.42 | Weltkarte, kolorierte Holzschnitte von Martin Waldseemüller (um 1470–1520), 1507

CLAVDII PTHOLOMEI ALEX
ANDRINI COSMOGRAPHI
ZEPHIR
CHOR
TERRA VLTERI INCOGNITA
OCCEANVS OCCIDENTALIS
MARE GLACIALE SIVE CONGELA
SPAGNOLLA INSVLA
TOTA ISTA PROVINCIA INVENTA EST PER MANDATVM REGIS CASTELLE
TERRA VLTRA INCOGNITA
AMERICA
LIBIA INTERIOR
AFFRICA
ETHIOPIA INTERIOR
NOTVS
VNIVERSALIS COSMOGRAPHIA SECVNDVM PTHOLOMAEI TRA DITIONEM

AMERICI VESPVCII
AQVILO
CECIAS
TIPVM ORBIS GENERALEM DESCRIBENDO: VETERVM INVENTA PONERE, ET EA QVE A NEOTERICIS INTERIM REPERTA SVNT (SICVT EST CATAIA REGIO) CONIVNGERE PLACVIT. VT TALIVM RERVM STVDIOSI DVM VARIA COGNOSCERE CVPIVNT VOTORVM COMPOTES LABORI NOSTRO SINT CRATI PLERAQVE OMNIA TAM PASSIM COGNITA QVAM NOVITER LVSTRATA DILIGENTER AC DISTINCTE SVB VNO ASPECTV COLLOCATA PROSPICIENTES.
SVBSOLANVS
GLACIALE
CHATAY
SERICA REGIO
SCITHIA EXTRA IMAVM
ASIA
INDIA MERIDIONALIS
SINVS GANGETICVS
TAPROBANA INSVLA
EQVINOCTIALIS
OCCEANVS INDICVS MERIDIONALIS
MADAGASCAR
IAVA MAIOR
IAVA MINOR
SEYLAN
PENTAM
NECVRA
INDIA
VVLTVRNVS
EVRONOTVS
LICET PLAFRIQVE VETERVM DESCRIBENDI TERRARVM ORBIS STVDIOSISSIMI FVERINT: NON TAMEN PARVM IPSIS EISDEM INCOGNITA MANSERVNT, SICVT EST IN OCCASV AMERICAE: AB EIVS NOMINIS INVENTORE DICTA, QVE ORBIS QVARTA PARS PVTANDA EST. SICVT ET VERSVS MERIDIEM APHRICE PARS: QVAE SEPTEM PENE GRADIBVS CITRA CAPRICORNVM INCIPIENS/VLTRA TORRIDAM ZONAM ET EGOCERI TROPICVM AD AVSTRVM LATISSIME PROTENDITVR. SICVT QVOQVE IN TRACTV ORIENTALI REGIO CATAIAE/ ET QVICQVID INDIAE MERIDIONALIS VLTRA CENTESIMVM ET OCTOGESIMVM LONGITVDINIS GRADVM EST SITVM. QVAE NOS PRIORIBVS OMNIA ADIVNXIMVS: VT ISTIVSCEMODI RERVM AMATORES/ QVAECVNQVE SVB HANC DIEM NOBIS PATENT OCVLIS INTVENTES / DILIGENTIAM NOSTRAM PORENT. ID AVTEM VNVM ROGAMVS VT RVDES ET COSMOGRAPHIAE IGNARI HAEC NON STATIM DAMNENT ANTEAQVAM DIDICERINT CHARIORA IPSIS HAVD DVBIE POST CVM INTELLEXERINT FVTVRA.
ET AMERICI VESPVCII ALIORV QVE LVSTRATIONES

l'Acadie, heute besser bekannt als Nova Scotia, und John Smith in seiner *General Historie of Virginia, New-England, and the Summer Islands* (1624) für die ausgezeichneten und reichen Mais- und Tabakernten Virginias. Eher zurückhaltend wirkten dagegen seine Hymnen auf New Englands Ackerland, welches „so fertill, that questionlesse it is capable of producing any Graine, Fruits, or Seeds you will sow or plant", allerdings nicht „to that perfection of delicacy, because the Summer is not so hot, and the winter is more cold in those parts [...] then we find in the same height in Europe and Asia" (Complete Works, Bd. 2, 412). Die Werbeschriften für Maryland, allen voran die großangelegte *The Character of the Province of Maryland* (1666) von George Alsop (um 1636–um 1673), verglichen Maryland mit dem Garten Eden, was besonders für den Tabakanbau gelte. Eine Sonderstellung nahm die Kolonie Nieuw Nederland ein, deren niederländische Werbeschriften nach der Eroberung und Umbenennung der Kolonie in New York Colony 1665 ins Abseits gerieten. Niederländische Kaufleute beherrschten aber nach wie vor den atlantischen Handel.

William Penn, der zwischen 1681 und 1685 neun Werbeschriften für seine Kolonie Pennsylvania verfasste, schwärmte in *Ein Brief von William Penn, Eigentumsherrn und Befehlshaber in Pennsylvanien in Amerika*, der 1684 in Hamburg in Deutsch erschien, über die Hauptstadt seiner Kolonie, „daß unter so vielen Orten als ich in der Welt gesehen, keinen, der besser gelegen, jemals gefunden [...] es sei gleich Ausnützung der Ströme oder der Bequemlichkeit der Wassergänge, Schiffe zu bauen und der Quellen, die Feuchtigkeit und Gesundheit des Landes und der Lufft" – er meinte Philadelphia. Elegisch und praktisch zugleich war endlich die *Umständige Geographische Beschreibung der zu allerletzt erfundenen Provintz Pensylvaniae* von Franz Daniel Pastorius (1651–1719) aus dem Jahr 1700. Elegisch war etwa seine Beschreibung des Ackerlandes, das „mit weiten Flüssen und Brunnenquellen" durchzogen sei; deshalb sei „unschwer zu erachten, daß solch Land zu vielen Edlen Früchten sehr bequem sey. Die Lufft ist hell und lieblich, der Sommer länger, und wärmer als in Teutschland und hat man nunmehro dieser Orten an allerhand Früchten ein genügliches Auskommen und wird uns unsere Arbeit im bauen redlich belohnet" (Beschreibung, 24). Es verstand sich von selbst, dass in einem solchen Paradies selbst die Indianer, die ja gelegentlich, vor allem nach den beiden Indian Massacres in Virginia und nach dem sehr blutigen King Philip's War in New England, als blutgierige Raubtiere beschrieben worden waren, von Pastorius als Muster von Friedfertigkeit geschildert werden: „Sie befleissigen sich einer auffrichtigen Redlichkeit, halten genau über ihren Versprechen, betriegen und beleidigen niemanden; sie beherbergen die Leute gerne, und sind ihren Gästen dienstfertig und treue." (ebd., 28)

Die Werbeschriften folgten seit der zweiten Hälfte des 17. Jahrhunderts einem bis zur Amerikanischen Revolution gültigen Muster: Sie hoben die Qualitäten der Neuen Welt nicht nur hervor, sondern kontrastierten sie auch mit den Verhältnissen in Europa. Dies galt nun nicht mehr nur für Klima, Bodenverhältnisse, Ertragsfähigkeit der Böden, sondern viel wichtiger für Glaubensfreiheit und politische Selbstbestimmung als Kontraste zur religiösen Gängelung und politischen Entmündigung in den kontinentaleuropäischen Ländern, allen voran in Deutschland. Samuel Jenner und William Byrd beschrieben die Carolinas, Pennsylvania, Maryland und Virginia 1737 als *Neu-gefundenes Eden*; Johann Matthias Kramer versprach 1746 im Titel seiner Werbeschrift, einen *zuverlässigen Bericht derer vornehmsten Privilegien, Freyheiten und Wohlthaten* aller englischen Kolonien in Nordamerika zu geben; Emanuel Christian Löber (1696–1763) richtete 1750 seinen *Auszug der sichern und nützlichen Nachrichten von dem Englischen America besonders von Carolina und der fruchtbaren Landschaft Georgia* gleich an die „so viele arme Nothleidende und um der Wahrheit willen verfolgte" Menschen in Deutschland.

Wer auswandern wollte und nach Informationen suchte, war jedoch nicht nur auf diese Werbeschriften angewiesen. Sogenannte Neuländer, ältere deutsche Siedler, die jedes Jahr vor allem aus Pennsylvania ins alte Europa kamen, kauften Waren und regelten Erbangelegenheiten, erzählten aber auch in ihren alten Dörfern von den paradiesischen Verhältnissen in der Neuen Welt – vor allem davon, dass es dort Land umsonst oder zum billigen Preis gebe. Ihre Berichte machte der lutherische Pfarrer Heinrich Melchior Mühlenberg (1711–1787), der Neuländer „nach der alten

2.3 a+b | Indianer und Indianerin aus Virginia, Kupferstiche in: Americae [...]. Pars 1, 1590

Fabul füglicher muscipulatores Hamelensos" (Mühlenberg Korrespondenz Bd. 1, 449f.) zu nennen vorschlug, für die deutsche Auswandererschwemme nach Pennsylvania, Virginia und die Carolinas verantwortlich: In einem gemeinsamen Brief beschuldigten Mühlenberg, Peter Brunnholtz (1717–1757) und Johann Friedrich Handschuh (1714–1764), die drei von Halle nach Pennsylvania entsandten Prediger, am 9. Juli 1754 die Neuländer, dass sie nicht brave, verarmte und verfolgte Deutsche nach Pennsylvania brächten, sondern Leute, die „wenn sie kaum mit einem Fuß das Land betreten, riechen balde die freye Luft in Pennsilvanien, wollen sich in keine Ordnung bringen laßen, lernen flugs die edle Freyheit allhie zum Dekmantel der Boßheit und Freyheit des Fleisches zu gebrauchen, mengen sich unter denen hieselbst die dem guten und aller guten Ordnung schon vorhin feind waren, lästern u. schimpfen auf ordentl. Lehrer, Gottes Dienst und gute Einrichtungen, nennen es ein Pabstthum, ein schwehres Joch und unerträgl. Bürde, suchen aus dem losen Gesindel Rotten gegen uns zu machen und dergleichen Jammer mehr zu erregen, Wovon nicht wenige Exempel angeführet werden könten, da durch solche Gottlose Rädels Führer die äusere Ruhe und Ordnung, so man gehabt und aufgerichtet, gänzlich zerstöret und in ein verwirretes Babel verwandelt worden." Damit vermittelten sie auch nach Europa ein durch Zügellosigkeit geprägtes Bild von Pennsylvania.

Dieser Brief wurde auch in den *Nachrichten von den Vereinigten Deutschen Evangelisch-Lutherischen Gemeinden in Nordamerika, sonderlich in Pennsylvanien* von 1764 veröffentlicht (Bd. 2, 205), einem in unregelmäßigen Abständen von Gotthilf August Francke (1696–1769) edierten und in der Waisenhausdruckerei in Halle verlegten Nachrichtenblatt über die lutherischen Gemeinden insbesondere in Pennsylvania nachgedruckt. Dieses Periodikum bildete für potentielle deutsche Einwanderer seit Mitte der 1740er Jahre eine wichtige Informationsquelle. Es berichtete verhältnismäßig ungeschminkt über die religiösen, sozialen und politischen Probleme der deutschen Siedler in Nordamerika und bildete

CANADA
LAC HURON OU DE CONDÉ
LAC MICHIGAN OU DES ILINOIS
LAC ERIE
LAC ONTARIO ou Frontenac
PAYS DES IROQUOIS
PAYS DES RENARDS
PAYS DES MASCOUTENS ou Nation du feu
Pays des Osages
Pais des Chauanons
Cheraquis
les Mentons
Chicachas
LOUISIANE
les Caouitas
Alibamons
FLORIDE
GEORGIE
NOUVELLE CAROLINE
VIRGINIE
MARYLAND
PENSILVANIE
NOUVELLE JERSEY
NOUVELLE YORCK
CONECTICUT
Philadelphie
Charlestown
Isle Longue
DU
NOR
ÉCHELLES
GOLPHE DU MEXIQUE

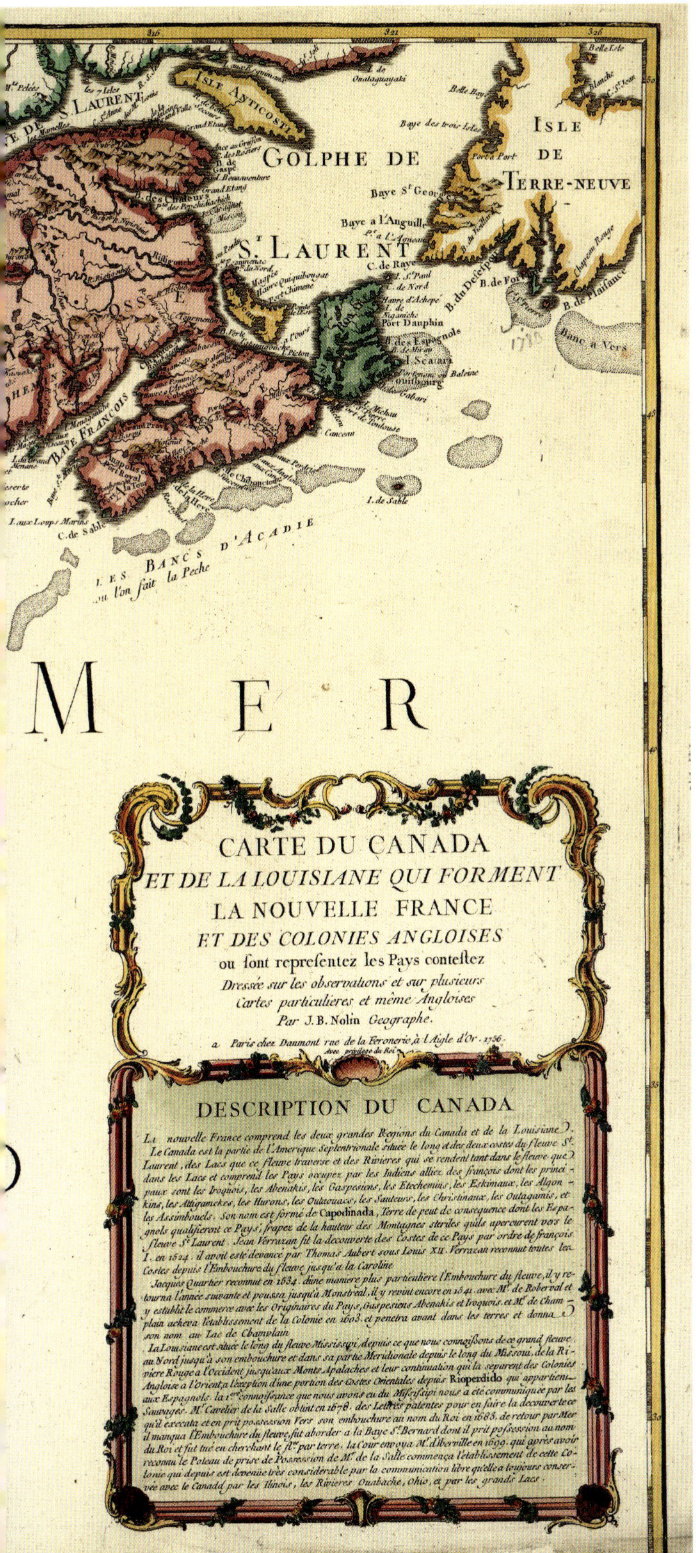


damit auch ein wichtiges Gegengewicht zu den Werbeschriften. Auch über die Schrecken des Krieges, vor allem über die „Indianer, so blos für sich ohne alles Anstiften der Franzosen, einen unbarmherzigen Krieg gegen Pennsylvanien geführet und der Zinzendörfer ihre Gnadenhütten [...] verwüstet" hätten, wurde wie in dem Brief von Johann Friedrich Handschuh vom 23. November 1756 (Bd. 2, 214) informiert. Dieses hallische Periodikum bildete das bescheidenere Gegenstück zu den im 18. Jahrhundert unveröffentlichten Tagebüchern der Herrnhuter über das Leben in ihren Gemeinden in Nordamerika und über ihre Arbeit unter den indianischen Stämmen, die weltweit in den Herrnhuter Gemeinden zirkulierten, und ihrem von 1702 bis 1776 veröffentlichten katholischen Gegenstück, dem Missionsjournal der Societas Jesu, *Lettres édifiantes et curieuses*, dessen Berichte in 34 Bänden freilich nicht auf Nordamerika beschränkt blieben, sondern über die weltweiten Missionsaktivitäten der Jesuiten berichteten.

Für die breite Öffentlichkeit wurden diese Berichte durch weitere Publikationen ergänzt: einmal durch die deutsche, in zwei Teilen in Halle 1752/53 veröffentlichte eingehende Darstellung der Sitten und Lebensgewohnheiten der Six Indian Nations durch den Jesuitenpater Joseph François Lafitau (1681–1746), *Die Sitten der amerikanischen Wilden im Vergleich zu den Sitten der Frühzeit*, oder den Reisebericht des französischen Juristen Claude Le Beau († 1779), *Merckwürdige und neue Reise zu den Wilden des Nördlichen Theils von America, worinnen man eine Beschreibung von Canada, nebst einem gantz besondern Bericht von denen alten Gebräuchen, Sitten und Lebens-Arten dererjenigen Wilden die darinne wohnen antrifft und wie sie sich zu unsern Zeiten aufführen* (Bd. 2, 1752), dann vor allem durch die Nachdrucke von Berichten deutscher Siedler, die während des Siebenjährigen Krieges in Nordamerika in indianische Gefangenschaft geraten waren, durch deutsche Verleger und in Magazinen wie dem *Hamburgischen Journal* oder dem *Hannöverschen Magazin*.

In dem Maße, wie sich die Informationsmöglichkeiten über Amerika vermehrten, verbesserten sich auch dieje-

Karte von Kanada und Louisiana, die Neu-Frankreich bilden, und der englischen Kolonien, teilkolorierter Kupferstich von Jean-Baptiste Nolin, Daumont (Verlag), Paris, 1756. Halle, Franckesche Stiftungen: BFSt: S/Kt 0386

nigen Quellen, die über die Verhältnisse in spezifischen Regionen informierten. Allerdings blieben nach wie vor bestimmte Themenbereiche ausgespart: Zwar konnte man sich über die wirtschaftlichen Möglichkeiten der Neuen Welt schnell Kenntnis verschaffen, und schon zu Beginn des achtzehnten Jahrhunderts war es möglich, sich über Glaubensfreiheit in einzelnen Kolonien zu informieren. Aber noch immer war es nicht möglich, über Bücher, Pamphlete oder Traktate sich ein Bild über die sozialen und politischen Verhältnisse in den einzelnen Kolonien der Neuen Welt zu verschaffen. Hier stand dem deutschen Leser vor 1776 eigentlich nur der dreibändige Reisebericht des schwedischen Gelehrten Peter Kalm (1716–1779) zur Verfügung, der zwischen 1754 und 1764 in Göttingen bei Vandenhoeck in deutscher Übersetzung erschienen war.

Diese Lücke sollte in der Epoche der Amerikanischen oder genauer: der Atlantischen Revolutionen durch jene geschlossen werden, deren Namen nun zugleich für eine Verwissenschaftlichung und Akademisierung der Kenntnis von Nordamerika standen: Matthias Christian Sprengel (1745–1803), zuerst Professor für Geschichte in Göttingen, dann ab 1779 in Halle, und Christoph Daniel Ebeling (1741–1817), Gelehrter in Hamburg. Mit fünf Arbeiten zu Nordamerika, darunter seine besonders einflussreiche *Geschichte der Revolution in Nordamerika* (1783), gehörte Sprengel zu der winzigen Gruppe von deutschen Gelehrten, die sich um ein rechtes Verständnis der revolutionären und republikanischen Prinzipien der Amerikanischen Revolution und der jungen Vereinigten Staaten von Amerika bemühten, und damit auch den Grundstein für ein völlig neues Bild von Nordamerika legten. Johann Christian Schmohl (1756–1783) war der zweite deutsche Gelehrte. Er hatte schon 1782 in seiner Schrift *Über Nordamerika und Demokratie. Ein Brief aus England* (Copenhagen [i.e. Königsberg] 1782, zitiert nach Dippel, 161) die Vereinigten Staaten als das Land bezeichnet, wo „jeder Bürger Kriegsmann ist und seine Stimme bei der gesetzgebenden Gewalt hat“ (ebd., 188) – eine kühne und ketzerische Aussage, die erklärt, weshalb Schmohl vorgab, seine Schrift in Kopenhagen und damit außerhalb des Zugriffs der deutschen Zensur zu veröffentlichen. Unpolitischer, dafür aber von geradezu germanischer Gründlichkeit waren die Schriften Ebelings, vor allem seine mehrbändige *Erdbeschreibung und Geschichte von Amerika. Die Vereinigten Staaten von Nordamerika* (7 Bde., 1793–1816), die allerdings nie in die Nähe der Amerikanischen Revolution kam. Mit den Schriften von Sprengel, Schmohl und Ebeling, zu denen man noch jene des Göttinger Historikers Arnold Hermann Ludwig Heeren (1760–1842) nennen sollte, begann für das europäische Amerikabild eine neue Epoche: Nun galt es nicht mehr, Nordamerika vor dem Hintergrund Europas als das „Fremde“ zu beschreiben, sondern Nordamerika als das politisch „Andere“ zu Europa zu schildern – und damit die Befassung mit Nordamerika zugleich auch auf die Ebene der ab 1820 scharf von der deutschen Zensur verfolgten politischen Ansichten zu heben. An Amerika schieden sich von nun an die Geister.

Die europäische Vorstellung von Amerika hatte vom 16. bis ins 19. Jahrhundert viele Wandlungen und Differenzierungen durchgemacht. Die wichtigsten Stationen waren: Land von Gold, Silber und Edelmetall im 16., Land des Tabaks, der fruchtbaren und unendlichen Böden im 17. und endlich Land der freien Religionsausübung, des billigen Landes und der Teilhabe an der Gestaltung der Politik im 18. Jahrhundert. Mit der Amerikanischen Revolution sollten sich die Bedingungen für das Amerikabild ändern. Es orientierte sich nun nicht mehr an den Bedürfnissen und Interessen der potentiellen Auswanderer, sondern an jenen des gebildeten europäischen Bürgertums. Nun standen plötzlich die Werte und Prinzipien der jungen Amerikanischen Republik im Zentrum. Amerikavorstellung und Auswandererinteressen traten auseinander. Die Kriterien, an denen sich die bürgerlichen Geister scheiden sollten, wurden von dem Amerikareisenden Heinrich Dietrich von Bülow (1757 – um 1807) 1797 in seiner Schrift *Der Freistaat von Nordamerika in seinem neuesten Zustand* (2 Theile, 1797) formuliert. War Amerika das Land des kruden Gelderwerbs, des schnöden Mammon oder hatte es sich, wie Ebeling entgegnete, republikanischen Prinzipien verschrieben? Der Streit um das rechte Amerikabild und damit um die Qualitäten und Werte der rechten republikanischen Gesellschaft begann unmittelbar nach der Veröffentlichung von von Bülows Arbeit. Er hält immer noch an.

### Quellen

George Alsop: A Character of the Province of Maryland (London 1666). In: Narratives of Early Maryland. Hg. v. Clayton C. Hall. New York 1910. Reprint: New York 1959, 335–387.

Americae pars I–XIII. Hg. v. Theodor u. Johann Theodor de Bry. Frankfurt/Main: de Bry, 1590–1634.

European Americana: A Chronological Guide to Works printed in Europe Relating to the Americas, 1493–1776. Hg. v. John Alden [u.a.]. [Bisher:] Vols. 1–3, 5–6. New York 1980–[1996].

G. M. Asher: A Bibliographical and Historical Essay on the Dutch Books and Pamphlets Relating to New Netherland and to the Dutch West-India Company and to its Possessions in Brazil/Angola etc. Amsterdam 1960.

Samuel de Champlain: Works. Hg. v. H. P. Biggar. 6 Bde. Toronto 1922–1936 (Publications of the Champlain Society. New Series, Bde. 1–6).

Collection of Documents Relating to Jacques Cartier and the Sieur de Roberval. Hg. v. Henry Percival Biggar. Ottawa 1930 (Publications of the Public Archives of Canada, 14).

Sir Francis Drake: The World Encompassed. Being his Next Voyage to that to Nombre de Dios. Hg. v. Francis Fletcher. London 1854. Ndr. New York [1963] (Works Issued by the Hakluyt Society. 1. Serie, Nr. 16).

The Hawkins' Voyages During the Reigns of Henry VIII, Queen Elizabeth, and James I. Hg. v. Clements R. Markham. London 1878. Reprint: New York [um 1964] (Works Issued by the Hakluyt Society, Nr. 57).

René Goulaine de Laudonnière: Three Voyages. Hg. u. übersetzt v. Charles E. Bennett. Gainesville, FL 1975.

Marc Lescarbot: The History of New France [englisch-französische Ausgabe]. Hg. v. W. L. Grant u. H. P. Biggar. 3 Bde. Toronto 1907–1914 (The Publications of the Champlain Society, Bde. 1, 7, 11).

Letters from New England. The Massachusetts Bay Colony, 1629–1638. Hg. v. Everett Emerson. Amherst, MA 1976 (The Commonwealth Series, 2).

Pietro Martire d'Anghiera: The Decades of the Newe Worlde or West India [...] translated into Englysshe by Rycharde Eden. London 1555.

The Principal Navigations, Voyages, Traffiques and Discoveries of the English Nation. Hg. v. Richard Hakluyt. 12 Bde. London 1589–1600.

Nordamerika aus der Sicht europäischer Reisender. Bücher, Ansichten und Texte aus vier Jahrhunderten. Ausstellung der Niedersächsischen Staats- und Universitätsbibliothek Göttingen, der Niedersächsischen Landesbibliothek Hannover und des Amerika-Hauses in Hannover. Hg. v. Reimer Eck [u.a.]. Hannover 1991.

Franz Daniel Pastorius: Umständige Geographische Beschreibung der zu allerletzt erfundenen Provintz Pensylvaniae. Frankfurt/Main, Leipzig: Otto, 1700.

William Penn: The Papers. Hg. v. Mary Maples u. Richard S. Dunn. 6 Bde. Philadelphia, PA 1981–1986.

Samuel Purchas: Hakluytus Posthumus or Purchas His Pilgrimes, containing a History of the world, in Sea-voyages, and lande-Travells, by Englishmen and others [...]. Some left written by Mr. Hakluyt, at his death more since added, his also perused and perfected; all examined abreviated, illustrated with notes, enlarged with discourses, adorned with pictures, and expressed in maps: in IV Parts. London: Fetherston, 1625.

The Roanoke Voyages, 1584–1590. Documents to Illustrate the English Voyages to North America under the Patent Granted to Walter Raleigh in 1584. Hg. v. David Beers Quinn. 2 Bde. London 1955 (Works Issued by the Hakluyt Society, 2. Serie, Nr. 104–105).

John Smith: The Complete Works of Captain John Smith (1580–1631). Hg. v. Philip L. Barbour. 3 Bde. Chapel Hill, NC 1986.

Terzo Volume delle Navigationi et Viaggi. Hg. v. Giovanni Battista Ramusio. Venedig 1556–1606.

The Voyages of Jacques Cartier. Published from the Originals with Translations, Notes and Appendices. Hg. v. Henry Percival Biggar. Ottawa 1924 (Public Archives of Canada. Publications, 11).

Martin Waldseemüller: Cosmographiae Introductio. Hg. v. Joseph Fischer u. Franz von Wiesner. Ann Arbor, MI 1966 (March of America Series, Nr. 2).

Die Wunderbare Neue Welt: German Books about the Americas in the John Carter Brown Library, 1493 to 1840. Pilot Edition covering the years 1493–1618. Bearb. v. Ilse E. Kramer. Providence, RI 1988.

### Sekundärliteratur

America in European Consciousness 1493–1750. Hg. v. Karen Ordahl Kuppermann. Chapel Hill, NC 1995.

Kenneth R. Andrews: Trade, Plunder and Settlement. Maritime Enterprise and the Genesis of the British Empire, 1480–1630. Cambridge 1984.

Leo Bagrow u. Ashlin Raleigh Skelton: Meister der Kartographie. Berlin [5]1985.

Susi Colin: Das Bild des Indianers im 16. Jahrhundert. Idstein 1988 (Beiträge zur Kulturgeschichte, 102).

Dominik Collet: Die Welt in der Stube. Begegnungen mit Außereuropa in Kunstkammern der frühen Neuzeit. Göttingen 2007 (Veröffentlichungen des Max-Planck-Instituts für Geschichte, 232).

Volker Depkat: Amerikabilder in politischen Diskursen. Deutsche Zeitschriften von 1789 bis 1830. Stuttgart 1998 (Sprache und Geschichte, Bd. 24).

Horst Dippel: Germany and the American Revolution, 1770–1800. Chapel Hill, NC 1977.

Das Europa der Aufklärung und die außereuropäische koloniale Welt. Hg. v. Hans-Jürgen Lüsebrink. Göttingen 2006 (Das achtzehnte Jahrhundert. Supplementa, 11).

Europe's American Revolution. Hg. v. Simon P. Newman. Basingstoke, [u.a.] 2006.

Andrew Fitzmaurice: Humanism and America. An Intellectual History of English Colonisation 1500–1625. Cambridge 2003 (Ideas in Context, 67).

Stephan W. Görisch: Information zwischen Werbung und Warnung. Die Rolle der Amerikaliteratur in der Auswanderung des 18. und 19. Jahrhunderts. Darmstadt 1991.

Stephen Greenblatt: Marvelous Possessions. The Wonder of the New World. Chicago 1991.

Margaret T. Hodgen: Early Anthropology in the Sixteenth and Seventeenth Centuries. Philadelphia, PA 1964.

Transatlantic Images and Perceptions. Germany and America since 1776. Hg. v. David E. Barclay u. Elisabeth Glaser-Schmidt. Cambridge 1997.

Kolumbus' Erben. Europäische Expansion und überseeische Ethnien im ersten Kolonialzeitalter, 1415–1815. Hg. v. Thomas Beck [u.a.]. Darmstadt 1992.

Samuel Eliot Morison: The European Discovery of America. The Northern Voyages A.D. 500–1600. New York 1971.

Wolfgang Neuber: Fremde Welt im europäischen Horizont. Zur Topik der deutschen Amerika-Reiseberichte der frühen Neuzeit. Berlin 1991 (Philologische Studien und Quellen, Heft 121).

Renate Pieper: Die Vermittlung einer Neuen Welt. Amerika im Nachrichtennetz des Habsburgischen Imperiums 1493–1598. Mainz 2000 (Veröffentlichungen des Instituts für Europäische Geschichte Mainz. Abteilung Universalgeschichte, 163).

Claudia Schnurmann: Europa trifft Amerika. Zwei alte Welten bilden eine neue atlantische Welt, 1492–1783. Münster 2009 (Atlantic Cultural Studies, 7).

Claudia Schnurmann: Atlantische Welten. Engländer und Niederländer im amerikanisch-atlantischen Raum 1648–1713. Köln 1998 (Wirtschafts- und Sozialhistorische Studien, 9).

Hermann Wellenreuther: Ausbildung und Neubildung. Die Geschichte Nordamerikas vom Ausgang des 17. Jahrhunderts bis zum Ausbruch der Amerikanischen Revolution 1775. Münster 2001 (Geschichte Nordamerikas in atlantischer Perspektive von den Anfängen bis zur Gegenwart, 2).

Hermann Wellenreuther: Niedergang und Aufstieg. Geschichte Nordamerikas vom Beginn der Besiedlung bis zum Ausgang des 17. Jahrhunderts. Münster 2000 (Geschichte Nordamerikas in atlantischer Perspektive von den Anfängen bis zur Gegenwart, 1).

Claus Veltmann

# Die Entdeckungsgeschichte Nordamerikas

Der Genuese Christoph Kolumbus (1451–1506) war nicht der Entdecker des nordamerikanischen Halbkontinents.[1] Erst auf der dritten seiner vier Fahrten in die Neue Welt erreichte er 1498 erstmals das amerikanische Festland an der Küste des heutigen Venezuela und seine vierte Reise von 1502 bis 1504 führte ihn an die mittelamerikanische Küste. Zudem wurde ihm zeitlebens niemals klar, dass er einen neuen „Zwischenkontinent" entdeckt und nicht Asien auf einer Westpassage erreicht hatte. Denn dies war sein eigentliches Ziel und deshalb wurde er von der spanischen Krone materiell unterstützt: Einen Seeweg nach Asien auf der westlichen Route zu entdecken, um so in Konkurrenz mit dem Rivalen Portugal im äußerst profitablen Asienhandel treten zu können. Die portugiesischen Könige hatten im 15. Jahrhundert die Erkundung der westafrikanischen Küste vorangetrieben und Bartolomeu Diaz (um 1450–1500) hatte 1487 das Kap der Guten Hoffnung entdeckt und damit den Portugiesen den Zugang zum Indischen Ozean eröffnet. Diese sicherten die Ostroute nach Asien durch Küstenbefestigungen ab, die nicht nur arabische Piraten abwehren, sondern auch mögliche Konkurrenten im lukrativen Asienhandel ausschalten sollten.[2]

Auch die Idee, dass man Asien erreichen könne, wenn man von Europa aus westliche Kurse steuert, geht nicht auf Kolumbus zurück, sondern auf den florentinischen Arzt und Humanisten Paolo del Pozzo Toscanelli (1397–1482), einen der bekanntesten Astronomen und Kartografen seiner Zeit.[3] Benannt wurde der neu entdeckte Kontinent nach dem Florentiner Amerigo Vespucci (um 1453–1512), der an mehreren Reisen zur brasilianischen Küste teilgenommen hatte. In seinem 1502 oder 1503 erstmals veröffentlichten Traktat *Mundus Novus* (Neue Welt), der im 16. Jahrhundert in verschiedensprachigen Versionen immer wieder nachgedruckt wurde, stellte er fest, dass die Europäer einen neuen Kontinent entdeckt hätten. Dies bewog dann die deutschen Kartografen Matthias Ringmann (1482–1511) und Martin Waldseemüller (um 1470–1520) in ihrer 1507 erstmals gedruckten Weltkarte und der dazu erschienenen Einführung in die Erd- und Himmelskunde *Cosmographiae Introductio* den neuen Kontinent nach dem Vornamen Vespuccis zu benennen.[4] In dieser Waldseemüller-Karte von 1507 wird der Verlauf der nordamerikanischen Atlantikküste dargestellt und z.B. Florida und der Golf von Mexiko werden relativ exakt wiedergegeben. Somit ist zu fragen, wie diese Informationen nach Europa gelangt sind.

Unzweifelhaft nachgewiesen ist inzwischen, dass sich schon um die Wende des ersten Jahrtausends Wikinger, aus Grönland kommend, im Nordosten Kanadas aufgehalten und auch dort angesiedelt haben.[5] Jedoch verbreitete sich das Wissen um diese Entdeckungen nicht im mittelalterlichen Europa und die Siedlungen scheinen nur über einen kurzen Zeitraum hinweg existiert zu haben. In den ersten Jahrzehnten nach der Entdeckung des Kolumbus konzentrierten sich Spanier und Portugiesen auf die Erschließung der ihnen durch Papst Alexander VI. (1431–1503) 1494 im Vertrag von Tordesillas zugewiesenen Gebiete in Süd- und Mittelamerika sowie in der Karibik. Dies gab Außenseitern die Möglichkeit zur Erkundung des nördlichen Teils des amerikanischen Kontinents und zur Suche nach der Nordwestpassage, um Asien auf dem Seeweg zu erreichen – diese Suche sollte erst drei Jahrhunderte später ergebnislos aufgegeben werden. Der erste in den Quellen genannte Entdecker Nordamerikas ist Giovanni Caboto (um 1450–1498), englisch John Cabot genannt. Cabot stammte aus Genua, wuchs in Venedig auf und engagierte sich als Kaufmann im Gewürzhandel. Nach einem mehrjährigen Aufenthalt in Spanien traf er 1495 in England ein und ließ sich von König Heinrich VII. (1457–1509) einen

1.54 | Amerigo Vespucci: Das sind die new gefunde[n] mensche[n] od[er] volcker Jn form vn[d] gestalt, um 1505 (Detail)

Freibrief ausstellen, um „auf eigene Kosten und zu Ihren Lasten alle möglichen Inseln, Länder, Gegenden und Gebiete der Heiden und Ungläubigen, in welchem Teil der Erde sie auch gelegen sein mögen, aufzufinden, zu entdecken und zu untersuchen, soweit sie bisher den Christen unbekannt waren."[6] Mit diesem Freibrief ausgestattet, rüstete Cabot ein kleines Schiff aus. Jedoch meuterte die Mannschaft schon kurz nach der Ausfahrt und zwang ihn zur Umkehr. Zwei Jahre später brach Cabot wieder in Bristol zur Fahrt gen Westen auf und erreichte im Sommer 1497 Neufundland. Umstritten ist, ob er auch das nordamerikanische Festland erreicht hat, denn dann wäre er der erste Europäer gewesen, der noch vor Kolumbus das amerikanische Festland betreten hätte. Jedoch hat er wahrscheinlich nur die Ostküste Neufundlands erkundet. Von der nächsten Reise, die Cabot schon im folgenden Jahr mit fünf Schiffen in die nordamerikanischen Gewässer unternahm, kehrte nur ein Schiff, das kurz nach der Ausreise in Seenot geraten war, zurück, alle anderen verschwanden spurlos.[7]

Cabots Schilderungen der fischreichen Gewässer um Neufundland veranlassten vor allem portugiesische und englische Seeleute zu weiteren Reisen dorthin und schon wenige Jahre später steuerten größere Fischereiflotten aus England, der Bretagne und Portugal diese Fischgründe regelmäßig an.[8] Darüber hinaus scheinen sowohl die englische Krone als auch die einheimische Kaufmannschaft über Jahrzehnte hinweg das Interesse an weiteren Erkundungsfahrten nach Amerika verloren zu haben und die Initiative ging auf die Spanier über, die den südlichen Bereich Nordamerikas von ihren karibischen und mexikanischen Besitzungen aus zu erkunden begannen.

Auslöser für die spanischen Entdeckungsfahrten war vornehmlich die Suche nach Gold. Außerdem hoffte der spanische Gouverneur von Puerto Rico, Juan Ponce de León (um 1460–1521), als er 1513 mit einer Flotte nach Nordwesten aufbrach, den legendären Jungbrunnen, der eine ewige Jugend verhieß, zu finden. Er erreichte Florida und gab der Halbinsel diesen Namen aufgrund ihrer üppigen Küstenvegetation, zudem wurde auf dieser Fahrt erstmals der Golfstrom beschrieben. In den folgenden Jahren bemühte er sich in Spanien um die Erlaubnis zur Gründung einer Kolonie auf Florida und unternahm deshalb 1521 eine weitere Fahrt dorthin, wo er in Kämpfe mit Indianern verwickelt wurde und schließlich an einer Verwundung starb. Sieben Jahre später folgte ihm Pánfilo de Narváez (1470–1528), ein Gefolgsmann des Gouverneurs von Kuba, mit einer Flotte und vierhundert Mann. Nach der Landung an der Westküste Floridas sollte die Flotte weiter dem Küstenverlauf folgen, während ein Expeditionskorps zu Lande nach Gold, Sklaven und einem geeigneten Stützpunkt suchen sollte, bevor man sich wieder vereinigen wollte. Dieser Plan misslang, denn Flotte und Expeditionskorps verpassten sich, so dass die Flotte nach Mexiko zurückkehrte. Das Expeditionskorps war gezwungen, sich einfache Segelboote zu zimmern, die schließlich mit dem größten Teil der Mannschaften, einschließlich des Anführers, sanken.[9] Nur eine kleine Gruppe Überlebender erreichte die texanische Küste und begann, sich auf dem Landweg unter Führung von Alvar Núñez Cabeza de Vaca (um 1490–1557) westwärts nach Mexiko durchzuschlagen. Nach einer abenteuerlichen Wanderung erreichte Cabeza de Vaca mit drei Begleitern nach acht Jahren einen spanischen Stützpunkt im Nordwesten Mexikos. Seine eigene Schilderung dieser Wanderung[10] bezeugt sein Geschick im Umgang mit den Indianern, auf deren Unterstützung die Gruppe auf ihrer Wanderung zwingend angewiesen war. Da er anscheinend zumindest rudimentäre medizinische Kenntnisse besaß, trat er als Heiler auf und sicherte sich so die Gunst der jeweiligen indianischen Stämme. Aufgrund seiner „echten Anteilnahme an indianischer Lebens- und Daseinsform"[11], die Cabeza de Vaca in seinem Bericht über die Wanderung zum Ausdruck bringt, unterscheidet sich der Autor von sämtlichen anderen spanischen Conquistadoren jener Zeit, die ohne Interesse an der jeweiligen indianischen Kultur brutal gegenüber der indigenen Bevölkerung auftraten und nur an der Ausbeutung der jeweiligen Kultur und der Menschen als Arbeitssklaven interessiert waren.

1.44 | Amerika, Ausschnitt aus der Weltkarte von Diogo Ribeiro, 1527

FOLGENDE DOPPELSEITE:
2.16 | Karte von Neu-Frankreich, Kupferstich in: Samuel de Champlain: Les Voyage du Sieur de Champlain, 1613

ue del mundo Se ha descubierto fasta agora: hizola
POLVS MVNDI ARCTICVS
OCCEANVS SEPT
MARE HIPER
TIERA DE LABRA DOR
TIERA DE ESTEVA GOMEZ
TIERA DE AYLLON
TIERA DE GARAY
OCCEANVS OCCIDENTALIS
NVEVA ESPAÑA
YVCATAN
CVBA
GVATIMALA
MAR DEL SVR
CASTILLA DEL ORO
PERV
TIERA DEL BRASIL
MVNDVS NOWS.
TIERA DE PA TAGONES
TIERA DE FER NA DE MAGAL LAES
LEO
AVGVSTVS
VIRGO
SEPTEMBER
LIBRA
OCTOBR
SCORPIVS
POLVS MVNDI ANTARCTICVS
pitulaçõ que hizieron los catholicos Reyes de españ

CARTE GEOGRAPHIQVE DE LA NOVVELLE FRANSE FAICTTE PAR LE SIEVR
la forme des cabannes almouchicois
Contree des aquecoynch
Contree des sauuages apelles Les cheueux releues
grand lac contenant 300. lieux de long
chaousarou
Lac Contenant 15 Iournees des canaux des sauuages.
Contree des
yrocois
marte
C. hirotay
C. des algommequins
Contree de basaquan
montreal
grant sault
Lac de champlain
R. du pon
quebec
montaignais
R. du gas
C. blan
Malle barre
C. batturier
soupsonneuse
illes iettees
castor
sigue noc
bar
figures des montaignais
figure des sauuages almouchicois
Dauid pelletier fecit
la forme des citroulles
prune
cachy
groselle rouge
Raisains de 7 sortes
feuves de bresil
Obseruations daucunes desclinaisons de laimant que iay biain obseruees
Cap breton 14. de 50. m
C. de la heue 16 de 15. m
Baye ste marie 17. de 16. m
Port royal 17. de 8. m
Sainte croix 17. de 32. m
R. de narenbergue 18. de 40. m
Quinibequi 19. de 12. m
Malle barre 18. de 40. m
en la grand R. st lorans 21 degres
le tout obserue Par le sr de champlain 1612.
A. Port fortune
B. Baye blanche
C. Baye aux illes
D. Cap des illes
E. Port aux illes
F. Ille haulte
G. Ille des mont deserts
H. Cap cornelle
I. Illes aus
K. Cap des doux
L. Po^t aux mines
M. Cap fourchu
N. Cap Negre
O. Port du rousignol

HAMPLAIN SAINT TONGOIS CAPPITAINE ORDINAIRE POVR LE ROY EN LA MARINE
faict len 1612
Notes que en cette presante carte le nornordes sart pour le nor, et le ouoist norois pour louoist, sur coy lon sajdera pour sauoir les deuasion des degres de latitude, comme sy sestoit le vray est et ouoist et nor et su dautant que la dicte carte est fabriquee sur les bousolle de france qui nordeste
labrador
sturgon
Canadas.
lauteur na point encorre recongnu cette coste
chicheded
Golfe st lorans.
la grand baye
baye sauuage
Terre Neuue Ille
les Mons de Nostre dame
ille de sable
banguereaux
ban neuf
lou marin
le Grand ban.
chien de mer
ballame
saumon
molue
gros chabos
ouest norois
nornor dest
est suest
lieuxe
1612
5 10 15 20 30 40 50
Auec priuilege du Roy
lorant
de lile verte
aye senne
sainte Margrite
rt ste laine
rtires ille
es rengees
Y. Port de saualette
Z. Pasage duglas
&. Port aux anglois
2. Baye courante
3. Cap de potriuicourt
4. Ille grauee
5. Pasage couran
6. Baye de gennes
7. Ille perdue
8. Cap de mine
9. Port aux coquilles
10. Illes iumelles
11. C. st Iean
12. Langf ille
13. Laheromnerre ille
14. Illes rangees
15. Baye st luct
16. Passage du gas
17. Coste de mommorancy
18. Rx de champlain
19. Rx sainte marie
20. Ille dorleans
21. Ille de baqus.

Ein typischer spanischer Conquistador war auch Hernando de Soto (um 1498–1542).[12] Aus verarmtem Kleinadel stammend, war er 1514 mittellos in der Neuen Welt angekommen, durch seine Beteiligung an verschiedenen Feldzügen in Mittel- und Südamerika in der Militärhierarchie aufgestiegen und als Sklavenhändler wohlhabend geworden. 1537 wurde er zum Gouverneur von Kuba ernannt und begann eine Expedition nach Florida zu planen – wieder auf der Suche nach Gold, obwohl Cabeza de Vacas Bericht keineswegs auf irgendwelchen materiellen Reichtum bei den indianischen Kulturen des südlichen Nordamerika hindeutete. Mit neun Schiffen, Soldaten und Pferden landete er 1539 an der Westküste Floridas. Nach der Landung wurde seine Streitmacht bei der Wanderung gen Norden immer wieder in Guerillakämpfe mit Indianern verstrickt, die viele Opfer kosteten. Eine Routenänderung nach Westen ließ die Streitmacht den Mississippi erreichen, so dass de Soto als dessen Entdecker gilt. Jedoch erlag er kurz darauf dem Fieber. Der Rest seiner Truppe versuchte, wie Cabeza de Vaca den Landweg nach Südwesten einschlagend, spanische Stützpunkte in Mexiko zu erreichen. Jedoch kehrten sie zum Mississippi zurück, bauten Schiffe und erreichten schließlich 1543 Mexiko. Zeitgleich mit de Soto plante auch der Vizekönig von Neuspanien eine Expedition in den Süden Nordamerikas, nachdem ein in die Gegend des heutigen New Mexiko entsandter Franziskaner von einer reichen Stadt der Indianer berichtet hatte. 1540 wurde eine Streitmacht unter Francisco Vázquez de Coronado (1510–1554) in diese Region entsandt. Zwei Jahre marschierte er durch den Südwesten der heutigen USA, aber auch er fand keine Schätze bei den Pueblokulturen, mit denen er in – zumeist kriegerischen – Kontakt getreten war.

In den folgenden Jahrzehnten erlahmte das Interesse der Spanier an der Erkundung der Regionen nördlich von Mexiko. Hingegen trieb man von Acapulco aus die Erforschung der nordamerikanischen Pazifikküste per Schiff vo-

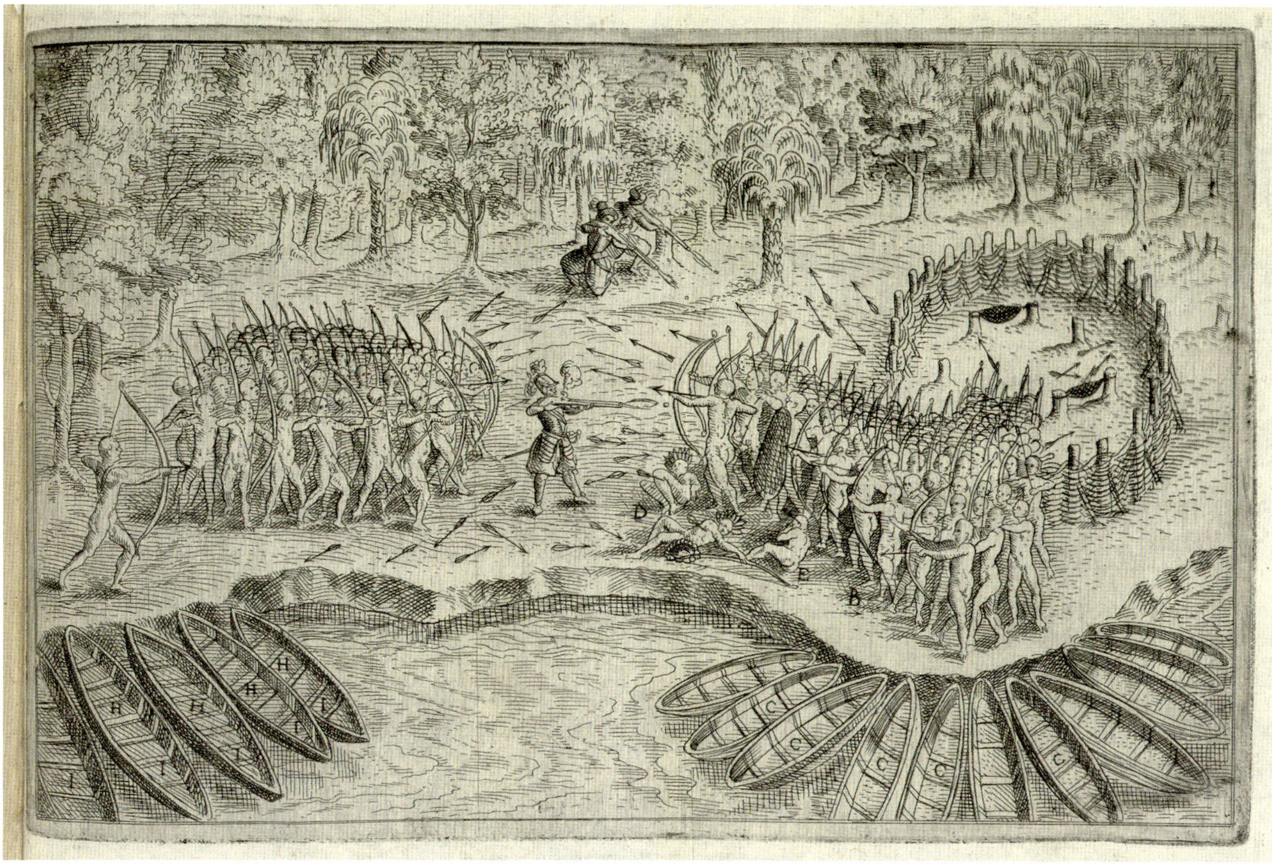

2.7 a+b | Kämpfe mit Indianern, Kupferstiche in: Samuel Champlain: Les Voyage du Sieur de Champlain, 1613

ran. Erst ab 1598 versuchte Juan de Oñate (1550–1626) in mehreren Landexpeditionen einmal wieder vergeblich den Südwesten der heutigen USA zu unterwerfen. Im 17. Jahrhundert waren es dann vor allem Missionare, die den spanischen Einfluss auf den Südwesten Nordamerikas verstärkten.[13] Jedoch gab es immer wieder Rückschläge, z.B. konnten revoltierende Pueblo-Indianer 1680 die 1609 gegründete Hauptstadt Neumexikos Santa Fe erobern und die spanischen Siedler vertreiben. Erst am Ende des 17. Jahrhunderts wurde Neumexiko durch militärische Operationen endgültig unterworfen, blieb jedoch auch danach eine periphere Region, in der um 1770 nur etwa 10.000 Spanier lebten. Allein an der Pazifikküste veranlasste die Forschungsreise des Vitus Bering (1681–1741) in russischen Diensten, der 1741 die nordamerikanische Küste erreichte, die Spanier zu verstärkten Aktivitäten: Neue Siedlungen wurden gegründet, darunter 1776 San Francisco, und die Erkundung der Küste bis hin ins heutige Alaska wurde vorangetrieben.[14]

Ab 1522 begann sich auch der französische König Franz I. (1494–1547) für die Westpassage nach Asien zu interessieren und beauftragte den italienischen Adligen und Kaufmann Giovanni da Verrazano (1485–1528) mit der Suche nach einer Durchfahrt zum Pazifik im Nordwesten.[15] Zudem engagierten sich Kaufleute aus Lyon und Bordeaux mit Kapital an dem Unternehmen. Mit einem Schiff stach Verrazano in See und erreichte im März 1524 Cape Fear im heutigen North Carolina. Um spanischen Schiffen aus Florida aus dem Weg zu gehen, entschloss er sich, auf nördlichem Kurs die Küste entlang zu segeln. Unter anderem erkundete er auch den Unterlauf des Hudson und beschrieb als erster den Ort, wo sich heute die Metropole New York befindet. Er folgte der Küste bis Cape Cod im heutigen Massachusetts auf 42° nördlicher Breite, um dann nach Frankreich zurückzukehren. Die Eindrücke seiner Reise fasste er in einem überlieferten Brief zusammen, den er kurz nach seiner Rückkehr an den König verfasste. Auffallend ist darin sein Interesse an den indianischen Kulturen und die positive Darstellung der Indianer, die in krassem Gegensatz zu den Schilderungen der spanischen Eroberer steht.

Franz I. verfolgte seine Pläne zur Entdeckung einer Nordwestpassage nach Asien weiter und beauftragte den bretonischen Seemann Jacques Cartier (1495–1557), mit zwei Schiffen nach Neufundland zu segeln, wo man zudem „Gold und andere kostbare Dinge" vermutete.[16] 1534 erreichte Cartier die Küste der heutigen kanadischen Provinz New Brunswick und nahm das Land feierlich für die französische Krone in Besitz. Nach seiner Rückkehr bereitete er sofort eine zweite Erkundungsfahrt vor, die ihn im folgenden Jahr in dieselbe Region führen sollte. Diesmal entdeckte er das Mündungsgebiet eines Stromes, dem er den Namen Sankt-Lorenz-Strom gab. Auf dem Strom stieß er bis Hochelaga, dem Zentrum des Huronenvolkes, vor und gründete dort die Siedlung Mont Royal, das heutige Montreal. All dies war nur möglich durch ein positives Verhältnis zu den Huronen, um das sich Cartier bemühte. Den folgenden Winter verbrachten die Franzosen wieder flussabwärts, wo man an der Stelle des heutigen Quebec ein Fort errichtet hatte. Während des harten Winters starben viele Franzosen aufgrund von Infektionskrankheiten und Skorbut, so dass man im Mai 1536 das Fort aufgab und nach Frankreich zurücksegelte. Allerdings war diese Reise Cartiers insofern folgenreich, als dass sie die politischen Ansprüche Frankreichs auf den Sankt-Lorenz-Strom und dessen bis zu den Großen Seen reichendes Hinterland begründete. So konnte sich in den folgenden Jahrzehnten die französische Kolonie *Nouvelle France* bilden und die Franzosen über das Einzugsgebiet des Stromes immer weiter nach Westen vorstoßen. Die dritte Reise Cartiers ins Sankt-Lorenz-Gebiet 1541 sollte die Gründung einer dauerhaften französischen Siedlung zum Ziel haben, jedoch scheiterte diese Unternehmung und die Überlebenden kehrten im Folgejahr nach Frankreich zurück.

Da Cartiers Reisen weder große Reichtümer gebracht, noch die Passage nach Asien ermöglicht hatten, unternahm die französische Krone vorerst keine weiteren Anstrengungen zur Erschließung des Sankt-Lorenz-Gebietes. Allein die französischen Protestanten unter Admiral Gaspard de Coligny (1519–1572) blieben weiterhin an Nordamerika als Exil für künftige Verfolgungen in ihrer Heimat interessiert. Auf Initiative Colignys hin erfolgten in den Jahren 1562 und 1564 zwei Versuche, französische Hugenotten an der Ostküste Floridas anzusiedeln. Diese scheiterten jedoch an mangelndem Nachschub (1562) bzw. wurden von einer spanischen Flotte, die den französischen Stützpunkt zerstörte, zunichte gemacht.[17] Ebenso schlugen weitere Versuche der Gründung von Kolonien im Mündungsbereich des Sankt-Lorenz-Stroms am Ende des 16. Jahrhunderts fehl und erst die Reisen von Samuel de Champlain (um 1567–1635) sollten den französischen Einfluss auf das Sankt-Lorenz-Gebiet langfristig sichern.

Über Champlains Herkunft ist wenig bekannt. Gesichert ist, dass er aus Brouage, südlich von La Rochelle, stammte und in spanischen Diensten auf Reisen nach Westindien und Mittelamerika seemännische Erfahrung gesammelt hatte. 1603 wurde er eingeladen, an einer Fahrt in das Sankt-Lorenz-Gebiet teilzunehmen, über die er einen Reisebericht verfasste.[18] Dieser Bericht bezeugt, wie systematisch er im Gegensatz zu den spanischen Konquistadoren bei seinen Unternehmungen vorging: Z.B. befragte er mittels indianischer Dolmetscher die Indianer, auf die er bei seinen Vorstößen traf, über ihre geografische Kenntnis der unbekannten Gebiete abseits und am Oberlauf des Stromgebietes. So erhielt er erste Informationen über die Regionen zwischen Hudson Bay und Sankt-Lorenz-Strom sowie über die Großen Seen im Westen. In den folgenden Jahren nahm er an einer Fahrt entlang der kanadischen Atlantikküste teil, die ebenfalls von ihm sorgfältig dokumentiert wurde.

Seine dritte Reise führte Champlain, diesmal in leitender Position, dann wieder an den Sankt-Lorenz-Strom. Ziel war es, hier eine Siedlung zu gründen, die mehrere Vorteile bot: „Sie war dem Zugriff der rivalisierenden Engländer entzogen, sie konnte gleichzeitig als Ackerbaukolonie und Pelzwarenumschlagplatz entwickelt werden; und sie konnte als Ausgangspunkt zu weiteren Expeditionen ins Landesinnere, hin zum Pazifik dienen, den zu erreichen immer

2.9 | America Pars Borealis, Florida, Baccalaos, Canada, Corterealis, Kupferstich in: Cornelis de Jode: Speculum Orbis terrarium, 1593

noch das wichtigste Fernziel Champlains blieb."[19] Im Juli 1608 wurde Quebec als erste dauerhafte Niederlassung in Kanada gegründet. Im folgenden Jahr erkundete er von Quebec aus das Gebiet südlich des Sankt-Lorenz-Stroms bis hin zu dem See, der seinen Namen erhalten sollte. Danach widmete er sich dem Ausbau Quebecs und unternahm erst 1613 und 1615 weitere Erkundungsreisen nach Westen bis hin zum Huronsee. Mit diesen Reisen erschloss er den Franzosen neue Handelsrouten für Pelze, die zum wichtigsten Exportgut Neu-Frankreichs werden sollten. Zugleich dokumentieren seine Berichte anschaulich die indianischen Kulturen, vor allem die der Huronen, die zu den engsten Verbündeten der Franzosen wurden und an deren Seite Champlain mehrmals gegen die verfeindeten Irokesen kämpfte.

Neben seinen eigenen Reisen initiierte Champlain weitere Erkundungsexpeditionen, vor allem in das Gebiet der Großen Seen. Durchgeführt wurden diese von Vertretern der Gruppen, die für das weitere Vordringen Frankreichs in Nordamerika während der folgenden Jahrzehnte entscheidend wurden: Waldläufer (*coureurs des bois*) und Missionare. Die Waldläufer lebten – wohl in bewusster Distanz zur französischen Kolonialgesellschaft – bei den Indianern und übernahmen deren Kultur. Im Kontakt zwischen Franzosen und Indianern hatten sie eine große Bedeutung: „Sie schlichteten Konfliktfälle, berieten die Missionare, organisierten den Pelzhandel [...]. Die entdeckerische Leistung der *coureurs de bois* war zweifellos erheblich; aber sie lässt

2.5 | Marterung französischer Jesuitenmissionare, Kupferstich in: François Du Creux: Historiæ Canadensis, 1664

sich nur schwer fassen, denn ein Reisejournal zu führen oder eine Kartenskizze zu verfertigen war ihre Sache nicht."[20]

Die in den Westen Kanadas vorstoßenden Missionare rekrutierten sich vor allem aus den Orden der Franziskaner sowie der Jesuiten. Die Jesuitenmissionare waren angehalten, ständig über ihre Reisen und ihre Tätigkeit bei den Indianern, deren Lebensweise sie teilten, zu berichten. Diese *Jesuitenrelationen*, die erste Missionszeitschrift überhaupt, wurden dann redigiert und gedruckt vom Orden in Frankreich herausgegeben. Jesuiten waren es auch, die um 1650 das Gebiet der Großen Seen für Frankreich erschlossen.[21]

Der Waldläufer Louis Jolliet (1645–1700) und der Jesuitenpater Jacques Marquette (1637–1675) unternahmen 1673 gemeinsam im Auftrag des Intendanten von Neu-Frankreich vom Michigansee aus eine Expedition nach Süden und entdeckten den Oberlauf des Mississippi, den sie bis zur Einmündung des Arkansasflusses in den Strom befuhren. Angeregt von ihren Erkundungsfahrten rüstete der Pelzhändler René Robert Cavelier de La Salle (1643–1687) eine Expedition aus, befuhr als erster Europäer den Mississippi bis zur Mündung und nahm das Mündungsgebiet für die französische Krone in Besitz, wobei er die Region zu Ehren des Königs „Louisiana" benannte.[22]

Unzweifelhaft war Frankreich im 17. Jahrhundert die europäische Macht, die sich am intensivsten um die Erkundung des nordamerikanischen Binnenlandes bemühte. Jedoch erfolgte keine kontinuierliche Förderung weder der Entdeckungen, noch einer planmäßigen Ansiedlung von Franzosen durch die Krone oder durch Handelsgesellschaften. Deshalb blieben die Aktivitäten wirtschaftlich auf den Pelzhandel, der große Gewinne realisierte, und auf die Gründung eines grobmaschigen Netzes von Handelsstationen konzentriert, während eine Erschließung der Gebiete, abgesehen vom Tal des Sankt-Lorenz-Stroms, durch Siedlungsgründungen und den Aufbau einer über den Pelzhandel hinausgehenden Wirtschaftsstruktur ausblieb.

England hatte sich nach der oben genannten Entdeckungsreise John Cabots im Auftrag König Heinrich VII. jahrzehntelang nicht in Nordamerika und im Nordwestatlantik engagiert, allein der Kabeljau- und Heringsfang bei den Neufundlandbänken wurde kontinuierlich weiterbetrieben. Dies änderte sich erst mit der Herrschaft Königin Elisabeths I. (1533–1603), als der Adlige Humphrey Gilbert (um 1539–1583) die Königin auf den Nutzen der Entdeckung einer Nordwestpassage für den englischen Handel mit Asien aufmerksam machte. 1583 brach er selbst, versehen mit einem Freibrief der Königin und finanziell von Kaufleuten aus Southampton unterstützt, mit einer Flotte auf und erreichte Neufundland, das er feierlich für die englische Krone in Besitz nahm, obwohl dies bereits 1497 durch Cabot geschehen war. Auf der Rückreise nach Europa ging Gilberts Schiff in einem Sturm unter und er selbst ertrank.

Schon Gilbert hatte in einem Traktat die Suche nach der Nordwestpassage mit der Gründung einer Siedlungskolonie auf nordamerikanischem Boden verbunden, um „diejenigen bedürftigen Landsleute anzusiedeln, welche die öffentliche Ruhe gefährden".[23] Diese Idee wurde dann von dem Theologen und Geografen Richard Hakluyt (um 1553–1616) 1584 in seinem Traktat *Discourse of Western Planting* aufgegriffen, das großen Einfluss auf die weiteren englischen Aktivitäten haben sollte. Schon im folgenden Jahr rüstete Gilberts Stiefbruder Walter Raleigh (um 1552–1618) eine Flotte aus und warb 250 Kolonisten und Soldaten an, um einen Stützpunkt in Nordamerika zu gründen. Auf der Insel Roanoke an der nördlichen Küste des heutigen North Carolina wurde ein Fort errichtet und eine Besatzung zurückgelassen. Aufgrund von Nahrungsmittelmangel und der sich verschlechternden Beziehungen zu den benachbarten Indianern wurde es im folgenden Jahr aufgegeben und die Überlebenden segelten mit einer Flotte Francis Drakes (1540–1596), der auf einer Kaperfahrt gegen die Spanier Roanoke angelaufen hatte, nach England zurück. Aber schon ein Jahr darauf unternahm Raleigh einen erneuten Versuch der Bemannung von Roanoke, dem man zu Ehren der englischen Königin den Namen *Virginia* gegeben hatte. Jedoch scheiterte auch dieser und 1590 fand eine Versorgungsflotte beim Eintreffen in Roanoke das Fort verlassen vor. Weitere englische Versuche zur Ansiedlung in Nordamerika erfolgten vorerst nicht. Trotzdem wurden die Erkundungsreisen zur nordamerikanischen Atlantikküste fortgesetzt, z.B. erforschte Bartholomew Gosnold (1572–1607), einer der späteren Gründer von Jamestown an der Chesapeake Bay, 1602 die Küste der späteren englischen Kolonie Neuengland, die ab 1620 besiedelt werden sollte.[24] Beide Siedlungsgebiete, sowohl Virginia als auch Neuengland, wurden dann von John Smith (um 1580–1631) auf zwei Reisen 1608 und 1614 kartografisch erfasst. Er war es auch, der der nördlichen Kolonie den Namen *New England* verlieh. Mit der Gründung dieser Kolonien war ein Hauptziel der englischen Entdeckungsfahrten erfüllt: Nicht mehr die Suche nach Gold war der Antrieb wie bei den Spaniern, auch nicht die Errichtung von Handelsstützpunkten für den Pelzhandel wie bei den Franzosen, sondern die Gründung von Siedlungskolonien, wie es gerade auch von John Smith in der Tradition Gilberts und Hakluyts propagiert wurde.

Mit John Smith bekannt war Henry Hudson (um 1565–1611), der auf der Suche nach der Nordwestpassage mehrere Reisen nach Grönland unternommen hatte, bevor er 1609 im Auftrag der niederländischen Ostindienkompanie eine Nordostroute nach Asien suchen sollte. Als am norwegischen Nordkap eine Meuterei der Besatzung drohte, entschloss er sich, die Asien-Passage westwärts zu suchen und segelte nach Neufundland. Von dort aus erkundete er die nordamerikanische Atlantikküste südwärts auf der Suche nach einem Durchlass gen Westen und befuhr dabei

2.2a | Indianerpaar beim Maisessen, kolorierte Zeichnung von John White, 1585–1593. London, British Museum: Reg-Nr. 1906,0509.1.20

als erster den Fluss, der nach ihm benannt werden sollte, den Hudson River. In der Folge unternahmen niederländische Seeleute weitere Fahrten in diese Region und gründeten 1624 Neu-Amsterdam, das heutige New York. Hudson selbst wurde nach seiner Rückkehr in England festgehalten, um ihn zu zwingen, seine Erfahrungen in den Dienst Englands zu stellen. Im Auftrag von Londoner Kaufleuten unternahm er schon 1610 eine neue Reise, die ihn in den Norden führte. Nach Entdeckung der riesigen Bucht, die heute seinen Namen führt, meinte er, die Nordwestpassage entdeckt zu haben. Jedoch war man gezwungen, an der Küste unter härtesten Bedingungen zu überwintern. Als Hudson seine Entdeckungsreise im folgenden Jahr fortsetzen wollte, meuterte die Besatzung und setzte ihn mit einigen Getreuen in einem Beiboot aus, was in diesen nördlichen Gewässern seinen sicheren Tod bedeutete.[25] In London wurde kurz darauf eine Gesellschaft zur Suche nach der Nordwestpassage gegründet, die *North-West Company*. Diese finanzierte ab 1615 zwei Polarreisen unter Führung von Robert Bylot und William Baffin (um 1584–1622), die endgültige Klarheit darüber brachten, dass es keine Nordwestpassage nach Asien gab.

Die Erschließung des Hinterlandes ihrer Siedlungskolonien durch die Engländer erfolgte sehr schleppend und erst um die Mitte des 17. Jahrhunderts wurde an einigen Stellen das Appalachengebirge, das sich vom Sankt-Lo-

renz-Strom bis Alabama erstreckt, erreicht. Zudem gab es „kaum Landkontakte zwischen den einzelnen Kolonien am Küstensaum, und einigermaßen regelmäßige Seeverbindungen spielten sich erst im nächsten Jahrhundert ein."[26] Anscheinend hatte die Urbarmachung und intensive Erschließung des Küstensaums Vorrang vor einer großflächigen Erkundung des Landes, was auch dem Bevölkerungsdruck und dem Wunsch der Siedler, eigenes Ackerland zu bewirtschaften, geschuldet war. Die in der zweiten Hälfte des 17. Jahrhunderts unternommenen Expeditionen dienten vor allem der Sicherung einer englischen Interessensphäre gegenüber den Franzosen im Norden und Westen sowie den Spaniern im Süden. In die Regionen westlich des Mississippi drangen Europäer erst im 18. Jahrhundert

2.2 b | Tanzende Indianer, kolorierte Zeichnung von John White, 1585–1593. London, British Museum: Reg-Nr. 1906,0509.1.10

vor. Vor dem *French and Indian War* waren es vor allem Franzosen, die aus dem Bereich der Großen Seen zur Ausweitung des Pelzhandels weiter nach Westen vorstießen. Nach dem Pariser Frieden 1763 und der darin festgelegten Übergabe Kanadas an Großbritannien übernahmen Engländer diese Aufgabe. Dem Schotten Alexander Mackenzie (1764–1820) blieb es vorbehalten, erstmals Nordamerika bis zum Pazifik zu durchqueren und so die wahre Ausdehnung des Halbkontinentes zu verifizieren. 1789 brach er zunächst vom Athabascasee in der heutigen kanadischen Provinz Alberta nach Norden auf und erreichte über den Fluss, der heute seinen Namen trägt, schließlich das Eismeer.

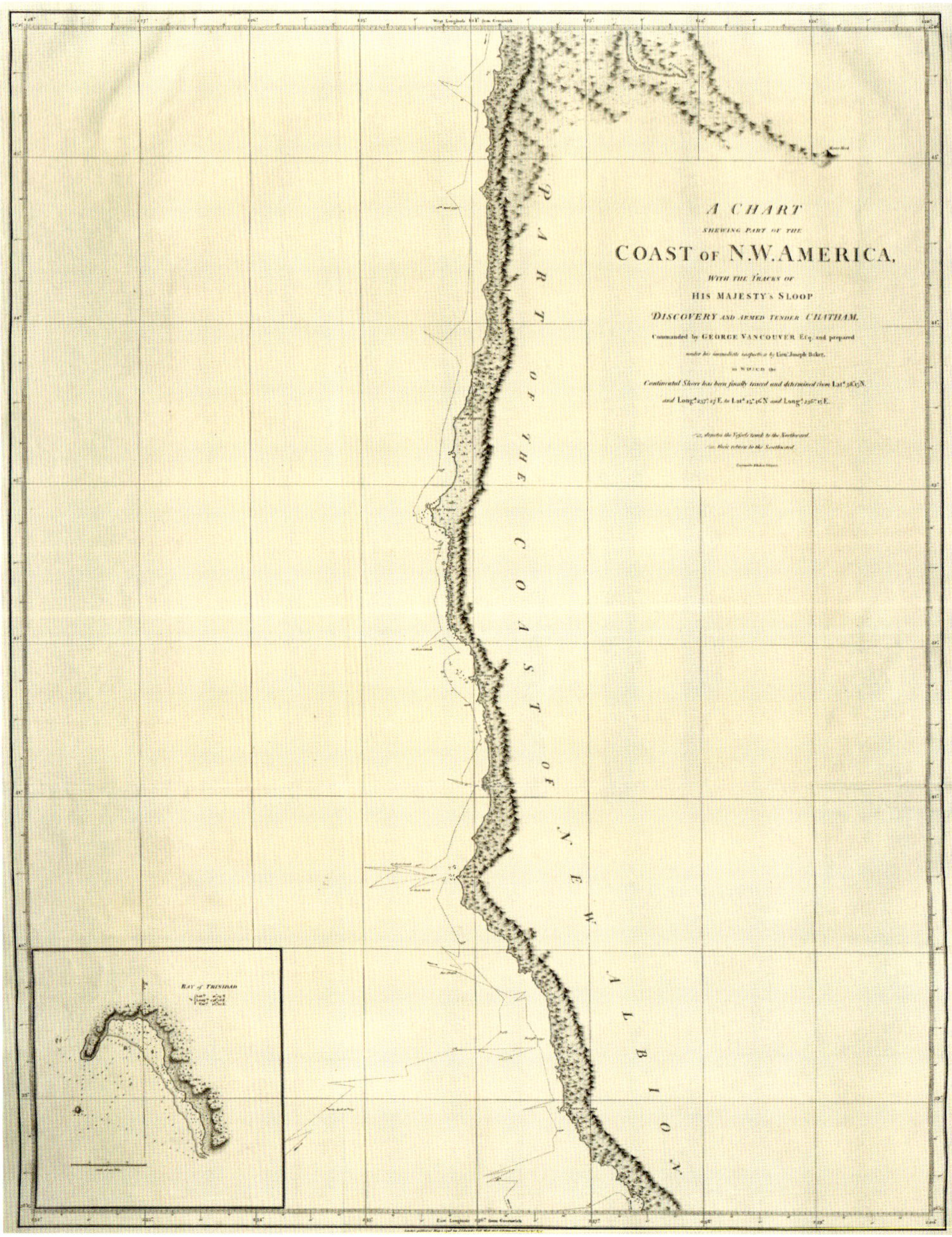


2.13 | A Chart Shewing Part of the Coast of N[orth] W[est] America, Kupferstich von John Warner, 1798

Auf seiner zweiten Reise 1791 wandte er sich dann nach Westen und erreichte am 20. Juli 1793 nördlich der Insel Vancouver die Pazifikküste.[27]

Von See aus war die nordamerikanische Pazifikküste schon 1579 von Francis Drake befahren worden, der ein Gebiet im heutigen Kalifornien unter dem Namen *Nova Albion* für die englische Krone in Besitz nahm.[28] In den Jahrhunderten danach wurde – wie schon erwähnt – die Erkundung der Pazifikküste von See aus vor allem von den Spaniern von Mexiko aus vorangetrieben. Erst mit James Cook (1728–1779) nahmen die Briten die Erforschung der nordamerikanischen Pazifikküste wieder auf, wobei das intensive spanische und russische Interesse an der Region wohl Auslöser für dessen Reise war. 1776 brach Cook auf der Ostroute über den Pazifik auf und erreichte zwei Jahe später die nordamerikanische Küste südlich der Insel Vancouver. Von dort vermaß er die Küste auf nördlichem Kurs bis hin zum Eismeer. Ihm folgte 1792 George Vancouver (1757–1798), der schon unter Cook gedient hatte. Zwei Jahre lang kartografierte er die Nordwestküste Nordamerikas und führte naturkundliche Untersuchungen durch.[29]

Gerade an den letztgenannten Reisen von Cook und Vancouver zeigen sich die qualitativen Veränderungen der Entdeckungsreisen nach und in Nordamerika seit dem 16. Jahrhundert. Während die Spanier unsystematische Vorstöße, meist auf der Suche nach Gold, unternommen hatten und die Franzosen durch Erkundung neuer Gebiete neben der Mission in erster Linie den profitablen Pelzhandel auszuweiten suchten, dienten die Entdeckungsreisen der zweiten Hälfte des 18. Jahrhunderts neben politischen vor allem wissenschaftlichen Zwecken. Man suchte das zu erforschende Gebiet genauestens geografisch zu erfassen und vermittels Karten und wissenschaftlichen Veröffentlichungen zu dokumentieren. Zudem waren im Zuge der Aufklärung der „internationale Austausch von Informationen durch die Reiseberichterstatter, die Diskussion der Forschungsergebnisse in den gelehrten europäischen Gesellschaften und die Vorbereitung neuer Reisen aufgrund des sorgfältig gesichteten bisherigen Forschungsstandes [...] selbstverständlich geworden."[30]

1 Zur Problematik des Begriffs „Entdeckung / Entdecker", bezogen auf einen Kontinent, der schon seit Jahrtausenden von Menschen besiedelt war, s. Urs Bitterli: Die Entdeckung Amerikas. Von Kolumbus bis Alexander von Humboldt. München ²2006 (Beck'sche Reihe), 11–24; Hermann Wellenreuther: Niedergang und Aufstieg. Geschichte Nordamerikas vom Beginn der Besiedlung bis zum Ausgang des 17. Jahrhunderts. Münster [u.a.] ²2004 (Geschichte Nordamerikas in atlantischer Perspektive von den Anfängen bis zur Gegenwart, 1), 13–16; beide Werke sind auf der Basis einer profunden Kenntnis der internationalen Literatur zum jeweiligen Thema verfasst worden, so dass weitere Literatur hier zu finden ist; eine Quellensammlung zur Entdeckungsgeschichte Nordamerikas bietet: New American World: a documentary history of North America to 1612. Vol. 1–5. Ed. by David B. Quinn. London 1979; zum Werdegang Kolumbus' und zu seinen vier Reisen nach Amerika: Bitterli, ebd., 45–92; zu den Kulturen in Nordamerika vor der europäischen Besiedlung: Wellenreuther, ebd., 28–70.

2 Zu den technischen Voraussetzungen der Entdeckungsreisen am Ende des 15. Jahrhunderts und zur spanisch-portugiesischen Konkurrenz im Seehandel: Bitterli, Entdeckung [s. Anm. 1], 27–45; Wellenreuther, Niedergang [s. Anm. 1], 17–26, 90–93.

3 Vgl. Bitterli, Entdeckung [s. Anm. 1], 49f.

4 Zu Amerigo Vespucci: Bitterli, Entdeckung [s. Anm. 1], 93, 112–117.

5 Vgl. Bitterli, Entdeckung [s. Anm. 1], 34–36.

6 Zitat nach Bitterli, Entdeckung [s. Anm. 1], 150 mit weiteren Verweisen.

7 Vgl. Bitterli, Entdeckung [s. Anm. 1], 150–152; Wellenreuther, Niedergang [s. Anm. 1], 93f.

8 Vgl. Bitterli, Entdeckung [s. Anm. 1], 152–155; Wellenreuther, Niedergang [s. Anm. 1], 94–97; Samuel Eliot Morison: The European Discovery of America. The Northern Voyages A.D. 500–1600. New York 1971, 225–228, 470–478.

9 Vgl. Bitterli, Entdeckung [s. Anm. 1], 101–106; Wellenreuther, Niedergang [s. Anm. 1],102–105.

10 Vgl. Alvaro Núñez Cabeza de Vaca: Naufragios De Alvar Núñez Cabeza de Vaca, Y Relacion De La Jornada, Que Hizo A La Florida Con El Adelantado Panfilo De Narvaez. In: Andrés González de Barcía Carballido: Historiadores Primitivos De Las Indias Occidentales [...]. Tomo I. Madrid, 1749; Bitterli, Entdeckung [s. Anm. 1], 333–337.

11 Bitterli, Entdeckung [s. Anm. 1], 337.

12 Vgl. Bitterli, Entdeckung [s. Anm. 1], 337–348; Wellenreuther, Niedergang [s. Anm. 1], 132f.

13 Vgl. Bitterli, Entdeckung [s. Anm. 1], 349–353.

14 Vgl. Bitterli, Entdeckung [s. Anm. 1], 433–442; an der Expedition von Bering nahm auch der Mediziner und Botaniker Georg Wilhelm Steller (1709–1746) teil, der in Halle studiert hatte; vgl.: Die Große Nordische Expedition. Georg Wilhelm Steller (1709–1746). Ein Lutheraner erforscht Sibirien und Alaska. Hg. v. Wieland Hintzsche u. Thomas Nickol. Gotha 1996.

15 Vgl. Bitterli, Entdeckung [s. Anm. 1], 156–161; Wellenreuther, Niedergang [s. Anm. 1], 110–121.

16 Zitiert nach: A collection relating to Jacques Cartier and the Sieur of Roberval. Hg. v. H. P. Biggar. Ottawa 1930, 42, nach Bitterli, Entdeckung [s. Anm. 1], 183; zu Cartier: 182–194; Wellenreuther, Niedergang [s. Anm. 1], 126–132.

17 Vgl. Bitterli, Entdeckung [s. Anm. 1], 122; Wellenreuther, Niedergang [s. Anm. 1], 135–138; in der Folge errichteten die Spanier 1565 in der Nähe die älteste heute noch bestehende europäische Siedlung in Nordamerika, nämlich St. Augustine, Florida.

18 Samuel Champlain: Les Voyage du Sieur de Champlain divisez en 2 Livres; ou Journal des Observations Faites es decouvertures de la Nouvelle France, tant en la description de terres p.p.p. qu'en la creance des peuples, leur superstition, faç de vivre, et de guerroyer. Paris, 1613; Bitterli, Entdeckung [s. Anm. 1], 354–365; Wellenreuther, Niedergang [s. Anm. 1], 198–207.

19 Bitterli, Entdeckung [s. Anm. 1], 358.

20 Bitterli, Entdeckung [s. Anm. 1], 360; Wellenreuther, Niedergang [s. Anm. 1], 237.

21 Vgl. Bitterli, Entdeckung [s. Anm. 1], 364–367; Wellenreuther, Niedergang [s. Anm. 1], 221–224.

22 Zu den politischen Rahmenbedingungen in Neu-Frankreich: Wellenreuther, Niedergang [s. Anm. 1], 455–458; zur Erkundung des Mississippi: Bitterli, Entdeckung [s. Anm. 1], 369–381.

23 Humphrey Gilbert: A Discourse of a Discoverie for a New Passage to Cataia. London: Henry Middleton for Richarde Ihones, 1576; Zitat nach: Bitterli, Entdeckung [s. Anm. 1], 163; zu Gilbert und Hakluyt: 162–165; Wellenreuther, Niedergang [s. Anm. 1], 144–147, 153–156.

24 Zu Raleigh, Roanoke und Gosnold: Bitterli, Entdeckung [s. Anm. 1], 165–173; Wellenreuther, Niedergang [s. Anm. 1], 146–150; zu John Smith: Bitterli, Entdeckung [s. Anm. 1], 176–179; Wellenreuther, Niedergang [s. Anm. 1], 57–61, 254–256; zu den englischen Siedlungen in Virginia und Neuengland vgl. den Beitrag von Mark Häberlein in diesem Band.

25 Zu Hudson: Bitterli, Entdeckung [s. Anm. 1], 179–181, 200–202; Hudson war nicht der erste Engländer, der die Nordwestpassage im Norden suchte, schon ab 1576 hatten Martin Frobisher (um 1537–1594) und John Davis (um 1543–1605) die Polarregion Nordamerikas erkundet (ebd., 194–200); zu den Reisen von Bylot und Baffin: 202f.; vgl. Wellenreuther, Niedergang [s. Anm. 1], 143–145, 413f.

26 Bitterli, Entdeckung [s. Anm. 1], 382; Zitat: 385.

27 Zur allmählichen Erschließung des nordamerikanischen Binnenlandes: Bitterli, Entdeckung [s. Anm. 1], 385–424; zu Mackenzie: 424–431.

28 Vgl. Bitterli, Entdeckung [s. Anm. 1], 349; zu Drake: Wellenreuther, Niedergang [s. Anm. 1], 142f.

29 Zu Cook und Vancouver: Bitterli, Entdeckung [s. Anm. 1], 437f., 442f.; zur Entdeckungsgeschichte des Nordpazifik: J. Arthur Lower: Ocean of Destiny. A concise History of the North Pacific 1500–1978. Vancouver 1978.

30 Bitterli, Entdeckung [s. Anm. 1], 439.

Mark Häberlein

# Vom neuen Kanaan – Die frühen Auswanderungen nach Nordamerika (1600–1730)

Die europäische Besiedlung Nordamerikas war ein langwieriger und vielschichtiger Prozess. Von einer zentralen Lenkung und Steuerung der Migration in die Neue Welt durch die Kolonialmächte England, Frankreich und die Niederlande kann keine Rede sein; als Akteure der Kolonisation traten Handelskompanien, Adlige, Unternehmer und religiöse Gemeinschaften auf, deren Bemühungen um die Rekrutierung von Migranten zur Entstehung sozial, ethnisch und religiös höchst unterschiedlicher Kolonialgesellschaften führten. Während einige Kolonien vor allem ledige junge Menschen anzogen, ließen sich in anderen bevorzugt Familien nieder, und während die Migrationsentscheidung vieler Europäer primär wirtschaftlich motiviert war, suchten andere in Amerika Zuflucht vor religiöser Verfolgung.[1] Um der Vielfalt europäischer Migrationen zwischen 1600 und 1730 gerecht zu werden, betrachtet der folgende Aufsatz die wichtigsten Kolonialregionen gesondert und arbeitet die Charakteristika der Migrationsströme in die jeweiligen Regionen heraus.

## Neu-Frankreich

Frankreich hatte bereits im 16. Jahrhundert versucht, eine Kolonie in Nordamerika zu gründen, aber erst nach 1600 konnte man unter der energischen Führung Samuel de Champlains (um 1567–1635) dauerhaft in Kanada Fuß fassen. 1608 entstand am Sankt-Lorenz-Strom die Siedlung Quebec, und 1641 wurde Montreal gegründet. Die Rekrutierung von Siedlern für den französischen Außenposten in der Neuen Welt erwies sich jedoch als schwierig: 1645 lebten dort nur 300 Europäer, für die der Pelzhandel mit den Indianern die wichtigste Einkommensquelle darstellte. Die katholische Kirche, die das Bildungswesen kontrollierte und unter den Indianern missionierte, übte großen Einfluss aus; Pelzhändler und Jesuitenmissionare trieben gemeinsam die Erkundung des Landesinneren voran.[2]

Eine Volkszählung im Jahre 1666 erfasste rund 3.200 Europäer in Neu-Frankreich. Zwei Drittel lebten auf dem Land, und die meisten Bauern bewirtschafteten Pachtgrundstücke auf großen Landgütern (*Seigneurien*), die sich meist in der Hand von Adligen und kirchlichen Institutionen befanden. Um die Besiedlung zu fördern und die Kolonie aus ihrer Abhängigkeit vom Pelzhandel zu befreien, bemühte sich der für Wirtschafts- und Kolonialpolitik zuständige Minister Colbert (1619–1683) verstärkt um die Rekrutierung von Migranten; die Auswanderung heiratsfähiger Frauen wurde zeitweilig durch Geldprämien gefördert. Da in Frankreich im späten 17. Jahrhundert Arbeitskräftemangel herrschte, erwies sich die Anwerbung jedoch als schwierig. Ungeachtet der agrarischen Prägung Neu-Frankreichs kam die Mehrzahl der französischen Siedler aus Städten; die meisten von ihnen waren zwischen 20 und 30 Jahre alt. Aufgrund des jugendlichen Alters der Migranten und hoher Geburtenraten hatte Kanada eine sehr junge Bevölkerung, die bis 1698 auf rund 14.000 Menschen anstieg. Damit blieb Neu-Frankreich allerdings weit hinter den englischen Kolonien zurück.[3]

## Neu-Niederland

Das niederländische Interesse an Nordamerika ging auf eine Erkundungsfahrt zurück, die der Engländer Henry Hudson (um 1565–1611) 1609 auf dem nach ihm benannten Fluss unternahm. Nach der Gründung der Westindischen Compagnie (WIC) 1621 lag die Verwaltung des Gebiets am Hudson in den Händen dieser privilegierten Handelsgesellschaft. 1624 brachte ein Schiff der WIC 30 Familien wallonischer Glaubensflüchtlinge aus den südlichen Niederlanden in die Kolonie; 1625 folgten drei weitere Schiffe. In den „provisorischen Anordnungen“ für die Verwaltung

3.8 | Das gelobte Land Georgia, Öl auf Leinwand, um 1735 (Detail)

# DOMINIA ANGLORUM in AMERICA SEPTENTRIONALI

Specialibus Mappis Londini primum a Mollio edita, nunc recusa ab Homannianis Hered.
[ juncta est mappulae D. facies ejus regionis quam Coloni Salisburg. incolunt ]

# DIE GROS-BRITAN[...] IN N[...]

in accuraten Special-Mappen nach d[...]
gegeben von Homae[...]

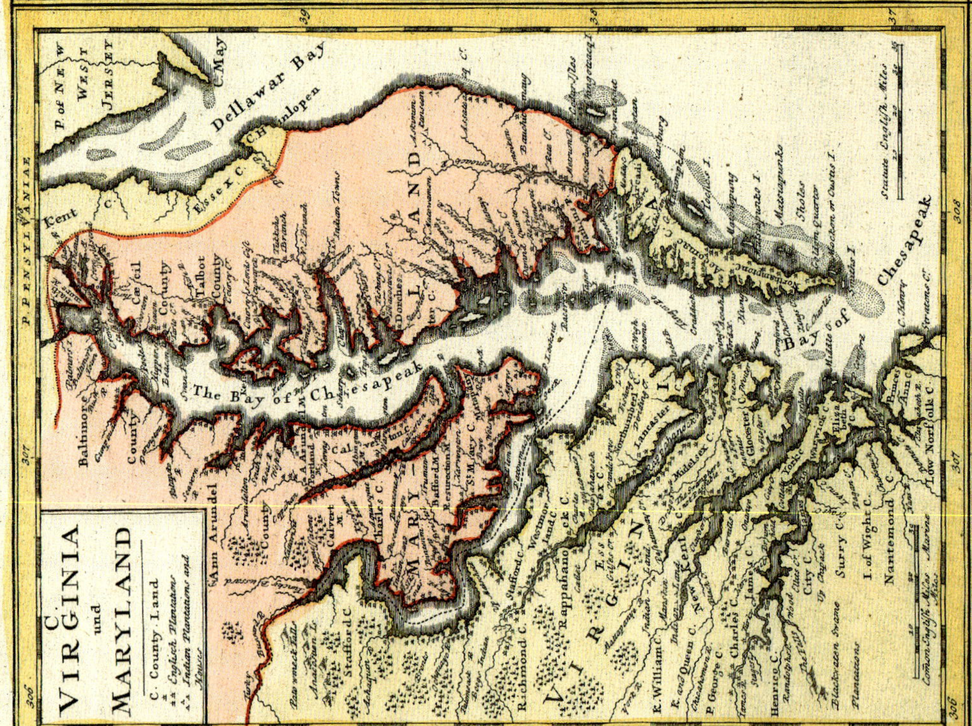

## ANMERCKUNGEN: ad TABUL. A.

Die Franzosen dürfen vermöge des Tract. von Utrecht bey der Insul New-Foundland nirgend als nur in derjenigen Gegend Fische fangen, und an dem Lande dörren, welche vom Cap: Bonavista an biss an das nördliche End der Insul reichet, von dar gegen westen herab und biss an Point Riche gehet. die Insul Cap Breton aber, ingleichen alle andere, die an dem Mund des Fl: Laurentii, ja im ganzen Golfo gleichen Nahm: liegen, überliess man in eben demselben Tractat, mit allen Freyheiten, ein oder mehr Forts allda anzulegen.

## ad TABUL: B.

Nachricht von den Posten auf dem vesten Land in Nord-America, wie dieselben von dem General Postmeister Amt angelegt worden: Die Posten aus dem West-America lauffen alle Freytag von Philadelphia aus, legen zu Burlington und Perth Amboy die dahin gehörigen Briefe ab, und komen in New York am Soñtag zu Nachts an; der weg zwischen Philadelphia und New York helt 106. Englische Meilen. Von New York gehet die Post alle Montag früh gegen Osten hinaus, u. komt Donnerst. Mittags in Seabrook an. Macht 150 Meilen. Daselbst gehet um eben die Zeit die Post von Boston wieder ab, u. wie die New Yorkische Post mit den Briefen aus Osten wieder zurukkehrt, so nimt jene die aus den Westen wieder mit. Paquete werden abgelegt in New London, Stomington, Insula Rhode, u. zu Bristol. Die Post von Boston nach Piscataway, ein weg von 70 Meilen, gibt Briefe ab zu Ipswich, Salem, zu Marblehead u: Newberry. Die Ämter sind angelegt zu Burlington, Pe[...] sex, New London u: Stomington in Coñecticott, auf der Ins: Rhode, zu [...] blehead u: NewBerry. Die 3. Ober Amt: sind in Boston, New York u: Philad[...]

## IROQUOIS

bestehen aus 4. Cantons, die werden von eben so viel Königen beh[...] alle gute Freunde der Engelländer. A°. 1710 kamen diese Prinze[...] ihre Dienste gegen die Franzosen in Canada anzubieten. und w[...] der mit ihrer Expedition auf Quebec 1711. nicht unglücklich ge[...] völcker ihnen grossen Dienst gethan haben. Denn sie vereinig[...] Mann mit dem General Nicholson bey dessen Zug gegen M[...]

Longitudines reductae sunt ad primu Meridianu per Insulam Ferri, qui a Parisiis distat 20 versus Occide[...]

Neu-Niederlands von 1624 schlugen sich die kommerziellen Interessen der WIC, aber auch die Absicht nieder, eine dauerhafte Siedlungskolonie zu errichten: Auswanderungswilligen wurde freie Überfahrt und freie Landzuteilung zugesichert. Innerhalb der Gesamtstrategie der WIC blieb Neu-Niederland gegenüber Brasilien und der Karibik allerdings ein Nebenschauplatz, und in der dünn besiedelten Kolonie entwickelte sich der Pelzhandel wie in Neu-Frankreich zum wichtigsten Erwerbszweig.[4]

Da die WIC in den Anfangsjahren Verluste machte und viele der ersten Siedlerfamilien wieder nach Europa zurückkehrten, wurde Neu-Niederland 1628/29 auch für private Investoren geöffnet. Unternehmer, die binnen vier Jahren 50 Kolonisten nach Amerika transportierten, sollten ausgedehnte Landgüter (Patroonships) am Hudson erhalten, auf denen ihnen umfangreiche administrative und gerichtsherrliche Befugnisse und sämtliche Erträge zustanden. Aufgrund des hohen Kapitalbedarfs und diverser Fehlschläge wurden die meisten Patroonships bereits nach wenigen Jahren wieder aufgegeben. Auf längere Sicht erwies sich nur eines dieser feudalen Landgüter als lebensfähig: Rensselaerswyck unweit der heutigen Stadt Albany, das dem reichen Amsterdamer Kaufmann Kiliaen van Rensselaer (vor 1596–nach 1643) gehörte. Zwischen 1630 und 1644 kamen mindestens 174 Personen, zumeist ledige junge Männer, als Kolonisten nach Rensselaerswyck. Neben Farmern und Landarbeitern waren auch Handwerker, die van Rensselaer mit der Aussicht auf hohe Löhne gelockt hatte, und neben Niederländern eine Reihe von Deutschen und Skandinaviern unter den Kolonisten. Um 1660 zählte die Siedlung etwa 200 Einwohner. Trotz van Rensselaers intensiver Bemühungen blieb es angesichts der Prosperität des Mutterlandes und der Attraktivität anderer überseeischer Ziele (Ostindien, Brasilien) schwierig, Kolonisten für Neu-Niederland zu rekrutieren.[5]

Von 1657 bis 1664 verstärkte sich der Zustrom an Einwanderern, und die Bevölkerung Neu-Niederlands wuchs von rund 3.500 auf etwa 9.000 Einwohner. Vor allem jüngere Familien kamen in diesen Jahren nach Nordamerika, um sich als Farmer zu etablieren. Da neben reformierten

3.1 | Die Gros-Britannische Colonie-Laender in Nord-America in accuraten Special-Mappen, um 1740

3.5 | Porträt von Pieter Stuyvesant, Öl auf Holz, um 1665. Collection of the New-York Historical Society: Accession # 1909.2

Niederländern auch deutsche und skandinavische Lutheraner sowie Angehörige religiöser Minderheiten zuwanderten, hatte Neu-Niederland einen ausgesprochen pluralistischen Charakter. Der Gouverneur Pieter Stuyvesant (1612–1672) musste neben den Lutheranern und englischen Puritanern, die Gemeinden auf Long Island gründeten, entgegen seiner persönlichen Überzeugung auch einigen Dutzend Juden eine begrenzte religiöse Toleranz gewähren, die als Flüchtlinge aus Brasilien kamen, das die Niederländer 1654 wieder an Portugal verloren hatten. Als die Engländer die Kolonie 1664 eroberten, traten sie die Herrschaft über eine ethnisch und religiös heterogene Bevölkerung an und es dauerte Jahrzehnte, ehe die Niederländer sich dem Anglisierungsdruck der neuen Machthaber beugten und ihre Sprache, ihre Erbsitten und die traditionelle Bauweise ihrer Wohnhäuser allmählich aufgaben, zumal religiöse Toleranz und die Gültigkeit des niederländischen Erbrechts den Kolonisten im Kapitulationsabkommen zugesichert worden waren. Die niederländisch-reformierte Kirche war noch um 1700 die mitgliederstärkste Religionsgemeinschaft in New York und der Nachbarkolonie New Jersey.[6]

### Virginia und Maryland

Wie im Fall Neu-Niederlands standen bei der Gründung Virginias kommerzielle Motive im Vordergrund. Nach dem Ende des englisch-spanischen Seekriegs (1604) schlossen sich Kaufleute aus London, Plymouth und Bristol 1606 zur Virginia Company zusammen. Die Londoner Gruppe beschloss, Siedler in die Neue Welt zu schicken, um dort Handelsgüter für sie zu produzieren. Ende 1606 segelten die ersten 105 Kolonisten nach Virginia, wo sie im April 1607 eintrafen. Die Gruppe bestand aus 35 Gentlemen, 40 Soldaten, einem Arzt, einem anglikanischen Geistlichen und einer Reihe von Handwerkern und Arbeitern. Nur wenige Kolonisten verfügten über die für den Aufbau einer Siedlung nötigen Fähigkeiten und Farmer fehlten gänzlich. Viele waren hingegen Glücksritter, die auf Goldfunde oder die Eroberung eines indianischen Reiches hofften. Der Leiter der Expedition, Christopher Newport (1561–1618), wählte eine Landzunge im James River als Siedlungsplatz aus, wo der Ort Jamestown entstand.[7]

Der Aufbau der neuen Siedlung war von enormen Problemen begleitet: Die Lage Jamestowns am Rande eines Sumpfgebiets erwies sich als ungünstig, das Wasser wurde in den Sommermonaten salzig und zahlreiche Siedler erkrankten an Typhus, Ruhr und Malaria. Da kaum Felder gerodet und Getreide ausgesät worden war, vermochte die Siedlung lediglich durch den Handel mit den Indianern zu überleben. Obwohl nur 35 Kolonisten den ersten Winter überstanden, sicherte das Eintreffen neuer Siedler – darunter der ersten Frauen – 1608 den Fortbestand Jamestowns. Die folgenden Jahre waren durch interne Auseinandersetzungen und Konflikte mit den lokalen Powhatan-Indianern überschattet. Im Winter 1609/10 wurden die Engländer von einer katastrophalen Hungersnot heimgesucht, im Zuge derer die Bevölkerung von 500 auf 60 absank. Erneut sicherte nur das Eintreffen von Verstärkung das Überleben der Kolonie. Um die Besiedlung zu fördern, vergab die

2.16 | Ansicht von Québec, Kupferstich in: Samuel de Champlain: Les Voyage du Sieur de Champlain, 1613

DV SIEVR DE CHAMPLAIN. 187

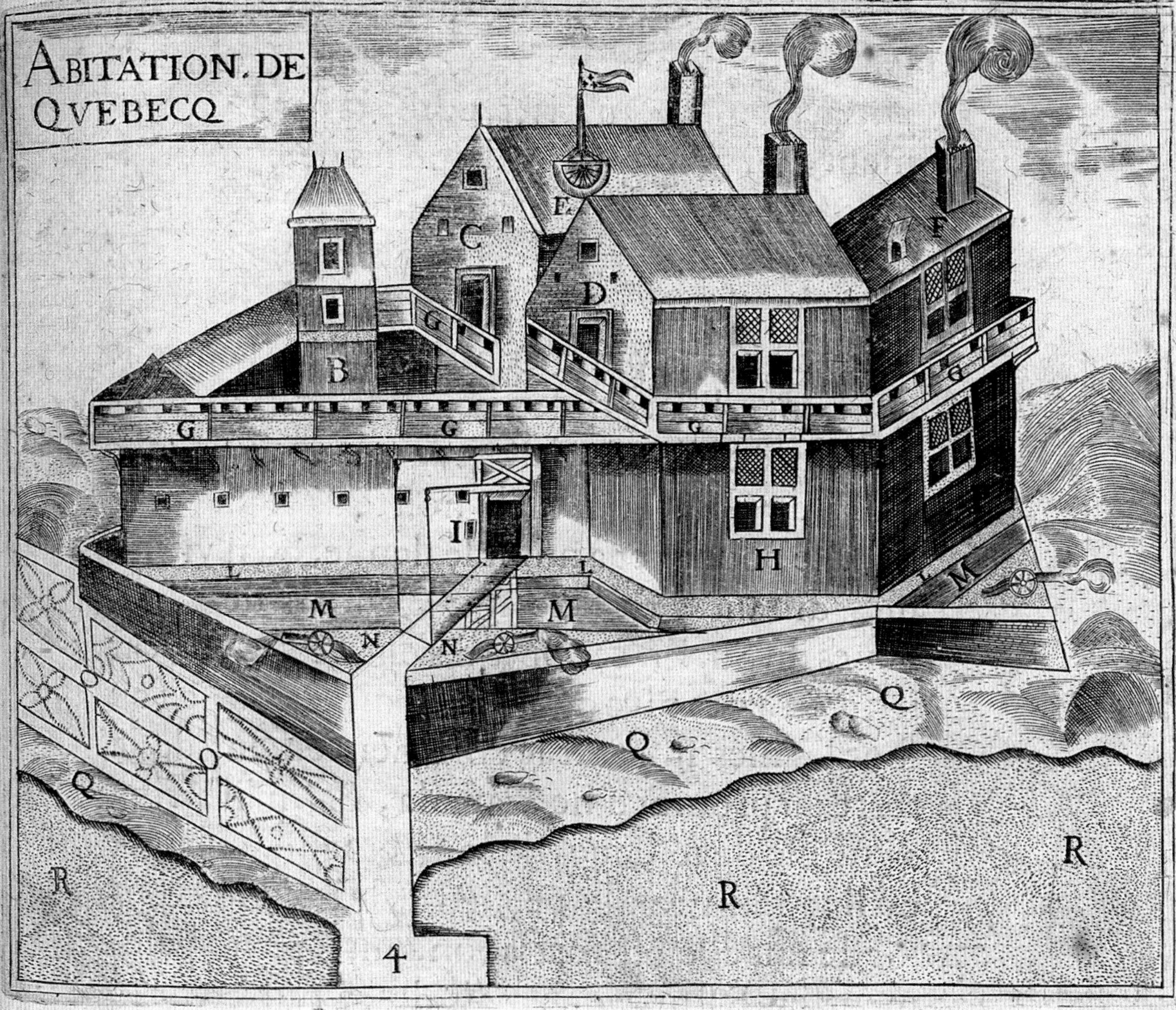


A Le magazin.
B Colombier.
C Corps de logis où sont nos armes,& pour loger les ouuriers.
D Autre corps de logis pour les ouuriers.
E Cadran.
F Autre corps de logis où est la forge, & artisans logés.
G Galleries tout au tour des logemens.
H Logis du sieur de Champlain.
I La porte de l'habitation,où il y a Pont-leuis.
L Promenoir autour de l'habitation contenant 10. pieds de large iusques sur le bort du fossé.
M Fossés tout autour de l'habitation.
N Plattes formes,en façon de tenailles pour mettre le canon.
O Iardin du sieur de Champlain.
P La cuisine.
Q Place deuant l'habitation sur le bort de la riuiere.
R La grande riuiere de sainct Lorens.

Aa ij

NOWEL AMSTERDAM
EN LAMERIQVE 1672
La Nouvelle HOLANDE en l'Amerique
Lacs des Iroquois peuples tres Cruels
Nouvel Amster dam
Le Fort D'orange
Mer du Nort
A. het Tuchthuys cesta dire Maison de Dicipline, aussi en icele sont renfermez des Faineans que lon fait travailler.
la Iustice
Le Chateau de
Place de la Bourse
lieu ou sapréte le bois de racine ou onde appelle Wagschot
Bureau des Entrees
Lamirauté
Mer du
AMSTELODAMVM NOVUM, Vrbs est in Noua Belgica inter Virginiam et Nouam Angliam, ab Hollandis exstructa Ita celebris est, habitantium multitudine, ac urbanitate, plenissimi portus amplitudine, Ædificiorum structura, Templorum Superbia, admirabili Situ, Longitudineque et Latitudine sua, ut meritò Belgæ eam Amstelodamj sui nomine insigniuerint. Caput est totius nouæ Hollandiæ, Soli mira fertilitate sua maxime commendandi, Vitium Sylvestrium copia, Arborum ad Ædifica et Naues etiam maximas idonearum abundantia, plantarum herbarumque multitudine, quarum quædam elegantissimos fructus fruunt et quædam ad medicinam faciendam utiles iudicantur. Regionem hanc ab aliquot iam annis Hollandi sub auspiciis ordinum Confederatæ Belgicæ lustrarunt et patriæ suæ nomine appellarunt. Eadem ibi Politiæ forma quæ in ueteri Hollandia, cura prædictorum ordinum exercetur, sub quorum est ditione.
LE NOVUEL AMSTERDAM, est une
le Angleterre, elle est si celebre pour sa
la belle Structure de ses Temples, et Sup
Amsterdam, de luy donner son nom.
ble. Elle abonde en Vignes, Arbres prop
beaux fruicts, et dautres sont propres
leur nom. Elle est sous la puissance
mescontens se retirent souuent.

3.4 | Ansicht von Neu-Amsterdam, kolorierte Radierung von Gerard oder François Jollain, 1672. Collection of the New-York Historical Society: Negative #76191

Virginia Company seit 1618/19 Unterpatente an Privatpersonen und Gruppen, die auf eigene Rechnung Kolonisten nach Virginia transportierten; die Aktionäre und Siedler, die vor 1616 nach Virginia gekommen waren, erhielten nun 100 acres (rd. 40 Hektar) Land zur privaten Nutzung zugeteilt. Neueinwanderer erhielten 50 acres, und wer die Überfahrt einer anderen Person bezahlte, erwarb ebenfalls ein Anrecht auf Land. Darüber hinaus wurden den Amtsträgern der Kolonie bestimmte Mengen an Land und Arbeitskräften zugebilligt.[8]

Von 1618 bis 1623 schickte die Virginia Company über 4.000 Kolonisten in die Neue Welt, zumeist Pächter und Kontraktarbeiter (*indentured servants*). Während des ganzen 17. Jahrhunderts kamen 70 bis 85 Prozent der weißen Kolonisten als unfreie Arbeiter in die Region. Diese *indentured servants* bezahlten ihre Überfahrt nicht selbst und mussten dafür bis zu sieben Jahre für einen Dienstherren arbeiten; sie waren zumeist zwischen 15 und 24 Jahre alt, männlichen Geschlechts, häufig ungelernt und stammten aus dem Einzugsgebiet der großen Hafenstädte, vor allem Londons und Bristols. Nach Ablauf ihrer Dienstzeit erlangten sie ihre Freiheit und die Möglichkeit, selbst Landbesitz in Virginia zu erwerben. Aufgrund der hohen Sterblichkeit und der schwierigen Lebensbedingungen erreichte jedoch nur eine Minderheit dieses Ziel. Außerdem entsandte die Virginia Company eine Reihe von Fachkräften, um in Virginia Eisenwerke und Glashütten zu errichteten sowie die Seidenraupenzucht und die Gewinnung von Pech, Pottasche und Tauwerk zu etablieren. Ein indianischer Überraschungsangriff im März 1622, dem fast 350 Siedler zum Opfer fielen, bedeutete für die Kolonie jedoch einen schweren Rückschlag. Eine 1624/25 vorgenommene Volkszählung ergab, dass damals 1.218 Personen in Virginia lebten. Angesichts der Tatsache, dass seit 1607 über 7.000 Menschen ins Land gekommen waren, verdeutlicht dies die extrem hohe Sterblichkeit, die die Kolonie in ihren Anfangsjahren plagte. Über 75 Prozent der Virginier waren männlich, mehr als drei Viertel jünger als 30 Jahre. Fast 90 Prozent waren in Europa geboren, und über 500 der 1.218 Kolonisten waren unfreie Arbeiter.[9]

Um 1630 stabilisierte sich die Kolonie allmählich, zumal der Anbau und Export von Tabak ihr ein solides wirtschaftliches Fundament gaben. Die Bevölkerung Virginias wuchs bis 1660 auf etwa 25.000. Kamen in den 1630er und 1640er Jahren etwa 8.000 bis 9.000 Einwanderer pro Jahrzehnt, so verdoppelte sich die Zahl der Neuankömmlinge zwischen 1650 und 1680 auf 16.000 bis 20.000 pro Jahrzehnt. Die Mehrzahl der Einwanderer waren nach wie vor *indentured servants*, doch ließen sich auch Angehörige höherer Schichten der englischen Gesellschaft und Familien in Virginia nieder. Bei den freien Einwanderern handelte es sich allerdings vorwiegend um Männer jüngeren Alters. Sie kamen zumeist aus Südengland, insbesondere dem Großraum London und der Gegend um Bristol, und waren selten Farmer, sondern entstammten dem Landadel (*Gentry*) oder hatten kaufmännische und handwerkliche Berufe ausgeübt. In der 1634/35 gegründeten Nachbarkolonie Maryland wuchs die Zahl der Kolonisten durch Einwanderung von 2.500 (1660) auf etwa 13.000 (1675). Durch die Zuwanderung von Quäkern, Presbyterianern und anderen religiösen Minderheiten wurde die Bevölkerung Marylands, das die Eigentümerfamilie Calvert ursprünglich als Zufluchtsort für in England verfolgte Katholiken geplant hatte, zunehmend heterogener.[10]

### Neuengland

Im November 1620 erreichte die *Mayflower* nach einer 65-tägigen stürmischen Überfahrt mit 102 Passagieren Cape Cod. Ungefähr ein Drittel der Passagiere gehörte zur Gemeinschaft der Pilgrims, einer separatistischen Richtung des Puritanismus, die England 1608 wegen ihrer religiösen Ansichten verlassen und ein Jahrzehnt im Exil in Holland gelebt hatten. Der Begriff Puritanismus bezeichnet eine protestantische Erneuerungsbewegung, die Kritik an Liturgie, Dogma und Hierarchie der englischen Staatskirche übte und eine strikte Orientierung des Gottesdienstes wie des Alltags an der Hei-

2.10 | Karte eines Teils von Virginia und Darstellung der Abenteuer von John Smith, Kupferstich in: John Smith: The general history of Virginia, New-England and the Summer Isles, 1624

Coniurer.
Their
Idoll
A Preist
Their Coniuration about C. Smith 1607
C.Smith taketh the King of Pamavnkee prisoner 1608
A description of part of the adventures of Cap: Smith in Virginia.
The Countrey wee now call Virginia beginneth at Cape Henry distant from Roanoack 60 miles, where was Sr. Walter Raleigh's plantation: and because the people differ very little from them of Powhatan in any thing, I have inserted those figures in this place because of the conveniency.
Mountaynes forest
Waldens Oake
LD: Lenox rocks
Mangoack Richmonds
Howards Mountaynes
Stuards reach
Beddfords valley
Moratuck flu:
Ramushonoq
L: Salvage Rocke
Beauchamps playne
Ohanoack
Chawanok flu:
Alice
Smith-feild
Pananaioc
Secota
Anadales chase
Setuoc
Metocaum
Catoking
Purchace Iles
Maraton
Mecopen
Mascoming
Segars grove
Chisapeack
Cotan
Cecils Harbor
Tamasqueack
Chepanu
Abigails Iles
Paquinip
Heriots Ile
Townsrows end
Layn flu:
Pasquenock
Mildmaids roade
C. Henry
P. Box
Pomeiock
P. Corbett
P. Bacon
P. Barkley
Roanoack
Arundells Ile
P. Vaughan
Essex Ile
Worcester inlet
Abbots Ile
Greenevills rode
Hertfords Ile
Amidas
A Scale of 10 Leaves.
1 2 3 4 5 6 7 8 9 10
Vincere est viuere
King Powhatan comands C.Smith to be slayne, his daughter Pokahontas beggs his life his thankfullness and how he subiected 39 of their kings, reade ye history.
printed by Iames Reeve
...d extracted out of ye Generall history of Virginia, New England, and Somer Iles, by Robert Vaughan.

ligen Schrift, Autonomie der Kirchengemeinden, strenge Kirchenzucht und die Ausrichtung der Lebensführung auf Arbeit und religiöse Andacht propagierte. Die von den Pilgrims gegründete Siedlung New Plymouth blieb indessen recht klein: Um 1660 zählte sie etwa 3.000 Personen, die von Landwirtschaft und Fischfang lebten.[11]

Ungleich größere Dimension hatte die Migration von Puritanern in die 1629 gegründete Kolonie Massachusetts Bay. 1630 kamen die ersten zwölf Schiffe mit 900 Siedlern dort an und bis 1642 wanderten etwa 20.000 Engländer nach Neuengland aus. Diese Auswanderungswelle wurde später als Great Migration bezeichnet. Obwohl sie im Vergleich zu den Migrationen an die Chesapeake-Bucht und in die Karibik kleiner und von kürzerer Dauer war, schuf sie die Grundlagen für die Kolonisation der Region. Im Gegensatz zu Virginia, wo ein großer Teil der Neuankömmlinge binnen kurzer Zeit verstarb, überlebten die meisten Teilnehmerinnen und Teilnehmer der Great Migration die ersten Jahre nach ihrer Überfahrt und wurden somit zu einer echten Gründergeneration Neuenglands. Außerdem war die Great Migration von Familienverbänden und Personen aus den mittleren Rängen der englischen Gesellschaft geprägt, deren religiöse Überzeugung ein wichtiges Wanderungsmotiv bildete. In den 1630er Jahren versuchten König Karl I. (1600–1649) und Erzbischof William Laud (1573–1645), die Einheit der englischen Staatskirche wiederherzustellen und die Puritaner durch Visitationen, Bücherzensur, Enteignungen, Ausweisungen und Verhaftungen zur Anpassung zu zwingen. Vor diesem Hintergrund sahen sich führende Puritaner wie John Winthrop (1588–1649) als Akteure in einem Drama von historischer Tragweite, in dem es um nicht weniger ging als die Rettung des Volkes Gottes und die Bewahrung des Glaubens vor der Korruption und dem moralischen Verfall Englands. Winthrop brachte den Vorsehungsglauben und Auserwähltheitsgedanken der Puritaner besonders eloquent zum Ausdruck. „We must consider that we shall be as a City upon a Hill," teilte er seinen Mitreisenden 1630

3.9 | Die Trustees of Georgia empfangen eine Delegation der Creek-Indianer, Öl auf Leinwand von William Vereelst, 1734. Wilmington (DE), Winterthur Museum, Gift of Henry Francis du Pont: 1956.0567

an Bord des Schiffs *Arbella* mit. „The eyes of all people are upon us." Dieser Gedanke einer besonderen Bestimmung wirkt im amerikanischen Selbstverständnis bis heute nach.[12]

Neben religiösen Motiven spielten auch wirtschaftliche und politische Gründe wie die schwierige Situation des englischen Textilgewerbes, Unzufriedenheit mit der Steuerpolitik der Krone und der Wunsch, lokale Traditionen und Autonomierechte vor dem Zugriff der staatlichen Zentralgewalt zu bewahren, eine wichtige Rolle. In starkem Kontrast zur Auswanderung in die Chesapeake-Kolonien, die von ledigen jungen Männern geprägt war, wurde die Great Migration nach Neuengland vor allem von Familien getragen und innerhalb der von hoher geografischer Mobilität geprägten englischen Gesellschaft des 17. Jahrhunderts stellten die Puritaner aus dem Südosten Englands (East Anglia, Kent), von denen viele tief in ihren Gemeinden und regionalen Traditionen verwurzelt waren, ein ausgesprochen konservatives Element dar. Auch die Neuengland-Auswanderer waren indessen recht jung: Zwei Drittel waren zwischen zehn und 39 Jahre alt, nur rund ein Zehntel 40 Jahre oder älter. Für die Entwicklung Neuenglands bedeuteten die starke religiöse Orientierung und hohe kulturelle Homogenität der Migranten, dass die Voraussetzungen für demografisches Wachstum und die Bildung stabiler Gemeinden günstig waren. Um 1660 zählte Massachusetts bereits rund 18.000 Einwohner, und puritanische Kolonisten besiedelten auch New Hampshire und das Connecticut-Tal. Die Religion spielte im öffentlichen Leben eine große Rolle, was in der Verbindung von Kirchenmitgliedschaft und politischer Teilhabe in Massachusetts besonders augenfällig wird, und die Puritaner legten großen Wert auf familiären und kommunalen Zusammenhalt. Die Kehrseite dieses ausgeprägten Kommunalismus waren eine rigide soziale Kontrolle und geringe Toleranz gegenüber anderen Lebensformen und Bekenntnissen.[13]

### Pennsylvania

Während die Auswanderungen nach Virginia, Maryland und Neuengland primär von Engländern geprägt waren, zogen das 1664 eroberte New York und die Koloniegründungen während der Herrschaft des Stuart-Königs Karl II. (1660–1685) – Carolina, New Jersey und Pennsylvania – auch schottische und kontinentaleuropäische Siedler an. Hugenotten, die Frankreich nach der Rücknahme des Edikts von Nantes 1685 verlassen hatten, siedelten sich in New York und Carolina an[14] und New Jersey war stark von Quäkern und schottischen Presbyterianern geprägt.[15]

Besondere Anziehungskraft übte indessen Pennsylvania aus, das der Koloniegründer William Penn (1644–1718) als „heiliges Experiment" konzipierte, in dem Glaubensfreiheit herrschen und Menschen unterschiedlicher Herkunft und Konfession harmonisch zusammenleben sollten. Penn, der 1667 zum Quäkertum übergetreten war und sich in zahlreichen Schriften für religiöse Toleranz und Gewissensfreiheit einsetzte, hatte sich seit 1676 an Planungen für die Kolonisation New Jerseys beteiligt und dabei Erfahrungen im Hinblick auf die Gründung einer eigenen Kolonie gesammelt. Die Quäker waren eine Mitte des 17. Jahrhunderts gegründete Glaubensgemeinschaft, die zur Einfachheit des frühen Christentums zurückzukehren suchte. Anders als die Puritaner glaubten sie, dass jeder Mensch von Gott errettet werden und sein inneres Licht erfahren könne. Das Konzept des inneren Lichts nahm eine so zentrale Position in ihrer Theologie ein, dass die Vermittlung durch ausgebildete Geistliche als überflüssig erachtet wurde und auch die Autorität der Heiligen Schrift dahinter zurücktrat. Da Quäker überdies den Militärdienst, die Entrichtung von Kirchenzehnten und Eidesleistungen verweigerten, vor Höhergestellen nicht den Hut zogen und sich durch ihre schwarze Kleidung von ihrer Umwelt abhoben, wurden sie als Gefahr für die soziale und politische Ordnung angesehen; Tausende ihrer Anhänger saßen nach 1660 in England im Gefängnis. William Penn war der Sohn eines Admirals, der sich während des englischen Bürgerkrieges königstreu verhalten hatte, und verfügte über gute Verbindungen zum Königshof. Da die Krone seiner Familie 16.000 Pfund schuldig war, gelang es ihm 1681, ein königliches Patent für eine Koloniegründung im noch spärlich von Europäern besiedelten Gebiet am Delaware-Fluss zu erhalten.[16]

Penn konnte zwar nicht alle seine Pläne verwirklichen – vor allem in finanzieller Hinsicht brachte die Kolonie

3.6 | Penns Vertrag mit den Indianern, Öl auf Leinwand von Benjamin West, 1771/72. Philadelphia, The Pennsylvania Academy of Fine Arts, Gift of Mrs. Sarah Harrison (The Joseph Harrison, Jr. Collection): 1878.1.10

ihm und seiner Familie nicht den erhofften Gewinn – doch seine Zusicherung von Religionsfreiheit für alle, die an einen Gott glaubten, erlangte bleibende Bedeutung. In Pennsylvania gab es keine staatlich privilegierte Kirche, und niemand war verpflichtet, eine Religionsgemeinschaft zu unterstützen. Im 18. Jahrhundert mussten die Vertreter europäischer Obrigkeitskirchen wie die deutschen Lutheraner und Reformierten erst lernen, mit diesem Grundsatz der Freiwilligkeit in religiösen Belangen umzugehen. Das Recht, öffentliche Ämter zu bekleiden, blieb allerdings auf Christen beschränkt.[17] Ferner gelang es Penn, kapitalkräftige Investoren zu gewinnen, denen er den günstigen Erwerb großer Ländereien und Grundstücke in der neu gegründeten Stadt Philadelphia in Aussicht stellte. Außerdem propagierte er seine Kolonie in Werbeschriften, die in Übersetzungen auch in den Niederlanden und im Rheinland kursierten. Bis Ende 1685 kamen 8.000 Einwanderer nach Pennsylvania und 1699 zählte die Kolonie etwa 15.000 Einwohner. Die meisten der frühen Kolonisten kamen aus England, Schottland und Wales; eine Mehrheit waren Quäker. Bereits vor der Gründung Pennsylvanias lebten allerdings kleine Gruppen niederländischer, schwedischer und finnischer Siedler am Delaware, und 1683 trafen die ersten deutschen Einwanderer ein und gründeten Germantown, die erste geschlossene deutsche Ansiedlung in Nordamerika.[18]

Die herausragende Führungspersönlichkeit Germantowns war Franz Daniel Pastorius (1651–1719). Der Sohn des Bürgermeisters der Reichsstadt Windsheim hatte an

3.7 | Pastorius-Denkmal: Die ersten Amerikaauswanderer von Krefeld nach Germantown, 19. Jahrhundert

mehreren Universitäten Jura studiert und in Altdorf promoviert. 1679 war er nach Frankfurt gegangen und hatte sich dort den Saalhofpietisten um Johann Jakob Schütz (1640–1690) und Johanna Eleonore von Merlau (1644–1724) angeschlossen. Von 1680 bis 1682 begleitete er einen jungen Adligen auf dessen Kavalierstour. Wachsende Abneigung gegen die akademische und juristische Praxis seiner Zeit, Unbehagen über die Lebensführung der europäischen Eliten und Differenzen mit seinem Vater führten schließlich zu Pastorius' Bruch mit der als moralisch korrumpiert empfundenen Alten Welt. Den Anlass für seine Auswanderung bildete der Erwerb einer Option auf 15.000 Morgen Land in William Penns Kolonie durch die Saalhofpietisten, die daraufhin eine Teutsche Landcompagnie bildeten. Ihre Absicht, geschlossen nach Amerika überzusiedeln und so dem sündhaften Europa zu entfliehen, wurde jedoch nicht realisiert. Im August 1683 traf Pastorius mit neun Begleitern in Philadelphia ein und erreichte in Verhandlungen mit William Penn, dass der Frankfurter Gesellschaft drei Grundstücke in der Stadt und 15.000 Morgen Land zugeteilt wurden, auf dem er im Oktober 1683 mit einer Gruppe Krefelder Einwanderer Germantown gründete. Bei den Krefeldern handelte es sich zumeist um mennonitische Leinenweber, von denen einige zum Quäkertum übergetreten waren. Bis 1702 wuchs die Bevölkerung Germantowns auf rund 230 an. Pastorius' Briefe und Berichte an Verwandte, Freunde und Auftraggeber in Europa, die wiederholt gedruckt wurden, vermitteln ein Bild der schwierigen Anfänge und allmählichen Fortschritte der Siedlung; sie heben den natürlichen Reichtum des Landes hervor und zeugen von Sympathie für die Indianer. Aufgrund seiner Bildung und Erfahrung nahm Pastorius als Dolmetscher und Notar eine führende Stellung in Germantown ein und bekleidete zahlreiche öffentliche Ämter. 1688 unterzeichnete er mit drei weiteren Einwohnern die erste in Nordamerika verfasste Protestschrift gegen die Sklaverei. Obwohl er in Quäkerversammlungen aktiv war und zeitweilig an der Quäkerschule in Philadelphia unterrichtete, hatte die Praxis einer frommen Lebensführung für ihn einen höheren Stellenwert als konfessionelle Fragen.[19]

Als studierter Jurist und produktiver Autor war Pastorius unter den frühen deutschen Amerikaauswanderern zwar eine Ausnahmeerscheinung; charakteristisch ist jedoch die Prägung der transatlantischen Migration um 1700 durch radikale Pietisten und religiöse Minderheiten, die die Neue Welt als Zufluchtsstätte und „neues Kanaan“ sahen. 1694 siedelte sich eine Gruppe religiöser Einsiedler um Johannes Kelpius (1673–1708), die sich „Das Weib in der Wüste“ nannten, von den Ideen der Rosenkreuzer beeinflusst und stark von Endzeiterwartungen durchdrungen waren, am Wissahickon Creek an. In der ursprünglichen Wildnis Nordamerikas wollten sie das Jüngste Gericht erwarten.[20] Mennoniten aus der Schweiz, dem Elsass und der Pfalz wanderten mit finanzieller und logistischer Unterstützung Amsterdamer Glaubensbrüder nach Pennsylvania aus und bildeten prosperierende Gemeinden im Hinterland Philadelphias.[21] Als der Strom deutscher Einwanderung seit den 1720er Jahren anschwoll, stellten täuferische und radikal-pietistische Gruppen zwar nur noch eine Minderheit der Migranten; als Pioniere und Meinungsführer der deutschsprachigen Auswanderung in die Neue Welt haben Männer wie Pastorius und der 1724 emigrierte, zur Religionsgemeinschaft der Dunker gehörende Drucker Christoph Saur (1695–1758) das Bild Pennsylvanias als Land der Freiheit und Asyl für verfolgte religiöse Minderheiten jedoch nachhaltig geprägt.[22]

[1] Eine ausführliche Darstellung bietet Hermann Wellenreuther: Niedergang und Aufstieg. Geschichte Nordamerikas vom Beginn der Besiedlung bis zum Ausgang des 17. Jahrhunderts. Münster [u.a.] 2000 (Geschichte Nordamerikas in atlantischer Perspektive von den Anfängen bis zur Gegenwart, 1); ders.: Ausbildung und Neubildung. Die Geschichte Nordamerikas vom Ausgang des 17. Jahrhunderts bis zum Ausbruch der amerikanischen Revolution 1775. Münster [u.a.] 2001 (Geschichte Nordamerikas in atlantischer Perspektive von den Anfängen bis zur Gegenwart, 2); für einen knapperen Überblick vgl. Philipp Gassert [u.a.]: Kleine Geschichte der USA. Stuttgart 2007, 20–62.

[2] Vgl. Wellenreuther, Niedergang [s. Anm. 1], 191–237.

[3] Vgl. Wellenreuther, Niedergang [s. Anm. 1], 447–454; ausführlich Leslie Choquette: Frenchmen into Peasants. Modernity and Tradition in the Peopling of French Canada. Cambridge, Mass. 1997.

[4] Vgl. Oliver A. Rink: Holland on the Hudson. An Economic and Social History of Dutch New York. Ithaca, NY 1986, 24–93; Wellenreuther, Niedergang [s. Anm. 1], 413–417.

[5] Vgl. David Steven Cohen: How Dutch Were the Dutch of New Netherland? In: New York History 62, 1981, 43–60; Rink, Holland [s. Anm. 4], 94–116, 139–158; Wellenreuther, Niedergang [s. Anm. 1], 417–422; zu den deutschen Siedlern vgl. Christian Gellinek: „Those Damn Dutch“. The Beginning of German Immigration in North America during the Thirty Years' War. Frankfurt/Main 1996.

[6] Vgl. Rink, Holland [s.Anm. 4], 158–171, 223–263; Wellenreuther, Niedergang [s. Anm. 1], 422–428; Joyce D. Goodfriend: Before the Melting Pot. Society and Culture in Colonial New York City, 1664–1730. Princeton 1992.

[7] Vgl. James Horn: A Land as God Made It. Jamestown and the Birth of America. New York 2005; Wellenreuther, Niedergang [s. Anm. 1], 248–257.

[8] Vgl. Edmund S. Morgan: American Slavery – American Freedom. The Ordeal of Colonial Virginia. New York 1975, 44–91; Wellenreuther, Niedergang [s. Anm. 1], 257–268.

[9] Vgl. Irene W.D. Hecht: The Virginia Muster of 1624/5 As a Source for Demographic History. In: William and Mary Quarterly, Third Series 30, 1973, 65–92; Morgan, American Slavery [s. Anm. 8], 92–130; Wellenreuther, Niedergang [s. Anm. 1], 268–282.

[10] Vgl. Russell R. Menard: British Migration to the Chesapeake Colonies in the Seventeenth Century. In: Colonial Chesapeake Society. Hg. v. Lois Green Carr [u.a.]. Chapel Hill 1988, 99–132; James Horn: Adapting to a New World. English Society in the Seventeenth-Century Chesapeake. Chapel Hill 1994, 24–77, 136–146; Wellenreuther, Niedergang [s. Anm. 1], 282–297.

[11] Vgl. Wellenreuther, Niedergang [s. Anm. 1], 297–312.

[12] Vgl. Virginia DeJohn Anderson: New England's Generation. The Great Migration and the Formation of Society and Culture in the Seventeenth Century. Cambridge [u.a.] 1991.

[13] Vgl. T.H. Breen: Puritans and Adventurers. Change and Persistence in Early America. New York, Oxford 1980; Richard Archer: New England Mosaic. A Demographic Analysis of the Seventeenth Century. In: William and Mary Quarterly, Third Series 47, 1990, 477–502; Roger Thompson: Mobility and Migration. East Anglian Founders of New England, 1629–1640. Amherst, Mass. 1994; Wellenreuther, Niedergang [s. Anm. 1], 313–352.

[14] Vgl. dazu jetzt Susanne Lachenicht: Hugenotten in Europa und Nordamerika. Migration und Integration in der Frühen Neuzeit. Frankfurt/Main, New York 2010.

[15] Vgl. Ned Landsman: Scotland and its First American Colony, 1683–1765. Princeton 1985.

[16] Vgl. The World of William Penn. Hg. v. Richard S. Dunn u. Mary M. Dunn. Philadelphia 1986.

[17] Vgl. J. William Frost: A Perfect Freedom. Religious Liberty in Pennsylvania. New York, Oxford 1990.

[18] Vgl. Wellenreuther, Niedergang [s. Anm. 1], 546–555.

[19] Vgl. Klaus Deppermann: Pennsylvanien als Asyl des frühen deutschen Pietismus. In: Pietismus und Neuzeit 10, 1984, 190–212; Rüdiger Mack: Franz Daniel Pastorius – sein Einsatz für die Quäker. In: Pietismus und Neuzeit 15, 1989, 132–171.

[20] Vgl. Elizabeth W. Fisher: „Prophesies and Revelations“: German Cabbalists in Early Pennsylvania. In: Pennsylvania Magazine of History and Biography 109, 1985, 299–333; Deppermann: Pennsylvanien [s. Anm. 19].

[21] Vgl. Richard K. MacMaster: Land, Piety, Peoplehood. The Establishment of Mennonite Communities in America, 1683–1790. Scottsdale, Pa. 1985.

[22] Vgl. Mark Häberlein: Wirtschaftliche und politische Eliten unter den deutschsprachigen Einwanderern in Nordamerika im 18. Jahrhundert. In: Deutsche Eliten in Übersee (16. bis frühes 20. Jahrhundert). Büdinger Forschungen zur Sozialgeschichte 2004 und 2005. Hg. v. Markus A. Denzel. St. Katharinen 2006 (Deutsche Führungsschichten in der Neuzeit, 27), 19–44.

Wolfgang Splitter

# August Hermann Franckes Briefwechsel mit Cotton Mather und seine Sicht auf Amerika

August Hermann Franckes (1663–1727) Bekanntschaft mit dem puritanischen Theologen Cotton Mather (1663–1728) in Neuengland ist seit den 1890er Jahren Gegenstand wissenschaftlicher Forschung. Als Pionier auf diesem Gebiet hat sich der deutschstämmige Harvard-Professor Kuno Francke (1855–1930) bleibende Verdienste um die Sichtung und Veröffentlichung der relevanten Quellen erworben.[1] Allerdings hat sich im Zuge der Rezeption seiner Artikel, in denen dieser Briefwechsel als ein langer und intensiver Gedankenaustausch erscheint, die subjektive Quellendeutung späterer Interpreten von der objektiven Quellenlage verselbständigt mit dem Ergebnis, dass diese Korrespondenz nunmehr weithin als ein frühes Beispiel globaler Kommunikationsnetzwerke gilt.[2] Dabei wird jedoch übersehen, dass eine solche Sicht den nüchternen Fakten nicht standhält. Denn – das will der vorliegende Beitrag zeigen – diese rein postalischen Kontakte vollzogen sich mitnichten als ein stringenter, stimulierender Diskurs, dessen intellektuelle Früchte im wechselseitigen Geben und Nehmen reiften und der Nachwelt reichen Ertrag brachten. Vielmehr ähneln die Briefe in der Zusammenschau einer Loseblattsammlung gelehrter Betrachtungen der Zeitläufte in ihrem ewigen Spannungsfeld von Gott und Welt, Glaube und Unglaube, Gemeinwohl und Eigennutz. Waren diese klugen Reflektionen auch geleitet von Jesu Geboten der Wortverkündigung und Nächstenliebe, so wurden sie nicht zuletzt getrieben von dem ganz profanen Zwang, die eigenen guten Werke zum Zwecke der Spendenwerbung mit etwas Stolz und Eitelkeit ins rechte Licht zu rücken.

Bei allem Interesse August Hermann Franckes für fremde Völker und Kulturen existierte Amerika eher am Rande seines Blickfeldes. Gewiss: Beginnend schon in den frühen 1690er Jahren und vermehrt nach der Jahrhundertwende erhielt er frühe Berichte deutscher Amerikareisender, las er in Briefen aus Pennsylvania und Virginia über die Situation der ersten deutschen Siedler dort, erfuhr er aus erster Hand von deren schwierigen Lebens- und Arbeitsbedingungen und von dringenden Bitten um Hilfe beim Aufbau lutherischer Gemeinden, über die er sich dann mit seinem väterlichen Freund und Lehrer Philipp Jakob Spener (1635–1705) und anderen interessierten Persönlichkeiten austauschte.[3] Auch an der Betreuung der „über 13.000 ‚Palatines'", die im Herbst 1709 „in Notlagern bei London auf eine Gelegenheit zur Überfahrt nach Amerika [warteten]",[4] nahm er regen Anteil, nachdem ihn sein ehemaliger Schüler Anton Wilhelm Böhme (1673–1722), nun einflussreicher Prediger an der deutschen Hofkapelle St. James in London, und andere Korrespondenzpartner über Einzelheiten und Hintergründe dieser ersten Massenauswanderung von Deutschen nach Übersee in Kenntnis gesetzt hatten.[5] Dennoch war und blieb Franckes Hauptaugenmerk eindeutig auf „Ostindien" gerichtet, zumal das Auswanderungsgeschehen in Nordamerika mit dem Eintreffen immer neuer landsmannschaftlicher Gruppen und religiöser Gemeinschaften zusehends unüberschaubarer wurde. Insofern muss weniger die Tatsache verwundern, dass die Anfänge seiner Kontakte mit Cotton Mather ebenso im Dunkeln liegen wie deren Ende und Intensität, als die stoische Gleichgültigkeit, mit der die Forschung diese Kenntnislücken akzeptiert hat, während sie weiterhin der These von der Francke-Mather-Korrespondenz als dem Prototyp eines frühen transatlantischen Netzwerkes anhängt. Dabei lassen sich die vorhandenen Versatzstücke zu einer flüchtigen Skizze fügen, die Franckes Bild von einer Weltgegend ahnen lässt, die für ihn auch dann noch „Westindien" oder „die Neue Welt" blieb, als die Europäer längst die Schwelle zum dritten Jahrhundert ihrer Landnahme dort überschritten hatten.

3.2 | Ansicht von Boston, kolorierter Kupferstich, um 1730. Providence (RI), John Carter Brown Library, Brown University: 65-155 (Detail)

4.1 | Cotton Mather, Schabkunst von Peter Pelham. Washington DC, National Portrait Gallery, Smithsonian Institution: NPG.86.1

In der Literatur werden sechs Jahreszahlen als Zeitpunkte der Kontaktaufnahme zwischen Francke und Mather (1702/03, 1709, 1711, 1712 und 1714) genannt und drei weitere als Zeitpunkte des Endes von deren Korrespondenz (1724, 1726 und 1728) angegeben.[6] Mithin beträgt die Dauer des Briefwechsels zwischen zehn und 26 Jahren, während derer nachweislich sechs Poststücke von Francke oder Mather verfasst und versandt wurden. Allesamt auf lateinisch geschrieben, stammen sie aus den Jahren 1711, 1712, 1714, 1715, 1719 und 1724. Vier dieser sechs Briefe sind noch im Original vorhanden. In drei Fällen ist Mather der Autor[7] – so wie auch im fünften Schreiben, dessen Wortlaut in zwei Kopien von seiner und von unbekannter Hand dokumentiert ist.[8] Der sechste Brief, aus Franckes Feder, traf zwar in London ein, ging aber wohl auf dem Weg nach Boston verloren.[9] Mathers Briefe zählen zusammen maximal 16 Folio-Seiten,[10] während Franckes einziges erhaltenes Schriftstück 47 Folio-Seiten aufweist, dessen größter Teil auf seine Darstellung der Stiftungen entfällt. Dass sich Francke selbst ein drittes Mal an Mather gewandt hat, lässt sich nicht belegen. Allerdings sandte Johann Heinrich Callenberg (1694–1760) unter dem Datum 27. März 1722 einen Bericht über die Glauchaschen Anstalten, der auf Franckes Veranlassung hin entstanden sein dürfte.[11] Gut ein Jahr später erwähnte Francke in einer Vorlesungsreihe an der Friedrichs-Universität seine Korrespondenz mit Mather.[12] Dieser wiederum bestätigt in seinen Tagebüchern weder den Versand von Schreiben an Francke noch den Eingang von dessen Briefen.[13] Immerhin bekundet er in sechs Einträgen seine Absicht, dem „Freund“ in Halle zu schreiben.[14] In den beiden Standardbiografien über Francke von Gustav Kramer (1806–1888) und Erich Beyreuther (1904–2009) ist von Mather mit keinem Wort die Rede.[15]

In seinem ersten überlieferten Brief an Francke berichtet Mather am 28. Mai 1711, dass eine englische Übersetzung von dessen Schrift *Die Fußstapfen des noch lebenden und waltenden liebreichen und getreuen Gottes* in den Kirchen Nordamerikas eine neue Leidenschaft für das Christentum entfacht habe.[16] Voll des Lobes für das Hallesche Waisenhaus, das auch in Amerika bekannt sei, bittet Mather dessen Gründer, ein Stück Gold als Spende anzunehmen. Am 10. Januar 1712 ließ Mather einen zweiten Brief folgen, der im Wesentlichen den Inhalt des ersten zusammenfasst.[17] Sein drittes und längstes Schreiben an Francke, wahrscheinlich von 1715, ist der ergiebigste Teil ihrer Korrespondenz. Entschieden widerspricht Mather der europäischen Vorstellung, dass Jesus keine Kenntnis von Amerika gehabt habe und es daher jene „Finsternis“ sei, in die laut Mt 25,30 der „unnütze Knecht“ geworfen werde und wo „Heulen und Zähneklappen“ herrschen werden. Längst strahle die Sonne des Evangeliums auch über Neuengland mit seinen 200 Siedlerkirchen und 30 Gemeinden bekehrter Indianer. Hier, mehr als anderswo, werde das wahre Christentum in Ehren gehalten und seien Mission und Ökumene in dieser „Endzeit“ auf viel versprechendem Wege. Überhaupt sei Amerika besser als Europa für die Sache Christi gerüstet. Deshalb formuliert er 14 Axiome, auf die er alle Konfessionen zur Ausbreitung der Botschaft Jesu verpflichten möchte. Mather, der den Halleschen Pietismus als Teil einer Reform- und Christianisierungsbewegung ansieht, hebt die herausragende Rolle der Universität zu Halle bei der Heranbildung tatkräftiger Theologen hervor. Am Ende kommt er auf seine Schriften zu sprechen, besonders auf seine Geschichte des Christentums in Amerika,[18] und macht dem Waisenhaus ein Geldgeschenk.

In seinem vierten und letzten Brief vom 23. Juni 1724 klagt Mather über die Schlechtigkeit der Welt, der allein durch konsequente Evangelisation zu wehren sei. Da die Universitäten meist säkular orientiert seien, mangele es an fähigen Predigern. Die hallische Universität jedoch verdiene höchstes Lob als eine „Dienerin der Frömmigkeit", die ihren Weg unbeirrt weitergehen solle. Franckes einziger erhaltener Brief vom 19. Dezember 1714 dankt für Mathers Schreiben von 1711 und 1712 sowie für seine Goldspende und sein Interesse an den Einrichtungen in Halle. Erfreut über so viel Bewunderung aus solch „entlegenen Gegenden" für sein karitatives Wirken, schildert Francke ausführlich die Entwicklung seiner Anstalten in einem Bericht, den er ebenso gut als eine separate Abhandlung hätte drucken lassen können.

Wie sehr Mather am Kontakt mit Francke gelegen war und wie zurückhaltend dieser sein Begehren trotz einiger freundlicher Zeilen erwiderte, erhellt der Briefwechsel, der einen regelmäßigen Gedankenaustausch ebenso vermissen lässt wie eine kohärente Diskussion und klare Strukturierung. Unzufrieden mit den sich zu Jahren dehnenden Pausen beredten Schweigens aus Halle und London, wo Anton Wilhelm Böhme am englischen Hof das Werk seines früheren Mentors nach Kräften förderte, klagte Mather immer wieder über ausbleibende Post aus Übersee. Als Franckes überfällige Antwort auf Mathers Schreiben von 1711 und 1712 wohl im Frühjahr 1715 Boston erreichte, hatte Mather gerade einen weiteren Brief an ihn verfasst.[19] Diesen muss er bald abgeschickt haben, denn noch im selben Jahr teilte er Böhme mit, dass er „vor einigen Monaten [...] eine große Anzahl Pakete" an ihn addressiert habe, „die etliche amerikanische Traktate enthielten, dazu ein paar kleine Gaben Gold für das Waisenhaus." Doch diese Sendung, der er jenen Brief beigegeben haben wird, war ohne Echo geblieben. So isoliert von der Kommunikation mit Halle und London wähnte sich Mather, dass er Böhme gegenüber

August Hermann Francke, Öl auf Leinwand von Antoine Pesne, 1725. Halle, Franckesche Stiftungen

bekannte, sein „inniger Wunsch sei, mit einer Person Ihres hervorragenden Geistes und Ihrer trefflichen Gesinnung zu korrespondieren".[20] 1718 beschwerte er sich, „lange, lange" nichts von Böhme gehört und (seit 1716) auch keine Briefe mehr von „unseren vorzüglichen Freunden an der Friedrichsuniversität" in Halle empfangen zu haben, wo Francke Professor war.[21] Zwei Jahre später lamentierte er, dass er lange nichts von „unseren teuren Brüdern in Niedersachsen" erfahren habe.[22] Da aber war bereits Franckes später verschollener Brief von 1719 an ihn unterwegs.

Durch Böhme war Francke über Mathers ungeduldiges Drängen auf engere Kontakte sicher gut unterrichtet. Wenn er ungeachtet aller Freundschaftsbezeigungen dennoch Abstand von Mather hielt, dann kommen theologische Differenzen oder schlichter Zeitmangel nicht als Gründe in Betracht. Dazu waren sich Pietismus und Puritanismus in ihrer Theologie und Frömmigkeitspraxis zu ähnlich.[23] Auch war Mathers Briefwechsel mit gleichzeitig bis zu fünfzig Korrespondenten demjenigen Franckes vergleich-

Anton Wilhelm Böhme, Kupferstich. Halle, Franckesche Stiftungen: BFSt: Porträtsammlung B 521

bar.[24] Zwar wandte Francke, neben seinen Pflichten als Pastor und Professor, viel Zeit und Energie an sein Lebenswerk. Doch dieses Pensum wogen Mathers Pfarrdienst in Boston, sein karitatives Engagement und seine literarische Produktivität auf, worin er sein Vorbild „Franckius" weit übertraf. Mit fast 400 Traktaten publizierte er mehr als bis dato alle übrigen Theologen Neuenglands zusammen.[25] Ein anderes Licht auf die Gründe für Franckes Reserviertheit gegenüber Mathers brieflichen Avancen wirft dagegen eine Bemerkung des Mather-Biografen Richard Lovelace, die auch Aufschluss über Franckes Amerikabild geben kann. Mathers puritanische Frömmigkeit, so Lovelace, habe zur Instrumentalisierung geneigt, indem sie Gottesfurcht eher als ein System von Mitteln und Wegen zur Erlangung göttlicher Gnade denn als Hilfe zu Wachstum im Geiste begriffen habe. Daher habe Mather sich einseitig auf eine positive Beeinflussung der Gunst Gottes verlegt – durch rigorose Askese und emotionale Entäußerung, manifestiert in einer extrovertierten Religiosität und dem ewig nagenden Zweifel am eigenen Genügen vor dem Richterstuhl Gottes. Das puritanische Ideal des seligen Menschen „war dasjenige eines spirituellen Athleten, nicht das des Sünders, dem seine Sünde [in Christus] vergeben ist."[26]

Ebendiesem Ideal huldigte Mather von ganzem Herzen, mit Härte gegen sich selbst und in ehrlichem Trachten nach „Gottseligkeit". Doch allzu deutlich suchte, ja gierte er in diesem oft ostentativen Bemühen nach öffentlicher Anerkennung; vor allem in einem überbordenden Schrifttum, dessen Proben er Francke, Böhme und vielen Anderen unerbittlich aufdrängte. Als Mather 1716 sein bisheriges Leben bilanzierte, zählte er zu den besonderen Segnungen die „Korrespondenzen mit dem Ausland, besonders mit den Universitäten in Glasgow und Glaucha [d.h. Halle], die mir einen Namen unter den großen Männern der Erde verschaffen, obwohl ich eine jämmerliche und unbekannte Kreatur bin."[27] Mit entwaffnender Offenheit zieh er sich in seinem Tagebuch eigener Schwächen wie „Stolz", „Vortäuschung von Größe" sowie einer „eigentümlichen Lust" und „Neigung, für jemand [Bedeutendes] gehalten zu werden".[28] Solch schonungslose Selbstkritik war der täglichen Introspektion geschuldet, wie sie Puritaner und Pietisten als Rechenschaftslegung vor Gott forderten. Allerdings stand sie in der Gefahr, ins Morbide abzugleiten und eine Selbstwertproblematik auszuprägen, die sich in jenem kompensatorischen Gebaren manifestierte, das Mather an sich selbst diagnostizierte.

Mathers Ringen mit seinen Unzulänglichkeiten teilte sich in seinem steten Wechselspiel von bohrenden Selbstzweifeln und auftrumpfender Selbstinszenierung auch Francke mit. So wird ihm sein Intimus Böhme gewiss berichtet haben, wie inständig Mather ihn 1715 bat, ihm zu gestatten, „Sie, so oft ich Gelegenheit dazu habe, mit frommen Büchern zu unterhalten, die in unserem Land publiziert wurden"[29] – womit Mather seinen Versuch umschrieb, sich mit des Hofpredigers erhoffter Empfehlung unter englischen Gelehrten ins Gespräch zu bringen. „Ich bin begeistert, die *Magnalia Christi Americana* in Ihren Händen zu finden," schrieb er Böhme 1716, um sogleich „unseren Freunden in Niedersachsen" ein weiteres Opus von sich anzudienen in der Überzeugung, es werde „deren rühmlichen Absichten ein wenig nützlich sein."[30] Noch seinem letzten Brief an Francke von 1724 legte er, der „Gottes Reich einige großartige Dienste erweisen" wollte, ein Exemplar des *Parentator,* einer Biografie seines Vaters, bei.[31]

In Halle und London war die Freude über Mathers Freigebigkeit aus seinem überquellenden literarischen Fundus verhalten. Mathers Ansinnen, Böhme und mit dessen Fürsprache die deutschen Pietisten für seine noch ungedruckte *Biblia Americana* zu erwärmen, quittierte dieser nur mit dem abwehrenden Ratschlag, das (überlange) Manuskript zu kopieren und an einen führenden Londoner Geistlichen zu senden, der es dann ja an potentielle Verleger und Sponsoren weiterleiten könne.[32] Auch Francke hielt sich bedeckt. Als Mather ihm gegenüber bedauerte, dass er noch keinen Verleger für seine *Biblia Americana* gefunden habe, stieß dieser fast flehentliche Wink, das Manuskript doch bitte in Halle in das Verlagsprogramm zu nehmen, auf taube Ohren.[33] Keine einzige von Mathers Schriften ließ Francke ins Deutsche übersetzen oder über die Waisenhausbuchhandlung vermarkten. Führte deren Katalog 1712 erst 200 Titel, so waren es 1717 schon 300 und 1737 schließlich 660. Jedes Mal aber fehlte Mathers Name auf der Liste und auch während der Leipziger Messe, wo Francke regelmäßig eigene fromme Lektüre vorstellte, boten die Büchertische keines von Mathers Traktaten feil.[34]

Natürlich entging Mather nicht, wie wenig Erfolg sein literarischer Dauersturmlauf in Europa zeitigte. Als 1716 sein Pamphlet *A New Offer to the Lovers of Religion and Learning* in England durchfiel, schrieb er bitter, die Engländer sähen die Neuengländer als das, „was wir wirklich sind: von zu geringem Nutzen oder Wert, um sich mit uns zu unterhalten."[35] Geringschätzung für Amerika, wo seine Familie seit 1635 ansässig war, rief immer wieder sein tiefverwurzeltes Minderwertigkeitsgefühl wach. Dieses bewog ihn in seinem dritten Brief an Francke, das „nichtige Trugbild"

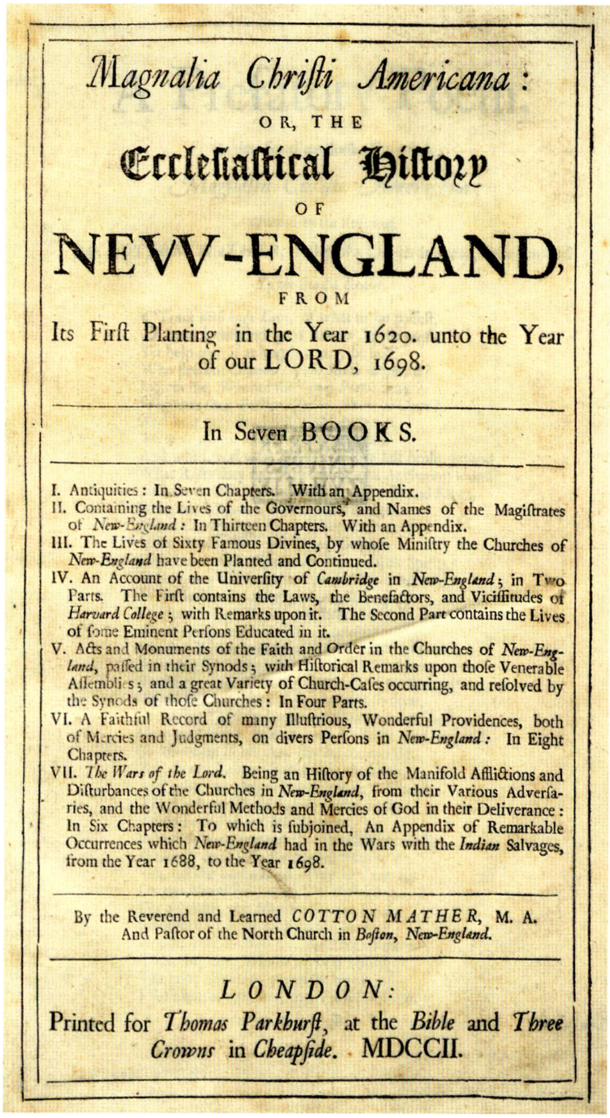
*Magnalia Christi Americana:*
OR, THE
Ecclesiastical History
OF
NEW-ENGLAND,
FROM
Its First Planting in the Year 1620. unto the Year of our LORD, 1698.

In Seven BOOKS.

I. Antiquities: In Seven Chapters. With an Appendix.
II. Containing the Lives of the Governours, and Names of the Magistrates of *New-England*: In Thirteen Chapters. With an Appendix.
III. The Lives of Sixty Famous Divines, by whose Ministry the Churches of *New-England* have been Planted and Continued.
IV. An Account of the University of *Cambridge* in *New-England*; in Two Parts. The First contains the Laws, the Benefactors, and Vicissitudes of *Harvard College*; with Remarks upon it. The Second Part contains the Lives of some Eminent Persons Educated in it.
V. Acts and Monuments of the Faith and Order in the Churches of *New-England*, passed in their Synods; with Historical Remarks upon those Venerable Assemblies; and a great Variety of Church-Cases occurring, and resolved by the Synods of those Churches: In Four Parts.
VI. A Faithful Record of many Illustrious, Wonderful Providences, both of Mercies and Judgments, on divers Persons in *New-England*: In Eight Chapters.
VII. *The Wars of the Lord.* Being an History of the Manifold Afflictions and Disturbances of the Churches in *New-England*, from their Various Adversaries, and the Wonderful Methods and Mercies of God in their Deliverance: In Six Chapters: To which is subjoined, An Appendix of Remarkable Occurrences which *New-England* had in the Wars with the *Indian* Salvages, from the Year 1688, to the Year 1698.

By the Reverend and Learned *COTTON MATHER*, M. A.
And Pastor of the North Church in *Boston*, *New-England*.

*LONDON:*
Printed for *Thomas Parkhurst*, at the *Bible* and *Three Crowns* in *Cheapside*. MDCCII.

Cotton Mather: Magnalia Christi Americana. London: Parkhurst, 1702. Halle, Martin-Luther-Universität Halle-Wittenberg, Universitäts- und Landesbibliothek Sachsen-Anhalt: Ik 5742, 4°

jener Europäer zu attackieren, die seine Heimat als fernen Erdteil außerhalb der Wahrnehmung Christi und der Reichweite seiner Erlösungstat betrachteten.[36] Schon 1702 hatte er in seinen auch in Europa rezipierten *Magnalia Christi Americana* behauptet, dass Gott in einem neuen Bund mit den Christen Amerikas das Licht des Evangeliums in die Wildnis des Westens getragen und dort neuen Glauben gepflanzt habe.[37] 1715 folgerte er in verletztem Stolz und süffisanter Selbstironie, die „Aufrichtigkeit" von „Personen hervorragenden Charakters“ jenseits des Atlantiks, wie Francke, erweise sich darin, „uns obskuren Amerikanern“ zu gestatten, mit ihnen in Korrespondenz zu treten.[38]

Mag Mathers exzentrischer Zug ihn sonderbar angemutet haben, so war Francke – noch als Anstaltsleiter und Geschäftsmann – der Götze der Selbstdarstellung keineswegs fremd. In reiferen Jahren gestand er, vor seiner Bekehrung in dem Eifer, Gott mit frommen Ritualen und guten Werken zu gefallen, vom Drang nach Selbstbestätigung beseelt gewesen zu sein. Die ihm dabei zuteil gewordene Anerkennung habe er als Zeichen von Gottes fortwährender Gnade gedeutet. Erst Gott aber habe sein Kreisen um das eigene Ich beendet und in ihm die Leidenschaft geweckt, Menschen für Jesu Botschaft zu bereiten und ihnen mit seinen Gaben zu dienen.[39] Wenn Francke das Ablegen der egozentrischen Gesinnung und veräußerlichten Frömmigkeit seiner Jugend als heilsnotwendigen Schritt auf seinem Weg zu Gott deutete, dann musste ihm Mathers rastlose Jagd nach Ruhm in der Gelehrtenwelt wie ein Verharren in jenem juvenilen Stadium des Glaubens vorkommen, das er selbst im Alter von 24 Jahren überwunden hatte. Mather indes schien dieser Phase noch immer nicht entwachsen zu sein.

Je länger Mather in Halle um Beachtung buhlte, desto tiefer verfestigte er dort den Eindruck, als versuche hier ein mitteilsamer Vielschreiber aus Übersee, seinem Außenseitertum daheim durch Eintritt in erlauchte Kreise in der Fremde zu entfliehen. Und überhaupt: War Mathers Schriftstellerei oft nicht eitle Kompilation und Paraphrase, viel Kopie, aber wenig Original? Für Francke jedenfalls muss es eine Offenbarung von dessen notorischer Prahlsucht gewesen sein zu erfahren, dass der selbsternannte „Freund“ seinen Brief von 1712 in abgewandelter englischer Fassung 1715 als eigenen Augenzeugenbericht über die Stiftungen publiziert hatte, ohne ihn als den wahren Urheber mit einer Silbe zu erwähnen.[40] Mathers Plagiat war geeignet, jene hochmütigen Europäer zu bestärken, die von Amerika, diesem intellektuell schwachbrüstigen Appendix des Abendlandes, nichts genuin Neues, Kultur und Religion Inspirierendes erwarteten. Gerade Neuengland zeigte ja um 1700 eine altdoktrinäre Enge und religiöse Intoleranz, die Franckes Vision einer protestantischen Ökumene in weite Ferne rückten – und diesem Rigorismus hatte Mather mit seiner Apologie der Hexenprozesse in Salem 1692 gar das Wort geredet.[41]

Um das Jahr 1715 scheint Francke zu der Einsicht gekommen zu sein, dass sein Kontakt zu Mather trotz dessen hoher Bildung und tiefer Frömmigkeit für ihn weniger eine Gelegenheit zu intellektueller Bereicherung und geistlicher Erbauung darstellte als vielmehr die strategische Option eröffnete, der Dänisch-Halleschen Mission in „Ostindien“ einen wertvollen Brückenkopf in „Westindien“ zu sichern und dort über kurz oder lang neue Finanzquellen zu erschließen – zumal sich Mather bis dahin schon mehrmals als großzügiger Förderer der Glauchaschen Anstalten gezeigt hatte. Dementsprechend fügte Francke dem dritten, undatierten Schreiben Mathers von 1715(?) die Anmerkung hinzu, er habe schon vor diesem „gar schönen Briefe“ „gewünschet, daß diese Leute in West-Indien mit den Missionarien in Ost-Indien in gute Correspondenz kommen mögten.“[42] Ein Jahr später dann kam mit einem Schreiben von Bartholomäus Ziegenbalg (1682–1719), dem ersten evangelisch-lutherischen Missionar in Tranquebar (seit 1706), an Mather tatsächlich ein rund zehnjähriger Briefwechsel zwischen Südindien und Neuengland in Gang,[43] nachdem Ziegenbalg und seine Kollegen über Franckes Verbindungen nach Boston und über seine Pläne einer wechselseitigen Unterstützung protestantischer Missionswerke in „Ost-“ und „Westindien“ unterrichtet worden waren.[44] Unter maßgeblicher Beteiligung Anton Wilhelm Böhmes in London und nicht zuletzt auf Franckes Betreiben setzten die Missionare diese Korrespondenz über Ziegenbalgs frühen Tod im Jahr 1719 hinaus fort, wobei aus Halle gelegentlich durchaus Zweifel an Mathers theologischen Auffassungen geäußert wurden.[45] Francke selbst zog sich unterdessen aus der Verbindung mit Mather zurück, jedoch nicht ohne sich weiterhin über die Korrespondenz zwischen Indien und Amerika berichten zu lassen.[46] Noch 1724 bat er seine Missionare in Tranquebar eindringlich um die Fortführung des Gedankenaustausches mit Ma-

3.11 | Karte von Pennsylvania, New Jersey und New York, kolorierter Kupferstich von Tobias Conrad Lotter, um 1740

PENSYLVANIA
NOVA JERSEY
ET
NOVA YORK
CUM REGIONIBUS
AD FLUVIUM DELAWARE
IN AMERICA SITIS,
Nova Delineatione ob oculos
posita per
MATTH. SEUTTERUM,
S.C.M. GEOGR.
AUG. VIND.
SEPTENTRIO
MERIDIES
OCCIDENS
ORIENS
ONTARIO LACUS
Das Land von hier bis an St. Laurentii, ist voll Berge u. Sumpfficht.
Terra usque ad S. Laurentii ab undat jugis montium et paludibus
Hier sind lauter immer fortwährende Berge.
Montium juga continua
Hier sind lauter Berge die man nicht passieren kan.
Montes inaccessi
PHILADELPHIA
Lancaster
York
Burlington
Wilmington
Neu Castle
Annapolis
Cape May
Albany
Oswego
MARE VIRGINIANUM
DELAWARE SINUS
METROPOLIS.
Urbs.
Locus munitus.
Pagi.
Pagi Indici.
Town, Eine Stadt.
Savages, die Wilden.
Beach, Gestad.
Branch, Arm eines Flusses.
Cr. Creck, Ort zum anlanden.
Freshes W. Frisch Wasser.
Ridge, eine Reihe Hügel.
Riviera, Fluss.
Hill, Hügel.
Littus, Gestad.
Milliaria Germanica 15. in uno Gradu
Milliaria Anglica, quoru 60 in uno Gradu

ther.[47] Den überlieferten Quellen nach zu urteilen, brachen Mathers Verbindungen nach Halle und zur Dänisch-Halleschen Mission im Herbst 1726 mit seinem letzten Schreiben nach Tranquebar ab.[48] Wenige Monate vor seinem Tod im Februar 1728 bewies er damit neuerlich seine große Anteilnahme an der Missionsarbeit der Franckeschen Stiftungen. Zu dieser Zeit war Franckes anfänglich noch freudiges Interesse an dem „hochwürdigsten und höchst angesehenen Herrn Dr. Cotton Mather"[49] längst einer merklichen Ernüchterung gewichen, während er sich ansonsten über die Lage der Lutheraner in Nordamerika ständig auf dem Laufenden hielt. Dafür sorgten allein schon die Gesuche um Pastoren, die aus Spotsylvania County in Virginia in den 1720er Jahren bei ihm eintrafen und Gegenstand der Korrespondenz mit seinem ehemaligen Schüler Friedrich Michael Ziegenhagen (1694–1776) wurden, der nach Böhmes Tod 1722 dessen Nachfolge als lutherischer Hofprediger in London angetreten hatte.[50]

[1] Kuno Francke: Cotton Mather and August Hermann Francke. In: Studies and Notes in Philology and Literature 5, 1896, 57–67; ders.: Further Documents Concerning Cotton Mather and August Hermann Francke. In: Americana Germanica 1.4, 1897, 31–66; ders.: The Beginning of Cotton Mather's Correspondence with August Hermann Francke. In: Philological Quarterly 5.3, 1926, 193–195.

[2] So z.B. der Tenor in A. Gregg Roeber: Der Pietismus in Nordamerika im 18. Jahrhundert. In: Geschichte des Pietismus. Bd.2: Der Pietismus im achtzehnten Jahrhundert. Hg. v. Martin Brecht u. Klaus Deppermann. Göttingen 1995, 666–699; Renate Wilson: Pious Traders in Medicine. A German Pharmaceutical Network in Eighteenth-Century North America. University Park, Pa. 2000, 3; vgl. auch Hermann Wellenreuther: Ausbildung und Neubildung. Die Geschichte Nordamerikas vom Ausgang des 17. Jahrhunderts bis zum Ausbruch der Amerikanischen Revolution 1775. Hamburg [u.a.] 2001 (Geschichte Nordamerikas in atlantischer Perspektive von den Anfängen bis zur Gegenwart, 2), 138.

[3] Z.B. 3 Briefe von Johann Gottfried Sehliger an August Hermann Francke. Rammelburg, 18.08.1692 (Halle, Archiv der Franckeschen Stiftungen (AFSt): AFSt/H C 815 : 2); o.O., 03.02.1693 (AFSt/H C 815 : 3); Erfurt, 28.06.1693 (AFSt/H C 815 : 6); Petter Schaefer [Peter Schaeffer] an August Hermann Francke. War-River, Va., 21.03.1699 (AFSt/H D 68 b 240–241); Curiose Nachrichten von Pennsylvenien, 73 Fragen und Antworten über das Verhalten bei einer Reise nach Amerika und über die dortigen Verhältnisse von Daniel Falckner (AFSt/H D 85, 469–597). Brief von Daniel Falckner an August Hermann Francke. Germantown, Pa., 16.04.1702 (Staatsbibliothek zu Berlin – Preußischer Kulturbesitz, Nachlass A. H. Francke (Stab/F): Stab/F 32/11 : 2). Brief von Wilhelm Hieronymus Brückner an August Hermann Francke. Jena, 01.01.1700 (AFSt/H C 283 : 1); zur Korrespondenz zwischen Francke und Spener über Berichte aus Amerika z.B. Briefe von August Hermann Francke an Philipp Jakob Spener. Glaucha [Halle], 16.02.1695 u. 12.03.1695 (AFSt/H D 66 b 274–275 u. 276–277); Briefe von Philipp Jakob Spener an August Hermann Francke. Berlin, 09.03.1695, 19.03.1695 u. 26.03.1695 (AFSt/H A 125 : 47, 48 u. 49).

[4] Rüdiger Renzing: Zur Tätigkeit der „Commissioners for Settling the Poor Distressed Palatines in Ireland" in den Jahren 1709–1713. In: Pfälzer – Palatines. Hg. v. Karl Scherer. Kaiserslautern 1981, 33.

[5] Z.B. Brief von Anton Wilhelm Böhme an August Hermann Francke. London, 05.10.1708 (AFSt/H C 229 : 66); Brief von Anton Wilhelm Böhme an Carl Hildebrand von Canstein. London, 18.11.1709 (AFSt/H C 229 : 63); Brief von Johann Tribbechow an August Hermann Francke. London, 13.02.1710 (Stab/F 21,5/17); Brief von Anton Wilhelm Böhme an Carl Hildebrand Freiherr von Canstein. London, 29.08.1710 (AFSt/H C 229 : 58); Brief von Samuel Güldin an seine Freunde und Glaubensgenossen. Roxborough, Pa., 01.12.1710 (AFSt/H D 42, 697–738); Brief von Samuel Güldin an [Unbekannt]. Roxborough, Pa., 12.11.1711 (AFSt/H A 113 Bl. 120–124.

[6] Zu 1702/03 u. 1709 vgl. Ernst Benz: Pietist and Puritan Sources of Early Protestant World Missions (Cotton Mather and A. H. Francke). In: Church History 20, 1951, 28–55, hier 32, 34; das Datum 1702/03 ergibt sich aus Benz' unbelegter Aussage, dass ein Exemplar von Mathers *Geschichte der Indianermission in Nordamerika* [*Magnalia Christi Americana*, s.u., Anm. 18], erschienen 1702, sofort nach dem Druck an Francke geschickt worden sei; ebensowenig belegt Benz seine These, dass erste Briefe zwischen Francke und Mather schon 1709 gewechselt worden seien; auf Benz bezieht sich Richard F. Lovelace: The American Pietism of Cotton Mather. Origins of American Evangelicalism. Grand Rapids, Mich. 1979, Reprint: Eugene, Ore. 2007, 32f.; das Jahr 1709 zitieren auch Otho T. Beall, Jr. u. Richard H. Schryock: Cotton Mather. First Significant Figure in American Medicine. Baltimore 1954, 93; zu 1711 s. Francke, Beginning [s. Anm. 1], 194; Kenneth Silverman: The Life and Times of Cotton Mather. New York 1985, 232; Roeber, Pietismus [s. Anm. 2], 683; zu 1712 s. Samuel Mather: The Life of the Very Reverend and Learned Cotton Mather [...]. Boston: Gerrish, 1729, 81; zu 1714 s. Wilson, Traders [s. Anm. 2], 3; auf jegliche zeitliche Einordnung verzichten Robert Middlekauff: The Mathers. Three Generations of Puritan Intellectuals, 1596–1728. New York 1971, 275, und der Ausstellungskatalog zum 300. Gründungsjahr der Franckeschen Stiftungen: Vier Thaler und sechzehn Groschen. August Hermann Francke. Der Stifter und sein Werk. Hg. v. Paul Raabe [u.a.]. Halle 1998 (Kataloge der Franckeschen Stiftungen, 5), 214.

[7] Brief von Cotton Mather an August Hermann Francke. Boston, 10.01.1712 (AFSt/H C 229 : 32a); Brief von Cotton Mather an August Hermann Francke. O.O., [Tag?, Monat?] 1715[?] (AFSt/H D 121 : 6a); vgl. auch die Abschrift des Briefes (AFSt/W II/-/23) sowie eine weitere Abschrift mit dem originalen Briefumschlag (Stab/F 32/4 : 1); Mather schrieb diesen Brief wohl schon 1715 und nicht erst 1717, wie von der Staatsbibliothek datiert, wie aus einer Anmerkung August Hermann Franckes zu diesem Brief in

AFSt/H D 121 : 6a zu schließen ist; Brief von Cotton Mather an August Hermann Francke. Boston, 23.06.1724 (Stab/F 32/4 : 4 [Original]; Stab/F 32/4 : 6 [Duplikat]); Brief von August Hermann Francke an Cotton Mather. Halle, 19.12.1714 (AFSt/W II/-/23).

8 Cotton Mather an August Hermann Francke. Boston, 28.05.1711 (AFSt/H D 57 : 136–139 [Mathers Duplikat] und AFSt/H D 42 : 743–744 [Duplikat von unbekannter Hand]); hinsichtlich einer Abschrift vom Duplikat dieses Briefes, das Mather seinem Schreiben an Francke vom 10.01.1712 beifügte, vgl. Francke, Beginning [s. Anm. 1], 194f.

9 Vgl. Henry Newman an August Hermann Francke. London, 28.05.1719 (Stab/F 30/35 : 2); ein Jahr später klagt Mather, dass er lange nichts mehr von den „teuren Brüdern in Niedersachsen" gehört habe, siehe Cotton Mather an Anton Wilhelm Böhme. O.O., 08.05.1720, zitiert nach: Francke, Mather [s. Anm. 1], 65.

10 28.05.1711: 3 Seiten; 10.01.1712: 1 Seite; [Tag?, Monat?] 1715 [?]: 6 bis 7 Seiten; 23.06.1724: 5 Seiten.

11 Ebenfalls im Wirtschafts- und Verwaltungsarchiv der Franckeschen Stiftungen unter AFSt/W II/-/23.

12 August Hermann Francke: Lectiones Paraeneticae, 1723–1724 (AFSt/H N 10, Stück 42, S. 1477ff.).

13 Vgl. dazu auch Francke, Mather [s. Anm. 1], 58, Anm. 2.

14 Diese Zahl schließt jene (vermutlich von einem Anschreiben begleiteten) Gaben ein, die Mather dem Waisenhaus zugedachte; zu den Ankündigungen vgl. Diary of Cotton Mather. Hg. v. Worthington C. Ford. Bd. 2. New York 1957, 74, 524, 534, 734; Francke, Mather [s. Anm. 1], 58, 64–66, für die folgenden Einträge: 23.02.1709 (Diary) oder 09.12.1709 (Francke); 12./13.03.1711; 25.03.1711 (Francke) oder 24./25.05.1711 (Diary); 20.03.1718; 16.05.1718; 25.06.1724.

15 Gustav Kramer: August Hermann Francke. Ein Lebensbild. 2 Bde. Halle 1880, 1882; Erich Beyreuther: August Hermann Francke, 1663–1727. Zeuge des lebendigen Gottes. Marburg 1956.

16 [August Hermann Francke:] Pietas Hallensis. Being an Historical Narration Of the wonderful Foot-Steps of Divine Providence [...] [Übers. u. hg. v. Anton Wilhelm Böhme]. London: Downing, 1705; [August Hermann Francke:] Die Fußstapffen Des noch lebenden und waltenden liebreichen und getreuen Gottes [...]. Halle: Waisenhaus, 1701 (mehrere Neuauflagen; gewöhnlich als *Die segensvollen Fußstapfen* zitiert).

17 Vgl. die verkleinerte Wiedergabe des Autografs in: Thaler [s. Anm. 6], 215.

18 [Cotton Mather:] Magnalia Christi Americana. Or, The Ecclesiastical History of New-England, from Its First Planting in the Year 1620 unto the Year of our Lord, 1698. London: Parkhurst, 1702.

19 Wahrscheinlich seinen dritten Brief; 1715 erwähnt Mather gegenüber Böhme „Briefe" an Francke (Francke, Mather [s. Anm. 1], 60); er könnte sie inhaltsgleich an ihn und übrige „Freunde" gesandt haben.

20 Brief von Cotton Mather an Anton Wilhelm Böhme. O.O., 02.10.1715, zitiert nach: Francke, Mather [s. Anm. 1], 62 oder 02.12.1715 (Diary [s. Anm. 14], 332).

21 Brief von Cotton Mather an Anton Wilhelm Böhme. [O.O.] 15.05.1718, zitiert nach: Francke, Mather [s. Anm. 1], 64; der Zeitraum von zwei Jahren folgt aus Mathers Bezugnahme auf Böhmes (erweiterte) Neuherausgabe der *Pietas Hallensis* von 1716.

22 Brief von Cotton Mather an Anton Wilhelm Böhme. O.O., 08.05.1720, zitiert nach: Francke, Mather [s. Anm. 1], 65.

23 Vgl. Klaus Deppermann: Der Hallesche Pietismus und der preußische Staat unter Friedrich III. Göttingen 1961, 177; Lovelace, Pietism [s. Anm. 6], 37f.; Wolfgang Splitter: The Fact and Fiction of Cotton Mather's Correspondence with German Pietist August Herman Francke. In: The New England Quarterly 83.1, 2010, 102–122, hier 104f.

24 Vgl. Michael Kraus: The Atlantic Civilization: Eighteenth-Century Origins. Ithaca, N.Y. 1949, 163.

25 Vgl. Silverman, Life [s. Anm. 6], 197.

26 Lovelace, Pietism [s. Anm. 6], 142f.

27 Tagebucheintrag vom 07.03.1716, zitiert nach: Francke, Mather [s. Anm. 1], 62.

28 Tagebucheintrag von Ende Dezember 1712, zitiert nach: The Diary of Cotton Mather D.D., F.R.S. for the Year 1712. Hg. v. William R. Manierre II. Charlottesville, Va. 1964, 108.

29 Brief von Cotton Mather an Anton Wilhelm Böhme. O.O., 02.10.1715, zitiert nach: Francke, Mather [s. Anm. 1], 62.

30 Brief von Cotton Mather an Anton Wilhelm Böhme. O.O., 06.06.1716, zitiert nach: Francke, Mather [s. Anm. 1], 63.

31 Tagebucheintrag vom 25.06.1724, zitiert nach: Diary [s. Anm. 14], 734.

32 Silverman, Life [s. Anm. 6], 258.

33 Brief von Cotton Mather an August Hermann Francke. [Tag?, Monat?] 1715[?] (AFSt/H D 121 : 6a, ohne S.); bisher ungedruckt, wird die *Biblia Americana*, Mathers umfangreichstes Werk, derzeit an der University of Georgia unter Leitung von Prof. Reiner Smolinski für eine vollständige, kommentierte Ausgabe vorbereitet.

34 Vgl. Splitter, Fact [s. Anm. 23], 116.

35 Zitiert nach: Silverman, Life [s. Anm. 6], 258 (Brief ohne Angabe von Datum und Empfänger).

36 Brief von Cotton Mather an August Hermann Francke. [Tag?, Monat?] 1715[?] (AFSt/H D 121 : 6a, ohne S.): „frivolum somnium".

37 [Mather:] Magnalia [s. Anm. 18], 3: „A General Introduction".

38 [Cotton Mather:] Nuncia Bona e Terra Longinqua [...]. Boston 1715, neu abgedruckt in: Francke, Documents [s. Anm. 1], 54–66, hier 55.

39 Beyreuther, Francke [s. Anm. 15], 53.

40 [Mather:] Nuncia [s. Anm. 38]; zu Einzelheiten vgl. Splitter, Fact [s. Anm. 23], 14f.

41 Vgl. [Cotton Mather:] On witchcraft. Wonders of the Invisible World. Boston: Benjamin Harris, 1692.

42 Brief von Cotton Mather an August Hermann Francke [Tag?, Monat?] 1715[?] (AFSt/H D 121 : 6a, ohne S.).

43 Brief von Cotton Mather an Bartholomäus Ziegenbalg. Boston, 31.12.1717 (Halle, Archiv des Leipziger Missionswerks [ALMW]: ALMW/DHM 9/19 : 31); dieses Schreiben war die Antwort auf Ziegenbalgs ersten Brief aus Halle an ihn, dessen Datum und Inhalt aber nicht mehr zu ermitteln sind; der Brief wird in der „Zehnten Fortsetzung" der „Halleschen Berichte" (Halle: Waisenhaus 1719, 840) erwähnt.

44 Brief von Christian Benedict Michaelis an Christian Wendt. Halle, 01.02.1715 (AFSt/M 1 C 8 : 9); Brief von Christian Benedict Michaelis an [Bartholomäus Ziegenbalg, Johann Ernst Gründler] und [Johannes Berlin]. Halle, 16.12.1716 (ALMW/DHM 4/5b : 8).

45 Z.B. Brief von Anton Wilhelm Böhme an Bartholomäus Ziegenbalg und Johann Ernst Gründler. London, 17.02.1719 (AFSt/H A 185 : 8); Brief von Christian Benedict Michaelis an [Johann Ernst Gründler, Johannes Berlin, Benjamin Schultze, Nikolaus Dal] und [Johann Heinrich Kistemacher]. Halle, 27.11.1719 (ALMW/DHM 4/5b : 13).

46 Z.B. Brief von Johann Ernst Gründler an August Hermann Francke. Tranquebar, 04.12.1719 (AFSt/M 1 C 12 : 34).

47 „Pro memoria" von August Hermann Francke für Martin Bosse, Christian Friedrich Pressier und Christoph Theodosius Walther. Halle, 07.12.1724 (AFSt/M 1 C 15 : 81); Promemoria von August Hermann Francke für Martin Bosse, Christian Friedrich Pressier und Christian Theodosius Walther. Halle, 07.12.1724 (ALMW/DHM 1/1 : 50).

48 Brief von Cotton Mather an Benjamin Schultze, Nikolaus Dal, Martin Bosse, Christian Friedrich Pressier und Christoph Theodosius Walther. Boston, 08.10.1726 (ALMW/DHM 9/19 : 33).

49 Brief von August Hermann Francke an Cotton Mather. Halle, 19.12.1714 (AFSt/W II/-/23); auch abgedruckt in: Francke, Documents [s. Anm. 1], 32.

50 Vgl. Andreas Mielke: No Man-Eaters in Virginia. In: Beyond Germanna 14.5, 2002, 823f.; ders.: From the Legal Court to the Regal Court: Lutheran Deputies from Spotsylvania County to London. In: Beyond Germanna 14.6, 2002, 835f.

Jürgen Gröschl

# Ebenezer in Georgia. Die Darstellung der Salzburger Emigrantengemeinde und der Kolonie Georgia in Drucken, Tagebüchern und Briefen der hallischen Pietisten

Heinrich Melchior Mühlenberg (1711–1787) war beeindruckt. Unmittelbar nach seiner Ankunft in Nordamerika im Oktober 1742 hatte er die strapaziöse Reise von Charleston in South Carolina nach Ebenezer in Georgia auf sich genommen, um die acht Jahre zuvor gegründete Siedlung der Salzburger Emigranten mit eigenen Augen kennenzulernen. Er besichtigte die Pflanzungen und Mühlenanlagen, das Waisenhaus und die Kirche, wohnte dem Gottesdienst bei und hielt unter großer Beteiligung der Salzburger selbst eine Erbauungsstunde. Auch wenn das eigentliche Anliegen des Besuchs, die gemeinsame Reise mit dem Pastor der Emigrantengemeinde Johann Martin Boltzius (1703–1765) nach Pennsylvania, nicht verwirklicht werden konnte, blieb Ebenezer für Mühlenberg über Jahrzehnte gleichsam eine Oase der Frömmigkeit in der amerikanischen Wüste. Mit Blick auf seine eigene Situation schrieb er 1753:

> Ach wie gut haben es unsre theuren und werthen HErren Amts-Brüder dagegen in Eben Ezer. Ihre Schaafe wohnen näher beysammen: sie sind nicht mit so vielen Partheyen und Feinden umgeben: Sie haben die äußere Rüstung zum Bau des Reiches Gottes schon weiter gebracht, dürfen nicht der Gnade und Gunst ihrer Zuhörer leben, sind nicht so sehr geplaget mit falschen Arbeitern, können die Schaaf-Mütter führen, und die Lämmer in des HErrn Jesu Busen samlen.[1]

Es muss spekulativ bleiben, ob der autoritätsgewohnte Boltzius tatsächlich eine Hilfe für Mühlenberg beim Aufbau der lutherischen Gemeinden in Pennsylvania gewesen wäre. Zu unterschiedlich waren die Voraussetzungen und Bedingungen in den beiden britischen Kolonien. Beide Projekte verbindet jedoch, dass mit ihnen der Hallesche Pietismus einen unmittelbaren und prägenden Einfluss auf die lutherische Kirche Amerikas erlangen konnte, der mit einem hohen publizistischen Aufwand begleitet wurde. Mehrere Faktoren waren für das Engagement Halles in Georgia verantwortlich: Die rigorose Vertreibung von ca. 20.000 Protestanten aus dem katholischen Erzbistum Salzburg nach dem Erlass des Emigrationspatents vom 31. Oktober 1731 bewegte nicht nur das lutherische Europa. Die überwiegende Mehrheit der Salzburger fand auf Einladung Friedrich Wilhelms I. (1688–1740) im damaligen Ostpreußen eine neue Heimat und wurde von Pastoren aus Halle betreut. Über die Züge der mehr als 16.000 Auswanderer durch Deutschland wurde in zahlreichen Nachrichten, Sendschreiben und Predigten berichtet. In bildhafter Sprache wurde in den Veröffentlichungen die gewaltsame Ausweisung der Salzburger immer wieder mit dem Auszug der Israeliten aus Ägypten verglichen. Für den Dresdener Hofprediger Valentin Ernst Löscher (1673–1749) war die Vertreibung gar ein Gleichnis für den „Auszug der ersten christlichen Kirche aus dem Heidentum und Judentum". Dem Unrecht und der Gewalt der katholischen Kirche wurden die Friedfertigkeit und die Beständigkeit der Salzburger Protestanten im wahren Glauben gegenübergestellt.[2]

Veröffentlichungen über das Schicksal der Salzburger erschienen auch in Großbritannien.[3] Dort war 1732 eine Vereinigung gegründet worden, die Trustees for Establishing the Colony of Georgia in America, deren Aufgabe laut einer königlichen Charter darin bestand, in Nordamerika ein Gebiet zwischen dem englischen South Carolina im Norden und dem spanischen Florida im Süden als neue Kolonie mit dem Namen Georgia anzulegen. Die Trustees verfolgten dabei drei Ziele: die wirtschaftliche Stärkung des englischen Mutterlandes, den militärischen Schutz der südlichen Kolonien gegenüber Spanien sowie philanthropische Bestre-

4.12 | Die LONDON MERCHANT und die SIMONDS bei der Isle of Wight, Tuschzeichnung in: Zeichnungsbuch aus dem Besitz von Philipp Georg Friedrich von Reck, 1736. Kopenhagen, Det Kongelige Bibliotek – Nationalbibliotek og Københavens Universitetsbibliotek: NKS 565 4° (Detail)

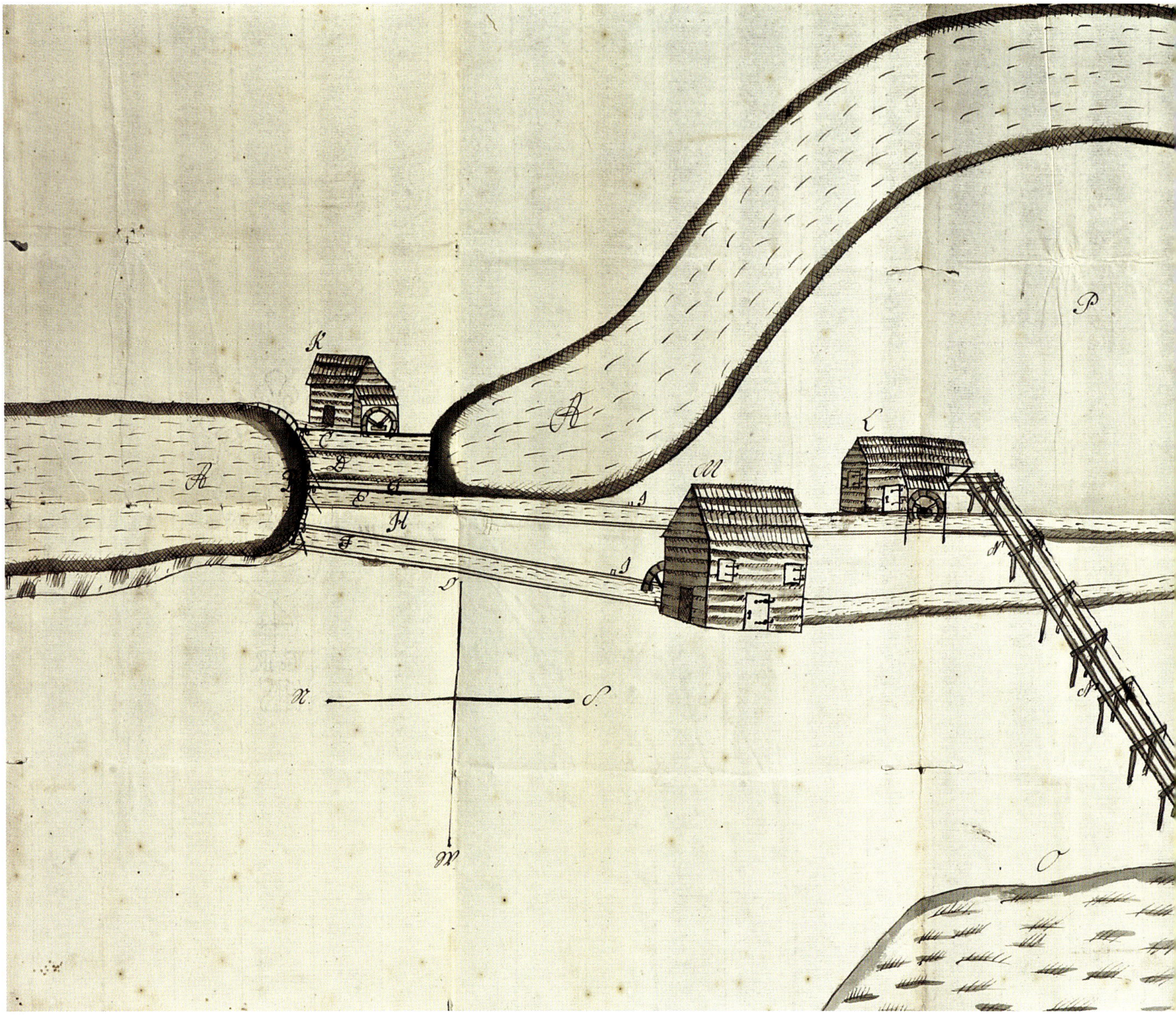

4.15 | Mühlenanlage in Ebenezer, Zeichnung, um 1746

bungen – armen und verschuldeten Untertanen eine neue Existenz zu ermöglichen und Religionsflüchtlingen ein Leben in Glaubensfreiheit zu bieten. Unterstützung fanden die Trustees dafür bei einer weiteren Gesellschaft, der 1698 gegründeten Society for Promoting Christian Knowledge (SPCK), deren Anliegen es war, die Ausbreitung der christlichen Botschaft in den britischen Kolonien zu fördern. Ein äußerst einflussreiches Mitglied dieser Gesellschaft war der königliche Hofprediger an der deutschen Kapelle St. James, Friedrich Michael Ziegenhagen (1694–1776). Seit seinem Studium in Halle vom Pietismus August Hermann Franckes (1663–1727) geprägt, war er seit 1722 an der Hofkapelle angestellt und wirkte als unersetzlicher Vermittler zwischen den weltweiten Interessen Franckes sowie seiner Nachfolger und der Anglikanischen Kirche. Ein weiteres Mitglied der SPCK war Samuel Urlsperger (1685–1772). Selbst aus einer Familie von Vertriebenen stammend, stand er nach zwei Studienaufenthalten in Halle mit Francke in enger Verbin-

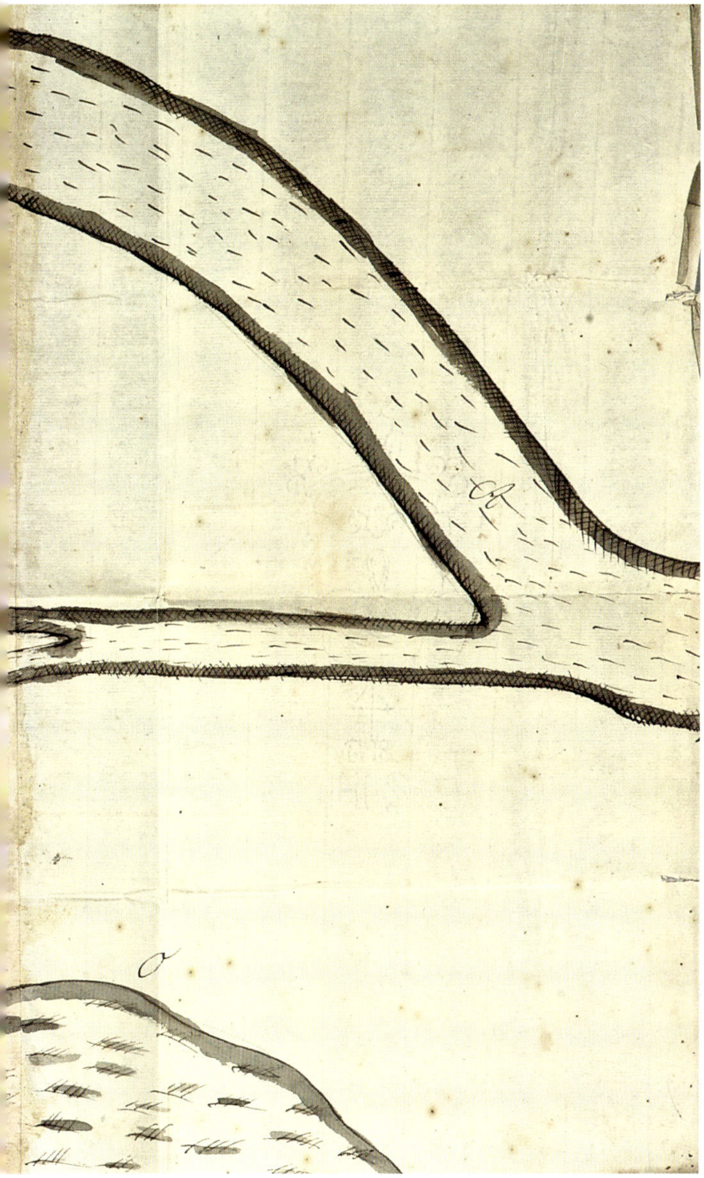

dung, hatte an der deutschen St. Mary's Church in the Savoy in London amtiert und war ebenfalls als königlicher Hofprediger im Gespräch, bevor er 1723 eine Berufung nach Augsburg als Pfarrer an der St. Anna-Kirche und Senior des Evangelischen Ministeriums annahm. In seinen Briefen an die SPCK schilderte er ausführlich die Not der Salzburger und forderte zu ihrer Unterstützung auf. Das von Urlsperger und Ziegenhagen initiierte Ersuchen der SPCK um Aufnahme von Salzburger Emigranten in die Kolonie Georgia nahmen die Trustees auf ihrer Sitzung am 12. Oktober 1732 an und Urlsperger wurde mit der Zusammenstellung und Vorbereitung eines ersten, als Salzburger Transport bezeichneten Auswandererzugs beauftragt.[4] Um dessen seelsorgerliche Begleitung zu ermöglichen, wandte sich Urlsperger mit der Bitte um geeignete Kandidaten an Gotthilf August Francke (1696–1769), der die Nachfolge seines Vaters in der Leitung der Glauchaschen Anstalten übernommen hatte.[5] Dieser berief Johann Martin Boltzius zum Pastor und Israel Christian Gronau (1714–1745) zum Katecheten der künftigen ersten lutherischen Gemeinde in Georgia. Boltzius und Gronau waren bereits während ihres Studiums in Halle und daran anschließend an verschiedenen Einrichtungen der Glauchaschen Anstalten tätig und wurden maßgeblich von den Ideen des Halleschen Pietismus beeinflusst. Beide standen bis zu ihrem Lebensende der Gemeinde nicht nur in geistlichen, sondern auch in weltlichen Dingen vor. Insbesondere gelang es der patriarchalischen Persönlichkeit Boltzius', die Gemeinschaft der Emigranten im pietistischen Sinne zu prägen. Er war zugleich Pfarrer, Pädagoge, Erzieher und „Waisenvater", vertrat in den Verhandlungen mit den Verantwortlichen der Kolonie als geschickter Politiker die Interessen seiner Gemeinde und erwies sich als fähiger Wirtschaftslenker, der nicht nur weitreichende Handelsprojekte entwickelte, sondern mit dem Aufbau der Seidenmanufaktur Ebenezer zu einer führenden ökonomischen Stellung in Georgia verhalf.

Zur Gewinnung von Emigranten, die den Schritt in die Neue Welt wagten, griff Urlsperger auf eine Reihe von englischen Werbeschriften zurück, die überwiegend vom Sekretär der Trustees Benjamin Martyn (1699–1763) verfasst waren.[6] In den leuchtendsten Farben wird darin Georgia als Land der Freiheit und des Überflusses beschrieben, das aufgrund seiner natürlichen Bedingungen die günstigsten Voraussetzungen für ein Leben in Wohlstand biete. Urlsperger verarbeitete die Informationen in seiner Einladungsschrift *Georgia, oder: Kurtze Nachricht von dem christlichen Vorhaben [...] dreyhundert protestantische Emigranten nach ermeldten Georgia aufzunehmen [...]*, die 1733 in Frankfurt erschien.[7] Im Stil wesentlich nüchterner und sachlicher gehalten, den Schwerpunkt eher auf die den Emigranten von den Trustees und der SPCK gewährten Vergünstigungen legend, vermit-

4.9 | Friedrich Michael Ziegenhagen, Kupferstich von G. L. Smith

4.8 | Samuel Urlsperger, Kupferstich von Johann Jacob Kleinschmidt

telt die kurze Landesbeschreibung dennoch den Eindruck eines Garten Edens, der nur auf seine Bestellung wartet:

> Das Clima [...] ist bekanntlich sehr gut [...] Die Lufft ist allezeit klar und gesund [...] Diese beyde Flüsse [Savannah und Altamaha] sind groß und schiffbar [...] das Land ist gegenwärtig voll Eichen, Föhren, Cypressen, Büchen, Papplen, Cedern, Castanien, Wallnüsse, Lorbeer-Bäume, Äpffel, Pfirsche, Maulbeern und vielen andern fruchtbaren Bäumen, über das hat es Weinstöcke [...], und weil es sowohl ein angenehmes als fruchtbares Land ist, koennte es in kurtzer Zeit so schön und nutzbar als eine von den besten auswärtigen Colonien gemacht werden, wenn eine gehörige Anzahl Arbeiter dazu employrt würde.[8]

Für eine ausführlichere Beschreibung der Naturgegebenheiten verwies Urlsperger auf den 1732 erschienenen Druck von Jean Pierre Purry (1675–1736) *Description abrogée de l'état présent de la Caroline méridionale*, der 1734 auch in deutscher Übersetzung publiziert wurde.[9] Bis zum September 1733 folgten 57 Personen dem Angebot der Trustees und traten gemeinsam mit Boltzius und Gronau die Überfahrt nach Georgia an.[10] In Zeitungsbeiträgen und mehreren kleinen Drucken berichteten sowohl Urlsperger als auch Francke über den Reiseverlauf bis zur Landung in Savannah.[11] Diese Veröffentlichungen bildeten aber nur den Auftakt für ein weit umfangreicheres Publikationsunternehmen, die ca. 5.000 Seiten umfassende Edition der Tagebücher und Briefe der hallischen Seelsorger, die von 1735 bis 1767 von Samuel Urlsperger und seinem Sohn Johann August (1728–1806) unter den Titeln *Ausführliche Nachricht von denen Saltzburgischen Emigranten, die sich in America niedergelassen haben*[12] und *Americanisches Ackerwerk Gottes oder zuverlässige Nachrichten, den Zustand der americanisch englischen und von salzburgischen Emigranten erbauten Pflanzstadt Ebenezer in Georgien betreffend*[13] herausgegeben wurde. Die Fortsetzungsbände waren nach dem Muster der in Halle erscheinenden Berichte über die Indienmission aufgebaut und enthielten neben den Tagebüchern und Briefen der Pastoren auch Schreiben der Salzburger, Spendenübersichten sowie – vor allem in den ersten Bänden – Reiseberichte und wurden mit Vorreden Urlspergers eingeleitet. Das Hauptanliegen der Publikation war es, das Interesse frommer Kreise in Europa an der lutherischen Gemeinde in Georgia zu wecken und Spenden einzuwerben. Aus diesem Grund wurden die eingehenden handschriftlichen Diarien und Briefe in Augsburg und Halle einer gründlichen Revision unterzogen.[14] Denn das bisher gezeichnete Bild der vertriebenen Salzburger als fromme Israeliten durfte nicht getrübt werden. Auch das dargestellte komplexe Beziehungsgeflecht veranlasste die Herausgeber zu entscheidenden Rücksichtnahmen: potentielle Anlässe zu Konflikten mit der Katholischen Kirche, aber auch mit dem orthodoxen Luthertum, mit dem englischen Königshaus und der Regierung, mit der Anglikanischen Kirche und der SPCK und schließlich mit den Trustees mussten aus den Berichten getilgt werden. So wird in den Drucken die Entwicklung der Salzburger Emigrantengemeinde nur unzureichend deutlich. Es überwiegt das Bild einer geistlich und zunehmend auch wirtschaftlich wohl ausgestatteten Wüsteninsel, in der die Einwohner trotz kleinerer Schwierigkeiten geschützt vor der sie umgebenden materiellen und spirituellen Wildnis friedlich leben und unermüdlich ihrer Arbeit nachgehen, und die sich letztendlich zu einem Weinberg, zu einer „Stadt auf dem Berge"[15] wandelt, die in ihre bis dahin öde Umwelt ausstrahlt.[16] Dieses Bild hat sich auch Mühlenberg, nicht zuletzt durch die Lektüre der gedruckten Darstellungen, zu Eigen gemacht.

4.11 | Johann Martin Boltzius, Schabkunstblatt von Johann Jacob Haid nach Jeremias Theus, 1754

Die originalen Tagebücher, Berichte und Briefe, die innerhalb des transatlantischen Kommunikationsnetzes zwischen Ebenezer, Halle, Augsburg und London ausgetauscht wurden, liefern eine wesentlich differenziertere Darstellung und behandeln eine weitaus größere Themenvielfalt der amerikanischen Wirklichkeit. Davon profitierten alle Seiten. Die hallischen Pastoren in Übersee blieben so in Verbindung mit ihrer Mutterkirche. Von deren Vertretern in Deutschland und England erhielten sie theologische Unterstützung, aber auch juristische, kirchenpolitische und allgemeine organisatorische Ratschläge. Nicht zuletzt empfingen sie über diese Wege Geld- und Sachspenden, Bücher und Medikamente, was ihren Einfluss auf die Gemeinde zusätzlich stärkte. Umgekehrt wurden die europäischen Partner aus erster Hand über die Ereignisse in der Neuen Welt informiert und konnten diese Informationen für ihr eigenes Handeln im Interesse der weiteren Ausbreitung der pietistischen Reformideen nutzbar machen.

Mit ihren Beobachtungen auf dem Gebiet der Ethnologie, Geografie, Botanik und Zoologie bilden Urlspergers *Ausführliche Nachrichten* und die sie ergänzenden Handschriften eines der frühesten Zeugnisse der Geschichte Georgias.[17] Hier soll exemplarisch auf zwei Themen eingegangen werden, die für die europäischen Leser des 18. Jahrhunderts von besonderem Interesse waren: die Lebensweise der Indianer und die Sklavenfrage.

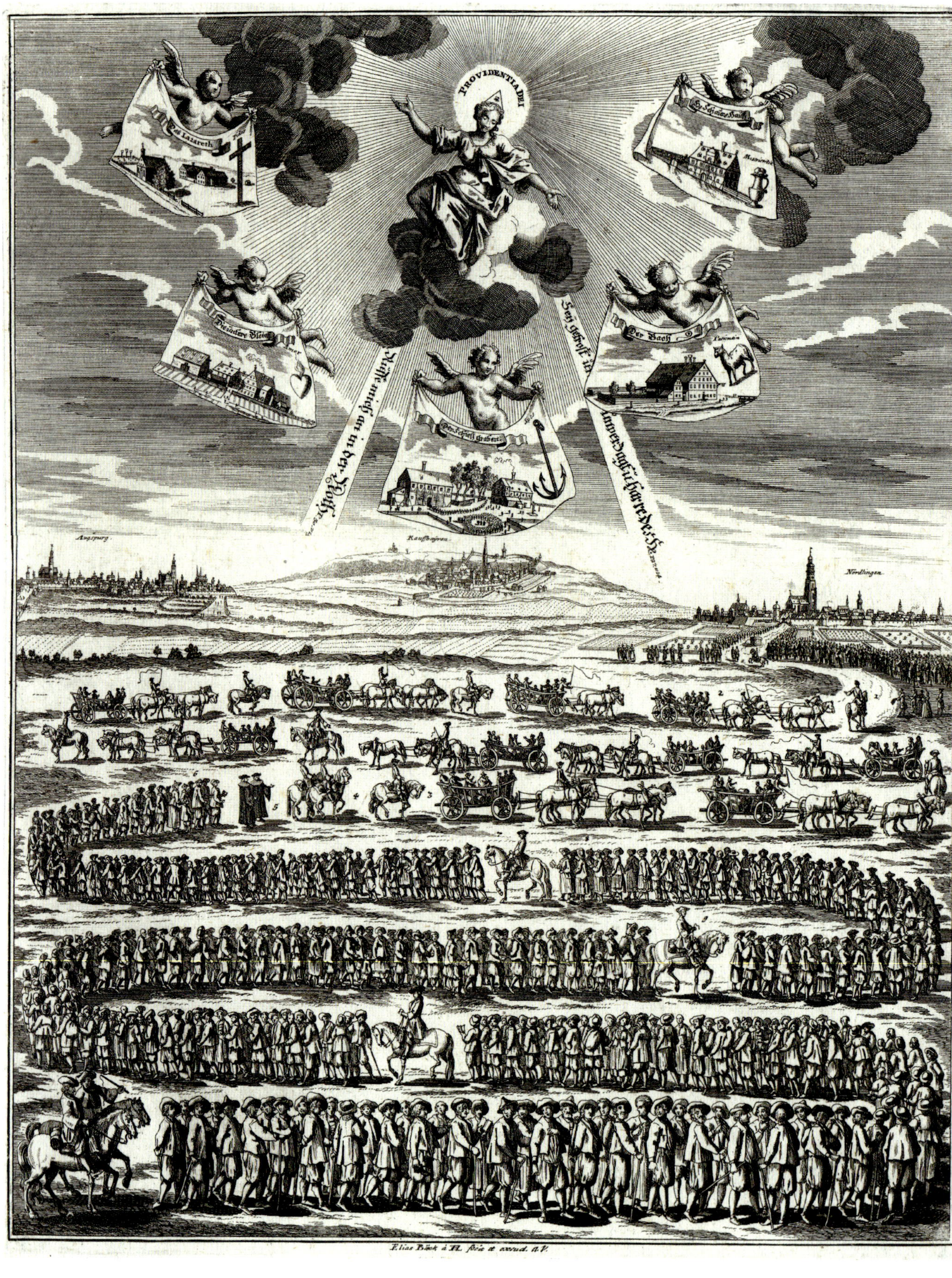


Elias Bäck à H. fcit et excud. A.V.

4.5b | Mann mit Mädchen. Figurengruppe von Salzburgern in ihrer Tracht, bemaltes Holz, um 1730

4.5a | Frau mit Knaben. Figurengruppe von Salzburgern in ihrer Tracht, bemaltes Holz, um 1730

Es mag verwundern, dass das Titelkupfer des ersten Teils der *Ausführlichen Nachrichten* keine Allegorie auf die Salzburger Auswanderung zeigt, sondern die Darstellung zweier Indianer, des Häuptlings der Yamacraw Tomochachi (um 1644–1739) und seines Neffen Tooanahowi. Tomochachi war bei der Gründung Georgias ein wichtiger Verhandlungspartner der Briten. Beide Indianer werden nicht als exotische Wilde porträtiert, sondern durchaus vergleichbar mit europäischen Herrschern. Insignien für Macht und Reichtum fehlen, doch strahlen beide Personen Ruhe und Würde aus. Der Häuptling ist in ein Hirschfell gekleidet, sein Neffe hält das Stammessymbol, einen Adler, im Arm. Diese Attribute nehmen Bezug auf den Besuch Tomochachis und weiterer Vertreter der Creek-Indianer in London, der 1734 ganz in der Tradition der ersten Entdecker verlief. Die Teilnehmer der Delegation wurden als indianische Könige gefeiert, in europäischer Tracht dem englischen König und den Trustees vorgeführt und dem Erzbischof von Canterbury vorgestellt. Als Geschenk überreichte Tomochachi Adlerfedern zum Zeichen des ewigen Friedens. Ausführlich wurde in den Zeitungen über den Besuch berichtet und auch Urlsperger druckte eine Erzählung darüber in den *Ausführlichen Nachrichten* ab, die er mit dem Kupferstich von Johann Jacob Kleinschmidt (1687–1772) ergänzte, der nach einer englischen Vorlage entstanden war.[18] Den Pietisten war die von dem Häuptling bekundete Bereitschaft, sein Volk im christlichen Glauben unterrichten zu lassen, besonders willkommen. Bereits August Hermann Francke

4.6a | Eine Gruppe Salzburger Protestanten erreicht Nördlingen, Kupferstich von Elias Bäck, [1732]

hatte mit Cotton Mather (1663–1728) über die Möglichkeiten der Indianermission korrespondiert und einen Gedankenaustausch zwischen den Missionaren in Tranquebar und dem Bostoner Geistlichen vermittelt.[19] Die Instruktionen für Boltzius und Gronau enthielten die Anweisung, Gelegenheiten für die Missionsarbeit zu erkunden und zu diesem Zweck die Sprache der Indianer zu lernen.[20] Dies erklärt, dass vor allem in die ersten *Continuationen* der *Ausführlichen Nachrichten* umfangreiche Beschreibungen der Lebensweise, Sitten und Gebräuche der Indianer Georgias aufgenommen wurden. Sie stammen überwiegend von Philipp Georg Friedrich von Reck (1710–1798), der sich als Reisekommissar der Salzburger 1734 und 1736 im Land aufgehalten hatte. Seine Beobachtungen decken ein breites Spektrum von Schilderungen der äußeren Erscheinung der Indianer, ihrer Kleidung, Ernährung und Religion, ihrem Rechtsverständnis bis hin zu ihren Zeremonien ab. Die Indianer werden dabei eher als „edle Wilde", die noch ganz in einem natürlichen Zustand verhaftet sind, denn als „heidnische Barbaren" charakterisiert. Ursprünglich für eine separate Veröffentlichung geplant, die nicht realisiert wurde, waren Recks Berichte durch lebensnahe Zeichnungen illustriert. Detailreich sind auf ihnen die Bekleidung und Ausrüstung, Wohnstätten und Kulthandlungen der Indianer dargestellt.[21] Weniger ethnologisch, dafür jedoch von ihrer christlichen Ethik geprägt, sind die Äußerungen der hallischen Pastoren, besonders von Boltzius. Zunächst noch hoffnungsvoll hinsichtlich einer Missionierung, schrieb er kurz nach seiner Ankunft in Georgia an Francke:

> Und da unser Erbarmer in uns schon Verlangen nach dem Heil wie andrer Menschen, also insonderheit der armen Indianer gepflanzet hat, daß wenn wir sie auf unsern Händen ihm in seinen Schooß tragen könten, es unsere größte Lust seyn solte: so hoffen wir festiglich, er werde uns bey Erlernung der Indianischen Sprache (wozu unsere Begierde gar unbeschreiblich ist) alle Schwierigkeiten überwinden helffen.[22]

Gegenüber einem Verwandten erklärte er: „Man findet hier im Lande wenig Christenthum und höret man von den hiesigen Indianern als Heyden viel mehr gutes als von den so genandten Christen."[23] Bald aber musste das Scheitern aller Missionsbemühungen aufgrund der Arbeitsbelastung beim Aufbau der Salzburger Gemeinde und der Lebensgewohnheiten der Indianer, „daß sie vitam ambulatorium haben und an keinem Orte eigentlich zu Hause sind, daß sie eine ordentliche LebensArt vor Sclaverey [...] halten,"[24] eingeräumt werden. Die Aussagen über das Verhalten der Indianer wurden zunehmend kritischer: „Die Tugenden, die bey unserer Ankunft hier in America von ihnen gerühmet worden, haben wir noch an keinem gefunden."[25] Eine Mitschuld am Verderben der Indianer sah Boltzius in dem schlechten Einfluss der europäischen Siedler: „Sie sind von den Engelländern und Frantzosen, wie auch einigen Deutschen, schon zu allen Unordnungen insonderlich zum Saufen angewöhnt."[26] Zusammenfassend schrieb er über das Scheitern der Missionsabsichten:

> Auch ist den armen Heyden nur einiger maßen beyzukommen vor ietzo fast nichts, als pure Unmöglichkeit indem selbst gute Exempel bey ihnen keinen Eindruck geben. Sie haben von vielen Jahren her nichts als das böse Exempel der weißen Leute gesehen, und weil solch Leben mit dem Triebe ihres gleichfals verkehrten fleischlichen Hertzens übereinkommt, so sind sie nur viel ärger worden, als sie vorhin mögen gewesen seyn, und halten nur das gottlose Leben der Leute vor das rechte Leben, und würden den für keinen Freund, sondern als einen Feind ansehen, und tractiren, der ihnen was anders rathen wolte. Sie sind unvermögend einen Unterschied zu machen zwischen Guten und Bösen, und halten das Böse, das dem verderbten Fleisches-Sinne wohl thut, vor Gut, darin sie auch durch das Leben und Reden der weißen Leute, die des Handels wegen unter ihnen leben, und rechte Haupt-Bösewichte sind, bestärcket werden. Sie sind zu keiner äuserlichen Ordnung und Unterthänigkeit zu bringen, haben auch keinen Befehlshaber unter sich, als zu Krieges Zeiten, da doch auch Niemand absolute Gewalt hat, sondern alles durch Rath geben gehen muß. Damit sie der Engeländer Freunde bleiben, so muß man mit ihnen die gelindesten Wege gehen, und ihnen in allem nachsehen.[27]

4.13 | Karte von Savannah und Umgebung, 1735, Kupferstich in: Samuel Urlsperger: Ausführliche Nachricht von den Saltzburgischen Emigranten, 1741

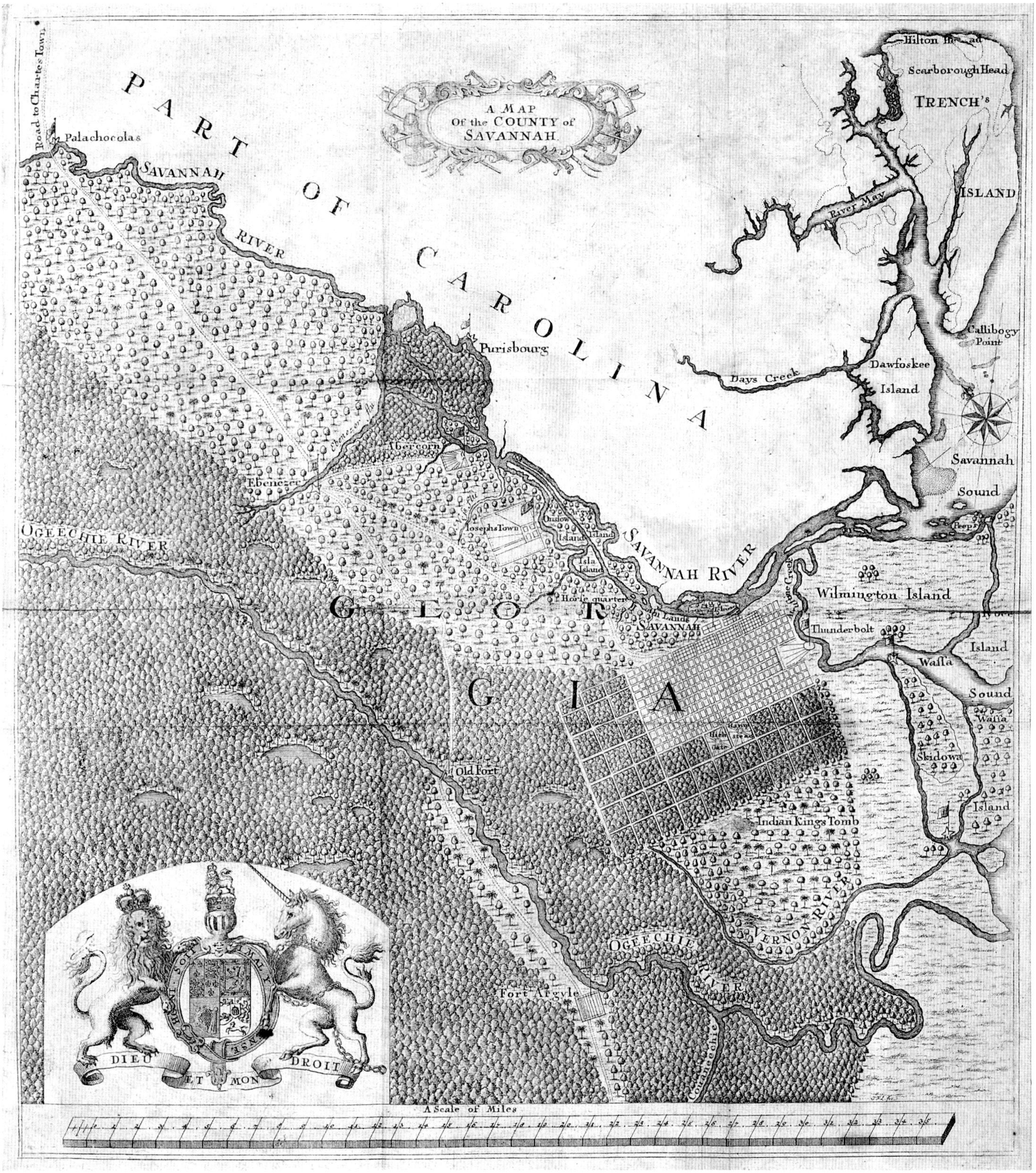
A MAP
Of the COUNTY of
SAVANNAH
PART OF CAROLINA
Road to Charles Town
Palachocolas
SAVANNAH RIVER
Purisbourg
Abercorn
Ebenezer
OGEECHIE RIVER
Josephs Town
Onslow Island
Isla Island
Horse quarter
SAVANNAH
SAVANNAH RIVER
GEORGIA
Old Fort
Indian Kings Tomb
VERNON RIVER
OGEECHIE RIVER
Fort Argyle
Scarborough Head
TRENCH's
ISLAND
River May
Days Creek
Callibogy Point
Dawfoskee Island
Savannah Sound
Wilmington Island
Thunderbolt
Island
Wassa
Sound
Skidowa
Island
DIEU ET MON DROIT
A Scale of Miles

Verelst Pinxit.

Tomo Chachi Mico
oder König Von Yamacran, und Tooanahowi Seines
Bruders des Mico oder Königes Von Etichitas Sohn.
nach dem Londischen Original in Augspurg nachgestochen von
Joh. Jacob Kleinschmidt.

4.18 | Ein indianischer Kriegstanz, Tuschzeichnung in: Zeichnungsbuch aus dem Besitz von Philipp Georg Friedrich von Reck, 1736. Kopenhagen, Det Kongelige Bibliotek – Nationalbibliotek og Københavens Universitetsbibliotek: NKS 565 4°

Auch wenn sich die durch den Kupferstich der ersten *Ausführlichen Nachrichten* symbolisierte Hoffnung auf eine Bekehrung der amerikanischen Ureinwohner nicht erfüllte, sah Boltzius die Indianer trotz aller Kritik stets als vernunftbegabte Menschen an, die von Natur aus fähig waren, die christliche Botschaft zu empfangen, deren jetziger

> Zustand [jedoch] so beschaffen ist, daß er ein Christlich Herz wol zum Mitleiden und zur Fürbitte bewegen solle. Sie zeigen uns als in einem Bilde, wie auch wir seyn würden, wenn wir die Gnadenmittel nicht hätten; die uns doch geschencket sind, als wenn wir besser von Natur wären, wie sie, sondern wir haben solche lediglich Christo und der Barmherzigkeit Gottes zu danken.[28]

Die Sklavenfrage war in Georgia von Beginn an eng mit dem Problem des Arbeitskräftemangels verbunden. Dem wirtschaftlichen Aufschwung der Kolonie stand die geringe Zahl an Lohnarbeitern entgegen. So sahen sich die Trustees 1741 erneut veranlasst, eine Werbeschrift für ihre Kolonie herauszugeben.[29] Auch in Deutschland wurde noch einmal kräftig für eine Ansiedlung in der südlichen Provinz geworben, richtete sich doch der Hauptstrom der Auswanderung in das entwickeltere Pennsylvania.[30] Der Besitz von Sklaven war aus Gründen der militärischen Sicherheit verboten, denn man fürchtete, dass sich entlaufene Sklaven mit den Spaniern verbünden würden. Boltzius stand der Sklavenarbeit darüber hinaus aufgrund seiner christlichen Wertvorstellungen ablehnend gegenüber. Der Widerstreit zwischen der Einsicht in ökonomische Zwänge und moralischen Bedenken führte bei ihm, da er neben der seelsor-

4.19 | Tomo Chachi Mico oder König von Yamacran und Tooanahowi Seines Bruders [...] Sohn, Kupferstich von Johann Jacob Kleinschmidt, 1735

gerlichen de facto auch die wirtschaftliche Verantwortung für die Gemeinde trug, bis zur offiziellen Einführung der Sklaverei 1749 und darüber hinaus zu ernsten inneren und äußeren Konflikten, die er seinen Tagebüchern und Briefen anvertraute und nach Europa sandte: „Kein Christ kann mit gutem Gewissen einen solchen Mohren kaufen, weil es bekannt ist, [...] daß sie aus ihrem Land weg, und hieher gebracht werden, ob man der Sache gleich sucht eine gute Farbe anzustreichen,"[31] schrieb er 1740. In einem mehrseitigen Brief an Urlsperger vom 2. Januar 1746 fasste er brillant alle wirtschaftlichen, sozialen, moralischen und militärischen Gründe gegen die Sklaverei zusammen.[32] Unter dem wachsenden Druck der Befürworter der Sklaverei musste Boltzius schließlich seinen Widerstand aufgeben:

> Weil die Herren Trustees abermal an den hiesigen Rath geschrieben, daß Sie die Einführung der Mohren-Sclaven in diese Colonie durchaus nicht gestatten und die schon eingeführten Sclaven weggeschafft wißen wollen, so hat sich ein groß Ungewitter der Lästerung, Schmähung und Verfolgung in Savannah und andern Orten dieses Landes über mich erhoben, weil mir hievon die Schuld aufgebürdet wird. Alle hiesige[n] Einwohner von den Vornehmsten bis zu den Geringsten wollen Negers haben, und wer sich ihrem Sinne nicht conformirt, [...] der wird gehaßet, verleumdet und verfolget. Ich glaube nicht, daß die lieben Herren Trustees mit aller ihrer Mühe und vielen Unkosten ihren löblichen Zweck erreichen, diese Colonie mit weißen fleißigen Arbeitern zu besetzen; und wir sind in Gottes Namen entschloßen, anzunehmen, wie es kommt, und wider die Einführung der schwartzen Sclaven weiter kein Wort mehr zu sagen.[33]

Theologisch gestützt wurde Boltzius durch einen Brief Ziegenhagens vom 11. Juli 1750, in dem dieser erklärte: „Ist also die Not da, daß man weiter sich nicht rathen kann, so nehme man Sclaven im Glauben und zu dem Zwecke, daß man sie Christo zuführen wolle; so wird solche That nicht Sünde seyn, sondern es kann zum Segen werden."[34] Doch unter dem Eindruck eines in Pennsylvania erschienenen Traktats[35] über den Sklavenhandel fand Boltzius am Ende seines Lebens wieder zu seiner ursprünglichen Meinung zurück, „daß die Einführung und der Gebrauch der Negers sündlich und also unerlaubt sey, dabey auch kein Segen sondern desto schwerer Verantwortung seyn würde".[36] Boltzius' Berichte enthalten einige abwertende, auf den heutigen Leser rassistisch wirkende Aussagen über die afroamerikanischen Sklaven. Sie dienten jedoch vor allem dazu, seine Vorbehalte gegen die Sklavenarbeit zu stützen. Wie bei den Indianern zweifelte Boltzius nie an der natürlichen Intelligenz der Afroamerikaner, die sie befähigte, den christlichen Glauben anzunehmen:

> Man hat mir freilich oft gesagt, daß man denen Negers nichts beibringen könnte, sie wären dumm, und vom Lehrnen abgeneigt, mißbrauchen auch ein christlich und gelindes Tractament: Ich halte aber alles dises für ein Gedichte solcher Leute, die sich mit denen Selen dieser schwarzen Leute keine Mühe geben, sie auch in Essen, Kleidung, Arbeit und Ehestande nicht christlich halten wollen. Sie sind klug genug, und können Handwerke und Künste, auch Schreiben und Rechnen lehrnen [...]. Ja man weiß auch das, daß schon gar manche Negermänner und Weiber bey christlichen und rechtschaffenen Herrschaften in Carolina zur christlichen Religion und rechtschaffenem Wesen in Christo gelanget sind.[37]

Das hervorragend strukturierte Kommunikationsnetz Franckes, Urlspergers und Ziegenhagens ermöglichte es ihnen, aus erster Hand Informationen aus der Neuen Welt zu erhalten, die sie in mehr oder weniger bearbeiteter Form dem Publikum darboten. Die Briefe und Tagebücher aus Ebenezer vermitteln ein anschauliches Bild des kolonialen Amerikas der 1730er bis 1760er Jahre, berichten über politische, wirtschaftliche und soziale Belange, nehmen Stellung zur Indianer- und Sklavenfrage sowie zu anderen christlichen Denominationen. Da das wichtigste Anliegen der Publikationen darin bestand, einen breiten Unterstützerkreis für den Aufbau der ersten lutherischen Gemeinde in Georgia zu erhalten, lag das Hauptaugenmerk der Veröffentlichungen jedoch nicht auf einer neutralen Berichterstattung und auf einer möglichst umfassenden Widerspiegelung der amerikanischen Lebenswirklichkeit. Im Mittelpunkt standen die Fortschritte bei der Entwicklung Ebenezers, das als Licht in die amerikanische Finsternis strahlen sollte.

[1] Brief von Heinrich Melchior Mühlenberg an Samuel Urlsperger. Providence, 06.09.1753 (Halle, Archiv der Franckeschen Stiftungen (AFSt): AFSt/M 4 C 6 : 9).

[2] Vgl. Valentin Ernst Löscher: Drey Predigten von der Erkänntniß und Ehre des Sohnes Gottes, darinnen Jesus gezeigt wird: Als der große und beste Führer, der rechte Armen-Freund und Versorger, und der eintzige Fürsprecher, wie aller wahren Christen, also insonderheit der Saltzburgischen Emigranten [...]. Dresden: Hilscher, 1733.

[3] So beispielsweise der Bericht *An account of the sufferings of the persecuted Protestants in the Archbishoprick of Saltzburg, with their reception in several imperial cities in Germany*, der 1732 von der SPCK in London herausgegeben wurde.

[4] Vgl. George Fenrick Jones: The Georgia Dutch. From the Rhine and Danube to the Savannah, 1733–1783. Athens, London 1992, 20; Henry Newman's Salzburger Letterbooks. Transcribed and ed. by George Fenwick Jones. Athens 1966, 30.

[5] Vgl. Brief von Samuel Urlsperger an Gotthilf August Francke. Augsburg, 26.01.1733 (Staatsbibliothek zu Berlin – Preußischer Kulturbesitz, Nachlass A. H. Francke 26/1 : 9).

[6] Vgl. Benjamin Martyn: Some Account of the Designs of the Trustees for Establishing the Colony of Georgia in America. London 1732; ders.: A New and Accurate Account of the Provinces of South Carolina and Georgia. London: Worall, Roberts, 1733; ders.: Reasons for Establishing the Colony of Georgia [...]. London: Meadows, 1733.

[7] Vgl. Samuel Urlsperger: Georgia, oder: Kurtze Nachricht von dem christlichen Vorhaben [...] dreyhundert protestantische Emigranten nach ermeldten Georgia aufzunehmen, ingleichen von den guten Conditionen dieser Aufnahme [...]. Frankfurt/Main 1733.

[8] Urlsperger, Georgia [s. Anm. 7], [2v.].

[9] Vgl. Jean Pierre Purry [u.a.]: Kurtze, iedoch zuverläßige Nachricht von dem gegenwärtigen Zustand und Beschaffenheit des mittägigen Carolina in America oder West-Indien, welche Landschaft Georgien genennet wird. Leipzig: Walther, 1734; Purry hatte 1732 die Siedlung Purrysburg in South Carolina gegründet, er vertrat die Theorie, dass Gebiete entlang des 32. Breitengrades am besten für eine Besiedlung geeignet seien.

[10] Ende 1734, 1736 und 1741 folgten drei weitere Transporte Salzburger Emigranten, 1736 bis 1752 mehrere Transporte mit Auswanderern aus Süddeutschland; vereinfachend wurden alle Emigranten „Salzburger" genannt.

[11] Als Beispiele seien die Veröffentlichungen der *Hallischen Zeitungen* genannt: Relation von denen Saltzburgischen Emigranten, welche am 31. Oct. 1733. Jahres von Augsburg nach Holland abgegangen, und von dar über England nach der Colonie Georgia in Süd-Carolina in America übergebracht werden sollen. In: Hallische wöchentliche Relation der merckwürdigsten Sachen No. XLVI. [Halle: Waysenhaus], 21.11.1733, unpaginiert S. 188 folgend; zwei Fortsetzungen des Berichts erschienen am 30.01.1734 und 07.08.1734 in: Relation No. V., S. 17-20, und No. XXXII., S. 157-169; ferner Samuel Urlsperger: Zuverlässige Nachrichten von denen auf der Reise nach Georgien in America begriffenen, und aus dem Saltzburgischen, der Religion wegen, emigrirten Groß-Britannischen Colonisten [...]. Augsburg: Mertz, Mayr, 1734; ders.: Eben-Ezer in Georgia. Augsburg: Mertz, Mayer, 1734; in dieser Verteidigungsschrift berichtet Urlsperger über die Gründung des Orts Ebenezer und tritt Gerüchten über ein Scheitern des Projekts entgegen.

[12] Halle 1735–1752; die leicht geänderten Titel der insgesamt 18 Fortsetzungsbände lauten: [...] Continuation der ausführlichen Nachrichten von denen Saltzburgischen Emigranten, die sich in America niedergelassen haben; sie wurden zwischen 1741 und 1752 in drei Sammelbänden unter dem Titel: Der ausführlichen Nachrichten von der Königlich-Groß-Britannischen Colonie Saltzburger Emigranten in America [...] Theil 1–3. Halle: Waysenhaus, zusammengefasst.

[13] Augsburg 1754–1767.

[14] Vgl. Dietrich Blaufuß: ‚Zensur' im Dienst der Reich-Gottes-Propaganda? Zu Samuel Urlspergers ‚Ausführlicher Nachricht' 1737–1741. In: Samuel Ursperger (1685–1772). Augsburger Pietismus zwischen Außenwirkungen und Binnenwelt. Hg. v. Reinhard Schwarz. Berlin 1996, 200–220.

[15] Mt 5,14.

[16] Vgl. Alexander Pyrges: Wüsten und Weinberge. Religiöse Raumbeschreibungen und Kolonisierungspraxis in einem transatlantischen protestantischen Kommunikationsnetzwerk des 18. Jahrhunderts. In: Topographien des Sakralen. Religion und Raumordnung in der Vormoderne. Hg. v. Gerd Schwerhoff u. Susanne Rau. Hamburg 2008, 370–391.

[17] Ausführliche Darstellungen der Entwicklungsgeschichte Ebenezers, die auf der Auswertung der gedruckten und handschriftlichen Quellen beruhen, finden sich u.a. in: Detailed Reports on the Salzburger Emigrants Who Settled in America. Ed. by George Fenwick Jones. Bd. 1–18. Athens, Ga. [u.a.] 1968–1995; Salzburg – Halle – Nordamerika. Ein zweisprachiges Find- und Lesebuch zum Georgia-Archiv der Franckeschen Stiftungen. Hg. v. Thomas J. Müller-Bahlke u. Jürgen Gröschl. Tübingen 1999 (Hallesche Quellenpublikationen und Repertorien, 4); The Letters of Johann Martin Boltzius, Lutheran Pastor in Ebenezer, Georgia. German Pietism in Colonial America, 1733–1765. Ed. and transl. by Russell C. Kleckley in Collaboration with Jürgen Gröschl. Bd. 1–2. Lewiston, NY [u.a.] 2009.

[18] Vgl. Urlsperger, Nachrichten [s. Anm. 12], Teil 1, 32–35.

[19] Vgl. Anmerkung von August Hermann Francke zu einem Brief von Cotton Mather. [Halle 1715] (AFSt/H D 121 : 6a).

[20] Vgl. Anweisungen von Gotthilf August Francke an Johann Martin Boltzius und Israel Christian Gronau über ihre Aufgaben bei der Salzburger Emigrantengemeinde. Halle, 02.11.1733 (AFSt/M 5 A 1 : 10).

[21] Die Zeichnungen fanden keinen Eingang in Urlspergers *Ausführliche Nachrichten*; das Zeichnungsbuch wird heute in der Königlichen Bibliothek Kopenhagen aufbewahrt, vgl. Von Reck's Voyage. Drawings and Journal of Philip Georg Friedrich von Reck. Ed. by Kristian Hvidt. Savannah 1990.

[22] Brief von Johann Martin Boltzius an Gotthilf August Francke. Savannah, 23.03.1734 (AFSt/M 5 A 1 : 31).

[23] Brief von Johann Martin Boltzius an Johannes Müller. Ebenezer, 06.05.1734 (AFSt/M 5 A 2 : 5).

[24] Brief von Johann Martin Boltzius und Israel Christian Gronau an Gotthilf August Francke. Ebenezer, [12.12.]1734 (AFSt/M 5 A 1 : 49).

[25] Tagebucheintrag vom 20.02.1735. In: Urlsperger, Nachrichten [s. Anm. 12], Teil 1, 293.

[26] Brief von Johann Martin Boltzius an Tobias Plaschnig. Ebenezer, 01.01.1738 (AFSt/M 5 A 7 : 18).

[27] Brief von Johann Martin Boltzius an Johann Andreas Manitius. Ebenezer, 22.02.1738 (AFSt/M 5 A 2 : 12).

[28] Tagebucheintrag vom 06.01.1754. In: Samuel Urlsperger: Americanisches Ackerwerk Gottes oder zuverlässige Nachrichten, den Zustand der americanisch englischen und von Salzburgischen Emigranten erbauten Pflanzstadt Ebenzer in Georgien betreffend. Augsburg 1754–1767, 3. Stück, 456.

[29] Vgl. [Benjamin Martyn:] An account shewing the progress of the colony of Georgia in America from its first establishment. London 1741.

[30] Vgl. Johann Matthias Krämer: Neueste und richtige Nachricht von der Landschaft Georgia in dem Engelländischen Amerika. Göttingen: Schmid, 1746; Emanuel Christian Löber: Auszug der sichern und nützlichen Nachrichten von dem Englischen America besonders von Carolina und der fruchtbaren Landschaft Georgia denen dahin reisenden zum besten [...]. Jena: Gollner, 1750; zu diesen Schriften vgl. Heiko Diekmann: Lockruf der Neuen Welt. Deutschsprachige Werbeschriften für die Auswanderung nach Nordamerika von 1680 bis 1760. Göttingen 2005.

[31] Tagebucheintrag vom 20.07.1740. In: Urlsperger, Nachrichten [s. Anm. 12], Teil 2, 566.

[32] Vgl. Brief von Johann Martin Boltzius an Samuel Urlsperger. Ebenezer, 02.01.1746. In: Urlsperger, Nachrichten [s. Anm. 12], Teil 3, 30–46.

[33] Brief von Johann Martin Boltzius an Gotthilf August Francke. Ebenezer, 07.09.1747 (AFSt/M 4 A 11 : 74).

[34] Tagebucheintrag vom 03.04.1751. In: Urlsperger, Ackerwerk [s. Anm. 28], 1. Stück, 4.

[35] Vermutlich die Schrift des Quäkers John Woolman (1720–1772): Considerations on the Keeping of Negroes. Recommended to the Professors of Christianity of every Denomination. Part the Second. Philadelphia: Franklin, Hall, 1762.

[36] Tagebucheintrag vom 02.08.1763 (AFSt/M 5 D 13, IV).

[37] Johann Martin Boltzius: Physikalische und ökonomische Beantwortung aus eines ungenannten Anmerk[ungen] von Carol[ina] und Georgien. In: Urlsperger, Nachrichten [s. Anm. 12], Teil 3, 974f.

Thomas Müller-Bahlke

# Heinrich Melchior Mühlenberg und die Anfänge des deutsch-lutherischen Kirchenwesens in Pennsylvania

Die Auswanderung in die mittelatlantischen Kolonien Nordamerikas erlebte seit der frühen Neuzeit unterschiedliche Konjunkturen. In der ersten Hälfte des 18. Jahrhunderts stieg sie erst langsam und dann sprunghaft an, erfuhr im zweiten Drittel ihren Höhepunkt und ebbte erst danach allmählich wieder ab. Die deutschsprachigen Einwanderer bildeten dabei eine besonders große Gruppe. Auch wenn sie in allen englischen Kolonien entlang der Ostküste anzutreffen waren, blieb Pennsylvania doch ihr begehrtestes Ziel. Zwischen 1726 und 1755 ließen sich dort allein rund 40.000 deutsche Neuankömmlinge nieder. Um die Mitte des Jahrhunderts stellten 60.000 deutschsprachige Bewohner über 40 Prozent der pennsylvanischen Bevölkerung und bildeten so die stärkste Gruppe unter den Siedlern in der Kolonie.[1] In den Spitzenzeiten verging kaum eine Woche, in der nicht mehrere Schiffe im Hafen von Philadelphia anlandeten, voll besetzt – nicht selten sogar überfüllt – mit Neuankömmlingen aus Europa. Es gab die unterschiedlichsten Gründe, die gefahrvolle Reise in eine ungewisse Zukunft auf sich zunehmen. Natürlich befanden sich auch Abenteurer und Glücksritter unter den Auswanderern, bisweilen zwielichtige Gestalten, die sich auf der Flucht vor der Justiz in die Neue Welt absetzten. Von Existenzen dieser Art war auch das Bild beherrscht, das man sich in Europa von den Auswanderern machte. Bei vielen Zeitgenossen standen Migranten unter Generalverdacht, weil sie sich nur unlautere Gründe dafür vorstellen konnten, wenn jemand seine Heimat verließ, um sich weit entfernt unter vollkommen veränderten geografischen, klimatischen, kulturellen wie politischen Bedingungen eine neue Existenz aufzubauen. Wer jedoch diese schwerwiegende Entscheidung traf, hatte zumeist sehr handfeste Gründe dafür, und die waren überwiegend wirtschaftlicher Art.

4.20 | Porträt von Heinrich Melchior Mühlenberg, Öl auf Leinwand, um 1780. Newport (RI), The Preservation Society of Newport County

Ein weiteres wichtiges Motiv, das sich oft mit wirtschaftlicher Not paarte, war eine Gemengelage aus politischen und religiösen Repressalien, denen man entkommen wollte. Beide Sphären waren im 18. Jahrhundert noch auf das engste miteinander verzahnt. Es galt seit dem Augsburger Religionsfrieden von 1555 der Grundsatz *Cuius regio eius religio*. Demgemäß wurde die Religionszugehörigkeit aller Untertanen durch die jeweilige Landesherrschaft bestimmt. In den deutschen Ländern gab es mit der römisch-katholischen Kirche, der evangelisch-lutherischen und der evangelisch-reformierten Kirche drei Konfessionen, die seit dem Westfälischen Frieden von 1648 als gleichberechtigt anerkannt waren. Anderen Glaubensrichtungen, religiösen Splittergruppen etwa, blieb die Anerkennung versagt. In der Regel wurden religiöse Abweichungen von der jeweiligen Landesherrschaft unterdrückt, verfolgt und hart bestraft. Wer sich nicht der obrigkeitlich verordneten Konfession anpassen wollte, dem blieb als Ausweg in den meisten Fällen lediglich, seine Heimat zu verlassen.

Im Zuge einer zunehmend straffer organisierten und zentral verwalteten Staatsführung im Zeitalter des Absolutismus wurden weltliche und kirchliche Belange mehr und mehr miteinander vermengt. Ein evangelisch-lutherischer Landesherr war gleichzeitig auch oberster Bischof seiner Kirche. Das führte dazu, dass das lutherische Kirchenwesen allmählich in vollständige Abhängigkeit von staatlichen und politischen Interessen geriet. Das wirkte sich insbesondere auf die Pastoren und das zeitgenössische Verständnis von dem geistlichen Amt aus. Der Pfarrer wurde zum ausführenden Organ der Staatsgewalt. Die Definition der Berufsbezeichnung in der ersten Hälfte des 18. Jahrhunderts lautete:

> Pfarrer ist nach Maßgebung des geistlichen Kirchen= Rechtes eine solche Person, welche entweder von der ordentlichen Obrigkeit, oder wem irgend sonst das so

> genannte Pfarr=Recht zustehet, einer Pfarr=Kirche vorgesetzet ist, um in derselben die ihm, als geistlichen Hirten und Seelsorger der ihm anvertrauten Gemeine, gebührenden Verrichtungen treulich und fleißig zu besorgen und zu vollziehen.[2]

Bei der Bestimmung des geistlichen Amtes stand also das Abhängigkeits- und Dienstverhältnis des Pfarrers zur Obrigkeit an erster Stelle. Demgemäß gestaltete sich auch die alltägliche Amtsverrichtung lutherischer Pastoren. Politische, ökonomische und konfessionelle Belange waren kaum voneinander zu unterscheiden. Oft war ein Pfarrer aber nicht nur Organ der landesherrlichen, sondern auch der lokalen Obrigkeit, sofern sie die Patronatsrechte für eine Gemeinde innehatte. In der Praxis wachten die Patronatsherrschaften über die kirchlichen Belange auf Gemeindeebene, während ihnen das landesherrliche Konsistorium als vorgesetzte Behörde gegenüberstand. Das bedingte einerseits eine gewisse Balance obrigkeitlicher Verfügungsgewalt, andererseits aber eine mehrfache obrigkeitliche Inanspruchnahme der Pfarrer. Entsprechend ihrer fortschreitenden Verpflichtung für weltliche Zwecke wurden die Pastoren aber umgekehrt auch in zunehmendem Maße materiell abgesichert. So bedeutete der Summepiskopat eines Landesherren keineswegs ein schrankenloses Kirchenregiment. Vielmehr verstand er sich in seinem obersten Bischofsamt auch als Beschützer der Kirche und als Verteidiger ihrer Lehre. In diesem Sinne fühlte sich die Obrigkeit auch für das Wohlergehen ihrer Pfarrer verantwortlich, sorgte für ihre materielle Versorgung und verlieh ihnen Schutz und Schirm, damit sie ihr Amt im obrigkeitlichen Sinne und Auftrag erfüllen konnten.

Die Gemeinde, d.h. das einzelne Gemeindeglied ohne theologische Ausbildung und kirchliches Dienstverhältnis, spielte in diesem Ordnungsschema eine vollkommen untergeordnete Rolle. Gemäß dem absolutistischen Gedankengebäude besaß die kirchliche Laiengemeinde nur den Stellenwert einer Gruppe von Untertanen, die zur Erfüllung ihrer Pflichten der Beaufsichtigung und Führung bedurften. Ihre Rechte und Gestaltungsmöglichkeiten waren auf ein Minimum reduziert. Allgemein anerkannt war das Recht lutherischer Gemeinden, einen neuen Pfarrer, der ihnen von der Obrigkeit präsentiert wurde, mit einem *votum negativum* ablehnen zu können. Aber je nach Landeskirche war selbst dieses Recht bisweilen allein obrigkeitlichen Personen vorbehalten. Die Laienämter in den Gemeinden, in der Regel Älteste und Vorsteher, die ursprünglich von der geistlichen Obrigkeit in Person der zuständigen Visitatoren vergeben werden sollten, waren allmählich in den Einflussbereich lokaler Patronatsherrschaften geraten. Die Tatsache, dass die Vergabe und Ausübung von Gemeindelaienämtern mancherorts gänzlich in Vergessenheit geriet, zeigt, wie wenig lebendig sich das Leben im Inneren der Gemeinden gestaltete, und zeugt gleichzeitig von der geringen Beachtung, die den Laien im kirchlichen Bereich zuteil wurde.

Die meisten deutschstämmigen Auswanderer, die im 18. Jahrhundert den Atlantik überquerten, gehörten einer der beiden evangelischen Konfessionen an. Für sie spielten auch die unbefriedigenden kirchlichen Verhältnisse bei der Entscheidung eine Rolle, die alte Heimat hinter sich zu lassen und eine bessere Zukunft in der Neuen Welt zu suchen. Pennsylvania erschien da als besonders verheißungsvolles Ziel, denn in der 1681 gegründeten Eigentümerkolonie des Quäkers William Penn (1644–1718) herrschte eine strikte Trennung zwischen weltlicher und religiöser Sphäre. Penn hatte einen Gesetzesrahmen entworfen,[3] der den europäischen Einwanderern bisher nicht gekannte Möglichkeiten persönlicher Entfaltung bot. Neben den großen Konfessionsgemeinschaften konnten sich in der Kolonie auch Sekten und religiöse Splittergruppen unbehelligt von obrigkeitlichem Eingriff niederlassen.[4] Die ungehinderte Religionsausübung wurde für alle christlichen Glaubensgemeinschaften gesetzlich privilegiert:

> That all Persons living in this Province, who confess and acknowledge the One Almighty and Eternal God, to be the Creator, Upholder and Ruler of the World, and that hold themselves obliged in Conscience to live peaceably and justly in Civil Society, shall in no wayes be molested or prejudiced for their Religious Perswasion or Practice in matters of Faith and Worship, nor shall

Plan der Stadt Philadelphia und Umgebung, teilkolorierter Kupferstich von Matthäus Albert Lotter, 1777. Halle, Franckesche Stiftungen: BFSt: S/Kt 0242

A PLAN of the City and Environs of PHILADELPHIA
Engraved and Publiſhed by
MATTHEW ALBERT LOTTER.
1777
SCALE of MILES
ELEVATION OF THE STATE HOUSE.
PHILADELPHIA
GERMAN TOWN
MOYAMENSING TOWNSHIP
PASSYUNK TOWNSHIP
Schuylkill River
DELAWARE RIVER
NEW JERSEY
POINT NO POINT or RICHMOND
Road to BURLINGTON
ROAD to BRISTOL and TRENTON
Road from Lancaster
Road from Haverford
League Island
Province Island
Carpenters Island
Boons Island
Part of Tinicum Island
Hog Id
Petty's Id
Windmill Island
GLOUCESTER
DERBY
Red Bank
Chevaux de Frise which the Americans have laid across to obstruct the Navigation

290

> they be compelled at any time to frequent or maintain any Religious Worship, Place or Ministry, whatever.[5]

Abgesehen von hieraus abgeleiteten Gesetzen war dieses die einzige Regelung, die das Nebeneinander verschiedener Religionen in Pennsylvania festlegte. Aber das zitierte Gesetz war deutlich auf die Verhältnisse der Quäker zugeschnitten. In diesem Sinne war „die pennsylvanische Verfassung gerade so tolerant, dass sie die Lehren und Bräuche der Quäker schützte."[6] Sie kannten das bezahlte Amt des Geistlichen nicht und ihre autonome Organisationsstruktur erlaubte es den Quäkern, den inneren Zusammenhalt ihrer Glaubensgemeinschaft ohne obrigkeitliche Unterstützung selbst zu gewährleisten. Mit Ausnahme der Anglikanischen Kirche wurde dieses Selbständigkeitsprinzip in Pennsylvania für alle religiösen Gruppen zum Maßstab erhoben, auch deswegen, weil es den notwendigen Rahmen bot, um eine gleichberechtigte Koexistenz beliebig vieler verschiedener Denominationen zu ermöglichen. Im Gegensatz zu all jenen religiösen Gruppierungen, die historisch bedingt unabhängig vom Staat organisiert waren, bedeuteten diese Rahmenbedingungen für die deutschen Lutheraner freilich eine grundlegende Umstellung. Denn so klar das Gesetz für die Zwecke der Quäker anwendbar war, so unklar und lückenhaft war es in vieler Hinsicht für deren Belange. Dennoch enthielt es drei grundsätzliche Aussagen, die auch für die Organisation der lutherischen Gemeinden richtungweisend wurden:

1. Niemand darf wegen seines Glaubens benachteiligt oder in der Ausübung seines Glaubens gestört werden.
2. Niemand darf gezwungen werden, an einem Gottesdienst teilzunehmen oder eine Glaubensgemeinschaft in irgendeiner Form zu unterstützen. Explizit wird der Unterhalt der Geistlichkeit genannt, der auf rein freiwilliger Basis geschehen soll.
3. Voraussetzung für die Inanspruchnahme dieser Rechte ist ein friedliches Verhalten innerhalb der bürgerlichen Gesellschaft.

Schon im 17. Jahrhundert siedelten lutherische Schweden in Philadelphia und erbauten 1700 die Gloria Dei Kirche, die älteste Kirche Pennsylvanias. Zeichnung von Frank H. Taylor, um 1920. The Library Company of Philadelphia: Taylor Catalog Nr. 290; Taylor Case 6-21 [2717 F]

Ein juristisches Eingreifen bei Fragen, die den Glaubensinhalt oder die innere Organisation einer kirchlichen Gemeinschaft betrafen, war hierdurch praktisch ausgeschlossen. Diese obrigkeitlich garantierte Freiheit religiöser Entfaltung und kirchlicher Organisation verhieß den lutherischen Einwanderern in Pennsylvania ungeahnte Möglichkeiten der Selbstbestimmung. Andererseits fehlte ihnen jegliche Erfahrung beim Aufbau eines funktionierenden Kirchenwesens, so wie sie es aus Europa gewohnt waren. Das hatte dort für sie die Obrigkeit übernommen. In Pennsylvania führte diese ungewohnte Situation unter den lutherischen Gemeinden zu einem langen mühevollen Lernprozess, der von zahlreichen Experimenten und ebenso vielen Rückschlägen begleitet war, bevor man in der zweiten Hälfte des 18. Jahrhundert zu einem geregelten deutsch-lutherischen Kirchenwesen gelangte. Dieser Lernprozess wurde durch mehrere Faktoren maßgeblich beeinflusst. Zum einen wirkte sich die besondere Pioniersituation in der Kolonie aus. Anders als in Europa gab es nur wenige Städte und Dörfer; Kirchenbauten als sichtbare Sammelpunkte für das religiöse Miteinander waren bis zur Jahrhundertmitte die seltene Ausnahme. Vielmehr ließen sich die meisten Ankömmlinge abseits der größeren Ortschaften nieder und machten oft meilenweit von der nächsten Siedlung entfernt ihr eigenes Stück Land urbar. Straßen, Wege und Brücken gab es kaum. Das erschwerte auch den sozialen Zusammenhalt und schwächte das kirchliche Leben. Andererseits war der Lernprozess von dem Nebeneinander ungewohnt zahlreicher Religionsgruppen in Pennsylvania geprägt. Das führte zu Konkurrenzen, aber auch zu Vermischungen und Absorptionen. So war der Wechsel von einer Religionsgruppierung zu einer anderen problemlos möglich und durchaus nicht unüblich. Auch die Übernahme bestimmter Riten und Gebräuche von benachbarten Gruppierungen kam vor, mit der Folge, dass die eigene Lehre und lutherische Traditionen aufgeweicht und infrage gestellt wurden, was besonders heftige Konflikte nach sich ziehen konnte.

Die größte Herausforderung auf dem Weg zu einem funktionierenden deutsch-lutherischen Kirchenwesen bildeten freilich die widersprüchlichen Erwartungen der Siedler an ein kirchliches Miteinander in ihrer neuen Lebenswelt. In einer Zeit, in der die Religiosität noch ein selbstverständlicher Teil des Lebens und Denkens war, die Zugehörigkeit zu einer Kirche und die Teilnahme an den kirchlichen Belangen ganz wesentlich den Lebensrhythmus der Menschen bestimmte, wünschten sich auch die Einwanderer in Pennsylvania ein kirchliches Leben, das aus regelmäßigen Gottesdiensten und seelsorgerlichem Beistand eines Pfarrers bestehen sollte. Dieser war traditionell auch für die Gestaltung der wichtigsten Ereignisse im Leben zuständig, für Taufen, Eheschließungen und Beerdigungen. Die Bewahrung dieser Traditionen gab den Siedlern Halt und Trost in der ihnen vollkommen fremden Umgebung. Deswegen waren ordinierte Pfarrer in der kolonialen Situation Pennsylvanias sehr gesucht. Die wenigen deutsch-lutherischen Pfarrer, die sich dort fanden, entsprachen freilich zumeist nicht den Erwartungen, die die Siedler in sie setzten, sondern waren oft selbst gestrauchelte Existenzen von zweifelhaftem Ruf. Dass sich lange Zeit aber kaum ein seriöser Pfarrer aus Deutschland nach Pennsylvania begab, hatte ursächlich damit zu tun, dass die Siedler ihre neu erworbenen Freiheiten in kirchlichen Angelegenheiten nicht sogleich wieder aufgeben und sich einem Pfarrer unterordnen wollten. Vielmehr behielten sie sich jegliche Selbstbestimmung in Fragen der Glaubensausübung und der Gemeindeorganisation vor, so dass Pfarrer, die als berufsmäßige Geistlichkeit auf die Bezahlung ihres Lebensunterhalts durch die Gemeindeglieder angewiesen waren, in völliger Abhängigkeit von ihren Gemeinden standen und bei Missfallen jederzeit vor die Tür gesetzt werden konnten. Diese Abhängigkeit stand jedoch in krassem Widerspruch zu ihrem Auftrag, der traditionell auch darin bestand, über den moralischen Wandel der Gemeindeglieder ebenso wie über die Einhaltung der rechten Lehre zu wachen und Verstöße gegebenenfalls zu ahnden.

In Halle wusste man schon lange von der schwierigen Situation in Pennsylvania. August Hermann Francke (1663–1727) hatte sich bereits frühzeitig systematisch Informationen beschafft.[7] Auch nach London unterhielt das Hallesche Waisenhaus beste Verbindungen. Kurz nach Gründung der Society for Promoting Christian Knowledge (SPCK) war Francke zu deren korrespondierendem Mitglied ernannt worden. Hallische Pietisten besetzten fast das ganze 18. Jahrhundert über die Schlüsselstellung des lutherischen Hofpredigeramtes an der deutschen Hofkapelle des englischen Königs. Zunächst wurde der Gefolgsmann Franckes Anton Wilhelm Böhme (1673–1722) Anfang des Jahrhunderts in diese Stellung berufen, nach dessen Tode folgte ihm Friedrich Michael Ziegenhagen (1694–1776), der ebenfalls ein Schüler Franckes war und über ein halbes Jahrhundert in dieser Position alle Verbindungen zwischen Halle und den Mitarbeitern sowohl in Südindien als auch in Nordamerika aufrechterhielt und maßgeblich steuerte. 1725 gab es bereits konkrete Pläne, von Halle aus einen geeigneten Pfarrer nach Nordamerika zu entsenden. Aber Ziegenhagen wies in einem Schreiben an Francke darauf hin, dass die dortigen Gemeindevertreter zuvor eine verbindliche Zusage zur Versorgung des Pfarrers abzugeben hätten.[8] An dieser Frage scheiterte auch nach dem Tode August Hermann Franckes und der Übernahme der Anstaltsleitung durch seinen Sohn Gotthilf August Francke (1696–1769) noch viele Jahre lang die Entsendung eines Pfarrers. 1734 schickten die drei deutsch-lutherischen Gemeinden in Philadelphia, Providence und New Hanover eine kleine Delegation nach Europa, um dort Spenden für ihre kirchliche Arbeit, vor allem für den Bau von Kirchen und Schulen, zu sammeln. Ziegenhagen und Francke unterstützten diese Kollektenreise zunächst. In Halle entstand sogar eine Werbeschrift für die Anliegen der pennsylvanischen Gemeinden. Allerdings erwies sich das Unternehmen als vollständiger Fehlschlag, weil sich die drei Abgesandten aus Pennsylvania als unseriös und unzuverlässig entpuppten.[9]

Im Anschluss an diese Spendenreise entstand eine Korrespondenz zwischen den drei pennsylvanischen Gemeinden und den beiden Kirchenführern in London und Halle.[10] Mehrmals wandten sich die Vorsteher und Ältesten der lutherischen Gemeinden in Pennsylvania mit langen Schreiben an Francke und Ziegenhagen. Darin erläuterten sie ihre schwierige Situation und baten fast flehentlich um die Entsendung eines geeigneten Seelsorgers. Aus den Antwortbriefen wird jedoch das große Misstrauen der beiden kirchlichen Autoritäten gegenüber den pennsylvanischen

Abendmahlsgeschirr aus der Augustus Kirche in Providence/Trappe, 1. Hälfte 18. Jahrhundert. Augustus Lutheran Church, Trappe (PA). Foto: Glenn Holcombe

Gemeinden deutlich. Sie konnten sich kein klares Bild von der Situation vor Ort machen und es fehlte ihnen eine Vertrauensperson, auf deren Berichte und Einschätzungen sie sich verlassen konnten. Auf keinen Fall aber wollten sie einen Pfarrer aufs Ungewisse entsenden. Daraus wird ersichtlich, dass sich Francke und Ziegenhagen in erster Linie für ihre Pfarramtskandidaten verantwortlich fühlten und die Frage nach dem Wohl der Gemeinde für sie eine nachgeordnete Rolle spielte. 1739 brachten die drei Gemeinden in Pennsylvania ein letztes Mal ihre Anliegen vor und machten gleichzeitig ihrem Ärger darüber Luft, dass Ziegenhagen und Francke ganz offensichtlich ausschließlich auf die materielle Versorgung ihrer Pfarrkandidaten bedacht seien, statt sich der bedürftigen Seelen in Nordamerika mit Gottvertrauen anzunehmen, auch wenn noch nicht alles restlos abgesichert war. Auch brachten sie erneut ihre Sorge zum Ausdruck, einen ungeeigneten Prediger vorgesetzt zu bekommen:

> Aber es scheinet bei all Ihrem Schreiben, dass Sie nicht eher könnten oder wollten, bis dass Sie zuvor gewisse und sattsame Versicherung von den Gemeinden hätten. Dadurch aber das Vertrauen gegen Gott gänzlich aus den Augen gesetzet wird. Es scheint, dass viel eher das Geld Sie dazu treibet, das Reich Gottes zu vermehren als eine innerliche Bewegung [...]. Wiewohl es unsere Meinung nicht ist, einen Lehrer darben oder mangeln zu lassen: aber doch auch einen solchen Lehrer verlangen, der nicht aus Geiz oder andern leiblichen Absichten anhero getrieben würde. Denn wir wohnen in einem solchen Lande da ein Lehrer oder Prediger weniger auf prächtige Pfarrhäuser, noch auf reiche Einkünfte oder commode Lebensart vertröstet werden könnte; welches auch in unserem Vermögen zu versprechen nicht stehet. Aber für einen rechtschaffenen Lehrer, der den Sinn Christi hat, ein hinlängliches Auskommen zu besorgen, wird schon Rath sein.[11]

4.38 | Die lutherische Augustus Kirche in Providence/Trappe heute

Solch offene Kritik an ihrem Handeln bekamen Francke und Ziegenhagen sicher nicht oft zu lesen. Dass sie zudem noch aus der Feder von gewöhnlichen Laienchristen stammte, musste auf die beiden kirchlichen Autoritäten beleidigend wirken. Das Misstrauen auf beiden Seiten war groß. Dieser Brief vertiefte die Gräben noch und bestätigte das Bild von dem verwilderten Zustand der kirchlichen Belange in Pennsylvania, welches sich in Europa schon seit langem geformt hatte. Aber auch die pennsylvanischen Gemeinden sahen sich in ihrem Bild von der obrigkeitsorientierten Kirche in Europa bestätigt, in der die Laienchristen seit jeher kein Mitspracherecht besaßen.

In dieser festgefahrenen Situation wurde Pfarrer Heinrich Melchior Mühlenberg (1711–1787) an seinem 30. Geburtstag, dem 6. September 1741, von Gotthilf August Francke in dessen Hause bei Tisch gefragt, ob er bereit sei, einen Ruf nach Pennsylvania anzunehmen, um dort zunächst für drei Jahre als Pfarrer die drei deutsch-lutherischen Gemeinden in Philadelphia, Providence und New Hanover zu versorgen.[12] Sicher spielte bei Franckes Entscheidung, nach dem jahrelangen Zögern nun doch einen Pfarrer dorthin zu schicken, auch eine Rolle, dass man in Halle mit Sorge beobachtete, wie die Herrnhuter Brüdergemeine, die man als Konkurrenten und Gegner ansah, immer stärkere Aktivitäten in Pennsylvania entfaltete. 1741 hatte sich nun sogar ihr Oberhaupt, Graf Nikolaus Ludwig von Zinzendorf (1700–1760), auf den Weg dorthin gemacht. Vor diesem Hintergrund schien Mühlenberg der geeignete Kandidat für die heikle Aufgabe in Pennsylvania zu sein. Er stammte aus Einbeck und hatte ab 1735 in Göttingen Theologie studiert. Dort war er mit dem Halleschen Pietismus in Berührung gekommen und hatte nach pietistischem

4.40 | Mühlenbergs Wohnhaus in Providence/Trappe heute

Muster seine persönliche Bekehrung erlebt, bevor er 1738 nach Halle kam, um hier als Informator an den Schulen des Waisenhauses zu arbeiten. Von hier aus war er als Diakon und Waisenhausinspektor nach Großhennersdorf berufen worden, wo er nur wenige Kilometer entfernt von Herrnhut, dem Sitz der Brüdergemeine, wertvolle praktische Erfahrungen im Pfarramt und in der Leitung des Waisenhauses sammeln konnte. Mühlenberg hatte schon länger den Wunsch gehegt, in den Missionsdienst zu treten, und so nahm er den Ruf nach Pennsylvania ohne Umschweife an, auch wenn seine Aufgabe dort kein Missionsauftrag im herkömmlichen Sinne war.

Die vielfältigen Erfahrungen, die Mühlenberg während seiner Ausbildung sammelte, bildeten die Grundlage für sein Handeln in der Neuen Welt. Die einzelnen Abschnitte seines Bildungsweges trugen sowohl zu einer vielschichtigen Förderung seiner Fähigkeiten und Qualifikationen bei als auch zu einem abgerundeten theologischen Selbstverständnis. Er fühlte sich der lutherischen Kirche zugehörig und lehnte jede Art von Separatismus ab. Natürlich war er ganz von den obrigkeitsbestimmten Verhältnissen lutherischer Landeskirchen in Deutschland geprägt. In diesen Strukturen hatte er die Vorteile kennen gelernt, die ein Pfarrer durch den Schutz und die materielle Absicherung durch seine Obrigkeit genoss, aber auch das hohe Maß an Abhängigkeit von obrigkeitlicher Einflussnahme auf kirchliche Belange. Die Unselbständigkeit der Laiengemeinde erschien ihm zu dieser Zeit noch als Selbstverständlichkeit. Gerade in diesem Punkt musste er später angesichts der veränderten Situation in Pennsylvania grundlegend umdenken. Mühlenbergs pietistische Anschauungen verhalfen ihm jedoch dazu, seine Arbeit in Pennsylvania sehr pragmatisch und ergebnisorientiert mit Blick auf ein funktionierendes Kirchenwesen unter den schwierigen kolonialen Bedingungen aufzunehmen.[13]

Mühlenberg erreichte im November 1742 Philadelphia, die Hauptstadt der Kolonie Pennsylvania, und nahm sofort Kontakt mit den ihm zugewiesenen drei Gemeinden auf. Als Legitimation konnte er sein Ordinationszeugnis, ein Zeugnis der theologischen Fakultät in Göttingen sowie zwei Schreiben Ziegenhagens vorweisen. Das erste trug den Titel *Glaubwürdiges Zeugniß, betreffend die Vocation des Herrn P. Mühlenbergs nach America*. Ziegenhagen hatte diese vorsichtige Formulierung gewählt, weil er keine ausreichende Rechtsgrundlage besaß, um ein reguläres Berufungsdokument auszustellen. Er konnte sich in diesem „Vokationszeugnis" lediglich auf seine vorausgegangene Korrespondenz mit den Gemeinden berufen und wertete deren wiederholt geäußerten Bitten nach Entsendung eines Seelsorgers als Vollmacht.[14] Eigenmächtig setzte er Mühlenbergs jährliches Mindestgehalt darin auf 40 Pfund Sterling fest. Das zweite Schreiben war ein Begleitbrief an die Kirchenvorsteher der drei Gemeinden.[15] Darin erläuterte er sein anderes Schreiben und betonte die Qualifikationen Mühlenbergs. Eingedenk der jahrzehntelangen Diskussionen um die Gehaltsfragen und der vor allem daraus resultierenden Verzögerungen ist es nicht verwunderlich, dass er die Gemeinden ausdrücklich zur Einhaltung der von ihm festgesetzten Gehaltssumme ermahnte.

Noch vor Jahresende gelang es Mühlenberg, von den Gemeinden als deren rechtmäßiger Pfarrer anerkannt zu werden. Dabei musste er sich gegen Valentin Kraft (1680–ca. 1751) durchsetzen, einen jener Pfarrer, die aus persönlichen und oft fragwürdigen Motiven in die Neue Welt aufgebrochen waren und dort einen zweifelhaften Lebenswandel führten.[16] Kraft, der zu dieser Zeit den Pfarrdienst in den drei Gemeinden versah, schlug Mühlenberg eine Aufteilung der Arbeit vor. Das lehnte dieser jedoch strikt ab, womit er sich deutlich von den unberufenen Pfarrern in der Kolonie wie Kraft distanzierte. Die Gemeinden, so vor die Wahl gestellt, entschieden sich nach kurzem Zögern für Mühlenberg als den ordentlich aus Europa entsandten Pfarrer. Als die Vorsteher der drei Gemeinden das Vokationsschreiben Ziegenhagens schriftlich bestätigten, war Mühlenbergs Berufung rechtlich abgesichert.[17] Das geschah vor allem aus dem Wunsch heraus, das kirchliche Leben in geordnete Bahnen zu lenken, so wie man es aus Europa kannte. Schon in den Schreiben der vorangegangenen Jahrzehnte war deutlich geworden, dass man sich die Anbindung an Francke und Ziegenhagen als kirchliche Autoritäten der europäischen Mutterkirche durchaus wünschte, auch wenn man dabei nicht das Recht auf Selbstbestimmung aufgeben wollte. Diese Anbindung strebte auch Mühlenberg in den ersten anderthalb Jahrzehnten an, musste aber erkennen, dass sie durch erhebliche praktische wie rechtliche Schwierigkeiten unmöglich wurde. Eine Aufsicht und umfassende Leitung des lutherischen Kirchenwesens in Pennsylvania konnte keinesfalls von Europa aus erfolgen, denn dafür war selbst das vergleichsweise gut organisierte Kommunikationsnetz der hallischen Pietisten unzureichend. So empfing Mühlenberg, für den gerade in der Anfangsphase ein Austausch mit Halle und London sehr nützlich gewesen wäre, erst 1744 den ersten Brief von Francke, also mehr als ein Jahr nach seiner Ankunft in der Neuen Welt. Als noch schwerwiegenderes Hindernis für eine direkte Übertragung der kirchlichen Leitung nach Europa erwies sich das Unvermögen Ziegenhagens und Franckes, sich in die pennsylvanischen Probleme einzudenken und abseits der europäischen Strukturen nach neuen Lösungen zu suchen. Das führte immer wieder zu Fehleinschätzungen und falschen Ratschlägen aus Europa, so dass Mühlenberg sich bei seiner organisatorischen Arbeit allmählich von den europäischen Vorgesetzten abnabelte, was ihm freilich außerordentlich schwer fiel und deswegen – zum Nachteil seiner Aufbauarbeit – sehr lange dauerte, da er tiefen Respekt vor den europäischen Kirchenführern empfand und zeitlebens beibehielt. Die Verbindung nach Europa ließ er nie abreißen.

In seiner neuen Umgebung erwarb sich Mühlenberg rasch Vertrauen und Ansehen. Als wichtige Grundlage dafür diente ihm ein untadeliger Lebenswandel, der ihn in den Anfangsjahren von den meisten seiner lutherischen Amtsbrüder in der Kolonie unterschied. Auch wurde von Beginn an sein unbedingter Wille erkennbar, die seelsorgerlichen Erwartungen, die man in ihn setzte, gut und zum Wohle der Gemeinden zu erfüllen. So erwarb er sich aufgrund seines lebendigen und erbaulichen Redestils einen ausgezeichneten Ruf als Prediger. Das war einer der wichtigsten Maßstäbe, an denen Pfarrer gemessen wurden. Da er seine Fremdsprachenkenntnisse zügig erweiterte, konnte er schon bald auch auf Englisch und Niederländisch predigen, was sein Ansehen in den Gemeinden auch über den Kreis seiner deutschen Landsleute hinaus stärkte. Hierbei kam ihm seine Bildungsprägung durch die Anstalten in Halle zugute, wo der Umgang mit dem geschriebenen und gesprochenen Wort seit jeher einen hohen Stellenwert besaß. Dazu gehörte auch der Umgang mit Fremdsprachen ebenso wie die systematische Vermittlung rhetorischer Fähigkeiten.[18]

Gestärkt durch den wachsenden Respekt, den er sich erwarb, begann Mühlenberg mit einer schrittweisen Strukturgebung in den Gemeinden. Seine Ideen von der Gestaltung innergemeindlicher Organisation verdichteten sich erst im Laufe vieler Jahre zu einer schlüssigen Ordnung. Zunächst begann er damit, dasjenige schriftlich niederzulegen, was bereits abgesichert schien und ohne Widerstand der Laien angenommen werden würde. So schrieb er kurz nach seiner Ankunft in das Kirchenbuch von Providence:

> Den 12ten December 1742 bin ich Heinrich Melchior Mühlenberg als berufener und verordneter Prediger hier ins Amt getreten und habe die Anzugs=Predigt über das Evangelium Matth. XI als am III Advents-Sonntage vor der hiesigen Gemeine gethan.[19]

Indem er sich als rechtmäßiger Pastor der Gemeinde eintrug, machte er deutlich, dass das geistliche Amt den Ausgangspunkt seiner kirchlichen Strukturgebung bilden sollte. Auch wenn er den Gemeindelaien zunächst keine große organisatorische Bedeutung beimaß, zeigte er sich doch im Umgang mit ihnen gerade am Anfang sehr behutsam. So stellte er sich bei seinen Antrittsbesuchen in den drei Gemeinden zunächst den Ältesten und Vorstehern vor. Aus Großhennersdorf kannte er zwar diese Laienämter, aber aus seinen Aufzeichnungen wird deutlich, dass er keine genaue Vorstellung von deren spezifischen Aufgaben besaß.[20] Dennoch respektierte er die Laienvertreter und war darüber hinaus darauf bedacht, die ganze Gemeinde in wichtige Entscheidungen einzubeziehen.[21] Damit hatte Mühlenberg den richtigen Weg eingeschlagen. Innerhalb kürzester Zeit hatte er begriffen, dass seine Arbeit nur dann Erfolg haben konnte, wenn sie von den Gemeinden mitgetragen wurde. Im Folgenden begann er, die Funktionen der Ältesten und Vorsteher genauer festzulegen. In Providence übertrug er den Ältesten kirchengerichtliche Kompetenzen und legte ausdrücklich fest, dass sie in diesem Bereich die fehlende Obrigkeit ersetzen sollten.[22] Diese Regelung bedeutete bereits einen ersten Schritt der Anpassung an die pennsylvanischen Bedingungen. Freilich fand bei der Organisation der einzelnen Gemeinden keine einheitliche Entwicklung statt und die meisten innergemeindlichen Belange blieben lange Zeit ungeregelt.

1745 gewann Mühlenbergs Arbeit in Pennsylvania eine neue Qualität. In seinen Stammgemeinden hatte er bis dahin den Bau von Kirch- und Schulgebäuden in die Wege geleitet. Obwohl es ihm binnen ganz kurzer Zeit gelungen war, in den drei Gemeinden Fuß zu fassen, verringerten sich seine Schwierigkeiten kaum, auch weil sich sein Aktionsradius rasch auszudehnen begann. Immer mehr deutsch-lutherische Gemeinden wandten sich an ihn, baten um Besuche und um geistliche Betreuung. Angesichts der zerstreuten Siedlungsweise, der großen Entfernungen und der infrastrukturellen Unzulänglichkeiten konnte er trotz zahlreicher strapaziöser und gefährlicher Reisen, bei denen er lange Strecken meist zu Pferde zurücklegen musste, nicht alle Gemeinden gleichzeitig betreuen, die nach ihm fragten. Deswegen bat er schon bald um Verstärkung aus Europa. Nach weniger als drei Jahren wurden ihm aus Halle Pastor Peter Brunnholtz (1717–1757) sowie die Katecheten Johann Nikolaus Kurz (1721–1794) und Johann Helfrich Schaum (1721–1778) zur Unterstützung entsandt. Nun war Mühlenberg endlich in der Lage, das Arbeitsfeld zu erweitern. Zudem heiratete er 1745 Anna Maria Weiser (1727–1802), die Tochter des angesehenen Friedensrichters und Indianerdolmetschers Conrad Weiser (1696–1760). Auf diese Weise konsolidierte er seine persönlichen Verhältnisse, denn die Lebensumstände eines alleinstehenden Pfarrers boten Gerüchten und unliebsamem Gerede in den Gemeinden stets Nahrung. Darüber hinaus verschaffte sich Mühlenberg mit seiner Heirat Eintritt in die höchsten Gesellschaftskreise der Kolonie, da sein Schwiegervater im Auftrag der pennsylvanischen Regierung als Unterhändler in Indianerfragen tätig war.[23] Mühlenberg ließ sich mit seiner Frau in Providence nieder und gründete eine Familie. Zusammen hatten sie elf Kinder. Mehrere ihrer Söhne gelangten zu großer Berühmtheit und zählen heute zu den Gründungsvätern der Vereinigten Staaten.

Im April 1748 gelangte Pastor Johann Friedrich Handschuh (1714–1764) als zusätzliche Unterstützung nach Pennsylvania. Während Brunnholtz die Gemeinde in Philadelphia übernommen hatte, wurde Handschuh zunächst in Lancaster und dann in Germantown eingesetzt, bevor er später nach Philadelphia wechselte. 1748 trat die kirchliche Aufbauarbeit der deutschen Lutheraner in ein neues Stadium, da im August erstmals eine überregionale Konferenz der von Mühlenberg und seinen hallischen Amtsbrüdern versorgten Gemeinden stattfand. Obwohl nicht aus allen Orten Abgesandte anwesend waren, nahmen an dem Treffen Vertreter von insgesamt zehn Gemeinden teil.[24] Mit Gründung dieser synodalen Einrichtung war ein wichtiger Schritt getan, um die Gemeinden in einem übergreifenden Verbund zu organisieren. Dazu gehörte auch die Einführung einer gemeinsamen Gottesdienstordnung für alle angeschlossenen Gemeinden.[25] Zu dieser Zeit gewann auch die Frage nach einem rechtsverbindlichen Fundament für das entstehende deutsch-lutherische Kirchenwesen in Pennsylvania an Bedeutung. Angeheizt durch immer mehr europäische Einwanderer, die in die Kolonie drängten, spitzten sich um die Mitte des Jahrhunderts die sozialen Spannungen zu. Die meisten der deutschsprachigen Neuankömmlinge waren reformiert oder lutherisch und die sozialen Spannungen zwischen den alteingesessenen und den neu hinzukommenden Siedlern entluden sich am heftigsten in den Kirchengemeinden. Denn als Neuankömmling suchte man naturgemäß zuerst die Landsleute derselben Konfession auf, so dass die Kirchengemeinden gleichzeitig den Mittelpunkt des sozialen Miteinanders darstellten. War das Augenmerk der Pastoren um Mühlenberg in den Anfangsjahren darauf gerichtet gewesen, die grundlegenden Dinge der Gemeinden zu regeln und eine koordinierte Seelsorge unter den oft verstreut lebenden lutherischen Landsleuten aufzubauen, so rückten nun die innergemeindlichen Schwierigkeiten in den Vordergrund. Hinzu kam die kontinuierliche Ausdehnung von Mühlenbergs Wirkungskreis inzwischen weit über Pennsylvania hinaus, womit auch eine weitere Stärkung seines Ansehens und seiner Einflussmöglichkeiten einherging: 1752 wurde ihm von Kollegen und aus seinen Gemeinden eine Urkunde über bisherige Leistungen ausgestellt.[26] Gleichzeitig traten aber auch seine Gegner stärker auf den Plan und grenzten sich deutlicher denn je von ihm ab. So kam es in zahlreichen Gemeinden zu heftigen Konflikten, die in einigen Fällen regelrechte Spaltungen zur Folge hatten, darunter in den beiden größten Städten der Kolonie Philadelphia und Lancaster sowie in dem wichtigen Ort Germantown nahe der Hauptstadt. In Pennsylvania verbreitete sich die Kunde von solchen Streitigkeiten wie ein Lauffeuer mit bisweilen ansteckender Wirkung auf weitere deutsch-lutherische Gemeinden. Bei der Lösung dieser Probleme waren die hallischen Pastoren, allen voran Mühlenberg, fast gänzlich auf sich allein gestellt, in Europa hingegen stießen deren Schwierigkeiten weiterhin nur auf begrenztes Verständnis. Andere Religionsgruppen in der Kolonie verfolgten die Streitereien teils mit Spott, teils mit Genugtuung, zumal wenn es sich um konkurrierende Denominationen handelte oder um solche, die in Gegnerschaft zu den Lutheranern standen. Hieran hatte der erste deutsche Buchdrucker und Zeitungsverleger in Pennsylvania Christoph Sauer (1695–1758) einen nicht unerheblichen Anteil. Sauer stand den Lutheranern kritisch gegenüber und ließ keine Gelegenheit aus, über ihre kirchlichen Schwierigkeiten zu berichten. Aufgrund der Monopolstellung seiner *Pennsylvanischen Berichte*, die seit 1739 regelmäßig in Germantown erschienen, besaß er als Meinungsmacher starken Einfluss auf die deutschsprachige Öffentlichkeit in der Kolonie.[27] Nicht zuletzt deswegen drohten diese um sich greifenden Krisen in den deutsch-lutherischen Gemeinden Mühlenbergs ganze bisherige Aufbauarbeit zunichte zu machen. Deren Ursachen lagen freilich auch in dem immer noch sehr europäischen Verständnis von der Rolle der Gemeindelaien

Erbauliche
Lieder-Samlung
zum
Gottesdienstlichen Gebrauch
in den
Vereinigten Evangelisch Lutherischen
Gemeinen
in
Nord-America;
Gesamlet, eingerichtet und zum Druck befördert durch die gesamten Glieder des hiesigen
Vereinigten Evangelisch Lutherischen
Ministeriums.
Erste Auflage.
Germantaun,
Gedruckt bey Leibert und Billmeyer, 1786.



4.29 | Erbauliche Liedersammlung zum Gottesdienstlichen Gebrauch in den Vereinigten Evangelisch-Lutherischen Gemeinden in Nord-America, 1786

innerhalb ihrer kirchlichen Gemeinschaft begründet, an dem die hallischen Pastoren zu lange festhielten. Und dies war auch der Hauptvorwurf, dem sich Mühlenberg und seine Amtsbrüder gegenübersahen: Sie wollten in Pennsylvania europäische Kirchenverhältnisse einführen und die Gemeinden entmündigen, so wie man es aus Deutschland kannte.[28]

Dieser Verdacht wurde durch Mühlenbergs Herangehensweise an die kirchliche Strukturgebung genährt. Wie bereits aus seinen allerersten Aktivitäten in den drei Stammgemeinden ersichtlich, bildete gemäß seiner Vorstellung der Pfarrer mit seinen Pflichten und Rechten den Mittelpunkt jeder kirchlichen Ordnung. Das bestätigte sich auch in der ersten umfassenden schriftlichen Ordnung von 1753,[29] die ein Gemeinschaftswerk der hallischen Pastoren war. Immer noch strebte Mühlenberg an, die pennsylvanischen Gemeinden als Tochterkirche unter die Leitung Ziegenhagens und Franckes in Europa zu stellen. Aus diesem Grund legte er den Entwurf zu einer Kirchenordnung vor, der von beiden Kirchenführern geprüft und anschließend ratifiziert werden sollte, um den Gemeinden den Eindruck zu vermitteln, die Ordnung stamme direkt aus Europa. In Deutschland, England und Amerika hatte Mühlenberg sehr unterschiedliche Kirchenordnungen kennen gelernt, die für seine eigene Aufbauarbeit nützlich sein konnten. Insbesondere die Ordnung der deutsch-lutherischen Gemeinde St. Mary's in London scheint einen gewissen Einfluss auf seine eigene kirchliche Strukturgebung in Pennsylvania genommen zu haben.[30] Nach deren Muster war die Ordnung von 1753 in drei Abschnitte unterteilt, die

4.28 | Ansicht von Germantown, Tuschzeichnung, um 1800. Philadelphia, Germantown Historical Society

sich mit dem Pfarrer, den Ältesten und Vorstehern sowie mit den Gemeindegliedern befasste. Erstmals wurden hier die drei Kräfte, aus denen sich eine Gemeinde zusammensetzt, definiert und das Verhältnis zueinander festgelegt. Nach wie vor sollten die Pfarrer im Gemeinderat präsidieren und die Oberaufsicht über die Gemeindefinanzen führen. Zudem wurden die Pfarrer immer noch als Vertreter der weltlichen wie der kirchlichen Obrigkeit angesehen, denn sie sollten das Recht erhalten, diejenigen von der Seelsorge auszuschließen, die gegen Gottes Wort sowie gegen die kirchlichen und die weltlichen Gesetze verstießen. Auch wenn es im zweiten Abschnitt gelang, die Laienämter der Ältesten und Vorsteher sowie deren jeweilige Aufgaben deutlich voneinander zu unterscheiden, was ein Fortschritt gegenüber der Anfangszeit bedeutete, so lässt diese Ordnung doch erkennen, dass der Lernprozess, der zur Anpassung an die pennsylvanischen Rechtsverhältnisse nötig war, zu diesem Zeitpunkt noch längst nicht abgeschlossen war. Die festgeschriebenen Rechte der Laiengemeinde blieben auch hier noch auf ein Minimum beschränkt. Insgesamt lässt die Ordnung die Tendenz erkennen, die Gemeinde zweiteilig zu strukturieren: Dem Gemeindekirchenrat, als geschlossenes Leitungsgremium mit umfassenden Befugnissen ausgestattet, stand die restliche Gemeinde gegenüber. Ihm war die Berufung neuer Pfarrer vorbehalten und im Gegensatz zu den Ältesten, die ihr Amt lebenslang ausüben sollten, war eine zweijährige Amtszeit der Vorsteher vorgesehen, die Neu- und Zuwahlen allerdings sollten aus dem Rat heraus erfolgen. Hingegen besaß die restliche Gemeinde keine Rechte über das *votum negativum* hinaus. Obwohl die Laienämter nun stärker profiliert und mehr in die Verantwortung genommen wurden, blieben die europäischen Muster klar erkennbar, denen gemäß der Laiengemeinde keine Teilhabe an der Verantwortung zugetraut wurde. Auch wenn diese Kirchenordnung nie in Kraft trat, so zeigt sie doch den Stand des Lernprozesses der hallischen Pastoren zehn Jahre nach Beginn der Arbeit.

1754 verstärkte Mühlenberg noch einmal seine Bemühungen, die pennsylvanische Kirchenleitung in die Hände Ziegenhagens und Franckes zu legen. Seine Vorschläge sahen vor, den beiden Autoritäten alle Entscheidungen zu überlassen und deren Umsetzung in Pennsylvania durch zwei Ehrenmänner der pennsylvanischen Gesellschaft überwachen zu lassen.[31] Natürlich ging es dabei auch um die Verstetigung der materiellen sowie der personellen Unterstützung aus Europa, auf die Mühlenberg noch auf lange Sicht angewiesen blieb. Hauptsächlicher Beweggrund war allerdings, die Unabhängigkeit der Pfarrer von ihren Gemeinden sowohl in materieller Hinsicht als auch mit Blick auf die kirchenorganisatorischen Entscheidungen zu erreichen. Im selben Jahr verfasste der Justitiar des Halleschen Waisenhauses Johann Christoph Schütze (1703–1784) ein Gutachten zur rechtlichen Situation der pennsylvanischen Gemeinden und machte Vorschläge, wie eine tragfähige Verfassung hergestellt werden könnte.[32] Seinem Vorschlag nach sollten die Gemeinden aus ihrer Mitte eine Art verfassunggebendes Gremium wählen, das dann die Aufgabe hätte, eine verbindliche Kirchenordnung zu erarbeiten. Weiterhin schlug er vor, aus eigens hierfür gesammelten Spenden in Europa einen Finanzfonds einzurichten, aus dem künftig die pennsylvanischen Pfarrer bezahlt werden könnten. Aber alle Versuche, Verantwortung auf verbindliche Weise nach Europa zu übertragen, misslangen, vor allem aufgrund der ablehnenden Haltung von Ziegenhagen und Francke.

Als Mühlenberg das erkannte, setzte er den zuvor bereits eingeschlagenen Weg der Verselbständigung fort. Ab 1760 fanden nach mehrjähriger Unterbrechung wieder regelmäßige synodale Zusammenkünfte statt, wodurch der übergemeindliche Zusammenhalt des deutsch-lutherischen Kirchenwesens gestärkt wurde. Dieses sogenannte Predigerministerium übernahm außerdem bestimmte Leitungsfunktionen. So waren bereits auf der ersten Versammlung 1748 die beiden Katecheten Schaum und Kurz feierlich ordiniert worden. Auch auf Ebene der Einzelgemeinden setzte sich der organisatorische Anpassungsprozess in den Folgejahren fort. Der Durchbruch gelang Anfang der 1760er Jahre mit Einführung einer neuen Kirchenordnung für St. Michael in Philadelphia, der mit Abstand größten deutsch-lutherischen Gemeinde in Pennsylvania. Auch hier war ein heftiger Konflikt vorausgegangen. Die Ordnungsbestrebungen der vorangegangenen Jahre, so wie sie die Kirchenordnung für Germantown von 1753 vorsah, hatten zu einer starken Separierung des Gemeindekirchenrats von der Restgemeinde geführt. Genau hieran entzündeten sich die Streitigkeiten in Philadelphia, die Mühlenberg zum Durchgreifen zwangen.[33] Das Ergebnis war 1762 die Verabschiedung einer Verfassung für diese Gemeinde, die erkennen lässt, dass man sich gedanklich erstmals von den europäischen Vorbildern gelöst hatte. Im äußeren Aufbau knüpfte sie noch an den Entwurf von 1753 an und übernahm einzelne Passagen daraus sogar fast wörtlich. Inhaltlich ging sie jedoch entscheidend darüber hinaus. So erhielt erstmals die gesamte Gemeinde das Recht, bei allen wichtigen Belangen mitzuentscheiden. Dazu gehörte auch die Wahl der Laienvertreter sowie des Pfarrers. Für die Herbeiführung wichtiger Beschlüsse war von nun an eine Zweidrittelmehrheit der gesamten Gemeinde notwendig. Die europäischen Kirchenführer waren fortan nicht mehr als oberste Instanz vorgesehen, sondern besaßen nur noch eine beratende und unterstützende Funktion, so wie sie es selbst haben wollten. Und schließlich waren neben Vorstehern und Ältesten nun gesonderte Treuhänder vorgesehen, um den kirchlichen Besitz zu verwalten.[34]

Erst die Abkoppelung von Francke und Ziegenhagen ermöglichte es, eine Kirchenordnung zu gestalten, die den pennsylvanischen Verhältnissen entsprach. In organisatorischer Hinsicht hatte man sich nun den Landessitten angepasst.[35] Einige der Regeln, die den politischen Alltag in Pennsylvania prägten, hatten Eingang in die Ordnung gefunden. Dazu gehörte die Mitbestimmung des Einzelnen durch Wahlmöglichkeit, aber auch die Regelung, Entscheidungen durch Zweidrittelmehrheiten herbeizuführen, wie es z.B. im pennsylvanischen Abgeordnetenhaus üblich war. Die Einführung des Treuhänderamts war nicht nur eine Anpassung an die pennsylvanischen Gesetze, sondern beugte auch einer Ämterhäufung innerhalb der Gemeinde vor und verteilte die Befugnisse gleichmäßiger. Als weitere wichtige Neuerung hatten die Verfasser der Ordnung schließlich die klare Trennung zwischen Kirche und weltlicher Obrigkeit vollzogen. Dem Pfarrer wurden in dieser Hinsicht keine Vorschriften mehr gemacht, lediglich den

Gemeindegliedern wurde aufgetragen, dass sie „sich nächst Gott, und der lieben Obrigkeit, auch gegen treue Lehrer und erwählte Gemein=Beamten so betragen, daß sie ihr Amt mit Freuden und nicht Seufzen thun."[36]

Bei der Entstehung dieser Ordnung spielte zweifellos auch die wachsende politische Erwartungshaltung der angelsächsischen Bevölkerung bis hin zur pennsylvanischen Regierung an die deutschen Zuwanderer eine Rolle, sich endlich stärker den pennsylvanischen Bedingungen anzupassen. Man unterstellte den Deutschen, dass sie nicht in der Lage seien, mit den neuen Freiheiten angemessen umzugehen und sich in die angelsächsisch geprägte Kolonie zu integrieren.[37] Der wachsende Argwohn auf beiden Seiten hatte auch mit einem Missverhältnis zu tun. Denn die Deutschen bildeten zwar die größte Minderheit in der Kolonie, traten aber zu dieser Zeit politisch kaum in Erscheinung. Regierung und Verwaltung waren fest in angelsächsischer Hand. Die Deutschen blieben weitgehend unter sich und pflegten in den Gemeinden ihrer Konfession die eigene Sprache und Kultur. Insofern beinhaltete diese neue Ordnung der mit Abstand größten mitten in der Hauptstadt gelegenen deutsch-lutherischen Gemeinde der Kolonie auch ein deutliches Signal der Integrationswilligkeit in Richtung der angelsächsischen Bevölkerungsteile. Dennoch bedeutete diese Ordnung nicht eine vollständige Angleichung an die angelsächsischen Verhältnisse, sondern blieb trotz allem im Kern den theologischen Prämissen der halischen Pastoren um Mühlenberg verpflichtet. Das lässt sich etwa an der differenzierten Definition ablesen, wer als vollwertiges Gemeindeglied gelten könne. Dieses Definitionsproblem war zweifellos eines der schwierigsten Hindernisse auf dem Weg zu einem geregelten Gemeindeleben, denn hier kam der Unterschied zwischen Europa und den Verhältnissen in der Neuen Welt am deutlichsten zum Vorschein. Die Bestimmung glich einer Gratwanderung zwischen organisatorischen und theologischen Erwägungen. Einerseits lief man Gefahr, gläubige Mitchristen aus der kirchlichen Gemeinschaft auszuschließen, andererseits sah man sich, anders als in Europa, mit einer hohen Fluktuation in den Gemeinden konfrontiert und war deswegen – nicht zuletzt angesichts der wachsenden finanziellen Verantwortungen etwa durch Bauaktivitäten – dazu gezwungen, den Kreis der vollwertigen Gemeindeglieder genau festzulegen. Schon früh hatten sich die Pastoren um Mühlenberg dazu Gedanken gemacht und Brunnholz hatte bereits 1747 der Germantowner Gemeinde sieben Kriterien für eine vollwertige Gemeindezugehörigkeit vorgelegt. Dazu zählten neben einem christlichen Lebenswandel auch die Anerkennung der geltenden Kirchenordnung sowie ein regelmäßiger finanzieller Beitrag. Letzteres war ein besonders wichtiger Punkt. Die Ordnung der St. Mary's Gemeinde in London hatte beispielsweise allein über diesen Punkt eine vollwertige Zugehörigkeit definiert und auch Mühlenberg war in Pennsylvania bald zu der Erkenntnis gelangt, dass hier der Angelpunkt für die Gemeindemitgliedschaft zu sehen war.[38] Denn im Gegensatz zu allen weiteren Kriterien war ein finanzieller Beitrag der einzige Punkt, dessen Erfüllung man eindeutig nachweisen oder widerlegen konnte. Dennoch trugen die Pfarrer schon 1753 Bedenken, die vollwertige Gemeindemitgliedschaft hierauf zu beschränken. Vielmehr galt auch in der Ordnung von 1762, dass nicht allein der finanzielle Beitrag ausschlaggebend war, sondern die regelmäßige Teilnahme am kirchlichen Leben. Hinsichtlich der finanziellen Unterstützung setzte die Ordnung fest, ein vollwertiges Gemeindeglied solle „seine frei willige Gaben zur Erhaltung der Kirchen und Schulen und Arbeiter in derselben nach Liebe und Vermögen, so lange es nöthig ist, mit beilegen, es sei wenig oder viel, wenn es auch nur ein kalter Trunk Wasser wäre."[39]

Obwohl die regelmäßigen Beiträge der Laien einer der wichtigsten Pfeiler für die kirchliche Organisation Mühlenbergs waren, wurde dem Willen des einzelnen Christen, der Glaubensgemeinschaft anzugehören, Vorrang vor der tatsächlichen finanziellen Zuwendung eingeräumt, und dieser Regelung nach besaßen alle Glaubensangehörigen in der Gemeinde die gleichen Rechte und Pflichten, unabhängig von ihren Vermögensverhältnissen. Hier war die Grenze der Anpassung an die Verhältnisse in Pennsylvania gezogen, denn ursprünglich galt dort, dass nur derjenige ein politisches Mitbestimmungsrecht genoss, der einen gewissen Besitzstand nachweisen konnte.[40] Hieraus wird deutlich, dass Mühlenberg in der Lage war, der kirchlichen

4.31 | Ansicht der [New-Lutheran] Zion-Church, Philadelphia, Kupferstich von William Russell Birch, 1804. Philadelphia, The Library Company of Philadelphia, Graphics/ Print Department/ Birch William – Views of Philadelphia: Sn 6b / P.2276.12

Verfassung der deutschen Lutheraner in Pennsylvania, die mit der Ordnung von 1762 eine bestandskräftige Basis erhielt, trotz unterschiedlicher Einflüsse ein eigenes Gepräge zu verleihen, gespeist aus seinen eigenen Anschauungen, die er sich maßgeblich unter pietistischem Einfluss in Deutschland angeeignet hatte, sowie aufgrund der Erfahrungen, die er sowohl in Deutschland als auch in zwanzigjähriger Arbeitspraxis in Pennsylvania gesammelt hatte.

Das Prinzip der Selbstbestimmung nach dem Muster von 1762 setzte sich allmählich in allen Gemeinden Mühlenbergs durch. Diese Selbstbestimmung schuf erst die Voraussetzung für einen funktionierenden Zusammenschluss der Gemeinden, denn jeder Schritt in diese Richtung war von der Anerkennung durch die Laienchristen in den einzelnen Gemeinden abhängig. Mit der neuen Verfassung für die Gemeinde in Philadelphia von 1762 wurde dieser Entwicklungsprozess abgeschlossen und die Gemeinde als Ganzes ein tragendes Element der Kirchenorganisation. Das vereinigte Predigerministerium war hingegen in der Ordnung als übergeordnetes Gremium und als vorgesetzte Instanz der Theologen verankert.[41] Auf diese Weise erreichte Mühlenberg auch eine Begrenzung der Abhängigkeit des einzelnen Pfarrers von seiner Gemeinde und konnte so ein Problem lösen, an dem bereits Jahrzehnte zuvor die Verhandlungen zwischen den europäischen Kirchenführern und den pennsylvanischen Lutheranern gescheitert waren.

Auf der Grundlage der Ordnung von 1762 wurde die Gemeinde in Philadelphia schließlich 1765 durch ein Privileg als erste der vereinigten Gemeinden in eine Körperschaft umgewandelt.[42] Hatte zuvor das kirchliche Eigentum in den Händen von Einzelpersonen gelegen, so dass deren Zuverlässigkeit über Wohl und Wehe einer Gemeinde entschied, wurde das Vermögen nun der Körperschaft übertragen und war so dem willkürlichen Zugriff von Einzelpersonen entzogen. Die Verleihung des Privilegs durch den Kolonieeigentümer bedeutete, dass die Obrigkeit Vertrauen in die deutschen Lutheraner setzte, denn nur diejenigen, denen sie geordnete Verhältnisse zutrauten, konnten in diesen Genuss kommen. Und so gewinnt die Körperschaftsbildung der größten deutsch-lutherischen Gemeinde in der Kolonie auch einen politischen Aspekt.[43] Indem die pennsylvanische Obrigkeit die deutschen Lutheraner unter ihren besonderen Schutz stellte, setzte sie ein Signal ihrer Kooperationsbereitschaft und bekundete gleichermaßen öffentlich, dass sie die Zuverlässigkeit dieser Bevölkerungsgruppe nicht mehr anzweifelte. Die Körperschaftsbildung stellte also einen entscheidenden Fortschritt bei der Integration der deutschstämmigen Lutheraner in die pennsylvanische Umgebung dar. Für die kirchliche Organisation bedeutete sie nach jahrzehntelangem Ausprobieren, Lernen und behutsamer Anpassung erstmals die Entstehung eines funktionierenden lutherischen Kirchenwesens unter den Bedingungen einer strikten Trennung zwischen Staat und Kirche und damit den endgültigen Abschied von dem Vorbild der europäischen Mutterkirche.

[1] Dieser Beitrag ist inhaltlich eng angelehnt an Thomas J. Müller: Kirche zwischen zwei Welten. Die evangelische Obrigkeitsproblematik bei Heinrich Melchior Mühlenberg und die Kirchengründung der deutschen Lutheraner in Pennsylvania. Stuttgart 1994 (Transatlantische Historische Studien, 2); die in den folgenden Fußnoten angeführten Quellen aus amerikanischen Archiven sind nach dieser Studie zitiert.
[2] Art. „Pfarr, Pfarrer, Pfarr-Herr". In: Johann Heinrich Zedler: Grosses vollständiges Universallexicon Aller Wissenschaften und Künste, Welche bishero durch menschlichen Verstand und Witz erfunden und verbessert worden. Bd. 27. Leipzig, Halle: Zedler, 1741, Sp. 1285f., hier Sp. 1285.
[3] Zu der Entstehung des *Frame of Government* vgl. Gary B. Nash: Quakers and Politics. Pennsylvania 1681–1726. Princeton 1968, 28.
[4] So waren auch Anhänger unterschiedlicher pietistischer Strömungen hier anzutreffen. Die Brüder Daniel und Justus Falckner gehörten zu den bekanntesten Pietisten lutherischer Prägung, die schon im 17. Jahrhundert nach Amerika kamen. Zum theologischen Hintergrund dieser beiden Persönlichkeiten und ihrem Wirken in der Neuen Welt s. Julius Friedrich Sachse: The German Pietists of Provincial Pennsylvania 1694–1708. Philadelphia 1895. Reprint: New York 1979, 299–303.
[5] „Laws agreed upon in England" Nr. 35. In: The Papers of William Penn. Bd. 2: 1680–1684. Hg. v. Richard S. Dunn u. Mary Maples Dunn. Philadelphia 1982, 225; dieses Gesetz wurde, etwas ausführlicher formuliert, aber mit gleichem Inhalt, in den Gesetzeskörper des *Great Law* aufgenommen. Hier stand es gleich zu Beginn vgl. The Statutes At Large of Pennsylvania in the Time of William Penn. Bd. 1: 1680–1710. Hg. v. Gail McKnight Beckman. New York 1976, 128.
[6] Hermann Wellenreuther: Glaube und Politik in Pennsylvania 1681–1776. Die Wandlungen der Obrigkeitsdoktrin und des Peace Testimony der Quäker. Köln 1972 (Kölner Historische Abhandlungen, 20), 59.
[7] So stand Francke mit dem ebenfalls pietistisch geprägten Daniel Falckner (1666–1741) in engem brieflichen Austausch, den er schon kannte, bevor er nach Halle kam. Falckner wanderte 1693 nach Pennsylvania aus, kehrte aber zwischendurch wieder zurück und blieb mit Francke in Verbindung. Dieser legte ihm einen umfassenden Fragenkatalog über die Verhältnisse in der Neuen Welt vor, dessen Manuskript im Hauptarchiv der Franckeschen Stiftungen erhalten ist; vgl. Halle, Archiv der Franckeschen Stiftungen (AFSt): AFSt/H D 85, 469–597.
[8] Schreiben von Friedrich Michael Ziegenhagen an August Hermann Francke vom 29.01.1725. Staatsbibliothek zu Berlin – Preußischer Kulturbesitz, Nachlass August Hermann Francke: Stab/F 30/59 : 54.
[9] In Halle musste man sogar um den eigenen guten Leumund fürchten mit kaum absehbaren Folgen für die Spendenbereitschaft zugunsten des Waisenhauses und dessen zahlreicher Projekte vor allem der indischen Tranquebarmission. Zu den Ereignissen der Kollektenreise s. Thomas Müller-Bahlke: Communication at Risk: The Beginnings of the Halle Correspondence with the Pennsylvania Lutherans. In: In Search of Peace and Prosperity. New German Settlements in Eighteenth-Century Europe and America. Hg. v. Hartmut Lehmann [u.a.]. University Park, PA 2000, 139–149.
[10] Die Briefe sind abgedruckt in: Nachrichten von den vereinigten Deutschen Evangelisch=Lutherischen Gemeinen in Nord=America, absonderlich in Pensylvanien. Mit einer Vorrede von D. Johann Ludewig Schulze. Neu hg. mit historischen Erläuterungen und Mittheilungen aus dem Archiv der Franckeschen Stiftungen zu Halle von W. J. Mann, B. M. Schmucker u. W. Germann. Bd. 1. Allentown, PA 1886; Bd. 2. Philadelphia 1895, hier: Bd. 1, 57–70.
[11] Schreiben der drei pennsylvanischen Gemeinden an Friedrich Michael Ziegenhagen am 15.10.1739. Zitiert nach: Nachrichten [s. Anm. 10], Bd. 1, 67–70, hier 67.
[12] Mühlenberg schildert diese Begebenheit in seiner Selbstbiografie: Heinrich Melchior Mühlenberg. Patriarch der Lutherischen Kirche Nordamerika's. Selbstbiographie aus dem Missionsarchive der Franckeschen Stiftungen zu Halle. Mit Zusätzen und Er-

läuterungen von W. Germann. Allentown, PA, Halle 1881, 15.

[13] Wie sehr er zu dieser Zeit bereits vom Halleschen Pietismus geprägt war, zeigt nicht zuletzt eine 1741 anonym veröffentlichte Schrift, in der er sich vehement gegen die lutherische Orthodoxie wandte. Eine Erörterung dieser Schrift bei Müller, Kirche [s. Anm. 1], 86–92.

[14] Vgl. Die Korrespondenz Heinrich Melchior Mühlenbergs. Aus der Anfangszeit des deutschen Luthertums in Nordamerika. Bd. 1: 1740–1752; Bd. 2: 1753–1762. Hg. v. Kurt Aland. Berlin, New York 1986, 1987 (Texte zur Geschichte des Pietismus, Abt. III, Bd. 2, 3), Bd. 1, Nr. 8, 24.

[15] Die Korrespondenz [s. Anm. 14], Bd. 1, Nr. 9, 26–29.

[16] Zu Krafts Biografie siehe Charles H. Glatfelter: Pastors and People. Bd. 1: Pastors and Congregations. Breinigsville, PA 1980, 71–73.

[17] Diese Bestätigung erfolgte in einem eigenen, auf Englisch verfassten Dokument, das Mühlenberg als „Recepisse" bezeichnete. Näheres dazu bei Mühlenberg, Selbstbiographie [s. Anm. 12], 136.

[18] So gehörten oratorische Übungen zum festen Ausbildungsprogramm der höheren Anstaltsschulen. Einen Überblick über die Schulgeschichte der Franckeschen Stiftungen bietet der Ausstellungskatalog: Schulen machen Geschichte. 300 Jahre Erziehung in den Franckeschen Stiftungen zu Halle. Hg. v. Paul Raabe [u.a.]. Halle 1997 (Kataloge der Franckeschen Stiftungen, 4).

[19] Lutheran Archives Center, Philadelphia: „Kirchen Matricul der Evangelisch Lutherischen Gemeinde auff Neu Providence in Pensylvanien", 9v.

[20] So vermischte er die Bezeichnungen oder benutzte sie synonym. Siehe dazu z.B. seinen Bericht vom 03.12.1742. In: Die Korrespondenz [s. Anm. 14], Bd. 1, Nr. 14, 38–44, insbesondere 41.

[21] Zwar beteiligte er anfangs die Gemeinde nicht an der Wahl neuer Gemeinderatsmitglieder, er gestand ihr aber ein Einspruchsrecht zu. In Providence wählte er 1743 gemeinsam mit den bereits amtierenden Laienvertretern und auf deren Wunsch sechs Kirchenälteste hinzu. Auch in diesem Fall achtete er darauf, dass die Wahl nicht gegen den Willen der restlichen Gemeinde erfolgte. Mühlenbergs Einbeziehung aller Gemeindeglieder ging sogar noch weiter. Aus den Nachrichten seiner ersten Amtsgeschäfte ist zu erfahren, dass er in New Hanover eine Gemeindevollversammlung einberief, um verschiedene Dinge zu beraten und von allen Anwesenden beschließen zu lassen, vgl. Die Korrespondenz [s. Anm. 14], Bd. 1, Nr. 17, 68 und 76.

[22] Vgl. Beale M. Schmucker: The Organization of the Congregation in the Early Lutheran Churches in America, in: Lutheran Church Review 6, 1887, 188–226, 215.

[23] Zu Conrad Weiser und dessen Verhältnis zu Mühlenberg vgl. Müller, Kirche [s. Anm. 1], 99f.

[24] Das Protokoll dieser ersten Zusammenkunft ist abgedruckt in: Nachrichten [s. Anm. 10], Bd. 1, 208–211.

[25] Die Agende ist abgedruckt in: Nachrichten [s. Anm. 10], Bd. 1, 211–216.

[26] Vgl. das Zertifikat vom 25.03.1752 (Lutheran Archives Center, Philadelphia: PM 95 – Z 22); gleiches ließ er sich vom pennsylvanischen Gouverneur James Hamilton bescheinigen (Empfehlungsschreiben von 1752 [PM 95 – Z 10]).

[27] Vgl. Müller, Kirche [s. Anm. 1], 147f.

[28] Vgl. Müller, Kirche [s. Anm. 1], 151.

[29] Vgl. Lutheran Archives Center, Philadelphia: PB 89 – Z 1.

[30] Vgl. Kirchen=Ordnung / Der Christlichen und der ungeänderten Augspurgischen Confession zugethanen Gemeinde in London. O.O. 1718.

[31] Ausführlich dazu vgl. Müller, Kirche [s. Anm. 1], 261–265.

[32] Der Entwurf zu diesem Gutachten befindet sich im Missionsarchiv der Franckeschen Stiftungen (AFSt/M 4 C 3 : 46).

[33] Vgl. Mühlenbergs Aufzeichnungen zum Gemeindestreit in Philadelphia (Lutheran Archives Center, Philadelphia: PM 95 – Z 2).

[34] Eine Abschrift dieser Kirchenordnung s. AFSt/M 4 B 2 : 1; sie ist außerdem abgedruckt in: Nachrichten [s. Anm. 10], Bd. 2, 435–441.

[35] Das wurde in der Ordnung ausdrücklich hervorgehoben: „[...] dabei aber verschiedene Jahre her, weil sich die Gemeine vermehret, verlanget, daß eine vollständige, den hiesigen Landes=Umständen gemäße christliche Kirchen=Ordnung und Zucht mit Einwilligung der Gemein=Glieder zustande gebracht werden, und der Gemeine zum Besten dienen möchte [...]." Nachrichten [s. Anm. 10], Bd. 2, Cap. 2, 438.

[36] Nachrichten [s. Anm. 10], Bd. 2, Cap. 3, § 2, Abs. 7, 440.

[37] Im Verlauf der Streitigkeiten schrieb Mühlenberg: „[...] giebt es nicht übel Gerücht unter den Englischen, daß wir teutsche, die wir kaum der Dienstbarkeit entrunnen, nicht wißen wie wir die edle Freiheit gebrauchen sollen?" (Lutheran Archives Center, Philadelphia: PM 95 –Z 2, 5r).

[38] So berichtete er bereits 1743 von einer Gemeindeversammlung in Philadelphia, bei der es um einen geplanten Kirchenneubau ging: „Nach der Predigt laß ihnen die aufgesetzten Punckte von einem Kirchen Bau vor und sagte, wer künfftig hin als ein Mitglied unserer Kirche seyn wollte, der sollte in der Kirche stehen bleiben und seinen Nahmen und was er zum Kirchen Bau helffen wollte auffschreiben laßen." Die Korrespondenz [s. Anm. 14], Bd. 1, Nr.17, 74.

[39] Nachrichten [s. Anm. 10], Bd. 2, Cap. 3, § 1, Abs. 5, 440.

[40] Dieser Gedanke war schon bei Gründung der Kolonie in die Gesetzgebung eingeflossen, vgl. Statutes [s. Anm. 5], 135.

[41] Der Entwurf von 1753 hatte die Rolle des Predigerministeriums noch zugunsten der europäischen Kirchenführer eingeschränkt, denen die oberste Kirchenleitung zugedacht war (Lutheran Archives Center, Philadelphia: PB 89 – Z 1, Cap. 1, § 5, 4r; ebd. Cap. 1, § 10, 6v; ebd. Cap. 2, § 11, 5r–5v). Die Ordnung von 1762 definierte die Synoden des Predigerministeriums als oberste Leitungsinstanz der Gemeinden, vgl. Nachrichten [s. Anm. 10], Bd. 2, Cap. 1, § 9, 437; ebd. Bd. 2, Cap. 1, § 11, 437.

[42] Die Urkunde zur Körperschaftsgründung ist auf den 15.09.1765 datiert. Eine Abschrift befindet sich im Missionsarchiv der Franckeschen Stiftungen und trägt den Titel *Charter of the German Lutheran Congregation in and near the City of Philadelphia, in the Province of Pennsylvania: Thomas Penn and Richard Penn Esquires, true and absolute Proprietaries of the Province of Pennsylvania [...] To all, to whom these Presents shall come, Greetings!* (AFSt/M 4 C 13 : 11).

[43] Zu den politischen Begleitumständen der Verleihung des Privilegs vgl. Gary B. Nash: The Urban Crucible. Social Change, Political Consciousness, and the Origins of the American Revolution. Cambridge, London 1979, 306.

Dorothea Hornemann

# „Pennsylvania ist ein completes Babel, daraus man nur erst die seuffzende Gefangene erretten muß […]"[1] – Zinzendorf und die Herrnhuter in Nordamerika 1734–1743

Die Herrnhuter Brüdergemeine (Erneuerte Brüder-Unität/ Moravian Church) ist eine im Pietismus und der Böhmischen Reformation verwurzelte Glaubensgemeinschaft innerhalb der evangelischen Kirche. 1722 kam es in Herrnhut (Oberlausitz) zur Neugründung unter Graf Nikolaus Ludwig von Zinzendorf (1700–1760).[2] Böhmische und Mährische Glaubensflüchtige hatten auf dessen Gut Berthelsdorf Zuflucht gefunden und innerhalb kurzer Zeit entstand in Herrnhut eine christliche Gemeinschaft mit Lebens- und Arbeitsformen, die von einer spezifischen Frömmigkeit geprägt waren.

Zinzendorfs christlicher Glaube war durch Philipp Jakob Spener (1635–1705) und den Halleschen Pietismus beeinflusst. Er hatte von 1710 bis 1716 das Pädagogium Regium der Franckeschen Stiftungen in Halle besucht und danach in Wittenberg Rechtswissenschaften studiert. Grundlegend für Zinzendorfs und damit die Herrnhuter Frömmigkeit wurde die von Spener betonte Gemeinschaft mit Christus; die hallischen Prinzipien von Bußkampf und Bekehrungserlebnis des Individuums lehnte Zinzendorf hingegen ab. Bereits in den 1720er Jahren kam es zwischen Halle und Herrnhut zu Spannungen, die in unterschiedlichen theologischen Lehrmeinungen begründet waren. Die Ausweisung August Gottlieb Spangenbergs (1704–1792), Zinzendorfs engstem Mitarbeiter und späterem Nachfolger in der Führung der Brüdergemeine, aus Halle 1733 führte zum endgültigen Bruch zwischen den Konkurrenten. Der Theologe Spangenberg war als Adjunkt an der Theologischen Fakultät der hallischen Universität tätig und wurde unter anderem auf Grund seines Bekenntnisses zum Herrnhutertum aus dem Dienst entlassen. Nach seinem Ausscheiden aus der Universität ging er nach Herrnhut und leitete die Aussiedlungspläne der dort ansässigen Schwenckfelder[3] nach Georgia.[4]

4.53 | Nikolaus Ludwig von Zinzendorf und die fünf Häuptlinge der Irokesen am 2. August 1742 in Pennsylvanien, Öl auf Leinwand von Anna Arndt nach Johann Valentin Haidt, 1899

Die Dänisch-Hallesche Mission zum Vorbild nehmend, begründete die Brüdergemeine eine weltweite Mission.[5] 1732 wurden mit Leonhard Dober (1706–1766) und David Nitschmann (1695–1772) die ersten Missionare zu der dänischen Karibikinsel St. Thomas ausgesandt. Anders als die hallischen Pietisten, die ausgebildete Theologen in die Missionsgebiete entsandten, berief die Brüdergemeine für den Dienst in der „Heidenmission" einfache Handwerker ohne theologische Vorbildung oder Ordination. Neben der Verkündigung stand die Verbesserung der Lebensbedingungen der zu Bekehrenden im Vordergrund, dabei war der Aufbau eines Schulwesens von besonderer Bedeutung. Ab 1734 wurden Missionare nach Lappland und nach Georgia in Nordamerika entsandt. In Georgia planten die Herrnhuter nicht nur missionarisch unter den Indianern tätig zu sein, sondern auch eine Niederlassung aufzubauen.

## Georgia

Im Zuge der Ausweisung Nikolaus Ludwig von Zinzendorfs aus Sachsen[6] forderte der sächsische Kurfürst August II. (1670–1733) mit einem Erlass vom April 1733 unter anderem auch den Auszug der Schwenckfelder aus der Oberlausitz. Deshalb musste für die Anhänger dieser Gemeinschaft, die 1724 aus Schlesien vertrieben und in Herrnhut aufgenommen worden waren, eine neue Lebensmöglichkeit gefunden werden und Nordamerika geriet in den Fokus der Herrnhuter. Im Winter 1733 reiste August Gottlieb Spangenberg nach London, um mit den Treuhändern von Georgia über den Erwerb von Land in der 1732 gegründeten englischen Kolonie zu verhandeln. Motive der Verhandlungen waren Missions- und Kolonisationspläne der Herrnhuter Brüdergemeine. Spangenberg erwarb bei General James Edward Oglethorpe (1696–1785), der für die Organisation der Besiedlung Georgias verantwortlich war, und James Vernon, dem Geschäftsführer der „Trustees for Establishing the Colony of Georgia in America", 500 Morgen Land für die geplante Niederlassung in der britischen Kronkolonie. Diese Verhandlungen wurden gegen den Widerstand des mit Gotthilf August Francke (1696–1769) in Halle in Verbindung stehenden Londoner Hofpredigers Friedrich Michael Ziegenhagen (1694–1776) geführt.[7]

Die Schwenckfelder verließen Herrnhut in Richtung Georgia im Mai 1734 in Begleitung des Herrnhuter Wanderpredigers Georg Böhnisch (1695–1772), änderten aber ihre Siedlungspläne und schifften sich in die 1681 von William Penn (1644–1718) gegründete Kolonie Pennsylvania ein.[8]

Im Februar 1735 machte sich eine Gruppe von neun Herrnhuter Brüdern auf den Weg in die Neue Welt, um in Georgia mit der Mission unter den Creekindianern neue Wege zu beschreiten. Zu den Reisenden gehörten neben Spangenberg auch Johann Töltschig (1703–1764) und Gottlieb Haberecht (1700–1767). Bereits im April gingen sie an Land und ließen sich in Savannah nieder.[9] Nur 25 Meilen den Savannah River aufwärts hatte sich bereits im März 1734 eine Gruppe lutherischer Salzburger Exulanten angesiedelt, die von den hallischen Pietisten unterstützt und von den aus Halle stammenden Pastoren Johann Martin Boltzius (1703–1765) und Christian Israel Gronau (1714–1745) betreut wurden.[10]

Ein Jahr nach der Niederlassung der ersten Herrnhuter in Savannah vergrößerte sich die Gruppe mit der Ankunft weiterer Brüder unter der Leitung von Bischof David Nitschmann (1703–1779). Dieser Reisegesellschaft gehörten auch John (1703–1791) und Charles Wesley (1707–1788) sowie General Oglethorpe selbst an. John Wesley war zum Pfarrer der Anglikanischen Kirche in Savannah ernannt worden. Zudem gehörten auch zwölf Prediger und Missionare aus Herrnhut zur Gruppe, die sowohl zu den Indianern und Sklaven, als auch zu den deutschen Siedlern in der Umgebung Savannahs und nach South Carolina entsandt werden sollten. So gelangte beispielsweise Peter Böhler (1712–1775), der in Jena Theologie studiert hatte und von besonderer Bedeutung für John Wesley und den aufkommenden Methodismus war,[11] gemeinsam mit David Zeisberger (1721–1808), der später für seine Mission unter den Delaware Indianern berühmt wurde, in die deutsche Siedlung Purrysbury/SC, um von hier aus den Creek-Indianern das Wort Gottes zu verkünden.[12] Die Herrnhutische Missionsarbeit führte zu weiteren Spannungen und Konflikten mit Halle. Zinzendorf instruierte deshalb seine Mitarbeiter für den Dienst in Georgia, von den Salzburgern in Ebenezer Abstand zu halten:

> In die Controvers mit den Brüdern menget euch durchaus nicht. [...] Ihr müst allein wohnen, und euer besonders Winckelgen bekommen, damit ihr niemand irret. So bald ihr zur Consistenz kommen seyd, soll euch ein studirter Prediger nachgeschickt werden, damit ihr denen Salzburgern kein Aergerniß geben dürfft, ob schon unsere Brüder in andern Colonien nach Art eurer uralten Verfassung dergleichen nicht haben möchten.[13]

Wesentlich war die Trennung der Salzburger und der Herrnhuter Siedlung – Ebenezer bildete das hallische Zentrum, Savannah den Stützpunkt der Herrnhuter. Neben den Lutheranern und den Herrnhutern hatten sich noch weitere deutschsprachige Auswanderer in Georgia niedergelassen, neben reformierten Pfälzern und Schweizern gab es auch eine Anzahl radikaler Pietisten/Separatisten. Die Hallenser entsandten an Universitäten ausgebildete und ordinierte Pastoren, um unter den deutsch-lutherischen Auswanderern und den Indianern das Evangelium zu verkünden und den Gemeindeaufbau voranzutreiben. Sie hielten an den Werten der europäischen Konfessionskirchen fest und duldeten keine Einflüsse von radikalen Pietisten oder Separatisten, zu denen sie auch die Herrnhuter zählten. Im Vergleich dazu verkündeten die Brüder das Wort Gottes auch durch Laienprediger unter den Indianern, afrikanischen Sklaven und deutschen Siedlern. Die Auseinandersetzungen zwischen Halle und Herrnhut in Georgia waren vom europäischen Konflikt geprägt.[14]

Die Spannungen zwischen den hallischen Pietisten und den Herrnhutern hielten an, bis die Brüder ihre Niederlassung in Savannah aufgaben und nach Pennsylvania zogen,

6.3 | George Whitefield, Öl auf Leinwand von John Wollaston, um 1742

wo sich der Streit zwischen den beiden „Glaubenskontrahenten" fortsetzen und sogar noch verschärfen sollte.

Die Situation der Herrnhuter verschlechterte sich zusätzlich durch den Ausbruch des Krieges zwischen den Kolonialmächten England und Spanien 1739 (bis 1742) in den südlichen Kolonien Nordamerikas. Hinzu kamen gemeindeinterne Konflikte, welche die Herrnhuter Brüder zwangen, Savannah aufzugeben und sich aus Georgia zurückzuziehen.[15] Ihren Grundsätzen folgend, verweigerten sie den Waffendienst bei der Verteidigung der Kolonie gegen die Spanier und siedelten aufgrund von Anfeindungen durch die Bevölkerung nach Pennsylvania um. Für die Reise nach Philadelphia nahmen die Brüder ein Angebot von George Whitefield (1714–1770) an.[16] Spangenberg war bereits 1736 nach Pennsylvania weitergereist, um in der Quäkerkolonie die Möglichkeiten der Evangelisation unter den deutschen Siedlern und den Indianern zu erschließen, während Bischof Nitschmann sich in Europa aufhielt.

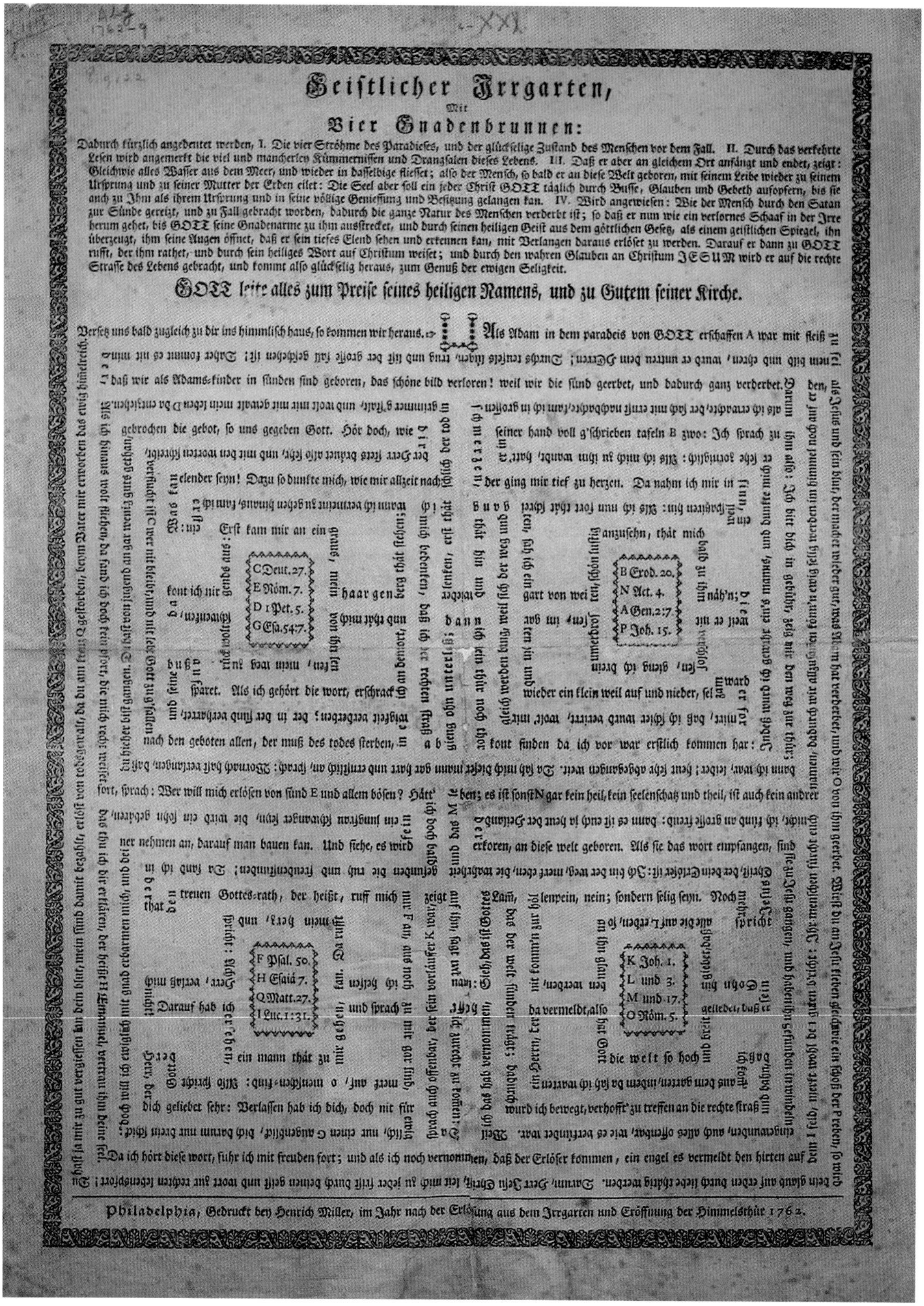

# Geistlicher Irrgarten,

Mit

## Vier Gnadenbrunnen:

Dadurch kürzlich angedeutet werden, I. Die vier Ströhme des Paradieses, und der glückselige Zustand des Menschen vor dem Fall. II. Durch das verkehrte Lesen wird angemerkt die viel und mancherley Kümmernissen und Drangsalen dieses Lebens. III. Daß er aber an gleichem Ort anfängt und endet, zeigt: Gleichwie alles Wasser aus dem Meer, und wieder in dasselbige fliesset; also der Mensch, so bald er an diese Welt geboren, mit seinem Leibe wieder zu seinem Ursprung und zu seiner Mutter der Erden eilet: Die Seel aber soll ein jeder Christ GOTT täglich durch Busse, Glauben und Gebeth aufopfern, bis sie auch zu Ihm als ihrem Ursprung und in seine völlige Geniessung und Besitzung gelangen kan. IV. Wird angewiesen: Wie der Mensch durch den Satan zur Sünde gereizt, und zu Fall gebracht worden, dadurch die ganze Natur des Menschen verderbt ist; so daß er nun wie ein verlornes Schaaf in der Irre herum gehet, bis GOTT seine Gnadenarme zu ihm ausstrecket, und durch seinen heiligen Geist aus dem göttlichen Gesetz, als einem geistlichen Spiegel, ihn überzeugt, ihm seine Augen öffnet, daß er sein tiefes Elend sehen und erkennen kan, mit Verlangen daraus erlöset zu werden. Darauf er dann zu GOTT rufft, der ihm rathet, und durch sein heiliges Wort auf Christum weiset; und durch den wahren Glauben an Christum JESUM wird er auf die rechte Strasse des Lebens gebracht, und kommt also glückselig heraus, zum Genuß der ewigen Seligkeit.

**GOTT leite alles zum Preise seines heiligen Namens, und zu Gutem seiner Kirche.**

Versetz uns bald zugleich zu dir ins himmlisch haus, so kommen wir heraus. Als Adam in dem paradeis von GOTT erschaffen A war mit fleiß

Philadelphia, Gedruckt bey Henrich Miller, im Jahr nach der Erlösung aus dem Irrgarten und Eröffnung der Himmelsthür 1762.

4.55 | Ansicht von Bethlehem, der großen mährischen Siedlungen in der Provinz Pennsylvania, kolorierter Stahlstich von Thomas Pownal und Paul Sandby, 1761

## Pennsylvania

Whitefield hatte in den „Forks of the Delaware“, dem heutigen Northampton, Land für den Aufbau einer Einrichtung für die Erziehungs- und Missionsarbeit unter den Sklaven erworben. Hier gründete er die Siedlung Nazareth. Bis zur Rückkehr David Nitschmanns aus Europa half die Herrnhuter Gruppe um Peter Böhler dem englischen Prediger Whitefield bei der Errichtung einer Schule und siedelte sich in Nazareth an. Aufgrund unterschiedlicher theologischer Ansichten, unter anderem über die Prädestinationslehre, kam es im November zum Bruch zwischen Whitefield und Böhler.

Im Dezember 1740 kehrte Nitschmann nach Pennsylvania mit dem Auftrag zurück, Land für die Gründung einer eigenständigen Herrnhuter Gemeine zu erwerben.[17]

Geistlicher Irrgarten, Druck von Henrich Miller, Philadelphia, 1762. Philadelphia, Historical Society of Pennsylvania

Diese Niederlassung, das spätere Bethlehem, sollte das Zentrum der Herrnhuter Evangelisations- und Missionsarbeit in Nordamerika werden. Nitschmann erwarb 500 Morgen Land am Zusammenfluss des Lehigh und des Monocacy Flusses und im Frühjahr 1741 wurde mit dem Aufbau der Siedlung begonnen.

Die Eigentümerkolonie Pennsylvania war im 18. Jahrhundert Anlaufpunkt für Aussiedler unterschiedlicher Herkunft und Religion. Der Quäker William Penn hatte mit den „Frame of Government“ (1682) eine strikte Trennung von Kirche und Staat verfügt und mit seinem „heiligen Experiment“ weitgehende Religionsfreiheit gewährt, so dass die Kolonie verfolgten religiösen Minderheiten, anfangs vor allem seinen Glaubensgenossen, Zuflucht bot.[18]

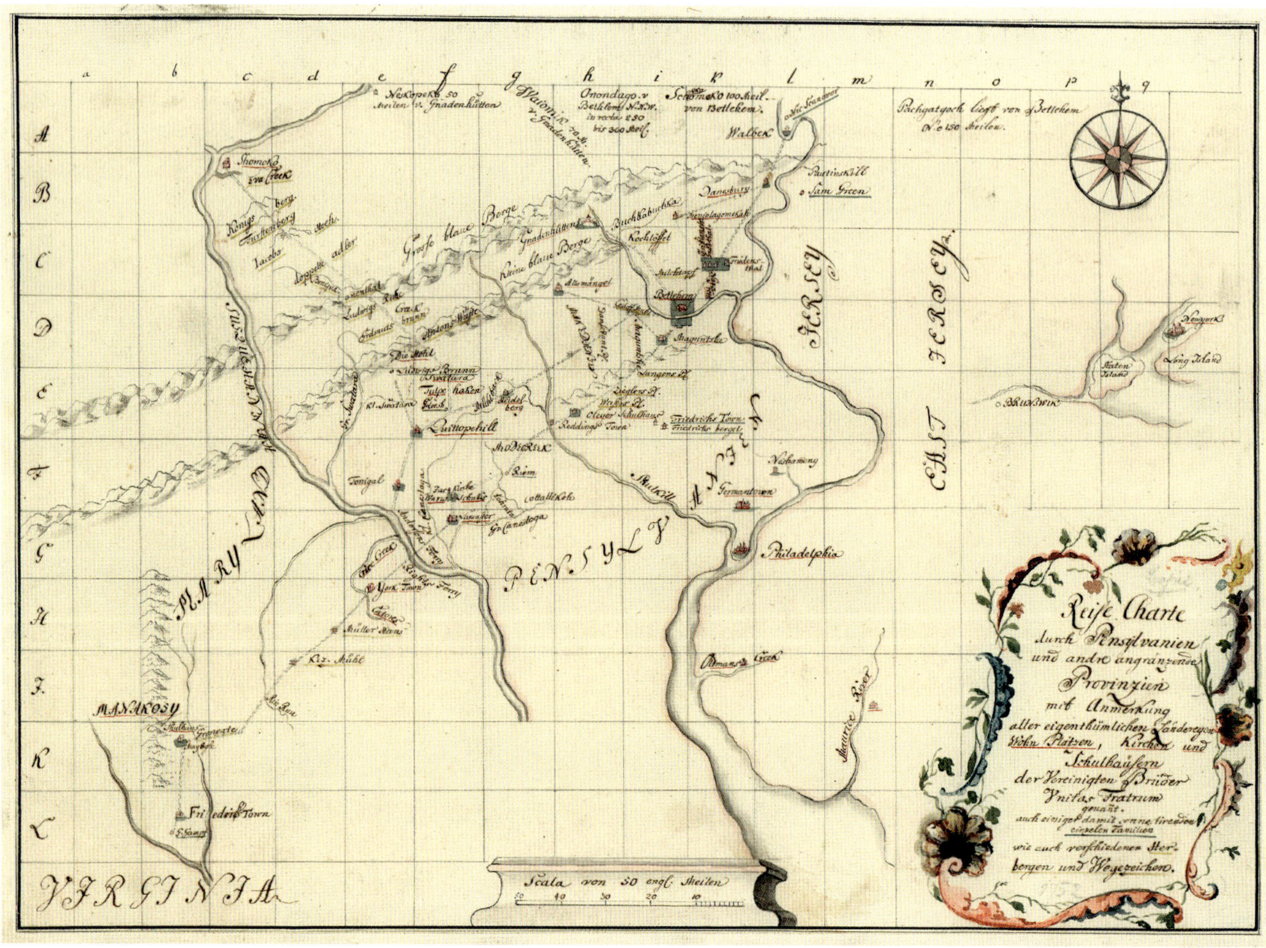


4.57 | Reisekarte für Pennsylvania, kolorierte Federzeichnung, 1752

Seiner Einladung folgend, erreichten die ersten deutschen Auswanderer 1683 Pennsylvania und gründeten unter der Führung Franz Daniel Pastorius' (1651–1719) Germantown, die erste deutsche Siedlung in der Neuen Welt. Besonders aus den süddeutschen Ländern, wie der Pfalz, die von politischen und wirtschaftlichen Krisen gezeichnet waren, zog es die Auswanderer vornehmlich nach Pennsylvania, wo sie auf wirtschaftlichen Erfolg hofften. Um 1740 lebten etwa 40.000 deutsche Siedler in der Quäkerkolonie und bildeten nach den Engländern und Iro-Schotten die größte Volksgruppe. Der größte Teil der deutschen Emigranten gehörte zu den großen Konfessionskirchen, waren also Lutheraner und Reformierte. Ethnische und religiöse Vielfalt kennzeichneten die pluralistische Gemeinschaft der Aussiedler. Das Fehlen von mit Europa vergleichbaren kirchlichen Institutionen und der religiöse Pluralismus erschwerten die Anpassung an die Situation in Pennsylvania und führten in den Jahren zwischen 1720 und 1750 zu Verunsicherung und Streit zwischen den unterschiedlichen religiösen Gruppierungen.[19] Hinzu kam die unzureichende geistliche Betreuung der Siedler, welche die Suche nach kirchlicher Identität oder gar den Verlust der persönlichen Glaubensgewissheit noch begünstigte und zu einer Individualisierung der Religiosität führte.[20] Neben den größten Denominationen unter den deutschen Auswanderern, den Lutheranern, Reformierten und Herrnhutern, gab es auf dem Markt der religiösen Möglichkeiten für deutsche Einwanderer noch etwa ein Dutzend verschiedene religiöse Gruppen, von denen zehn, wenigstens zeitweilig, auch in einem unmittelbaren Kontakt zur Herrnhuter Brüderge-

5.16 | Taufe von Indianern in Nordamerika im alten Gemeinsaal in Bethlehem, Tuschzeichnung, 1754

meine standen. Zu ihnen gehörten unter anderen die Wittgensteiner Neutäufer,[21] auch Täufer oder Dunker genannt, die 1719 ins Land gekommen waren, die Ephrata-Gemeinschaft um Conrad Beissel (1691–1768),[22] die sich von den Täufern abgespaltet hatte und ab 1734 in einer klosterähnlichen Gemeinschaft lebte, sowie die Inspirierten, eine radikalpietistische Gemeinschaft, die um 1716 in Deutschland entstanden war, und diverse andere Separatisten.[23]

Somit gab es nur wenige organisierte deutsch-lutherische Gemeinden, die zudem lange Zeit ohne Pfarrer waren. Deshalb entsandten 1734 die deutsch-lutherischen Gemeinden von Philadelphia, Providence und New Hanover eine Abordnung unter Leitung von Daniel Weisiger[24] nach Europa, um dort um Unterstützung zu bitten. Die Gemeindevertreter reisten auch nach Halle, wo Gotthilf August Francke aufgrund seiner Kontakte zu Ziegenhagen und zur *Society for Promoting Christian Knowledge* bereits mit den Problemen in Pennsylvanien vertraut war. Zunächst war er aber nicht bereit, personelle Unterstützung zu leisten, und erst 1742 entsandte er den Pfarrer Heinrich Melchior Mühlenberg (1711–1787) zur Betreuung der genannten Gemeinden dorthin. Ausschlaggebend dafür war anscheinend die Reise Zinzendorfs nach Nordamerika. Dieser hielt sich gemeinsam mit seiner Tochter Benigna (1725–1786) und Anna Nitschmann (1715–1760), seiner späteren zweiten Frau, von November 1741 bis Januar 1743 in den mittelatlantischen Kolonien auf. Vor seiner Abreise hatte er im Juni 1741 auf der Marienborner Synode sein Bischofsamt niedergelegt und trat in Amerika als einfacher Theologe unter dem Namen Herr von Thürnstein oder Bruder Ludwig auf.[25] Bevor sich Zinzendorf den religiösen Belangen der deutschen Einwanderer annahm, reiste er in die junge Herrnhuter Niederlassung Bethlehem[26] und wirkte dort entscheidend am Gemeindeaufbau mit. Die Arbeit der Gemeinde wurde ganz auf den Missionsauftrag unter den deutschen Siedlern und Indianern in den mittleren atlantischen Kolonien vom nördlichen Virginia bis New York ausgerichtet. Die Brüder der Gemeine unterteilten sich in die sogenannte Pilgergemeine, die missionierend tätig war, und die Hausgemeine, die für den wirtschaftlichen Erhalt sorgte. Anders als in den europäischen Ortsgemeinen[27] üblich, wurde in den Anfangsjahren Bethlehems ein kommunistisches Wirtschaftsmodell[28] praktiziert. Diese besondere Form des Zusammenlebens ergab sich aus den Aufgaben der Besiedlung und Mission und war nicht als bewusste Aufhebung des Privateigentums oder der Nachahmung urchristlicher Wirtschaftsformen angelegt.[29] Unter der Führung Spangenbergs prosperierte Bethlehem. Ein gut organisiertes Kommunikations- und Wegenetzwerk erleichterte die Evangelisationsarbeit, die neben der Entsendung von Predigern im Wesentlichen im Bau und der Unterhaltung von Kirchen und Schulen bestand.

Längere Zeit hielt sich Zinzendorf in Philadelphia und Germantown auf und bemühte sich zudem intensiv um missionarische Kontakte zu den Indianern. Dabei schwebte ihm ein Verband christlich-deutsch-indianischer Gemeinen, eine *Civitas Indiana-Germana*, vor.[30] Im Sommer 1742 unternahm er drei Reisen in indianisches Gebiet. Die erste Reise führte ihn in das Gebiet jenseits der Blue Mountains. In Tulpehocken schloss er im Haus des Dolmetschers für indianische Sprachen Conrad Weiser (1696–1760) mit Abgesandten der „Six Nations" der Irokesen ein Freundschaftsabkommen und ihm wurde zur Besiegelung des Vertrages von den Indianern ein Wampum[31] überreicht. Seine zweite Reise führte ihn nach Schekomeko/NY, eine kleinen Missionsstation, die Christian Heinrich Rauch 1740 eingerichtet hatte. Später sollte Zinzendorf während der dritten Pennsylvanischen Synode in Oley (s.u.) die ersten drei indianischen Konvertiten taufen. Generell ging es ihm nicht um Massenerweckung und Missionierung eines ganzen Stammes bzw. Volkes, vielmehr war für ihn die Konzentration auf den Einzelnen, den sogenannten Erstling, ausschlaggebend.

Neben der Indianermission widmete sich Zinzendorf in dem reichlichen Jahr bis zu seiner Rückkehr nach Europa 1743 zwei wesentlichen Aufgaben:

Aufgrund der religiösen Zersplitterung der deutschen Emigranten und der schwierigen kirchlichen Verhältnisse übernahm er im Frühjahr 1742 das Pfarramt in der deutsch-lutherischen Gemeinde in Philadelphia, nachdem deren Vorsteher ihn dazu berufen hatten. Die Gemeinde war lange ohne eigenen Pfarrer gewesen und die Verhandlungen mit Ziegenhagen in London und Halle waren nicht positiv verlaufen. Einmal monatlich wurde die Gemeinde von dem Pastor der reformierten Gemeinde Johann Philipp Böhm (1683–1749) versorgt – beide Gemeinden teilten sich einen gemeinsamen Kirchenraum. Für die Gemeinde in Philadelphia verfasste er sowohl eine Kirchenordnung als auch einen Katechismus.[32] Auch für die schweizerisch-reformierte Gemeinde in Germantown schrieb er einen Katechismus auf der Grundlage des Berner Synodus,[33] womit er jedoch auf heftige Kritik und Widerstand von Seiten des Pfarrers der Niederländisch reformierten Gemeinde stieß, da dieser seine amtliche Autorität in Frage gestellt sah.[34] Als Assistent stand Zinzendorf Christoph Pyrlaeus

4.27 | Ansicht von Philadelphia, kolorierter Kupferstich von George Heap, 1761. Philadelphia, American Philosophical Society: Graphics No. M42-38-9

(1713–1771) zur Seite, der ihn vertrat, wenn er sich auf einer seiner häufigen Reisen durch die Kolonien befand. Im Juli 1742 kam es während eines sonntäglichen lutherischen Gottesdienstes zu einer handgreiflichen Auseinandersetzung mit Mitgliedern der reformierten Gemeinde. Daraufhin ließ Zinzendorf eine Kirche errichten, die sowohl von den Lutheranern als auch den Herrnhutern genutzt wurde. Die hier beschriebene Auseinandersetzung folgte einem Muster, welches sich später in verschiedenen lutherischen und reformierten Gemeinden, u.a. in Lancaster, Philadelphia, York und Tulpehocken, nach dem Kontakt mit der Herrnhuter Brüdergemeine wiederholte. Der anfänglichen Akzeptanz gegenüber den Herrnhuter Predigern folgten Konflikte innerhalb der Gemeinden, die diese spalteten.[35]

Zinzendorfs erklärtes Ziel war die Sammlung der „zerstreuten Kinder Gottes“[36]. In Pennsylvania wollte er „Gelegenheit nehmen, das Lamm Gottes zu inthronisieren, als eigentlichen Schöpfer, Erhalter, Erlöser und Heiligmacher der ganzen Welt, und die Catholicität seiner Leidens-Lehre als eine Universal-Theologie für die Teutschen Pennsylvanier in theoria & praxi einzuführen.“[37] Ökumenische Bestrebungen hatte es in Pennsylvania bereits vor dem Eintreffen Zinzendorfs gegeben, da die herrschende religiöse Toleranz, die mangelnde Organisation der Konfessionskirchen und die von der Erweckungsbewegung verursachte Individualisierung der Religiosität die Überwindung konfessioneller Grenzen begünstigt hatten.[38] Zudem bemühte sich eine Gruppe von Siedlern verschiedenster Bekenntnisse, die sich „United Brothers of the Skippack“ (Vereinigte Brüder von Skippack) nannte, um die Einigung der zersplitterten religiösen Gruppen der deutschen Einwanderer. Zu ihnen gehörte der reformierte Pfälzer Johann Heinrich Antes (1701–1755), der am 15. Dezember 1741 einen Aufruf an alle Protestanten Pennsylvanias verfasst und zu einer ökumenischen Konferenz nach Germantown mit dem Ziel eingeladen hatte: „In der Liebe zu handeln, von den Wichtigsten Glaubens-Artikeln, um zu sehen, wie nahe man einander im Grunde werden könnte, und im übrigen in Meynungen die den Grund der Seligkeit nicht stützen, einander in der Liebe zu tragen.“[39] Dieser Bewegung schloss sich Zinzendorf an. In der Folge fanden zwischen Januar und Juni 1742 insgesamt sieben Religionskonferenzen statt, die sogenannten

Pennsylvanischen Synoden,[40] die in Germantown, Falkner's Swamp, Oley und Philadelphia abgehalten wurden und auf denen Zinzendorf von den Abgeordneten zum Synodus ernannt wurde. Die anfängliche Beteiligung aller namhaften deutschen Religionsgruppen – Mennoniten, Lutheraner, Reformierte, Täufer, Ephrata-Gemeinschaft, Schwenckfeldern, Separatisten und Herrnhuter[41] – und der englischen Quäker[42] reduzierte sich im Verlauf auf die Teilnahme der Herrnhuter, Lutheraner und Reformierten. Konnte man sich auf den ersten drei Konferenzen noch zu Übereinstimmungen in den wichtigsten Glaubensfragen und gegenseitiger Toleranz einigen, so verschlechterte sich das Verhältnis der Gruppen zueinander zusehends während der letzten vier Synoden. Zudem veränderte sich das Selbstverständnis der ökumenischen „Religionskonferenz" hin zu einer „Congregation of God in the Spirit". Mit dem Rückgang der teilnehmenden Gruppierungen stieg der Einfluss Zinzendorfs und der Herrnhuter. Versuchte man anfänglich, eine Grundlage für das gleichberechtigte Miteinander aller Gemeinschaften zu schaffen, vertraten die verbleibenden Mitglieder den exklusiven Anspruch, den „Leib Jesu in Pennsylvania" darzustellen und damit die *Gemeine Gottes im Geist.* Anstatt Eintracht und Gemeinschaft zu bringen, kam es zu noch stärkerer Polarisierung zwischen den pennsylvanischen Religionsgruppen. Mit dem Eintreffen von lutherischen und reformierten Theologen aus Europa begann der mühsame Prozess des institutionellen Gemeinde- und Kirchenaufbaus in Opposition zu den Herrnhutern. So begann beispielsweise Heinrich Melchior Mühlenberg[43] mit dem Aufbau der lutherischen Kirche, der Schweizer Theologe Michael Schlatter (1716–1790) organisierte gemeinsam mit Johann Philipp Böhm (1683–1749) die deutsch-reformierte Kirche in Nordamerika.

Während Zinzendorfs Aufenthalt in Amerika hatte sich die Generalkonferenz[44] in Europa bei Friedrich II. von Preußen (1712–1786) um eine Konzession für Brüdersiedlungen bemüht und damit einen wesentlichen Schritt hin zu einer eigenen Kirchengründung getan. Dies bedeutete eine deutliche Abwendung von Zinzendorfs Vorstellung von der Brüdergemeine als Teil der lutherischen Landeskirche und erforderte dessen sofortiges Handeln, woraufhin er im Januar 1743 Amerika verließ. Ab 1744 übernahm dann Spangenberg die Leitung der amerikanischen Brüdergemeine, bis er 1762 nach Europa abberufen wurde, um nach Zinzendorfs Tod die Reorganisation der dortigen Brüdergemeine zu übernehmen. In Nordamerika entstanden im Verlauf des 18. und 19. Jahrhunderts zahlreiche weitere Herrnhuter Siedlungen. Der Schwerpunkt der brüderischen Tätigkeit lag weiterhin bis zum Ende des 19. Jahrhunderts auf der Missionsarbeit. Heute gibt es in Nordamerika vier Provinzen der Herrnhuter Brüdergemeine/Moravian Church, deren administratives Zentrum Bethlehem ist.

[1] Losentscheid auf der 5. Pennsylvanischen Synode auf die Frage: „Wie denn der HEYLAND Pennsylvania ansaehe?"; vgl. Authentische Relation Von dem Anlass, Fortgang und Schlusse der am 1sten und 2ten Januarii Anno 1741/42 in Germantown gehaltenen Versammlung einiger Arbeiter derer meisten Christlichen Religionen und vieler vor sich selbst Gott-dienenden Christen-Menschen in Pennsylvania. Hg. v. Peter Vogt. Hildesheim 1998 (Nikolaus Ludwig von Zinzendorf. Materialien und Dokumente, Reihe 2, Bd. 30), 99.

[2] Zur Geschichte der Brüdergemeine siehe: Peter Zimmerling: Nikolaus Graf von Zinzendorf und die Herrnhuter Brüdergemeine: Geschichte, Spiritualität und Theologie. Holzgerlingen 1999; Giesela Mettele: Weltbürgertum oder Gottesreich. Die Herrnhuter Brüdergemeine als globale Gemeinschaft 1727–1857. Göttingen 2009; Dietrich Meyer: Zinzendorf und die Herrnhuter Brüdergemeine: 1700–2000. Göttingen 2009.

[3] Als Schwenckfelder bezeichnet man die Anhänger der spiritualistischen evangelischen Gemeinschaft des schlesischen Reformators Caspar Schwenckfeld von Ossig (1489–1561); sowohl die katholische, als auch die lutherische Kirche betrachteten die Schwenckfelder als Häretiker und nötigten sie, Schlesien zu verlassen.

[4] Vgl. Dietrich Meyer: Zinzendorf und Herrnhut. In: Geschichte des Pietismus. Bd. 2: Der Pietismus im 18. Jahrhundert. Hg. v. Martin Brecht u. Klaus Deppermann. Göttingen 1995, 5–80, 30f.

[5] Vgl. Rüdiger Kröger: Johann Leonhard Dober und der Beginn der Herrnhuter Mission. Herrnhut 2006.

[6] Schon bald nach der Gründung Herrnhuts geriet Zinzendorf in Konflikt mit der lutherischen Kirche in Sachsen; neben theologischen Auseinandersetzungen erregte die zunehmende böhmisch-mährische Immigration Anstoß.

[7] Vgl. Meyer, Zinzendorf [s. Anm. 4], 40f.

[8] Zu den Schwenckfeldern in Pennsylvania: Horst Weigelt: Von Schlesien nach Amerika: die Geschichte des Schwenckfeldertums. Köln [u.a.] 2007 (Neue Forschungen zur Schlesischen Geschichte, 14).

[9] Vgl. Taylor Hamilton, Kenneth Hamilton: Die erneuerte Unitas Fratrum. Bd. 1: 1722–1857. Herrnhut 2001, 107.

[10] Hierzu siehe den Beitrag von Jürgen Gröschl in diesem Band.

[11] Böhlers Predigt von der Erlösung Christi und die Ereignisse der gemeinsamen Überfahrt nach Georgia beeindruckten John Wesley stark; gemeinsam mit Wesley und anderen Erweckten gründete Böhler 1738 in London die „Fetter Lane Society"; John Wesleys anfänglich freundschaftlichen Kontakte zur Herrnhuter Brüdergemeine kühlten durch unterschiedliche theologische Lehrmeinungen schnell ab; 1741 kam es gar zum Bruch zwischen den Herrnhutern und dem Begründer des Methodismus; vgl. Meyer, Zinzendorf [s. Anm. 4], 41f.; ausführlich zum Verhältnis zwischen Wesley und der Herrnhuter Brüdergemeine siehe: Sung-Duk Lee: Der deutsche Pietismus und John Wesley. Gießen 2003 (Kirchengeschichtliche Monographien, 8).

[12] Hamilton, Unitas [s. Anm. 9], 108; weiterführende Literatur zu David Zeisberger: Herrnhuter Indianermission in der Amerikanischen Revolution. Die Tagebücher von David Zeisberger 1772–1781. Hg. v. Hermann Wellenreuther. Berlin 1995; Earl P. Olmstead: David Zeisberger. A life among the Indians. Kent, OH 1997; Carola Wessel: Delaware-Indianer und Herrnhuter Missionare im Upper Ohio Valley. Tübingen 1999 (Hallesche Forschungen, 4).

[13] Nikolaus Ludwig von Zinzendorf: Instruction für die Georgische Colonie vom 27. November 1734. In: Büdingische Sammlung Einiger In die Kirchen-Historie Einschlagender Sonderlich neuerer Schrifften. Bd. 1. Leipzig 1742. Ndr. Nikolaus Ludwig von Zinzendorf: Büdingische Sammlung. Bd. 1. Hg. v. Erich Beyreuther u. Gerhard Meyer. Hildesheim 1965 (Nikolaus Ludwig von Zinzendorf. Ergänzungsbände zu den Hauptschriften, Ergänzungsbd. 7), 352f.

[14] Die Brüdergemeine in Europa befand sich gerade in der sogenannten Sichtungszeit (nach Lk 22,31); diese bezeichnet die Zeit vor 1749, in der die schwärmerische Blut- und Wundenverehrung, die ein Merkmal herrnhutischer Frömmigkeit war, exzessive Ausmaße annahm und in ausschweifenden und erotischen Handlungen und Spielen gipfelte; in dieser Zeit entstehen auch eine Vielzahl von Polemiken gegen Zinzendorf und die Herrnhuter; vgl. dazu Bibliographisches Handbuch zur Zinzendorf-Forschung. Hg. v. Dietrich Meyer. Düsseldorf 1987, 281–342; zur Sichtungszeit: Craig D. Atwood: Interpreting and misinterpreting the Sichtungszeit. In: Neue Aspekte der Zinzendorf-Forschung. Hg. v. Martin Brecht u. Paul Peucker. Göttingen 2006, 174–187; Paul Peucker: „Blut auf unsre grünen Bändchen". Die Sichtungszeit in der Herrnhuter Brüdergemeine. In: Unitas Fratrum 49/50, 2002, 41–94; ausführlich zu den Auseinandersetzungen zwischen Halle und Herrnhut in Georgia siehe: Aaron Fogleman: Hallesche Pietisten und Herrnhuter in Nordamerika. In: Pietismus und Neuzeit 29, 2001, 148–178, hier 148–161.

[15] Vgl. Meyer, Zinzendorf [s. Anm. 4], 43.

[16] George Whitefield, einer der Hauptprotagonisten des „First Great Awakening" (Erste große Erweckungsbewegung) und Mitbegründer des Methodismus, der sich seit Neujahr 1740 in Georgia aufhielt und mit seinen wortgewaltigen Predigten und seinen charismatischen Auftreten große Erfolge unter den Siedlern feierte, bot ihnen eine Reisemöglichkeit auf seinem Schiff nach Philadelphia an.

[17] Anlass für die Entsendung waren die Darstellungen Spangenbergs über die Verhältnisse in Pennsylvania auf der Synode in Ebersdorf 1739; vgl. Hamilton, Unitas [s. Anm. 9], 110.

[18] Zu William Penn siehe den Beitrag von Mark Häberlein in diesem Band.

[19] Zum Folgenden vgl. Peter Vogt: Zinzendorf und die Pennsylvanischen Synoden 1742. In: Unitas Fratrum 36, 1994, 5–62.

[20] Zu den pietistisch geprägten Religionsgruppen siehe: Klaus Deppermann: Pennsylvanien als Asyl des frühen deutschen Pietismus. In: Pietismus und Neuzeit 10, 1984, 190–212.

[21] Christa Elisabeth Hertling: Der Wittgensteiner Pietismus im frühen 18. Jahrhundert. Ein Beispiel sozialer Intervention. Köln 1980.

[22] Jeff Bach: Voices of the Turtledoves. The Sacred World of Ephrata. Göttingen 2003 (Arbeiten zur Geschichte des Pietismus, Sonderbd.).

[23] Einen einführenden Überblick über die verschiedenen Gruppierungen bietet: Hans Schneider: Der Radikale Pietismus im 18. Jahrhundert. In: Geschichte des Pietismus. Bd. 2: Der Pietismus im 18. Jahrhundert. Hg. v. Martin Brecht u. Klaus Deppermann. Göttingen 1995, 107–167.

[24] Ein Extrakt des Schreibens mit der Bitte um Unterstützung von den Ältesten und Vorstehern der Gemeinden erschien 1734; vgl. Daniel Weisiger: Kurtze Nachricht aus America. [Hildesheim] 1734; zum lutherischen Kirchenwesen in Pennsylvania siehe den Beitrag von Thomas Müller-Bahlke in diesem Band.

[25] Albert Frank: Zinzendorf in Amerika. In: Graf ohne Grenzen. Leben und Werk von Nikolaus Ludwig Graf von Zinzendorf. Ausstellungskatalog. Herrnhut 2000, 52–54, hier 52.

[26] Weiterführend zu Herrnhuter Siedlungen und Architektur in Nordamerika: William J. Murtagh: Moravian architecture and town planning. Bethlehem, Pennsylvania, and other eighteenth-century American settlements. Philadelphia 1998; Ulrike Carstensen: Stadtplanung im Pietismus. Herrnhaag in der Wetterau und die frühe Architektur der Herrnhuter Brüdergemeine. Herrnhut 2009 (Beiheft der Unitas Fratrum, 18), 286–295.

[27] Die Ortsgemeine war die in den deutschen Ländern übliche Siedlungsform und bezeichnete einen abgegrenzten Ortsteil oder einen für sich bestehenden Ort, wo das Zusammenleben im Sinn der Brüdergemeine bestimmt wurde und wird; siehe: Paul Peucker: Herrnhuter Wörterbuch. Kleines Lexikon von Brüderischen Begriffen. Herrnhut 2000, 43.

[28] Vgl. Hellmuth Erbe: Bethlehem/Pa. Eine kommunistische Kolonie des 18. Jahrhunderts. Stuttgart 1929; Katherine Carté Engel: Religion and Profit. Moravians in Early America. Philadelphia 2009.

[29] Vgl. Meyer, Zinzendorf [s. Anm. 4], 45.

[30] Vgl. Meyer, Zinzendorf [s. Anm. 4], 43.

[31] Ein Wampum bezeichnet ein aus Muscheln oder Perlen gefertigtes Band, das von den Indianern des östlichen Waldlandes als Zeichen für einen abgeschlossenen Vertrag verwendet wurde.

[32] Lutherische Kirchenordnung. Die gegenwärtige Einrichtung der Evangelisch-Lutherischen Religion zu Philadelphia und auf dem Lande umher hat dieses sel. Reformatoris ausdrückliche Worte zum Grunde: Lutherus To. Jenes. III., 278; Ndr. in: Nikolaus Ludwig von Zinzendorf: Büdingische Sammlung. Bd. 3. Hg. v. Erich Beyreuther u. Gerhard Meyer. Hildesheim 1966 (Ergänzungsbände zu den Hauptschriften, Ergänzungsbd. 9), 702–708.

[33] Kurzer Catechismus vor etliche Gemeinen Jesu aus der Reformirten Religion in Pennsylvania, die sich zum alten Berner Synodo halten. Hg. v. Johannes Bechtel. Philadelphia: Franklin, 1742; vgl. Handbuch [s. Anm. 14], A 161. 1.1–1.2; hierzu: Rudolf Dellsperger: Einheitskonzeption und Bekenntnisrezeption. Die Bedeutung des Berner Synodus für Zinzendorfs Einheitsbestrebungen in Pennsylvanien. In: Der Pietismus in seiner europäischen und außereuropäischen Ausstrahlung. Suomenkieliset tiivistelmät. Hg. v. Esko M. Laine. Helsinki 1992 (Veröffentlichungen der Finnischen Gesellschaft für Kirchengeschichte, 157), 206–225.

[34] Vgl. Meyer, Zinzendorf [s. Anm. 4], 43.

[35] Vgl. Fogleman, Pietisten [s. Anm. 14], 161–170 mit statistischen Angaben zu lutherischen und reformierten Gemeinden und Pastoren.

[36] Fritz Blanke: Zinzendorf und die Einheit der Kinder Gottes. Basel 1950, 33.

[37] Ludwigs von Zinzendorf / ΠΕΡΙ ΕΑΥΤΟΥ / Das ist: / Naturelle Reflexiones / über allerhand Materien, / nach der Art, / wie Er bey sich selbst zu denken gewohnt ist: / Denjenigen / Verständigen Lesern, / welche sich nicht entbrechen können, über Ihn / zu denken, / in einigen Send-Schreiben / bescheiden dargelegt. / [Griechisches Zitat Acta 26,25]. S.l. [1746], 195; zu Zinzendorfs ökumenischer Theologie: Arthur J. Freeman: Zinzendorfs ökumenische Herzenstheologie. Basel 2000; Erich Beyreuther: Zinzendorf und die Christenheit. Marburg/Lahn 1961, 207–253.

[38] Vgl. Vogt, Zinzendorf [s. Anm. 19], 20.

[39] Heinrich Antes Cirkular-Schreiben. Ndr. in: Nikolaus Ludwig von Zinzendorf: Büdingische Sammlung. Bd. 2. Hg. v. Erich Beyreuther u. Gerhard Meyer. Hildesheim 1965 (Nikolaus Ludwig von Zinzendorf. Ergänzungsbände zu den Hauptschriften, Ergänzungsbd. 8), 722f.

[40] Zum Verlauf der Pennsylvanischen Synoden und deren Scheitern siehe: Vogt, Zinzendorf [s. Anm. 19], 5–62; zu den entsprechenden Quellen siehe: Authentische Relation Von dem Anlass, Fortgang und Schlusse der am 1sten und 2ten Januarii Anno 1741/42 in Germantown gehaltenen Versammlung einiger Arbeiter derer meisten Christlichen Religionen und vieler vor sich selbst Gott-dienenden Christen-Menschen in Pennsylvania. Hg. v. Peter Vogt. Hildesheim 1998 (Nikolaus Ludwig von Zinzendorf. Materialien und Dokumente, Reihe 2, Bd. 30).

[41] Unter anderen nahmen der Friedensrichter und Dolmetscher Conrad Weiser (1696–1769), Samuel Güldin (1664–1745), reformierter Prediger und Gegner Zinzendorfs, und der Prior der Ephrata-Gemeinschaft Israel Eckerlin (*1710/11) an der ersten Konferenz teil; zum Folgenden siehe: Vogt, Zinzendorf [s. Anm. 19], 5–62.

[42] Zur Geschichte der Quäker in Pennsylvania siehe: Hermann Wellenreuther: Glaube und Politik in Pennsylvania 1681–1776. Die Wandlung der Obrigkeitsdoktrin und des *Peace Testimony* der Quäker. Köln, Wien 1972 (Kölner Historische Abhandlungen, 20).

[43] Mühlenberg und Zinzendorf trafen im Dezember 1742 zusammen; einen ausführlichen Bericht über die Unterredung gibt Mühlenberg in seinem Brief an die lutherischen Gemeinden in Providenz und New Hanover vom 30[?].1.1743, vgl. Die Korrespondenz Heinrich Melchior Mühlenbergs. Aus der Anfangszeit des deutschen Luthertums in Nordamerika. Hg. v. Kurt Aland. Bd. 1: 1740–1752. Berlin 1986 (Texte zur Geschichte des Pietismus, Abt. III, Bd. 2), 49–54; dazu: Walther H. Wagner: The Zinzendorf-Muhlenberg Encounter: A Controversy in Search of Understanding. Nazareth, Pa 2002.

[44] Die Generalkonferenz wurde auf der Synode in Marienborn 1741 als Leitung der Brüdergemeine für die Zeit von Zinzendorfs Aufenthalt in Nordamerika eingesetzt; vgl. Peucker, Wörterbuch [s. Anm. 27], 29.

The Singing Choir, 1. Ludwig Miller 2. John Barnitz, 3. George Snyder,
4. Christopher Stoehr 5. Daniel Lauman, 6. Lewis Shire, 7. william Fornschild,
8. George Barnitz, 9. Steffe Horn, 10. George Miller, 11. Michael Eurich,
12. mis. Herman, 13. mis. Laub, mis Stoehr 14. mis Cramer, 15. Mis. hay, 16.
Pastor, Rev. Jacob Goering,
the Organist
John Morris.
Charles Fisher.
Matthew. Mark. Luke. John. Paul. Peter. Josua. Samuel. David.
Luther.
Goering.
von gott will ich nicht lassen denn er lest nit von mir.
In Side of the old Lutheran Church in 1800, York. Pa.
No. 1. the Sexton, henry bannix, and his wife, the fire maker, old Brenese. 2.
3. John Hay Sr. president, 4 Jacob Barnitz, Secretary, 5. Jacob Hay, Niclos Dihl, 6.
7. George Striebig, 8. philip Kisinger, 9. Jacob Gardner, 10. Michael Smyser, martin Ebert, 11.
Christian Lauman, John Cre Jacob Cramer, philip the are try, Mar

Wolfgang Flügel

## Selbstbildnis mit Amerika – Hallenser Pastoren in Pennsylvania in der Ära nach Mühlenberg

> Und da dirs gefallen hat, diesen Staat insonderheit durch die Deutschen zu einem blühenden Garten, und die Einöde zu einer lustigen Aue zu machen, so hilf dass wir unsere Nation nicht verkennen, sondern dahin trachten mögen, dass unsere [...] Deutsche[n] Kirchen [...] in einem immer blühenderen Zustand mögen gesetzet werden.[1]

Bei diesen Worten handelt es sich um eine Fürbitte aus dem *Allgemeinen Kirchengebet*, das entsprechend der in Pennsylvania gültigen Kirchenagende von 1786 in jedem lutherischen Sonntagsgottesdienst verlesen werden musste. Nun ist eine solche Bitte um den Erhalt der Kirche und der weltlichen Ordnung keineswegs ungewöhnlich, dennoch erregt sie im speziellen Fall Aufmerksamkeit. Sie verdeutlicht, dass sich die deutschen Lutheraner in Nordamerika am Ende der Ära Mühlenberg der Widersprüchlichkeit ihres Akkulturationsprozesses bewusst waren:[2] Einerseits suggeriert die Fürbitte ein positives Verhältnis zu den USA, andererseits erscheint die eigene Identität in diesem Staat offen, wobei zwei diametral verschiedene Optionen für die künftige Entwicklung angedeutet werden. Der Angst vor einem Verlust der kulturellen Eigenständigkeit als deutsche Lutheraner im englisch-calvinistisch geprägten Umfeld Pennsylvanias gegenüber steht die Hoffnung, auch weiterhin als starke Gruppe zu existieren.

Angesichts dieser Ambivalenz sind einige Fragen zu stellen: Wie deuteten die Pfarrer als wichtigste Angehörige einer deutschsprachigen Elite in Nordamerika die allgemeine Situation in den USA und wie schätzten sie den Status quo der deutschen Einwanderer in der US-Gesellschaft ein? Welchen Stellenwert besaßen religiöse, sprachliche und nationale Zugehörigkeiten für die Ausprägung der kollektiven Identität der deutschen Lutheraner?[3] Und schließlich: Wie konnte die Ambivalenz aufgelöst werden?

Die Bezeichnung Pennsylvanias als blühender Garten lässt sich im wörtlichen Sinne auf den Landesausbau beziehen und in einem übertragenen auf die gesellschaftliche Situation. Immerhin wurde die Kirchenagende, der das Eingangszitat entnommen ist, zu einem Zeitpunkt verfasst, der sowohl auf kirchlicher als auch auf staatlicher Ebene den Abschluss eines Entwicklungsprozesses markiert: Zunächst hatte die von Heinrich Melchior Mühlenberg (1711–1787), dem von Gotthilf August Francke (1696–1769) nach Pennsylvania gesandten *Vater des amerikanischen Luthertums*, angestoßene Institutionalisierung des Luthertums einen gewissen Abschluss gefunden; seit 1762 regelten Kirchenordnungen die verschiedenen Belange des Gemeindelebens, für weitere Vereinheitlichungen sorgten neben der bereits erwähnten Kirchenagende eine verbindlich überarbeitete Ausgabe von Martin Luthers (1483–1546) *Kleinem Katechismus* (1781) sowie ein Liederbuch (1786), für das Mühlenberg die Einleitung verfasst hatte. Zudem gelang es den seit 1742 aus Halle entsandten Theologen um Mühlenberg, mit dem Predigerministerium einen Gemeindeverband zu etablieren und dort im Laufe der Jahre bis zu 75 % der im Land tätigen lutherischen Pfarrer unter ihrer Meinungsführerschaft zu versammeln.[4] Aus der *ecclesia plantanda* war somit eine *ecclesia plantata*[5] geworden. Das Erreichte auch über Mühlenbergs Tod am 7. Dezember 1787 hinaus zu erhalten und bis in das 19. Jahrhundert hinein fortzuführen, war die Aufgabe der zweiten Generation von Hallenser Theologen, deren Vertreter in den Jahren zwischen 1764 und 1786 in Pennsylvania eintrafen.[6]

Ihre Ankunft fiel in eine Epoche des politischen Umbruchs: Seit den 1760er Jahren spitzten sich die Konflikte mit dem englischen Mutterland zu, bis die Kolonien am

4.45 | Die deutsch-lutherische Kirchengemeinde in York beim Gottesdienst im Jahr 1800, kolorierte Zeichnung von Lewis Miller. The Collection of the York County Heritage Trust, York (PA): Lewis Miller U 2,2

6.30 b | Der Congress erklärt die 13 vereinigten Staaten von Nord-America für independent am 4ten July 1776, Kupferstich von Daniel Nikolaus Chodowiecki in: Historisch-genealogischer Kalender, 1784

4. Juli 1776 ihre Unabhängigkeit erklärten. Daran gekoppelt war ein politisches Experiment, da an die Stelle der Monarchie die demokratisch-republikanische Verfassung von 1787 trat. Während Mühlenberg anhaltende Zweifel an der neuen politischen Ordnung hegte, bezogen die meisten Pastoren und ebenso die Mehrheit der deutschen Bevölkerung im Laufe der Umbruchphase eine zustimmende Haltung. Verantwortlich für diesen Gesinnungswandel der einst als königstreu geltenden Deutschen waren nicht zuletzt ständig zunehmende Repressalien der englischen Kolonialmacht. Daraufhin begannen viele Deutsche, mit den Aufständischen zu sympathisieren und an deren Seite am Befreiungskrieg teilzunehmen. Herausragendes Beispiel dafür ist Mühlenbergs Sohn Johann Peter Gabriel (1746–1807), der im Laufe des Krieges zum General der Kontinentalarmee aufstieg. Auch das Predigerministerium bewies proamerikanische Haltung, indem es z.B. Lob- und Dankfeste anlässlich eines Sieges über das britische Heer im Jahr 1779 bzw. der Anerkennung der Unabhängigkeit der USA im Pariser Frieden von 1783 anordnete. Offenkundig erwies sich der Unabhängigkeitskampf als Katalysator im Akkulturationsprozess.

Zum Erfolg der Akkulturation trugen auch die Pastoren bei. Sie waren Mediatoren des Identitätswandels, indem sie den für das politische Tagesgeschehen sensibilisierten Deutschen halfen, den Umbruch mental zu bewältigen. Eine Vorreiterrolle spielte dabei Johann Christoph Kunze (1744–1807), ein einflussreicher Vertreter der zweiten Generation der Hallenser Theologen. Im Jahr 1770 nach Amerika gekommen, war er bis zu seinem Wechsel nach New York im Jahr 1784 Pfarrer in St. Michaelis und St. Zion in Philadelphia, der größten lutherischen Gemeinde Nordamerikas. Dort hielt er anlässlich der Lob- und Dankfeste 1779 und 1783 Predigten, in denen er die neue Ordnung heilsgeschichtlich legitimierte und sakral überhöhte.

Die amerikanische Unabhängigkeit sah er in der Befreiung des alttestamentarischen Israel aus babylonischer Gefangenschaft und den Unabhängigkeitskrieg im Exodus dieses Volkes präfiguriert.[7] Zumindest schemenhaft erscheint Amerika hier – ähnlich wie zeitgleich auch im europäischen Diskurs der Aufklärung[8] – als Land der Freiheit. Ergänzend konstatierte der Theologe, wie in alttestamentarischer Zeit der Prophet Josua die Großmacht Jericho, so habe in der Gegenwart Amerika die größte irdische Macht bezwungen. Damit seien die Vereinigten Staaten an Israels Stelle getreten.[9]

Dies führte Kunze zu einer Frage, die Aufmerksamkeit verdient: „Konnte GOtt auch wol ein Volk auf dem Erdbo-

Johann Peter Gabriel Mühlenberg (1746–1807), Öl auf Leinwand, 19. Jahrhundert. Der älteste Sohn von Heinrich Melchior Mühlenberg besuchte die Schule der Glauchaschen Anstalten und machte eine Kaufmannslehre in Lübeck. Danach studierte er in Philadelphia und wurde Pfarrer. Im Unabhängigkeitskrieg stieg er zum General der Kontinentalarmee auf und war nach dem Friedensschluss mehrmals Mitglied des US-Kongresses und des Senats. The Martin Art Gallery, Muhlenberg College, Allentown (PA)

4.52 | Johann Christoph Kunze, Öl auf Leinwand von John Wesley Jarvis. Collection of the New-York Historical Society: Accession # 1818.1

den deutlicher auszeichnen, als er uns ausgezeichnet hat?"[10] Im Gegensatz zum Eingangszitat koppelt er den Begriff der Nation nicht in einer Engführung an das Adjektiv ‚deutsch', sondern fasst ihn im Gegenteil weit: Englisch- und deutschstämmige Einwohner werden als nationale Einheit verstanden und als solche ebenso zum Volk Gottes stilisiert, wie das „geliebte Amerika" zum neuen *Gelobten Land*.[11] Damit verschmelzen *civil religion* und Bekenntnis zur Neuen Welt, wobei eine Annäherung an den an integrativer Bedeutung gewinnenden amerikanischen Gründungsmythos des *chosen people* calvinistisch-puritanischer Provenienz vollzogen wird.[12] Schließlich darf nicht übersehen werden, dass ein solches Vorgehen der verbreiteten Strategie entspricht, die Nation religiös aufzuladen, um in Umbruchphasen den Herausforderungen an die nationale Identität begegnen zu können.

Zusätzliche Integrationsarbeit leisteten die Pastoren, nachdem die US-Verfassung in Kraft getreten war. Besonders Justus Heinrich Christian Helmuth (1745–1825), der 1769 aus Halle nach Amerika gekommen war und nach einem Pastorat in Lancaster seit 1779 ein Pfarramt in Philadelphia bekleidete, machte sich in der deutschen Kommunität zum Träger eines politischen Bildungsprozesses. Dazu inspiriert hatten ihn die Verfassungsväter Alexander Hamilton (1755/57–1804), James Madison (1751–1836) und John Jay (1745–1829), indem sie in den *Federalist Papers* der englischsprachigen Bevölkerung die politische Theorie der Verfassung nahe brachten.[13] Ähnlich versuchte Helmuth gemeinsam mit seinem Katecheten Christian Endreß (1775–1827), den Deutschen die Funktionsprinzipien der neuen Ordnung zu erklären. Dies war insofern von größter Bedeutung, da die meisten von ihnen ungeachtet ihres Engagements für die amerikanische Sache weder ein tieferes Verständnis der englischen Rechtstradition noch des republikanischen Verfassungssystems besaßen.[14]

In einem Vortrag würdigte Endreß die demokratisch-republikanische Verfasstheit der USA als ideale Regierungsform[15] und griff damit letztendlich den Grundgedanken auf, den Thomas Paine (1737–1809) in seinem Anfang 1776 publizierten und im Folgejahr in die deutsche Sprache übersetzten Bestseller *The Common Sense* bezogen hatte. Allerdings argumentierte der Theologe nicht wie der Aufklärer Paine mit den Menschenrechten. Vielmehr verwies er auf die christliche Urgemeinde: Nachdem Jesus die Apostel berufen und dadurch die urchristliche Gemeindeordnung etabliert hatte, nahmen die einzelnen Gemeinden mit der Wahl der Vorsteher und Gemeindeältesten ein Selbstbestimmungsrecht wahr.[16] Hierin erblickte Endreß einen Idealzustand, der die gesellschaftliche Ordnung der USA präfiguriert und der sich auch in den Mitspracherechten widerspiegelt, die den Laien endgültig in der überarbeiteten Kirchenordnung von 1791 zugesprochen wurden.[17]

Mit der Rückbindung an das christliche Geschehen sakralisierte Endreß die Staatsform der USA. Zugleich erkannte er dem Land eine neue Qualität zu, wobei er institutionelle Schwäche in Stärke umdeutete:

> Das uncultivierte America, wovon man in dem gesitteten Europa den Gedanken hegte, dass seine Einwohner nahe dem politischen Naturzustande grenzten, [...] musste den ersten Schritt wagen, die Rechte der Mensch-

heit ans Licht zu setzen. America wurde [...] was die Apostel Jesu bey der Anrichtung seines Kirchenreichs waren; es wurde ein politischer Apostel des Herrn [...], Und so, wie Luther und Zwingel fuer Freyheit im Kirchenregimente gekaempft hatten, so kaempfte America fuer Freyheit in der Staats-Regierung, und siehe! es trug den Sieg davon![18]

Mit dieser emotionalen Stilisierung der USA zum Motor der politischen Entwicklung bedienten die Theologen ein Sendungsbewusstsein, in dem Amerika Vorbild für die gesamte Welt geworden war.[19] Dabei galt ihnen das Land als „Heimstatt Gottes" sowie als „gesegnetes Abendlande", das mit einer Regierung ausgestattet war, die in dieser Form nur bei einem freien und glücklichen Volk existieren könne.[20] Derartig sakral aufgeladene Amerikabilder zeigen, dass die Hallenser Theologen die neue politische Ordnung überaus positiv bewerteten. Doch wie verorteten sie die deutschen Lutheraner in diesem Gefüge und welche Zukunftsperspektiven, aber auch welche Bedrohungsszenarien thematisierten sie?

Nachdem die Pastoren die politische Situation heilsgeschichtlich ausgedeutet hatten, begannen sie verstärkt, auch die Aufbauarbeit in den Gemeinden zu bilanzieren. Dazu konstruierten sie eine Eigengeschichte der deutschen Lutheraner in Nordamerika, in der sie Vergangenheit und Gegenwart verglichen, um so deren Aufstiegsprozess zu verdeutlichen. Dies geschah nicht zuletzt als Hilfestellung für jene bewusste Entscheidung, sich einer der vielen Denominationen zuzuwenden, die angesichts der amerikanischen Religionsfreiheit dem Christsein zugrunde lag.

Besonders Helmuth erwies sich als Arbeiter am kulturellen Gedächtnis der Deutschen, indem er immer wieder die Entwicklung Pennsylvanias mit der der deutschen Lutheraner in diesem Land verband. Den Gedanken des Eingangszitates aufgreifend führte er 1791 in einer Predigt aus, das Land habe sich innerhalb kurzer Zeit von einer „Wüste" zu einem „wohlbebaueten Garten" verwandelt.[21] Einen wesentlichen Beitrag hierzu hätten deutsche Einwanderer geleistet, wobei sie selbst wirtschaftlich und sozial von verachteten Knechten zu wohlhabenden Personen aufgestiegen waren[22] – tatsächlich konnten sich viele deutsche Migranten

4.50 | Justus Heinrich Christian Helmuth, Öl auf Leinwand von John Eckstein, um 1795. Washington, National Portrait Gallery, Smithsonian Institution: NPG.67.7

in Nordamerika jenen bescheidenen Wohlstand erarbeiten, der ihnen in Deutschland verwehrt geblieben war. Diese allgemeine Schilderung diente Helmuth als Hintergrundfolie für die detaillierte Geschichtsdarstellung der eigenen Gemeinde. Indem er einen Bogen von Mühlenbergs Ankunft 1742 bis hin zur eigenen Gegenwart schlug, konnte er, für viele aus eigenem Erleben nachvollziehbar, auch für die Kirchgemeinde eine kontinuierlich andauernde Verbesserung behaupten: Das ehemals „kleine und verachtete Häuflein der Lutheraner" befand sich in „gegenwärtigen blühenden Umstände[n]".[23]

Für diese Selbstverortung griff Helmuth auf verbreitete Stereotypen, etwa als ‚deutsch' charakterisierte Eigenschaften wie Fleiß, Sparsamkeit oder „Eifer für Religion und Kirchenwesen", zurück.[24] Doch dieses Selbstbild gewann in Helmuths Ausführungen eine besondere argumentative Bedeutung, weil der Theologe beim Verweis auf die spezielle Leistung und Wesensart der Deutschen nicht nur aus deutschen, sondern auch aus – vorgeblich – englischen Quellen zitierte. Damit suggerierte er, dass die Deutschen bei der englischsprachigen Bevölkerungsmehrheit bereits Anerkennung besäßen.

Aus solchen Selbstdarstellungen erwuchsen Prognosen über die Zukunft der Deutschen in Pennsylvania. Dies verwundert kaum angesichts des zeittypischen Fortschrittsdenkens, das die selbst erlebte und positiv konnotierte Geschichte zur Deutungsautorität von Gegenwart und Zukunft machte.[25] Viele Deutsche, auch die Pastoren, hegten in den Jahrzehnten nach dem Unabhängigkeitskrieg die Vision, dass ihr Einfluss in Pennsylvania noch entscheidend wachsen werde. So erklärt ein kurzer Artikel in einem deutschsprachigen Taschenkalender von 1786, eines nicht fernen Tages würden die US-Gesetze auch in deutscher Sprache gedruckt werden. Ähnlich findet in einer 1812 publizierten Ausgabe eines von Helmuth redigierten Periodikums sogar die Hoffnung Ausdruck, in 40 Jahren könne Philadelphia ebenso eine deutsche Stadt wie Lancaster und York deutsche Verwaltungsbezirke geworden sein.[26]

Allerdings waren diese Prognosen nicht frei von Schatten. Auf die im Eingangszitat enthaltenen Zweifel wurde bereits hingewiesen. Ähnlich schränkt auch der Aufsatz im Taschenkalender seine Prognose ein mit der Bemerkung: „Wenn sie [die Deutschen; d. Vf.] denn wollen." Deutlicher artikulierte sich schließlich Helmuth. Er behauptete, dass bereits in der Gegenwart „kein Volk auf der Erde die Deutschen Bewohner von Pennsylvanien übertreffen" könnte, wenn der „Deutsche Deutsch geblieben und auch Deutsche Sprache und Sitten beybehalten hätte".[27] Diese Spannung verweist auf Entwicklungsprozesse, die in den 1780er Jahren an Dynamik gewannen und zur Herausforderung für das deutsch-amerikanische Luthertum wurden.

Als ein großes Problem für das religiöse Leben, ja sogar als ein Indiz für einen Glaubensniedergang erschienen den Hallenser Theologen die Aufklärung und in deren Gefolge die Aufklärungstheologie, die sich in Europa zu Lasten der lutherischen Orthodoxie und des Pietismus ausgebreitet hatten. Bedenklich war vor allem, dass die ‚vernünftige Theologie', die moralischen Sachverhalten oft größeren Raum zuwies als der Verkündigung der Offenbarung, offenkundig einer Entkirchlichung Vortrieb leistete: Der Gottesdienstbesuch wurde selektiver, die Kirchengemeinde wandelte sich von einem sozialen Verband, der dem Einzelnen zur geistigen und sozialen Orientierung diente, hin zum Dienstleistungsbetrieb für Taufen, Hochzeiten oder Begräbnisse. Damit verbunden war eine zunehmende Individualisierung der Religion.[28]

Diese Entwicklung erfasste auch Amerika:[29] Die Gründungsväter der USA verstanden sich als Aufklärer und Gelehrte wie Paine oder Joseph Priestley (1733–1804) popularisierten das Gedankengut der Aufklärung in der Bevölkerung. Für die Religiosität der deutschsprachigen Gemeinden war in diesem Zusammenhang von zusätzlicher Bedeutung, dass in Deutschland ausgebildete Aufklärungstheologen mittlerweile auch in Nordamerika tätig waren.[30] Helmuth konstatierte, zwar sei der Glaubensverfall in den USA noch nicht so weit fortgeschritten wie in Europa, dennoch würden viele Deutsche die in Pennsylvania herrschende – von ihm prinzipiell geschätzte! – bürgerliche Freiheit missbrauchen.[31] Anstatt sich um ihr Seelenheil zu sorgen, verhielten sie sich, so seine Klage, mit wachsendem Wohlstand zunehmend gleichgültig gegenüber religiösen Belangen und suchten stattdessen Vergnügen in weltlichen Zerstreuungen. Als besonders verwerflich erschienen dem pietistischen Theologen hierbei Tanzveranstaltungen oder Wirtshausbesuche.[32]

Um dieser mit ihren Vorstellungen nicht konformen Entwicklung entgegenzusteuern, ergriffen die Pastoren verschiedene Maßnahmen. Einerseits nutzten sie jede Gelegenheit, mit Ermahnungen die Bekehrung und die individuelle Frömmigkeit zu fördern, etwa indem sie die unausweichlichen Folgen eines solchen Glaubensverfalls vor Augen fuhrten.[33] So deutete Helmuth eine im Jahr 1793 in Philadelphia grassierende Epidemie als ein wohlverdientes Strafgericht, mit der ein gerechter Gott eine den christlichen Geboten zuwiderhandelnde Bevölkerung zur Besserung führen wolle: Die Krankheit brach aus, unmittelbar nachdem ein Wandertheater sein Gastspiel beendet hatte, wobei sie, wie der Pastor explizit anmerkte, deutlich mehr Todesopfer unter der Gruppe der sonntäglichen Theaterbesucher als unter den Gottesdienstgängern forderte.[34] Zur

Ehrenrettung Helmuths bleibt anzumerken, dass er während der Epidemie, die etwa 5.000 Opfer forderte, in der Stadt ausharrte, um pastorale Hilfe zu leisten. Dadurch gewann er enorm an Ansehen.

Während in der Argumentation Helmuths pietistische Frömmigkeitsvorstellungen und asketische Weltabgewandtheit mitschwingen, so nutzten andere Theologen durchaus aufgeklärte Argumente: Auf die Ordnungsmacht von Religion verweisend behaupteten sie mit Hinweis auf die Zuspitzung der Französischen Revolution unter Maximilien Robespierre (1758–1794), die Negation von Religion und Glauben zugunsten einer Überbetonung der Vernunft führe zu Verlust von Recht, Ordnung und Wohlstand.[35]

Um dem befürchteten Glaubensverlust vorzubeugen, versuchte das Predigerministerium andererseits, eine bessere pastorale Versorgung der Gemeinden zu gewährleisten. Dies war jedoch angesichts eines eklatanten Mangels an geeigneten Theologen, d.h. an jenen Pastoren, die sowohl eine akademische Ausbildung besaßen als auch idealiter Pietisten, zumindest aber keine Aufklärungstheologen, waren, nicht ohne weiteres möglich.[36] Das Fehlen von Pfarrern in Pennsylvania war kein neues Phänomen, dennoch hatte sich die Situation im Vergleich zum zweiten Drittel des 18. Jahrhunderts verschärft.

Das Ministerium steckte in einem Dilemma: Einerseits war die Zahl der deutsch-lutherischen Gemeinden auf über 300 angewachsen, andererseits existierten in Nordamerika noch immer keine Ausbildungsstätten für lutherische Pfarrer. Wollte man keine Prediger zweifelhafter Herkunft oder mangelhafter Ausbildung engagieren, so konnte der Nachwuchs nur aus Deutschland kommen. Doch abgesehen davon, dass sich dort nicht genügend Pastoren für den im Vergleich zu Deutschland wenig lukrativen Dienst in Nordamerika fanden, schreckte das Predigerministerium zunehmend vor diesen Kandidaten zurück – nicht zuletzt aus Furcht, dadurch der Aufklärung weiter Tür und Tor zu öffnen.[37] Immerhin war mittlerweile sogar die Universitätstheologie in Halle, der ehemaligen Hochburg des Pietismus, von Aufklärern wie dem Neologen Johann Salomo Semler (1725–1791) dominiert.[38] Angesichts dieser Situation blieb nichts weiter übrig, als die Pfarrerausbildung in Amerika zu etablieren, so wie es bereits Mühlenberg in den 1760er Jahren – allerdings vergeblich – gefordert hatte.[39]

Nachdem ein von Kunze 1773 initiiertes *Seminarium* nach sechs Jahren in den Revolutionswirren gescheitert war, hatten junge Deutsche die Möglichkeit, zur Vorbereitung auf den Pfarrdienst englische Bildungseinrichtungen zu besuchen und im Anschluss daran eine spezifische, auf den Gemeindedienst abzielende Ausbildung bei einem ordinierten Theologen zu durchlaufen. Eine entsprechende Prüfung vor dem Ministerium markierte dann den Abschluss dieser Ausbildung. Die akademische Ausbildung fand Zuspruch, nachdem an der University of the State of Pennsylvania (heute University of Pennsylvania, Philadelphia) zunächst Kunze und, nach seinem Weggang nach New York, Helmuth die 1780 neu eingerichtete Professur für griechische und lateinische Philologie (ab 1782: für Deutsch und orientalische Sprachen) innehatten:[40] 1780 waren 27 deutsche Studenten aller Fachrichtungen immatrikuliert, fünf Jahre später waren es bereits 60.[41]

Voraussetzung für den Besuch der Universität war eine weiterführende Schulbildung. Hierfür engagierten sich die Pastoren in einem doppelten Sinn: Einerseits versuchten sie, einer Bildungsskepsis entgegenzuwirken, die mit der sozialen Zugehörigkeit der deutschen Siedler zusammenhing. Denn diese waren zumeist Handwerker oder Farmer und ermöglichten ihren Kindern, so wie in Deutschland üblich, nur eine elementare Schulbildung, die zum Erlernen eines Handwerks ausreichte. Deswegen ermahnten die Pfarrer, die Eltern mögen die Chancen nutzen und ihren Nachkommen eine höhere Schulbildung – egal ob sie Pfarrer oder Kaufmann werden wollten – gewähren.[42] Andererseits engagierten sich die Pastoren für den Aufbau von Bildungseinrichtungen. Den wohl erfolgreichsten Versuch in dieser Richtung bildete die Gründung des Franklin-College in Lancaster, das noch heute als Franklin & Marshall College existiert und damit zu den ältesten Bildungseinrichtungen dieser Art in den USA zählt. Entscheidend war, dass dieses Projekt gemeinsam von deutschen Lutheranern und Reformierten getragen wurde, die dabei Unterstützung von Vertretern englischer Denominationen erhielten.[43]

Beide Maßnahmen, sowohl die Ausbildung des theologischen Nachwuchses in den USA als auch die Gründung des Franklin-College, leisteten auf unterschiedliche Art ihren Beitrag zur Bewahrung des theologischen Profils der deutschen Gemeinden und verdeutlichten deren zunehmende Verankerung im amerikanischen Umfeld. Aber sie verweisen auch auf ein zweites Problemfeld, das ebenfalls eine Herausforderung für den Bestand des deutsch-amerikanischen Luthertums darstellte.

Der Tod Mühlenbergs sowie die Existenz von Pastoren, die wie Endreß nicht mehr in Deutschland, sondern in Pennsylvania ausgebildet worden waren, verweisen para-

LINKE SEITE: Friedrich August Conrad Mühlenberg (1750–1801), Öl auf Leinwand von Joseph Wright, 1790. Der zweite Sohn von Heinrich Melchior Mühlenberg besuchte die Schule der Glauchaschen Anstalten und studierte Theologie in Halle. In Pennsylvania wurde er zunächst Pfarrer und machte dann als Politiker Karriere: Während des Unabhängigkeitskrieges war er Mitglied des Kontinentalkongresses, von 1789 bis 1797 dann Mitglied des US-Kongresses. Zudem war er der erste Sprecher des Repräsentantenhauses in der Geschichte der USA und Erstunterzeichner der Bill of Rights. Washington (DC), National Portrait Gallery, Smithsonian Institution: NPG.74.1

Gotthilf Heinrich Ernst Mühlenberg (1753–1815), Öl auf Leinwand von Jacob Eicholtz, 1811. Der dritte Sohn von Heinrich Melchior Mühlenberg besuchte die Schule der Glauchaschen Anstalten und studierte Theologie in Halle. Ab 1770 arbeitete er als Pfarrer und wurde erster Präsident des Franklin College in Lancaster (PA). Bekannt wurde er als einer der bedeutendsten Biologen der frühen USA. Lancaster (PA), The Phillips Museum of Art, Franklin & Marshall College

digmatisch auf einen Generationswechsel, wie er sich auch in der Gesamtheit der deutschen Kommunität vollzog. Die Vertreter der zweiten Einwanderergeneration waren in ein englisch geprägtes Kulturumfeld hinein geboren und pflegten mit diesem enge soziale Kontakte. Folglich beherrschten sie die englische Sprache oft besser als die deutsche.[44] Weil in den Jahren zwischen 1780 und 1820 im Ergebnis der politischen Ereignisse die Einwanderung aus Europa stark zurückgegangen war, der Bedeutungsverlust des Deutschen mithin nicht kompensiert werden konnte, bestand tatsächlich die Gefahr, dass diese Sprache in den USA an Bedeutung verlieren würde. Bei den deutschen Lutheranern in Amerika sorgte diese Sprachverschiebung für einen lang anhaltenden und existenziellen Konflikt, der auf eine Veränderung in ihrem Identitätsgefüge hinweist.

Einen Hort der deutschen Sprache bildeten hingegen bis in das frühe 19. Jahrhundert hinein die Gottesdienste. Genau deshalb konnten sie aber von vielen Deutschamerikanern der zweiten Generation nicht mehr verstanden werden, was in der Folge oft zu deren Abwanderung in englischsprachige Gemeinden führte. Beim Versuch, diesem gegenzusteuern, kam es zur Kollision verschiedener Interessengruppen: Zahlreiche Deutschamerikaner, darunter auch Mühlenbergs Söhne Friedrich August (1750–1801) und Gotthilf Heinrich (1753–1815), forderten mit Vehemenz, entweder im Gottesdienst neben der deutschen auch die englische Sprache zu verwenden oder regelmäßig rein englischsprachige Gottesdienste anzubieten.[45] Jedoch wiesen Pastoren wie Helmuth und Kunze, die strikt am deutschsprachigen Gottesdienst festhielten, diese Forderungen zurück. Ihr Hauptargument war, nur wenn deutsch geredet würde, könne sich deutsches Leben und damit evangelischer Glaube in Amerika erhalten. Diese Bemerkung deutet daraufhin, dass für die aus Deutschland eingewanderte Generation die deutsche Sprache in doppelter Hinsicht konstitutive Bedeutung besaß. Sie war fest verklammert sowohl mit ihrer nationalen Identität als Deutsche als auch mit ihrem religiösen Selbstverständnis als Lutheraner. Dabei fungierten Sprache, Nationalgefühl und religiöses Bekenntnis als gegenseitige Stützen.

Dem Verfall der deutschen Sprache wollten die Letztgenannten mit einem besseren Deutschunterricht begegnen, jedoch mussten sie dafür zunächst die Akzeptanz der deutschen Schulen stärken. Dazu war es notwendig, wie sie selbst erkannten, dort stärker jene Fähigkeiten zu vermitteln, die für ein Leben im amerikanischen Kulturumfeld notwendig waren.[46] Ganz in diesem Sinne bestand das Ausbildungsziel des Franklin-College darin, die zum Nutzen der Religion und des republikanischen Systems notwendigen Wissenschaften und Künste zu vermitteln, wobei der Unterrichtskanon neben Mathematik, Moral- und Naturphilosophie auch deutsche und englische Sprache umfasste.[47]

Dass diese Dinge für die Deutschen in den USA unabdingbar seien, wurde immer wieder betont. Verständige Deutsche, so führte Kunze in einer Rede 1782 aus, würden ihre deutsche Sprache ehren und nicht vernachlässigen, aber zugleich die englische Sprache im Alltag nicht verachten.[48] Ähnlich verwiesen die Treuhänder des Franklin-College, zu denen auch Helmuth zählte, in ihrer Eröffnungsrede ausdrücklich darauf, dass neben fundierter Bildung die Kenntnis des Englischen einen entscheidenden Schlüssel zum sozialen Aufstieg der Deutschen, etwa in die Verwaltungshierarchie oder in die Politik, ermögliche.[49] In diesem Zusammenhang ist aufschlussreich, dass Kunze in seiner Rede von 1782 in Abhängigkeit verschiedener Lebenskontexte sowohl das Englische – für Handel und Wirtschaft – als auch das Deutsche – für die Religion – als Muttersprache bezeichnete.[50]

Im Kontext der Sprachfrage erhalten auch die Versuche der Pastoren Gewicht, die emotionale Bindung an die alte Heimat zu stärken.[51] In diesem Sinn verwiesen sie sowohl auf die Geschichte des Luthertums in Deutschland als auch auf Schlüsselereignisse der deutschen Vergangenheit, wobei sie enge Traditionszusammenhänge zu ihrer amerikanischen Gegenwart herstellten. Helmuth etwa konstruierte in einer Predigt zum Reformationsjubiläum 1817 strukturelle Analogien zwischen der Reformationsgeschichte und der Vergangenheit der St. Michaelis und Zions-Gemeinde: etwa die Ausbreitung der lutherischen Konfession, die sich gegen heftige Widerstände vollzogen hatte. In diesem Zusammenhang konnte Mühlenberg als ein amerikanischer Luther erscheinen.[52] Zugleich zeigt dieses Konstrukt, dass Kirche für Immigranten sowohl einen Hort der Ethnizität als auch eine Brücke zwischen der alten und neuen Heimat bilden konnte.[53]

Bemerkenswert erscheint schließlich ein Vorschlag Helmuths, mit dem er eine Gepflogenheit der amerikanischen Memorialpraxis auf eigene Belange anwandte. Er schlug vor, Ackerparzellen, deren Ertrag der Gemeindefinanzierung dienen sollte, gleichsam als Erinnerungsorte an die alte Heimat auszubauen und zu benennen: *Luthers Grund, Arndts Garten, Speners Aussicht, Franckens Thal, Kapps Hayn* oder *Freylingshausen Ebene* sollten die Landstücke nach seinem Willen heißen.[54]

In manchen Positionen gab es fast einen Konsens mit den Befürwortern des englischsprachigen Gottesdienstes. Diese betonten ausdrücklich ihren Stolz darüber, dass sie zwar Deutsche, aber keine deutschen Untertanen, sondern amerikanische Staatsbürger seien. Deshalb plädierten sie für den Gottesdienst in der englischen Landessprache, um so den Kindern den Glauben ihrer Voreltern zu erhalten.[55] Ihre Haltung unterfütterten sie mit Verweisen auf die Geschichte des Luthertums: Luther habe die deutsche Sprache in den Gottesdienst eingeführt, weil ihm dies angesichts der Sprachsituation in Deutschland alternativlos erschien.[56] Eine ähnliche Sprachsituation habe auch in Amerika vor 50 Jahren bestanden. Seitdem aber habe mit der deutschen Sprache auch der lutherische Gottesdienst abgenommen.[57] Wer also den lutherischen Gottesdienst erhalten wolle, so die Schlussfolgerung von Friedrich August Mühlenberg, der müsse diesen auch in Englisch anbieten.[58] Diese Argumentation verweist auf eine Neugewichtung im Identitätsgefüge: Zwar hielten die Befürworter des englischen Gottesdienstes an der deutschen Identität fest, koppelten diese jedoch nicht mehr an die Sprache, sondern an Herkunft und Tradition, wodurch das lutherische Bekenntnis ein wichtiger Pfeiler der Identität blieb.

Letztendlich gelang keine Einigung, so dass in Philadelphia 1805 einige Gemeindeglieder die deutschsprachige St. Michaelis und Zion-Gemeinde verließen, um die englischsprachige St. Johns Lutheran Church zu gründen.[59] In den Folgejahren aber kam es immer öfter dazu, dass lutherische Pastoren sich sowohl in deutscher als auch in englischer Sprache an ihre Gemeinden wandten oder Predigten für die Drucklegung ins Englische übersetzten. Gleichzeitig ist verstärkt seit den 1780er Jahren zu beobachten, dass unabhängig von der Sprache der Zusatz ‚deutsch' Eingang in Kirchenbezeichnungen fand, sei es als *deutsch-lutherisch* oder als *German-Lutheran*.

6.24 | Benjamin Franklin, Öl auf Leinwand von James Reid Lambdin, 1880, nach einem Original von David Martin, 1766. Philadelphia, The Library Company of Philadelphia: OBJ 180

Dies verdeutlicht, dass sich die Selbstbezeichnung ‚deutsch' auf die ethnische Herkunft und die kulturelle Vergangenheit bezog, und verweist allgemein auf den Zusammenhang von ethnischem und religiösem Bewusstsein. Demgegenüber beschleunigte sich der Bedeutungsverlust der deutschen Sprache als Bindeglied aller Amerikaner mit deutschen Wurzeln, aber dafür bestand die Chance, dass die immer weniger ihrer alten Muttersprache mächtigen Deutschamerikaner der zweiten und dritten Generation ihre lutherische Identität erhalten konnten, bis in den 1820er Jahren eine erneute Einwanderungswelle einsetzte.

[1] [Evangelisch-Lutherisches Ministerium von Pennsylvania:] Kirchen=Agende der Evangelisch=Lutherischen Vereinigten Gemeinden in Nord-America. Philadelphia: Steiner, 1786, 7.

[2] Allgemein zu den historischen Vorgängen vgl. Wolfgang Splitter: Pastors, People, Politics. German Lutherans in Pennsylvania 1740–1790. Trier 1998 (Mosaic. Studien und Texte zur amerikanischen Kultur und Geschichte, 4); Charles H. Glatfelter: Pastors and People. German Lutheran and Reformed Churches in the Pennsylvania Field, 1717–1793. Vol. 2: The History. Breinigsville, PA 1981; allgemein zur Akkulturationsprozessen vgl. Karsten Lehmann: Religion und Integration – Spezifika der politischen Debatte und Perspektiven der Forschung. In: Religion und Migration. Hg. v. Helga Nagel u. Mechthild Jansen. Frankfurt/Main 2007, 29–44.

[3] Zur Diskussion um Identität vgl. etwa Lothar Krappmann: Soziologische Dimensionen der Identität. Strukturelle Bedingungen für die Teilnahme an Interaktionsprozessen. Stuttgart [9]2000; zur nationalen, ethnischen und religiösen Identität als den drei Säulen für das Selbstverständnis von Migranten vgl. Migration und religiöse Dynamik. Ethnologische Religionsforschung im transnationalen Kontext. Hg. v. Andrea Lauser u. Cordula Weissköppel. Bielefeld 2008, 7–32 (Einleitung), besonders 9–21.

[4] Zu Mühlenberg vgl. Thomas J. Müller: Kirche zwischen zwei Welten. Die Obrigkeitsproblematik bei Heinrich Melchior Mühlenberg und die Kirchengründung der deutschen Lutheraner in Pennsylvania. Stuttgart 1994 (Transatlantische Historische Studien. Veröffentlichungen des Deutschen Historischen Instituts Washington, DC, 2); zur Kirchenverfassung vgl. auch Rudolf Schomerus: Die verfassungsrechtliche Entwicklung der lutherischen Kirche in Nordamerika von 1638 bis 1792. Göttingen 1965, besonders ab 74; zum Einfluss der Hallenser Theologen im Ministerium vgl. Wolfgang Splitter: Divide et impera: Some Critical Remarks on Halle Missionaries' Formation of a Lutheran Church in Pennsylvania. In: Pietism, Colonial North America, and the Young United States. Ed. by Hans-Jürgen Grabbe. Stuttgart 2008 (USA-Studien, 15), 45–91, hier 86.

[5] Beide Begriffe benutzte Mühlenberg seit den 1760er Jahren häufig; vgl. Die Korrespondenz Heinrich Melchior Mühlenbergs. Aus der Anfangszeit des Deutschen Luthertums in Nordamerika. Hg. v. Kurt Aland. Bd. 3: 1763–1768. Berlin [u.a.] 1990 (Texte zur Geschichte des Pietismus, Abt. III, 4), Nr. 372 (20.06.1766), Nr. 410 (30.10.1767); vgl. auch Karl-Otto Strohmidel: Turning Confessionalist: Heinrich Melchior Mühlenberg und das Luthertum im pluralistischen Pennsylvania. In: Amerikastudien 38, 1993, 383–398, hier 390.

[6] Zum Begriff vgl. Renate Wilson: The Second Generation. Pietist Clergy, Commerce, and the Commerce scientifique in the New Republic, 1780–1820. In: Pietism [s. Anm. 4], 233–256; zu den Namen und Ankunftsdaten aller 14 Pastoren aus Halle vgl. Splitter, Divide [s. Anm. 4], 46.

[7] Vgl. Johann Christoph Kunze: Eine Aufforderung an das Volk Gottes in Amerika zum frohen Jauchzen und Danken. An dem von einem Erlauchten Congres wegen erhaltenen Friedens und erlangter Unabhängigkeit auf den 11ten December, 1783, ausgeschriebenen Dankfeste in der Zionskirche zu Philadelphia vorgestellt, und auf Verlangen verschiedener Zuhoerer dem Druck übergeben nebst dem Anhange einer anderen Predigt aehnlichen Inhalts, und an dem Dank- und Bettage des Jahres 1779 gehalten. Philadelphia: Steiner, 1784, 8 und 73; diese Argumentation nutzten bereits die Puritaner im 17. Jahrhundert; vgl. Ulrike Brunotte: Puritanismus und Pioniergeist. Die Faszination der Wildnis im frühen Neu-England. Berlin, New York 2000 (Religionsgeschichtliche Versuche und Vorarbeiten, 50), 1, 75–79; Jörn Rüsen: Die Kultur der Zeit. Versuch einer Typologie temporaler Sinnbildungen. In: Zeit deuten. Perspektiven – Epochen – Paradigmen. Hg. v. J. Rüsen. Bielefeld 2003, 23–53, hier 36.

[8] Vgl. Volker Depkat: Amerikabilder in politischen Diskursen. Deutsche Zeitschriften von 1789 bis 1830. Stuttgart 1998 (Sprache und Geschichte, 24), 234–244.

[9] Vgl. Kunze, Aufforderung [s. Anm. 7], 21.

[10] Kunze, Aufforderung [s. Anm. 7], 21.

[11] Kunze, Aufforderung [s. Anm. 7], 45.

[12] Der Begriff der *civil religion* wurde von Robert N. Bellah 1967 geprägt, er bezeichnet ein kollektiv getragenes religiöses Weltbild des modernen Gemeinwesens; vgl. Thomas Hase: Zivilreligion. Religionswissenschaftliche Überlegungen zu einem theoretischen Konzept am Beispiel der USA. Würzburg 2001 (Religion in der Gesellschaft, 9), 203; zum Mythos des *chosen people* vgl. Knud Krakau: The Topoi of Chosen People and Mission in American History. In: Amerikastudien 38, 1993, 457–470, hier 459f.

[13] Vgl. Die Entstehung der Vereinigten Staaten und ihrer Verfassung. Dokumente 1754–1791. Hg. u. übersetzt v. Angela u. Willi Paul Adams. Münster 1995 (Periplus-Texte, 2), 38f.; die *Federalist Papers* umfassen 85 Artikel, die 1787/88 in verschiedenen Zeitschriften publiziert wurden.

[14] So dezidiert A. Gregg Roeber: Citizens or Subjects? German Lutherans and the Federal Constitution in Pennsylvania, 1789–1800. In: Amerikastudien 34, 1989, 49–68, hier 51f.

[15] Christian Endreß: Einige vermischte Gedanken ueber Regierungsform in Beziehung aufs Christentum. Eine Rede, gehalten vor der Gesellschaft zur Unterstützung huelfsbeduerftiger Hausarmen in der Evangelisch=Lutherischen St. Michaelis= und Zions=Gemeine, den 2ten Februar, 1795. Philadelphia: Steiner u. Kämmerer, 1795; vgl. Roeber, Citizens [s. Anm. 14], 54–56; ders.: „Thrugh a Glass, Darkly" Changing German Ideas of American Freedom 1776–1806. In: Transatlantic Images and Perceptions. Germany and America since 1776. Ed. by David E. Barclay u. Elisabeth Glaser Schmid. Cambridge 1997, 19–40, hier 37.

[16] Vgl. Endreß, Gedanken [s. Anm. 15], 7.

[17] Zur Kirchenordnung von 1791 vgl. Schomerus, Entwicklung [s. Anm. 4], 132–139.

[18] Endreß, Gedanken [s. Anm. 15], 8.

[19] Vgl. Die Spuren der Güte Gottes in der Deutschen Evangelisch Lutherischen Gemeinde in Philadelphia. Germantaun: Billmeyer, 1791, 6; zu den als *Future World Power* vgl. Horst Dippel: Germany and the American Revolution 1770–1800. A sociohistorical Investigation of the late eighteenth-century political thinking. Wiesbaden 1978 (Veröffentlichungen des Instituts für europäische Geschichte, Mainz, 90), 311–317; dieses Bild fand auch in Europa Verbreitung, wobei die Bedeutung als Vorbild für die französische Revolution kontrovers diskutiert wurde, zu einer positiven Sicht vgl. Depkat, Amerikabilder [s. Anm. 8], 215–223, 343–348; zur gegenteiligen Auffassung vgl. ders.: Von der ‚Civilisierung' Rußlands und dem ‚Aufblühen' Nordamerikas. Leitmotive der Aufklärung am Beispiel deutscher Rußland- und Amerikabilder. Bremen 2002 (Presse und Geschichte. Neue Beiträge, 2), 74.

[20] Vgl. Heinrich August Philipp Mühlenberg: Buß-tags=Predigt, gehalten Donnerstag, den 20sten August 1812, an dem durch den Congress und Präsidenten der Vereinigten Staaten anempfohlnen Buß= und Bät=Tage in der Lutherischen Kirche der Stadt Reading, in Pennsylvania. Reading: Ritter, 1812, 9 (Zitate), 18.

[21] Vgl. Spuren [s. Anm. 19], 6.

[22] Vgl. Spuren [s. Anm. 19], 7f.

[23] Vgl. Spuren [s. Anm. 19], 20 u. 11, andere Theologen erblickten einen Beweis für die deutsche Prosperität in der steigenden Anzahl der Gemeinden; vgl. etwa: Zuruf an die Deutschen Protestantischen Kirchen in Amerika. In: Evangelisches Magazin unter der Aufsicht der Deutschen Evangelisch=Lutherischen Synode. 2. Bd., 2. Stück. Für die Monate Januar, Februar und März 1813. Philadelphia, 65–71, 66.

[24] Zitat: Spuren [s. Anm. 19], 7f.; vgl. z.B. Zuruf an die Deutschen in Amerika. In: Magazin [s. Anm. 23], 2. Bd., 1. Stück. Für die Monate October, November und December 1812. Philadelphia, 43–47, besonders 44; hier wird z.B. behauptet, ein Deutscher könne auf einer Farm, auf der zuvor ein Engländer trotz Sklavenarbeit in den Konkurs gegangen sei, zu Wohlstand kommen.

[25] Zu Fortschrittsdenken und Zukunftsvorstellungen vgl. Rudolf Wendorf: Zeit und Kultur. Geschichte des Zeitbewußtseins in Europa. Opladen [3]1985, 253–338; Lucian Hölscher: Die Entdeckung der Zukunft. Frankfurt/Main 1999, 65–72.

[26] Im Original steht in Entsprechung des englischen *county* „Grafschaft", vgl. Dritter Zuruf an die Deutschen in Amerika. In: Magazin [s. Anm. 23], 2. Bd, 3. Stück; für die Monate April, May, Juni 1813. Philadelphia, 174–177; vgl. Der Zustand der Deutschen in Pennsylvanien. Wenn sie wollen. In: Der Hoch=Deutsche Americanische Calender, Auf das Jahr 1786 [...]. Germantown: Leibert u. Billmeyer, 1785, ohne Zählung; vgl. Splitter, Pastors [s. Am. 2], 309f.

[27] Vgl. Spuren [s. Anm. 19], 9.

[28] Einen ersten Zugriff und eine Kontextualisierung vgl. den Sammelband: Säkularisierung, Dechristianisierung, Rechristianisierung im neuzeitlichen Europa: Bilanz und Perspektiven der Forschung. Hg. v. Hartmut Lehmann. Göttingen 1997 (Veröffentlichungen des Max-Planck-Instituts für Geschichte, 130); dieses Thema ist Gegenstand einer andauernden Forschungsdiskussion.

[29] Zu den 1780er und 1790er Jahren als Phase der Entkirchlichung vgl. Glatfelter, Pastors [s. Anm. 2], 483; Justus Heinrich Christian Helmuth: Betrachtungen der Evangelischen Lehre von der Heiligen Schrift und Taufe; samt einigen Gedanken von den gegenwärtigen Zeiten. Germantaun: Billmeyer, 1793, 317, 332ff.; Splitter, Pastors [s. Anm. 2], 268.

[30] Z.B. sei verwiesen auf Pfarrer Frederick Henry Quitman (1760–1832); nach seinem Theologiestu-

dium bei dem Neologen Johann Salomo Semler in Halle und einem Aufenthalt in den Niederlanden kam er in den 1780er Jahren in die USA; dort war er seit 1798 Pastor an St. Peter und St. Paul in Rhinebeck, einer Kleinstadt nördlich von New York City und wurde als solcher 1817 zum Präsidenten der Evangelical Lutheran Synod des Staates New York gewählt.

[31] Vgl. Spuren [s. Anm. 19], 311–320; ähnlich Johann Friedrich Schmidt in seinem Brief an Johann Friedrich Nebe. Philadelphia, 02.10.1800 (AFSt/M 4 D 5 : 71); vgl. Roeber, Glass [s. Anm. 15], 22, speziell zu Helmuth 27–29.

[32] Helmuth verweist darauf, dass er einen Traktat gegen die Trunkenheit verfasst und davon 500 Exemplare abgesetzt habe, vgl. Brief von Justus Heinrich Christian Helmuth an Gottlieb Anastasius Freylinghausen. Philadelphia, 16.06.1783 (AFSt/M 4 C 20 : 5).

[33] Vgl. Fred A. van Lieburg: Internationale pietistische Erzähltraditionen vom 17. bis zum 21. Jahrhundert. In: Interdisziplinäre Pietismusforschungen. Hg. v. Udo Sträter [u.a.]. Tübingen 2005 (Hallesche Forschungen, 17/2), 733–743, hier 738–741.

[34] Justus Heinrich Christian Helmuth: Nachricht von dem sogenannten gelben Fieber in Philadelphia für den nachdenkenden Christen. Philadelphia: Steiner u. Kämmerer, 1793, 18.

[35] Vgl. Johann Christoph Kunze: Elias betraenter Nachruf bei der Hinwegname seines Gottesmannes Elias. Eine Gedaechtnispredigt auf den Abschied des Herrn D. und Senior Heinrich Melchior Muehlenbergs, gehalten zu Neuyork am 19. Sonntage nach Trinitatis, 1787, von des vollendeten Greises Schwiegersohne und ehemaligen Kollegen zu Philadelphia. Philadelphia: Steiner, 1787, 13f.

[36] Weil Pfarrer fehlten, habe in manchen Gemeinden schon seit vielen Wochen kein Gottesdienst mehr stattgefunden; vgl. Freyheitsbrief der Deutschen Hohen Schule, (College) in der Stadt Lancaster, in dem Staate Pennsylvanien; nebst einer Anrede an die Deutschen dieses Staats, von den Trustees der besagten Hohen Schule. Philadelphia: Steiner, 1787, 13; schlechte Pastoren hingegen führten nicht nur zu einem Negativimage, sondern auch dazu, dass Lutheraner ihren Gemeinden den Rücken kehrten; vgl. Helmuth, Betrachtungen [s. Anm. 29], 325; ders.: Denkmal der Liebe und Achtung welches Seiner Hochwürden dem Herrn D. Heinrich Melchior Mühlenberg, verdienstvollesten Senior des Evangelisch=Lutherischen Ministeriums in Nord=America und treueifrigstenersten Lehrers an der St. Michaelis= und Zions=Gemeinde in Philadelphia, ist gesetzet worden. Samt desselben Lebenslaufe. Philadelphia: Steiner, 1788, 12; Kunze, Nachruf [s. Anm. 35], 16; zum Problem der „de-academization of the Pennsylvania German Lutheran Clergy" vgl. Wolfgang Splitter: Order, Ordination, Subordination: German Lutheran Missionaries in Eighteenth Century Pennsylvania. In: The Creation of the British Atlantic World. Ed. by Elizabeth Mancke and Carol Shammas. Baltimore, London 2005, 209–232, hier 218–221 (Zitat: 220).

[37] Zur Ablehnung von Pfarrern aus Deutschland durch Hallenser Pastoren vgl. Brief von Justus Heinrich Christian Helmuth an die versammelten Prediger in Lancaster. Philadelphia, 04.06.1784 (AFSt/M 4 C 20 : 22); Brief von Justus Heinrich Christian Helmuth an Gottlieb Friedrich Stoppelberg. Philadelphia, 08.07.1796 (AFSt/M 4 D 3 : 14); Brief von Johann Friedrich Schmidt an Johann Friedrich Nebe. Philadelphia, 15.09.1804 (AFSt/M 4 D 5 : 13); außer der Angst, diese Theologen könnten nichtpietistisches Gedankengut verbreiten, wird als Grund für die Ablehnung noch angeführt, diese Pfarrer wären aufgrund ihrer Ausbildung den harten Anforderungen des amerikanischen Predigtamtes (etwa lange und strapaziöse Reisen zu den verschiedenen Gemeinden) nicht gewachsen.

[38] Diesen theologischen Richtungswechsel hatte Waisenhaus-Inspektor Sebastian Andreas Fabricius (1716–1790) in einem Brief an Johann Christoph Kunze beschrieben. Halle, 27.11.1787 (Berlin, Staatsbibliothek Preußischer Kulturbesitz, Nachlass August Hermann Francke: 32/5 : 11).

[39] Vgl. Strohmidel, Confessionalist [s. Anm. 5], 391.

[40] Vgl. Glatfelter, Pastors [s. Anm. 2], 495; Brief von Johann Christoph Kunze an Gottlieb Anastasius Freylinghausen mit einer Nachschrift von Justus Heinrich Christian Helmuth. Philadelphia, 13.06.1780 (AFSt/M 4 C 19 : 17).

[41] Vgl. Glatfelter, Pastors [s. Anm. 2], 496.

[42] Vgl. etwa Freyheitsbrief [s. Anm. 36], 11f.

[43] Vgl. Glatfelter, Pastors [s. Anm. 2], 495–511.

[44] In diesem Sinne vgl. Beate Rese: Texas – Ziel deutscher Auswanderung im 19. Jahrhundert. Pfaffenweiler 1996 (Reihe Geschichtswissenschaft, 36), 133f.; dagegen das Argument, dass die Deutschen im Privatbereich länger an der deutschen Sprache festhielten; vgl. Anne Aengenvoort: Migration – Siedlungsbildung – Akkulturation. Die Auswanderung Nordwestdeutscher nach Ohio, 1830–1914. Stuttgart 1999 (Vierteljahresschrift für Sozial- und Wirtschaftsgeschichte, Beiheft 150), 242–252, hier 276; allgemein zum Bedeutungsverlust der deutschen Sprache vgl. Müller, Welten [s. Anm. 4], 222f.; zu engeren Kontakten zwischen Deutschen und Amerikanern mit Hinweis auf Heiratsverbindungen vgl. Mark Häberlein: The Integration of German Immigrants in 18th Century North-America. The Case of Lancaster, Pennsylvania. In: Atlantic Migrations. Regions and Movements in and North-America/USA during the 18th and 19th Century. Ed. by Sabine Heerwart and Claudia Schurmann. Münster 2007 (Atlantic Cultural Studies, 3), 135–164, 141.

[45] Brief von Gotthilf Heinrich Ernst Mühlenberg an Johann Friedrich Nebe. Lancaster, 21.01.1807 (AFSt/M 4 D 6 : 17).

[46] So explizit Justus Heinrich Christian Helmuth und Johann Friedrich Schmidt in einem Brief an Johann Ludwig Schulze. Philadelphia, 08.10.1789 (AFSt/M 4 D 2 : 17).

[47] Zu den Lehrinhalten vgl. Freyheitsbrief [s. Anm. 36], 2 (Lehrinhalte).

[48] Vgl. Johann Christoph Kunze: Von den Absichten und dem bisherigen Fortgang der privilegierten Deutschen Gesellschaft zu Philadelphia in Pennsylvanien. In einer vor der Gesellschaft gehaltenen Rede. Philadelphia: Steiner, 1782, 35.

[49] Vgl. Freyheitsbrief [s. Anm. 36], 9–16.

[50] Vgl. Kunze, Absichten [s. Anm. 48], 35, 37.

[51] In diesem Zusammenhang stehen die Behauptungen, viele Deutsche würden sich nach Deutschland sehnen; vgl. den Brief von Johann Christoph Kunze an Johann Carl Kunze. Philadelphia, 25.11.1782 (AFSt/M 4 C 20 : 5).

[52] Vgl. etwa Justus Henry Christian Helmuth: Gedächtniß=Predigt, gehalten am 31sten October, 1817, als am Dritten Hundertjährigen Jubelfeste der Reformation D. Martin Luther's. Philadelphia: Billmeyer, 1817.

[53] Zum Zusammenhang von religiöser und regionaler Identität vgl. Ralf Roloff: Religion und regionale Identität. Zur Bedeutung der Religion als Faktor regionaler Kooperation und Integration. In: Religion – Staat – Politik. Zur Rolle der Religion in der nationalen und internationalen Politik. Hg. v. Manfred Brocker [u.a.]. Wiesbaden 2003, 339–351; eine solche Koppelung von territorialem Raum und religiöser Identität gab es bereits bei den protestantischen Landeskirchen in der Alten Welt; vgl. Lucian Hölscher: Der Raum des Religiösen. Semantische Strukturen des religiösen Lebens im 19. Jahrhundert – eine problemgeschichtliche Skizze. In: Transatlantische Religionsgeschichte. 18. bis 20. Jahrhundert. Hg. v. Hartmut Lehmann. Göttingen 2006, 109–123, hier 118.

[54] Vgl. Brief von Justus Heinrich Christian Helmuth und Johann Friedrich Schmidt an Johann Ludwig Schulze. Philadelphia, 09.10.1789 (AFSt/M 4 D 2 : 18).

[55] Vgl. Eine Adresse an die Glieder der Deutschen Lutherischen Gemeine in und bey Philadelphia. O.O., o. J.; Adresse der [sic!] Committee, bestimmt von einer großen Anzahl Glieder der deutschen Lutherischen Gemeine, in Philadelphia, an die Corporation derselben, nebst ihrer Antwort. Philadelphia: Geyer, 1805, 1; zum Stolz, Deutscher und gebürtiger Amerikaner zu sein vgl. David F. Schäffer: Bußtags=Predigt, gehalten Donnerstags, den 5ten August, 1813, an dem, durch die Synode anempfohlnen Buß und Bät=tag, in der Evangelisch=Lutherischen Kirche in Friedrichstaun. Friedrichstaun: Melcheimer, 1813, 4.

[56] Vgl. Adresse [s. Anm. 55], 5.

[57] Bemerkungen an die Mitglieder der Deutsch=Lutherischen Gemeine in und um Philadelphia, darüber daß nur Deutsch gepredigt wird, und deshalb ihre Gemeine in Verfall geräth. Philadelphia: Zentler, 1815.

[58] Friedrich August Mühlenberg: Rede vor der incorporierten Deutschen Gesellschaft in Philadelphia, im Staat Pennsylvanien, am 20. September, 1794. Philadelphia: Steiner u. Kämmerer, 1795, 14.

[59] Vgl. H. Georg Anderson: The Early National Period 1790–1840. In: The Lutherans in North America. Hg. v. E. Clifford Nelson. Philadelphia 1980, 95–97, hier auch zu ähnlichen Entwicklungen z.B. in New York; vgl. Splitter: Pastors [s. Anm. 2], 314; damit war das Sprachproblem jedoch noch nicht abschließend geklärt: Elf Jahre später reichte eine „Anzahl Glieder der Sanct Michaelis und Zions Gemeinde" der Synode von Pennsylvania ein Memorial ein, in welchem sie die Einführung der englischen Sprache in ihrer Gemeinde forderten; vgl. Protokoll der Verhandlungen der Deutschen Evangelisch-Lutherischen Synode von Pennsylvanien und den benachbarten Staaten, gehalten zu Philadelphia, in der Trinitatis Woche 1816. In: Magazin [s. Anm. 23]. Auf das Jahr 1817. Philadelphia, 1–10, hier 5, Punkt 7; zur Sprachproblematik in Philadelphia vgl. Friederike Baer: The trial of Frederick Eberle. Language, patriotism, and citizenship in Philadelphia's German community, 1790 to 1830. New York, NY 2008.

Frauke Geyken

# Von Heiden und edlen Wilden – Die Indianermission und die Erforschung indianischer Kulturen und Lebensräume

Am Anfang war die Allegorie.[1] Als man noch nicht viel über Afrika, Amerika oder Asien wusste, griff man zunächst auf diese reduzierte Form der Darstellung neu entdeckter Erdteile zurück. Seit dem späten 16. Jahrhundert hatten sich allegorische Figuren herausgebildet, welche aus bestimmten Elementen bestanden, die das Wesentliche der unbekannten Bewohner, z.B. Amerikas, auszumachen schienen. Eine männliche Figur, die als Häuptling oder König dargestellt wird, repräsentiert Amerika. Sie hat eine dunkle Hautfarbe, ist bekleidet mit einem Fell, trägt Federn im Haar und ist geschmückt mit Glasperlen; sie hält Pfeil und Bogen in der Hand und ist von typischer Flora und Fauna umgeben.

Im Verlauf des 17. Jahrhunderts wuchsen die Kenntnisse über die fernen Länder und die Allegorie genügte den Ansprüchen des interessierten Publikums nicht länger. Mehr und mehr Menschen kamen aus Europa nach Amerika und ihr Wissen gelangte zurück in die Alte Welt. Es gab die unterschiedlichsten Gründe, nach Amerika zu gehen oder sich zu Hause damit zu befassen: wirtschaftliche, religiöse, politische und schließlich auch wissenschaftliche. Dabei hing die Wahrnehmung der Indianer jeweils davon ab, in welchem Kontext man sich mit ihnen beschäftigte, wie noch zu zeigen sein wird; aber auch die sich wandelnden historischen Umstände haben das Indianerbild entsprechend verändert.

Eines jedoch war vielen Betrachtungen gemeinsam: Sie gingen aus vom Bild des „edlen Wilden", wie es uns schon aus den Allegorien entgegentritt, in denen Indianer stets in ihrer „natürlichen" Nacktheit präsentiert werden. Damit ähneln sich die drei neu entdeckten Kontinente, die in ihrer Beziehung zu Europa zu sehen sind. Die allegorische Figur Europa ist immer das „zivilisierte" Zentrum des gesamten Ensembles. Hier wird ein Grundmuster der Wahrnehmung angesprochen, das sich durch die Jahrhunderte zieht. Europa blickt von der vermeintlich höher stehenden Stufe der Zivilisation auf den „edlen Wilden", der jedoch in ein Gegensatzpaar zerfällt: Er kann in seiner Einfachheit sowohl einen positiven Alternativentwurf zur verdorbenen europäischen Zivilisation darstellen als auch den noch nicht durch die Zivilisation veredelten, rohen, oft gewalttätigen Barbaren.

1.3 | Indianer als Amerika-Allegorie, Porzellan, um 1775

Je nach Blickrichtung kann der „edle Wilde" und damit auch „der Indianer" einfach und deshalb anspruchslos sein oder aber primitiv. Er kann unschuldig oder uneinsichtig sein, verstockt wie ein Kind und in dieser kindlichen Unwissenheit auch als dumpf gelten. Faulheit kann als „ruhiges Behagen", Gesetzlosigkeit als „natürliche Daseinsharmonie" und Triebhaftigkeit als „unbesorgte Lebensfreude" gedeutet werden.[2] Die zwei letzten Vorstellungen schienen sich in Reinform in der Südsee zu manifestieren. Liest man die Reisebeschreibungen von James Cook (1728–1779) oder Johann Reinhold (1729–1798) und Georg Forster (1754–1794), so liest man vom Paradies.[3] Die glücklichen Südseeinsulaner lebten in Harmonie mit der Natur, die ihnen überdies alles gab, was sie zum Leben brauchten, ohne dass sie es sich unter Mühen erkämpfen mussten. „Sie lebten", so Georg Forster, in einer „glücklichen Gleichförmigkeit", waren „glücklich in ihrer Unwissenheit".[4]

James Cook aber erkannte, dass die Ankunft der Europäer für die, die von ihnen „entdeckt" wurden, nichts Gutes bedeutete:

> wir verderben die Moral derer, die sich bereits für das Laster empfänglich zeigen, noch mehr und führen bei ihnen neue Bedürfnisse und vielleicht auch Krankheiten ein, welche bloß die glückliche Ruhe stören, welcher sie und ihre Vorfahren sich erfreuten. Sollte jemand die Wahrheit dieser Behauptung bestreiten, möge er

> doch sagen, was die Eingeborenen auf dem amerikanischen Kontinent damit gewonnen haben, daß sie mit den Europäern in Handelsbeziehungen getreten sind.[5]

Die „Eingeborenen auf dem amerikanischen Kontinent" litten zunächst unter den von den weißen Siedlern eingeschleppten Krankheiten. Manche Stämmen erlebten ein Massensterben, weil die Indianer den ihnen fremden Erregern nichts entgegensetzen konnten. Auf Seiten der frühen puritanischen Einwanderer, die sich an der Ostküste Nordamerikas niedergelassen hatten, sah man darin ein Zeichen der Vorsehung. Die Indianer seien zu schwach und müssten gemäß dem göttlichen Plan den überlegenen Weißen weichen. Cotton Mather (1663–1728), Pfarrer und Autor einer großen puritanischen Kirchengeschichte Nordamerikas, schrieb: „These woods were almost cleared of these pernicious creatures, to make room for a better growth."[6]

Zuerst waren es die Jesuiten, die auf den nordamerikanischen Kontinent kamen. Sie waren seit 1611 in Kanada als Missionare tätig. Zunächst hielten sie die Indianer für völlig religionslos. Daher ersann man den Plan, Kinder von ihren Familien zu trennen und sie in Internaten – das erste entstand 1636 in Quebec – französisch und christlich zu erziehen. Aber viele Kinder starben oder flohen, und die Jesuiten mussten diese Methode der Mission als undurchführbar ansehen. Sie waren prinzipiell derselben Auffassung wie der französische Forschungsreisende Samuel de Champlain (1567–1635), der 1613 in seinem umfangreichen Reisebericht festgehalten hatte, die Indianer seien an sich vernunftbegabt und deshalb in der Lage, das Christentum anzunehmen, und so wollten sie ihre Bemühungen keineswegs einstellen. Die Jesuiten erkannten allmählich, dass die indianische Religion so gut wie alle Lebensbereiche beherrschte, daher veränderten sie ihre Strategie. Dabei kamen ihnen auch die von den Siedlern eingeschleppten Epidemien zu Hilfe. Auf indianischer Seite hatte die unerklärliche Dezimierung ihrer Stämme zu massiver Verunsicherung geführt. Bei der nun intensiveren Beschäftigung mit der indianischen Lebensweise suchten die Jesuiten nach Elementen, die mit dem Christentum kompatibel sein konnten. Ein Einfallstor in die indianische Vorstellungswelt war die Rolle des Schamanen, der in dieser Notsituation nicht helfen konnte, anders als die christlichen Missionare, die nicht von den Krankheiten bedroht wurden. Konnte also nicht deren Gott die Indianer besser schützen als ihr eigener? Im heutigen amerikanischen Bundesstaat Maine ging diese Rechnung auf: Die Missionare verdrängten die wichtigen Schamanen, wurden zu anerkannten Autoritäten in der indianischen Gemeinschaft und konnten viele dauerhaft zum Christentum bekehren.[7]

Weitere Vehikel, die es ermöglichten, das Christentum in die indianische Kultur zu integrieren, waren z.B. die Liturgie eines katholischen Gottesdienstes, da auch die indianische Kultur stark von Ritualen geprägt war. Das persönliche Gotteserlebnis war den Indianern ebenfalls nicht fremd, so wie die Technik des Fastens, die es ermöglichen sollte, eine Begegnung mit dem Heiligen und Übernatürlichen zu erlangen, und explizite Darstellungen der christlichen Hölle schienen, z.B. den Huronen, aus den Konflikten mit ihren Feinden, den Irokesen, bekannt zu sein. In den kriegerischen Auseinandersetzungen zwischen den Huronen, Verbündeten der Franzosen, und den Irokesen, die die Briten und Niederländer unterstützten, gingen die jesuitischen Missionsbemühungen schließlich unter.

Die protestantische Mission unterschied sich in einem wesentlichen Punkt von der katholischen Arbeit: Hinter ihr stand keine zentrale, weltumspannende Organisation. Die verschiedenen Denominationen hatten ihre jeweilige Zentrale in Europa und arbeiteten in Nordamerika nebeneinander her, wenn nicht gar in Konkurrenz zueinander. Die missionarischen Bemühungen der Puritaner und der Quäker waren ohnehin gering. Sie gingen von der Vorstellung aus, dass alle Menschen unabhängig von ihrer Kultur und Religion als Geschöpfe Gottes zu betrachten seien. Deshalb seien auch die Indianer schon vor der Taufe Mitglieder der christlichen Gemeinschaft. Besonders aktiv in der Mission hingegen waren die Herrnhuter. Die Anhänger des Grafen Zinzendorf (1700–1760) aus dem sächsischen Ort Herrnhut missionierten auf allen Kontinenten. In Amerika gründeten sie 1741 die Stadt Bethlehem, ihre nordamerikanische Zentrale. Einer ihrer wichtigsten Missionare war David Zeisberger (1721–1808). Er lebte mehr als fünfzig Jahre mit Indianern in Missionsorten zusammen. Dort

2.6a | Frontispiz, in: Gabriel Theodat Sagard: Le grand voyage du Pays des Hurons [...], 1632

lebten die Brüder und Schwestern, wie sie sich nannten, gemeinsam mit neugierigen, bekehrungswilligen, bekehrten oder zum Teil nur hungrigen Indianern zusammen, die jenseits aller Spiritualität die bessere Versorgung der europäischen Siedlung schätzten.

Zeisbergers Wahrnehmung der Indianer ist gewissermaßen gespalten zwischen einer offiziellen und einer lebensweltlichen Darstellung. 1775 hatte er eine *Geschichte der nordamerikanischen Indianer* geschrieben.[8] Sie wird bestimmt von den gängigen zeitgenössischen und überwiegend negativen Stereotypen. In dieser Abstraktion[9] erschienen die Indianer unfähig zur Vernunft; wie die Kinder würden sie von ihren Leidenschaften regiert. Den besonderen Unwillen des europäischen Betrachters erregte die nomadische Lebensweise der Indianer, die dadurch gekennzeichnet war, dass die Frauen in temporär errichteten Siedlungen die Feldarbeit machten, während die Männer durch die Jagd zur Ernährung beitrugen.[10] Die Äußerung William Penns (1644–1718): „Their pleasure feeds them"[11] zeigt, dass man die Arbeit des indianischen Mannes mit dem Vergnügen des europäischen Adels verglich, d.h. wie der Adlige schien der Indianer gar nicht zu arbeiten, sondern sich fortwährend zu amüsieren; also ließ sich schlussfolgern, wer nicht arbeitet ist faul! Ulrike Kirchberger weist in ihrer Studie zur britischen Indianermission zu Recht darauf hin, dass das Nichtverstehen dieser Umstände „eine wichtige Facette der Wahrnehmung"[12] war. Außerdem unterstellte man den Indianern Stolz:

> Sie sind stolz und hochmütig, da dünckt sich ein lumpigter Indianer, der nichts vermag, ein großer Herr zu seyn. Sie bilden sich auf sich selbst sehr viel ein, als ob sie große und in die Augen fallende Dinge praestiren könnten, wozu ihnen ihre Träume, weil sie viel darauf halten, viel Anlaß geben von sich zu glauben, daß sie einen Vorzug vor andern hätten, und es ist unstreitig, daß der Satan die Heiden durch Träume gebunden und gefesselt und sie in der Connexion mit sich erhält, hat also sein Werck und Gauckelspiel unter ihnen, welches die Missionarii wol inne werden bey denen die zur Gemeine kommen und der Hld [Heiland] muß sie recht zermalmen, bis sie von ihren Höhen herunter kommen, ihre Einbildungen, die sie von sich haben, fahren lassen und sich für Ihn demütigen und das geschieht auch.[13]

Dieser ungebührliche Stolz erinnerte an die Erbsünde und machte es erforderlich, dass ‚der Heiland sie zermalmen muss', „to reduce the Indians' proud independence [...], to reduce them to Christianity", wie James Axtell es formuliert.[14]

Doch in seinen innermissionarischen Schriften war Zeisbergers Indianerbild vom unmittelbaren Erleben geprägt. Carola Wessel schildert in ihrer quellengesättigten

FOLGENDE DOPPELSEITE: 5.13 | David Zeisberger predigt den Indianern, Öl auf Leinwand von Christian Schüssele, Philadelphia, 1862. Bethlehem (PA), Moravian Archives Bethlehem: PC 34

5.18 | Ansicht von Gnadenhütten in Pennsylvania, Tuschzeichnung, 1754

Arbeit ausführlich, in welchem Umfang sich Zeisberger und andere Herrnhuter Missionare in ihrem Alltag auf die indianische Lebensweise eingelassen haben – bis hin zur medizinischen Behandlung. Sie erkannten, besser anerkannten, das Wissen der Indianer um das Überleben in der Wildnis.[15] Kirchberger unterstreicht diesen Aspekt und betont, dass sich hier de facto die Hierarchie umkehrt, der Missionar ist „ein schwacher Fremdling in einer indianischen Welt".[16] Die noch nicht bekehrten Indianer, die in den Missionsorten wohnten, waren für Zeisberger zwar „wilde Indianer",[17] an deren Herzen aber der Heilige Geist gemäß Zinzendorfscher Vorstellung schon gearbeitet hatte. Die „fremden Indianer",[18] wie er sie auch nennt, wurden damit für eine Bekehrung vorbereitet, „denn sonst hören sie das Evangelium, verstehens aber nicht".[19] Sie waren „Gäste und Freunde",[20] die uns in Zeisbergers Briefen nach Bethlehem als Individuen entgegentreten. Die stereotype Charakterisierung entfällt fast ganz. Er nimmt die andere Seite ernst, weil er sie vom Christentum überzeugen will. Es wird kein Zwang ausgeübt. 1793 klagte er über seinen Mitbruder Telage, der „bey den Ind[ianern] nicht sehr geliebt ist, weil er manchmal in der Hize heraus fahre, das geht auch nicht, sondern Geduld üben u[nd] durch freundliches Liebhaben sie zu gewinnen suchen ist die beste Methode."[21] Doch betrachten wir die dritte Gruppe von Indianern, die Zeisberger unterscheidet, die Bekehrten, so stellen wir fest, dass das

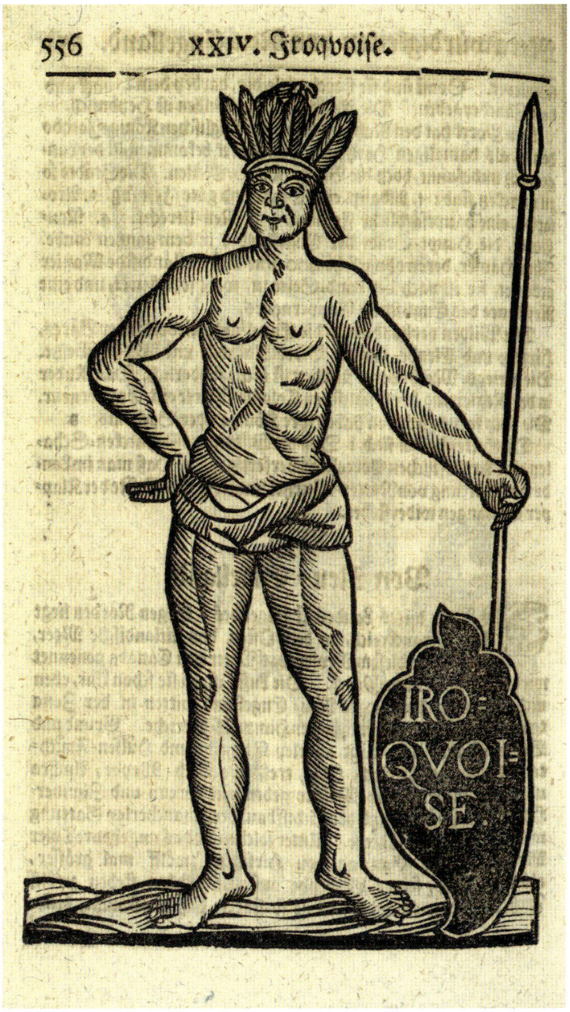


Irokese, Kupferstich in: [Johann Jacob Martini:] Neu-eingerichtete und vermehrte Bilder-Geographie [...]. Erfurt: Funcke, 1738. Göttingen, Niedersächsische Staats- und Universitätsbibliothek: DD91 A 33242 (2)

An Indian and his Squaw, Kupferstich in: John Lambert: Travels through lower Canada. London, 1810, London, British Library: Shelf mark: 10408.c.32

Hierarchiegefälle zwischen dem „zivilisierten Europäer“ und dem „wilden Indianer“ letztlich erhalten bleibt. Die oberste Maxime lautete nämlich: „Der Heiland und die Brüder sind Chief“[22] und die Indianer-Geschwister sind „gehorsame Kinder u[nd] thun gerne seinen Willen“.[23]

Die englischsprachigen Missionare repräsentieren die Diversität der religiösen Landschaft auf den britischen Inseln. Drei große Missionsgesellschaften bemühten sich um die Bekehrung der Indianer. Die älteste war die New England Company, die 1649 von den Puritanern gegründet worden war. Ihr berühmtester Vertreter war John Eliot (1604–1690). Der Engländer aus Hertfordshire studierte in Cambridge und geriet im Anschluss an nonkonformistische Kreise, die ihn zum überzeugten Puritaner machten. Deshalb ging er 1631 nach Nordamerika in die Massachusetts Bay Colony, wo er vierzig Jahre lang als Missionar tätig war. Während Eliot von seinen Zeitgenossen, indianischen und englischen, und bis ins 20. Jahrhundert hinein als Mann von großer Milde und Güte und ebenso großer Überzeugungskraft charakterisiert wurde, attestierte ihm die Forschung der 1970er Jahre Rassismus und den Glauben an eine Überlegenheit der puritanischen Siedler gegenüber den Indianern. Diese strenge Position wurde jedoch in den vergangenen Jahren zum Teil revidiert.[24] Außerdem

gab es eine schottische, calvinistisch geprägte und eine anglikanische Missionsgesellschaft.[25] Während die Missionsoberen in England und Schottland sich nicht von der üblichen europäischen negativen Sichtweise auf die Indianer befreien konnten – oft genug merkten sie sich nicht einmal die Namen der Stämme, die ihre Mitarbeiter besuchen sollten, – war, wie bei Zeisberger, die Sicht der Missionare vor Ort von ihren Erfahrungen geprägt.[26] Maxime aller europäischen Missionsgesellschaften war es, dass man die „primitiven" Indianer erst zivilisieren müsse, bevor sie christianisiert werden konnten. Die Schotten verglichen die Indianer mit den in ihren Augen gleichermaßen unzivilisierten Bewohnern der Highlands, um deren Christianisierung sie sich ebenfalls bemühten.[27] Fester Bestandteil des zivilisierten Lebens war die Aufgabe des Nomadentums, das für die Europäer der Inbegriff vermeintlicher indianischer Faulheit war; europäisches Wirtschaften war ihnen der Garant für geregelte Arbeit. Der Schotte David Brainerd (1718–1747) formulierte:

> I daily discover more and more of what Importance 'tis like to be to their *religious* Interests, that they become laborious and industrious, aquainted [sic] with the affairs of *Husbandry,* and able, in a good Measure, to raise the Necessaries and Comforts of Life *within themselves.*[28]

Die Missionare stellten allerdings auch immer wieder fest, dass es nicht allein Begeisterung für das Christentum war, das die Indianer zu ihnen brachte. Dem Engländer Joseph Fish († 1781) kam nach einer sehr gut besuchten Predigt im November 1773 der Verdacht, dass vor allem die Decken, die er vor Ausbruch des Winters an die Indianer austeilte, einen Grund für den Gottesdienstbesuch darstellen könnten. Der Verdacht erscheint nicht unbegründet. Der wirtschaftliche Aspekt des Umgangs miteinander und damit auch der Wahrnehmung voneinander verdienen es, hervorgehoben zu werden. Die Indianer waren Teil des transatlantischen Wirtschaftssystems geworden. Nordamerika war Absatzmarkt für Gebrauchsgegenstände, Haushaltswaren, Schmuck, Luxusartikel, vor allem aber für Waffen und Alkohol. Seit der zweiten Hälfte des 18. Jahrhunderts

5.31 | Sauk-Indianer, Öl auf Leinwand von George Catlin, 1854 ist eine verstärkte Abhängigkeit der Indianer von europäischen Waren festzustellen. Sogar die Farbe für die Kriegsbemalung war zu dieser Zeit ein chinesisches Produkt, das von der Ostindischen Kompanie nach Großbritannien eingeführt wurde, um von dort nach Nordamerika verschifft zu werden. Pelze, Felle und Leder wurden von indianischen Lieferanten nach Europa exportiert.

Im politischen Kontext stellt Troy O. Bickham[29] die These auf, dass im 18. Jahrhundert die Wahrnehmung der Indianer durch die Briten von den Veränderungen in der Politik des Empires bestimmt gewesen sei. Damit sei die öffentliche Diskussion über die Indianer nicht länger durch Neugier auf das primitive Andere dominiert worden, sondern durch Nützlichkeitserwägungen in Bezug auf das politische Mächtespiel. Die Rolle der indianischen Gesellschaften und Kulturen könne für verschiedene Zwecke manipuliert werden: Einerseits für wirtschaftliche Erwägungen, andererseits für die politische Kontrolle, denn die Indianer waren potentielle politische Verbündete im Kampf gegen die Franzosen und die amerikanischen Siedler, die sich der britischen Hegemonie widersetzten. Bickham unterstreicht die Bedeutung der Presse als nationales Forum, in dem die Indianer und ihre Zukunft im Britischen Weltreich diskutiert wurden. Sogar die anglikanische Society for the Propagation of the Gospel nahm an der Diskussion teil. In ihren Predigten erklärte sie jeden indianischen Konvertiten zum Synonym für einen Alliierten des Empires. Die prominente Position der Indianer im öffentlichen Diskurs zeige sich, so Bickham, vor allem daran, dass die schottische Aufklärung ihn zu ihrem Gegenstand gemacht habe. Auf der Suche nach den Grundlagen der Gesellschaft untersuchte man die indianische Lebensweise und erkannte in den Indianern den Menschen in seinem Naturzustand. Karl-Heinz Kohl weist indessen darauf hin, dass Rousseau (1712–1778) die Indianer keineswegs als Beispiel des Menschen in seinem ursprünglichen Zustand begriff. In seinem – heute zum Schlagwort „Zurück zur Natur" geronnenen – *Discours sur l'origine et les fondements de l'inégalité parmi les hommes* von 1754 sieht er sie höchstens in einem ursprünglicheren Zustand als die An-

5.32 | Crow-Indianer „He Who Jumps Over All" zu Pferd, Öl auf Leinwand von George Catlin, 1854

Catlin. /54.

gehörigen der sogenannten zivilisierten Welt. Allerdings in einem Zustand, den er durchaus befürwortete, denn für ihn war der Mensch in einem bestimmten Stadium vor der Zivilisation ein positiver Gegenentwurf zur absolutistisch-höfischen Gesellschaft seiner Zeit. Seine Positionen wurden in Europa breit rezipiert, jedoch hatte er neben zahlreichen Befürwortern auch viele Gegner, wie diese Aussage aus dem zeitgenössischen Großbritannien zeigt:

> Im Grunde muss man sagen, der erbärmlichste Christ sollte ein besserer Patriot sein und ein sehr viel sozialeres menschliches Wesen sein als das Modell an Perfektion, das John James [Rousseau, d.Vf.] in seinem ‚Natural Man' darstellt, das wild und nackt auf allen vieren durch die Wälder läuft, Eicheln isst, seine Art meidet und sie nur sucht, wenn der Geist der Kopulation über ihn kommt und unter diesen Artgenossen lebt und stirbt.[30]

Rousseau vertrat überdies nicht die Ansicht, dass die Menschheit notwendigerweise auf die Zivilisation als vorherbestimmtes Ziel zusteuere, und besaß damit eine Meinung konträr zu der seiner meisten Zeitgenossen. Das Zeitalter der Aufklärung war vom Fortschrittsglauben geprägt, der seinen Ausdruck unter anderem in den vielen wissenschaftlichen Forschungsreisen fand, die, das darf nicht unerwähnt bleiben, letztlich auch der besseren ökonomischen Ausnutzung der eroberten Länder und der effizienteren Beherrschung ihrer Bevölkerung dienten.

Von einem der bis heute berühmtesten Forschungsreisenden, James Cook, war bereits die Rede. Vor ihm hatte z.B. Joseph-François Lafitau (1681–1746) mit seinen *Moeurs des sauvages americaines* von 1722 die erste umfassende ethnografische Studie über die nordamerikanische Urbevölkerung vorgelegt. Lafitau hatte fünf Jahre unter den Irokesen gelebt und seine detaillierten Beschreibungen in vier Bänden veröffentlicht. Sein Werk wurde, wie das seiner forschenden und schreibenden Zeitgenossen, in andere europäische Sprachen übertragen, denn der Wissensdurst der Epoche war enorm. Weite Verbreitung fanden auch die Schriften von Pierre François Xavier Charlevoix (1682–1761), dessen *Histoire et description général de la Nouvelle France* 1744 erschien. Das Werk des Jesuiten, der Kanada aus eigener Anschauung kannte, enthält präzise Schilderungen der Geschichte und Geografie Neu-Frankreichs und seiner ursprünglichen Bewohner. Es blieb für Jahrzehnte eine wichtige Informationsquelle für diese Region, die auch für Voltaire (1694–1778), Diderot (1713–1784) und die Enzyklopädisten Bedeutung besaß. Der Schwede Peter Kalm (1716–1779) war ein Schüler Linnés (1707–1778), weshalb seine Interessen vornehmlich botanischer Art waren. Dennoch finden sich in seinem Bericht Schilderungen von Land und Leuten, so dass der Schweizer Arzt und Gelehrte Albrecht von Haller (1708–1777) Kalms Arbeit in seine eigene *Sammlung neuer und merkwürdiger Reisen zu Wasser und zu Lande* aufnahm.

Jenseits dieser wissenschaftlichen Literatur spielten aber auch die Erkenntnisse der Missionare eine gewichtige Rolle in der Informationsvermittlung. Erste wichtige Quellen waren die *Relationes* der Jesuiten. Diese Berichte, die uns aus den Jahren 1632 bis 1673 vorliegen, spiegeln die detaillierte Beschäftigung mit dem Leben der Indianer wider und enthalten damit wertvolles ethnografisches Material. Sie legten darüber hinaus Rechenschaft ab über die missionarische Arbeit und sollten zugleich Spenden für die eigene Arbeit einwerben, das Interesse an Kanada wecken und mögliche Kolonisten gewinnen.

Diesem Modell folgten die Herrnhuter mit ihren Tagebüchern, die keine privaten Aufzeichnungen waren, sondern ähnlich wie die *Relationes* Rechenschaftsberichte und Werbeschriften für die Glaubensbrüder in der Heimat, die man auf diesem Wege als Missionare gewinnen wollte. Daher enthalten sie neben der Schilderung der geistlichen Entwicklung der Missionsorte auch Angaben über den Missionsalltag und damit über das Zusammenleben mit den Indianern.[31]

Von großer Bedeutung für die Forschung waren auch die Sprachstudien etwa von Zeisberger oder John Eliot. In ihrem Bemühen, die Indianer besser zu verstehen, um sie so besser überzeugen und für die gute Sache des Heilands gewinnen zu können, erlernten sie indianische Sprachen, verfassten Wörterbücher – wie Zeisberger[32] – oder übersetzten gar die ganze Bibel ins Indianische – wie John Eliot, der neben der Bibel auch Psalmen und Katechismen in die Algonquin-Sprache der Massachusett übertrug.

So wie die jesuitische Arbeit wurde auch die protestantische Mission von den kriegerischen Auseinandersetzungen auf dem amerikanischen Kontinent in der zweiten Hälfte des 18. Jahrhunderts stark beeinträchtigt. Auf den Siebenjährigen Krieg, der auch in Amerika ausgetragen wurde, folgten die Kämpfe um die amerikanische Unabhängigkeit. Vor allem in Großbritannien verstärkte sich in der öffentlichen Wahrnehmung – befeuert durch die Presse und zahlreiche sogenannte *captivity tales*[33] – nun wieder das Bild vom indianischen Barbaren, der ein grausamer, unerbittlicher Krieger war.[34] Nachdem Großbritannien schließlich sein erstes, nordamerikanisches Empire verloren hatte, ebbte auch das Interesse an den Indianern ab und sie blieben, was sie in den Augen des Puritaners Cotton Mathers schon fünfzig Jahre zuvor gewesen waren: „the most forlorn ruins of mankind".[35]

[1] Vgl. Stephanie Pratt: American Indians in British Art, 1700–1840, Norman, Oklahoma 2005.

[2] Vgl. Urs Bitterli: Die „Wilden" und die „Zivilisierten". Grundzüge einer Geistes- und Kulturgeschichte der europäisch-überseeischen Begegnung. München 1976, 373.

[3] Vgl. James Cook und die Entdeckung der Südsee. Hg v. d. Kunst- und Ausstellungshalle der Bundesrepublik Deutschland. München 2009.

[4] Zitiert nach Bitterli, „Wilden" [s. Anm. 2], 385.

[5] Bitterli, „Wilden" [s. Anm. 2], 388.

[6] Zitiert nach Karl-Heinz Kohl: Entzauberter Blick. Das Bild vom Guten Wilden und die Erfahrung der Zivilisation. Berlin 1981, 47. Cotton Mather hinterließ ca. 380 eigene Werke, darunter das *Magnalia Christi Americana, or, The Ecclesiastical History of New England*. London 1702. Im *Dictionary of National Biography* fällt seine Charakterisierung wenig schmeichelhaft aus: „Passionate, voluble, and extroverted, he was also vain and sensitive to slights real or imagined. He expounded on all subjects at the drop of a hat. He wrote and published as much as he talked, kept a large journal, and carried on an equally large correspondence with men in England, Scotland, and throughout Europe. His writing was always self-referential, and despite incessant protestations of modesty, he was immodestly aware of his extraordinary mental powers." http://han.sub.uni-goettingen.de/han/OxfordDictionaryofNationalBiography/www.oxforddnb.com/view/article/18321?docPos=1 (Stand: 17.12.2010).

[7] Vgl. Stefan Hertrampf: „Unsere Indianer-Geschwister waren lichte und vergnügt". Die Herrnhuter als Missionare bei den Indianern Pennsylvanias 1745–1765. Frankfurt/Main [u.a.] 1997 (Mainzer Studien zur Amerikanistik, 35), 38.

[8] MS in den Moravian Archives, Bethlehem, PA.

[9] Ich beziehe mich im Folgenden auf die Darstellung von James Axtell: The European and the Indian. New York 1981, 44–61.

[10] Zur Arbeitsteilung sowie zur Rolle und zur Wahrnehmung indianischer Frauen siehe Natalie Zemon Davies: Iroquois Women, European Women. In: American Encounters. Natives and Newcomers from European Contact to Indian Removal – 1500–1850. Hg. v. Peter C. Mancall u. James H. Merrell. New York 2000, 97–118.

[11] Zitiert nach Axtell, European [s. Anm. 9], 52.

[12] Ulrike Kirchberger: Konversion zur Moderne? Die britische Indianermission in der atlantischen Welt des 18. Jahrhunderts. Wiesbaden 2008 (Studien zur Außereuropäischen Christentumsgeschichte, 13), 192.

[13] Zeisberger, Geschichte [s. Anm. 8], 12.

[14] Axtell, European [s. Anm. 9], 61.

[15] Carola Wessel: Delaware-Indianer und Herrnhuter Missionare im Upper Ohio Valley. Tübingen 1999 (Hallesche Forschungen, 4).

[16] Kirchberger, Konversion [s. Anm. 12], 217.

[17] Brief von David Zeisberger an Bruder Nathanael. Wihilusing, 20.01.1766. MS in den Moravian Archives, Bethlehem, PA, Folder 2, 2.

[18] Brief von David Zeisberger an Bruder Nathanael. Wihilusing, 02.09.1765. MS in den Moravian Archives, Bethlehem, PA, Folder 2, 1.

[19] Brief von David Zeisberger an Bruder Nathanael. Wihilusing, 20.01.1766. MS in den Moravian Archives, Bethlehem, PA, Folder 2, 2.

[20] Brief von David Zeisberger an Bruder Nathanael. Wihilusing, 22.09.1765. MS in den Moravian Archives, Bethlehem, PA, Folder 2, 1.

[21] Brief von David Zeisberger an Bruder von Teck. Goschen, 22.10.1801. MS in den Moravian Archives, Bethlehem, PA, Folder 8, 3f.

[22] Brief von David Zeisberger an Bruder Thrane. Lawunakhannek, 06.09.1769. MS in den Moravian Archives, Bethlehem, PA, Folder 3, 5.

[23] Brief von David Zeisberger an Bruder Mattäus. Goschgoschünk, 22.07.1768. MS in den Moravian Archives, Bethlehem, PA, Folder 2, 3.

[24] „However, from the mid-1970s a succession of studies of colonial North America criticized Eliot and all puritans for the underlying racism and prejudicial Anglocentric superiority of their religious piety. He and other ministers stand accused of using missionary efforts to complete the work of military conquests and territorial dispossession, by extinguishing Indian cultural beliefs, undermining native hegemony, encouraging divisiveness between Indian Christians and traditionalists, segregating Indian converts from white people in 'praying towns' that were akin to reservations or concentration camps, and promoting acculturation while forever denying true and total cultural assimilation as equals in a biracial society. Most recently Eliot's reputation has been refurbished by closer investigation of the spiritual motivations and theological beliefs prevailing in his own lifetime, by a balanced assessment of his successes and his failures, and by separating the specific details about the man and his mission from the general anti-puritan ideology in so-called 'pro-Indian' histories." http://han.sub.uni-goettingen.de/han/OxfordDictionaryofNationalBiography/www.oxforddnb.com/view/article/8631?docPos=2 (Stand: 14.01.2011).

[25] Die schottische Gesellschaft war die Society in Scotland for Propagating Christian Knowledge, gegründet 1709. Sie agierte im Rahmen der presbyterianischen Kirche, denn Schottland hatte auch nach dem Zusammenschluss mit England 1707 zu Großbritannien seine eigene Kirche (und sein eigenes Bildungssystem) beibehalten. Ihr gehörten führende schottische Aufklärer an wie William Robertson (1721–1793) oder Adam Ferguson (1723–1816). Oberhaupt der anglikanischen, 1701 gegründeten Society for the Propagation of the Gospel in Foreign Parts war der Erzbischof von Canterbury.

[26] Siehe hierzu Kirchberger, Konversion [s. Anm. 12], 219–224.

[27] Vgl. Kirchberger, Konversion [s. Anm. 12], 165f.

[28] Zitiert nach Kirchberger, Konversion [s. Anm. 12], 219.

[29] Troy O. Bickham: Savages within the Empire. Representations of American Indians in Eighteenth-Century Britain. Oxford 2005.

[30] „After all, the meanest Christian must make a better patriot, and a much more social human being, than the model of perfection which John James [Rousseau] exhibits in his Natural Man, who runs wild and naked in the woods upon his hands and legs, eats acorns, shuns his species, only when the spirit of copulation moves him, and lives and dies among his brother-brutes." (Bickham, Savages [s. Anm. 29], 94).

[31] Siehe zur Herrnhuter Indianermission in der Amerikanischen Revolution: Die Tagebücher von David Zeisberger 1772 bis 1781. Hg. u. eingel. v. Hermann Wellenreuther. Berlin 1995 (Selbstzeugnisse der Neuzeit, 3).

[32] David Zeisberger: Grammar of the language of the Lenni Lenape or Delaware Indians. Philadelphia 1827.

[33] Dies waren Berichte von Europäern, die in indianische Gefangenschaft geraten waren; nach ihrer Befreiung brachten sie ihre Erfahrungen in den blutigsten Schilderungen zu Papier und erzielten damit nicht selten große Verkaufserfolge.

[34] Bickham, Savages [s. Anm. 29], 93.

[35] Cotton Mather: India Christiana. Boston: Green, 1721, 28f., zitiert nach Kirchberger, Konversion [s. Anm. 12], 180.

Claudia Schnurmann

# Deutsche Vorstellungen von Nordamerika im späten 18. und frühen 19. Jahrhundert

Den Europäern des späten 18. und frühen 19. Jahrhunderts stand ein reicher Fundus realistischer und legendärer Bilder von Nordamerika zur Verfügung. Starke Langzeitwirkung besaßen Prägungen, denen ihre Vorfahren seit der Frühen Neuzeit unterworfen gewesen waren: in Anlehnung an antike Weltbilder und atavistische Ängste vor dem Unbekannten kursierten kuriose Anschauungen über neue Welten außerhalb Europas. Dort konnte das Paradies liegen oder dessen genaues Gegenteil, eine angstbesetzte höllische Wildnis voller Teufel, Monstren und wilder Menschen. Exotische positiv wie negativ konnotierte Stereotypen beherrschten die Gemüter ebenso wie die Überlegung, dass dort jenseits des Atlantiks ideale Gesellschaften aufgebaut werden könnten, die von der mentalen Reinheit der außereuropäischen, nicht durch Geschichte korrumpierten Welt profitieren würden. Die Überquerung des Atlantiks galt vielen als eine wesentliche Zäsur, manchen geradezu als eine Katharsis ihres Lebens: sie verließen die Alte Welt, mit deren Zuständen viele nicht einverstanden waren und sie hofften auf ein anderes, ein besseres Leben in einem scheinbar jungfräulichen Land, dessen Unverdorbenheit auf die Seelen und Charaktere der Siedler abfärben sollte. Daher stammten Bezeichnungen wie „New England", „Nouvelle France" oder „Nieuw Nederland".

Von Beginn an haftete Nordamerika und den europäischen Kolonien in Nordamerika eine gewisse Ambivalenz an: einerseits betrachteten die Mutterländer diese Gebiete als Teil ihres Herrschaftsbereichs und die Bewohner der dortigen Kolonien als ihre Untertanen, andererseits kämpften die Menschen, die sich aus der Nähe zur Obrigkeit in diese herrschaftsfernen Gebiete begeben hatten, für Interessen, die nicht automatisch mit mutterländischen Interessen harmonierten. Es bestand die Möglichkeit, die geografische Entfernung zu kolonialen Gunsten auszulegen und zur Legitimation eigener, die Mutterländer wenig erfreuende Aktivitäten zu nutzen. Mit der Atlantikpassage und im Zuge der Begegnung mit der angeblich neuen, herrenlosen und unverfälschten Welt, die aufgrund ihrer seit Jahrtausenden währenden Besiedlung eigentlich auch eine alte Welt bildete, veränderten sich die Amerikabilder der Neuankömmlinge. Konkrete Erfahrungen und regionale Interessen der Menschen vor Ort kollidierten mit Anschauungen, die weiterhin in Europa gepflegt wurden. Viele behielten ihre Eindrücke nicht für sich, sondern versorgten damit die europäische Öffentlichkeit und Verwandtschaft. Augenzeugenberichte, Rechenschaftsberichte von Geistlichen, Fluten von Reiseberichten, Briefen, Auswanderungspropaganda und Schriften, die gegen Auswanderung argumentierten, trugen ihren Teil zum Amerikabild im Europa des 18. Jahrhunderts ebenso bei wie literarisch-philosophische Texte einflussreicher Persönlichkeiten, die Europa nie verlassen hatten. Der ostpreußische Philosoph Immanuel Kant (1724–1804) und der französische Naturforscher Georges Louis Marie Leclerc de Buffon (1707–1788) kommentierten die Wertigkeit Nordamerikas und der europäischen Expansion in den atlantischen Raum ebenso, wie sich Regierungen, Handelskompagnien und europäische Machtkonstellationen sich deren konkreter Umsetzung, Organisation und Ausnutzung annahmen.

Einfluss auf das europäische Bild von Nordamerika nahmen jedoch nicht nur diejenigen Europäer, die sich in Wort und Bild über ihre tatsächlichen Begegnungen mit Nordamerika ausließen. Bildprägend wirkten auch Drucker, Kartografen und Künstler. Sie übermittelten visuell wahrnehmbare Informationen. Sie kreierten mit ihren Karten, Holzschnitten, Stichen und Gemälden buchstäblich die Bilder, die sich Europäer vom Raum, Land, Topografie

6.19 | Washington überquert den Delaware, Öl auf Leinwand von Emanuel Gottlieb Leutze, 1851 (Detail)

6.22 | Helden der Revolution, kolorierte Lithografie von Friedrich Girsch, nach 1850. Washington/DC, The Library of Congress: LC-DIG-pga-01392

und den Menschen in Amerika machen konnten. Nicht vergessen darf man jedoch, dass die sogenannten Indianer selbst aktiv Einfluss auf europäische Vorstellungen von Nordamerika nehmen konnten: freiwillig oder gezwungen kamen Angehörige indigener Völker seit dem 16. Jahrhundert nach Europa und vermittelten durch ihre Präsenz konkrete Vorstellungen anderer Kulturen, die jedoch meist nicht als Kulturen von den Europäern akzeptiert wurden. Die meisten Vertreter indianischer Völker wurden in europäische Kleidung gezwungen, ihnen wurden europäische Namen auferlegt und erwartet, dass sie sich durch Taufe und Erlernung europäischer Sprachen den europäischen Verhältnissen anpassten. Viele starben an fremden Gestaden, nur wenigen gelang die Rückkehr. Auch verblüfften sie Europäer, wenn sie perfekt in Englisch oder Französisch mit ihnen parlierten.

Nachhaltigen Eindruck von Nordamerika konnten auch genuin amerikanische Materialien und Produkte vermitteln, deren Übernahme in den europäischen Alltag aus der Alten Welt eine neue, eine atlantische Welt machten: Mais, Kürbisse und Tabak aus Nordamerika gesellten sich zu Zucker, Kartoffeln, Tomaten, Paprika, Kakao oder Hängematten, die iberische Kolonisten in Europa bekannt gemacht hatten. Geranien und Sonnenblumen zierten anfangs adelige Orangerien und Parks, ehe sie ihren Weg in bürgerliche Gärten und auf bäuerliche Felder fanden; Papageien und putzige Waschbären verzauberten Besucher von Tiermenagerien; ausgestopfte Gürteltiere, Stoßzähne der Narwale, Kanus der Inuit und Wampum gehörten zum Standardequipment adeliger und bürgerlicher Wunder-

6.16 | Hessische Husaren auf Nachtpatrouille, Aquatintablatt von Conrad Ziegler nach einer Zeichnung von C. Geßner, um 1800

kammern und Kuriositätenkabinette. In ihrer Besonderheit unterstützten solche exotischen Artefakte und Naturalien den europäischen Aberglauben in seiner Furcht vor außereuropäischen Welten ebenso wie den europäischen Glauben an die eigene Überlegenheit.

Seit den 1770er Jahren, angeregt durch den Unabhängigkeitskrieg der dreizehn britischen Kolonien in Nordamerika und die Entstehung eines neuartigen Staatsgebildes, den sogenannten Vereinigten Staaten von Amerika, im Jahre 1776, entstanden neue Facetten im europäischen Verständnis: Nordamerika verwandelte sich in der allgemeinen Wahrnehmung in die USA und war nicht länger nur ein fernes Konglomerat chaotischer, aufmüpfiger und undisziplinierter Kolonisten, die sich wider die Grundsätze konfessioneller Uniformität verhielten und in einer nicht präzise definierten Wildnis lebten; Nordamerika wandelte sich aus europäischer Sicht zu dem Staatsgebilde USA, das – folgte man traditionellen Regeln von Staatlichkeit und Regierbarkeit – eigentlich gar nicht existieren konnte, in dem Kirche und Politik getrennt waren und das seine Unabhängigkeit aller Wahrscheinlichkeit zum Trotz von der stärksten europäischen See-, Handels- und Kolonialmacht Großbritannien erkämpft hatte. Die Republik USA, je nach Standpunkt verehrt, bewundert, verlacht, hämisch beäugt, skeptisch betrachtet, betrat als politisch ernstzunehmender Faktor die transatlantische Bühne.

Konsequent interessierten zunächst die Ereignisse, die dieses ungewöhnliche Staatsgebilde geschaffen hatten und das die bis dahin als selbstverständlich akzeptierte Herrschaftsgewalt von Fürsten herausfordern musste: der Krieg

Die
Berufs-Reise nach America
Briefe
der
Generalin von Riedesel
auf dieser Reise
und
während ihres sechsjährigen Aufenthalts
in America
zur Zeit des dortigen Krieges
in den Jahren 1776 bis 1783
nach Deutschland geschrieben

Zweite Auflage.
Berlin
bei Haude und Spener
1801

6.21 | Friederike Riedesel: Die Berufs-Reise nach America […], 1800

der amerikanischen Rebellen gegen die britische Krone, bei dem deutsche Soldaten auf beiden Seiten beteiligt gewesen waren. Friedrich Wilhelm Ludolf Gerhard Augustin von Steuben (1730–1794) unterstützte wie sein französisches Pendant Marie Joseph Paul Yves Roch Gilbert du Motier, Marquis de La Fayette (1757–1834), die Kolonisten, die sich mehrheitlich gegen die britische Krone stellten. Sie organisierten gemeinsam mit George Washington (1732–1799) die amerikanische Kontinentalarmee. Beide Adlige, der eine aus Frankreich, der andere aus Preußen, demonstrierten mit ihrer aktiven Parteinahme für die aufständischen Kolonisten, dass sie ein anderes als das traditionelle Bild von den Kolonien hegten als ihre Standesgenossen: beide favorisierten das Ideal eines Staates, der auf der Souveränität des Volkes und nicht auf Fürstenmacht, Gottesgnadentum und Erbmonarchie beruhte. Ihre hehren Ziele suchten sie durch das klassische Machtmittel von Fürsten, durch Krieg, zu erreichen.

Berichte über den Krieg zirkulierten europaweit: je nach politischem Standpunkt schmähte man ihn als ‚Rebellion', nannte ihn Bürgerkrieg oder Unabhängigkeitskrieg und zeigte damit, ob man Nordamerika als souveränes Staatsgebilde oder als Teil des britischen Imperiums einstufte. Besonderes Interesse fanden die Kampfhandlungen speziell in den Herkunftsländern der Soldaten, die von ihren Landesherren an den britischen König Georg III. (1738–1820) verkauft worden waren bzw. aus dessen hannövrischen Erblanden stammten. Hessische und braunschweigische Soldaten beeinflussten die Wahrnehmung ihrer Landsleute von den USA ebenso wie etwa die Schriften der Friederike Charlotte Louise Riedesel zu Eisenbach (1746–1808), die erst privat kursierten, ehe sie 1799 unter dem Titel *Auszüge aus den Briefen und Papieren des Generals Freyherrn von Riedesel und Seiner Gemahlin, geborenen von Massow* von Graf Heinrich XLIV. Reuß (1753–1832), dem Schwiegersohn der Riedesel veröffentlicht wurden. Soldaten und Offiziere berichteten ihren Familien von ihren Eindrücken bei den Kämpfen, von fruchtbarem Land und besten Böden, die es im Gegensatz zu Europa in Nordamerika im Überfluss gäbe. Nicht alle Soldaten absolvierten einen Zwangseinsatz; manche kamen aus eigenem Antrieb. Beispielsweise veranlassten bereits erste Anzeichen eines baldigen Krieges im fernen Amerika 1775 zwei arbeitslose Haudegen aus Danzig zur Überfahrt nach Amerika, magisch angezogen von der Aussicht auf Kampf, Gewalt und Gewinn. Pikiert berichtete der englische Konsul in Hamburg seinem Dienstherrn in London, dass das Image Amerikas als Sammelpunkt für Glücksritter und Unruhestifter weiterhin Gültigkeit besaß:

> Out among the numbers of sharpents, gamesters and adventurers in whom this place like many other great cities most unfortunately abounds, two persons are particularly to be marked, […] arrived here [in Hamburg] but the other day from Dantzick, their names are Stosch and Miln, formerly officers in-but-already these many years past disbanded from the Prussian military service,

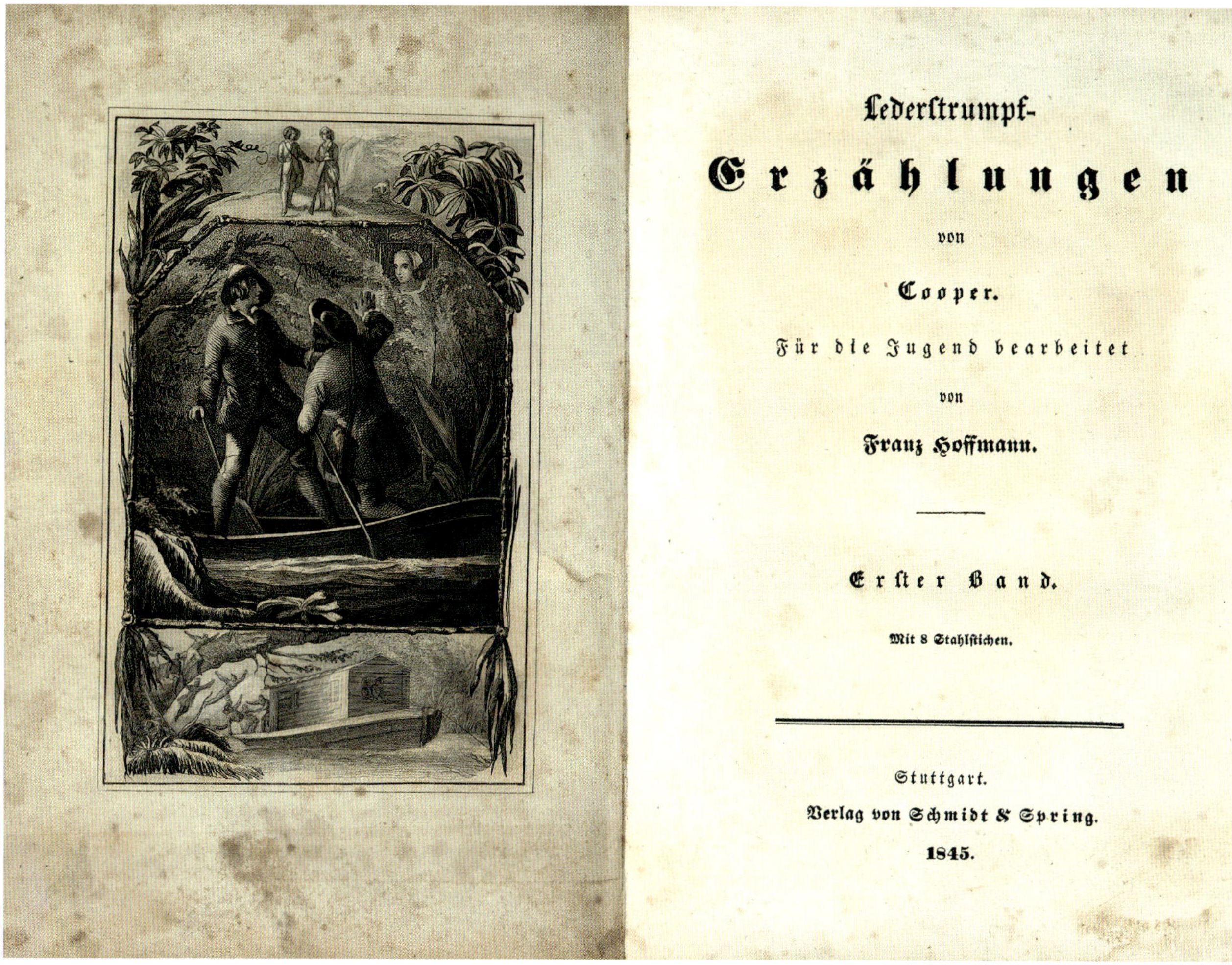

Lederstrumpf-
Erzählungen
von
Cooper.
Für die Jugend bearbeitet
von
Franz Hoffmann.

Erster Band.
Mit 8 Stahlstichen.

Stuttgart.
Verlag von Schmidt & Spring.
1845.

5.37 | Frontispiz und Titelblatt, in: James Fenimore Cooper: Lederstrumpf-Erzählungen, 1845

> [...] I am informed, their intention was to seek their fortunes with the Americans, that they had been engaged into their service by some of their agents at Dantzick, and would soon set out for Holland, where they were to receive money and immediately to embark for St Eustatius [...] they were in high spirits in expectation of what they say may happen in the colonies [...] they frequent the coffee houses and other publick places daily, play high games, and by thus loitering here, I am inclined to believe, it is their intention to incite others in this city who are as idle as they and have nothing to risk but their own lives, to follow them on the said expedition [...].[1]

Die Entstehung der USA 1776 fand besonderes Interesse bei jenen, die von dem wirtschaftlichen und politischen Potential der neuen Republik profitieren wollten: den Kaufleuten in Norddeutschland, in Bremen, im dänischen Altona und in Hamburg, die auf ihre Weise bereits zuvor sowohl von den britischen Truppentransporten über Bremen, Hamburg und Cuxhaven als auch von dem – aus britischer Sicht illegalen – Rüstungshandel der Kontinentalarmee der amerikanischen Kolonien bzw. der frischgebackenen USA profitiert hatten. Die meisten Kaufleute waren so verständig, dass sie sich nicht unvorbereitet auf den neuen Markt einlassen wollten. Anders als die traditionell am Amerikageschäft beteiligten Hamburger Kaufmannsfamilien Parish, Voghts, Matthiessen & Sillem etc. drängten seit dem zweiten Frieden von Paris 1783, nach der offiziellen völkerrechtlichen Anerkennung der USA, nun weitere Kräfte auf diesen Markt. Um das merkantile Potential der USA erfolgreich erschließen zu können, bestand akuter Informationsbedarf über den neuen Staat, das dortige Warenangebot und die Konsumentenbedürfnisse. Gelehrte, Historiker und Finanzfachleute sprangen in die Bresche, um dieses Informationsdefizit zu füllen. Sie schufen ein neues Bild von Nordamerika, das nun von den USA als einem profanen Paradies für Freiheitsliebende, profitorientierte Kaufleute und Unternehmer sowie Gegner altweltlicher Gesellschaften beherrscht wurde. Indem sie die Idee der USA als Freistaaten in den Köpfen ihrer Zeitgenossen verankerten, schufen sie das Modell einer liberalen Handelswelt, einer Gegenwelt zu einem Europa, das unmittelbar vor und lange nach der Französischen Revolution nur mit wenigen bürgerlichen Freiheiten aufwarten konnte. Diese neue Handelswelt verlangte neue Methoden, neue Strategien und Kenntnisse.

Geschichtswissenschaft und Volkswirtschaft machten sich zum Diener des Kommerzes und nahmen Einfluss auf das merkantile Bild der USA in den Köpfen Hamburger und Altonaer Kaufleute, allen voran der Begründer der Hamburger Handelsakademie (gegr. 1768) Johann Georg Büsch (1728–1800),[2] sein kongenialer Partner Christoph Daniel Ebeling (1741–1817) und der Achenwall- und Schlözerschüler, der Hallenser Professor Matthias Christian Sprengel (1746–1803). Sie verwandelten die USA durch ihre intensiven Arbeiten in ein Sujet würdig gelehrter Abhandlungen, Untersuchungen und Beschäftigung. Sie bedienten sich neumodischer Methoden des wissenschaftlichen Arbeitens, des Quellenstudiums und der Statistik, um Geschichte und Gegenwart der USA, deren Bedürfnisse und Möglichkeiten den Kaufleuten und Finanzinvestoren in der deutschsprachigen Welt nahe zu bringen – durch die Beschäftigung mit amerikanischer Geschichte und Gegenwart kreierten sie ein neues Bild Nordamerikas, das eines verheißungsvollen Marktes, der nicht von geschichtslosen Wilden, sondern vernunftbegabten potentiellen Geschäftspartnern, Lieferanten und Konsumenten bewohnt sei.

> The Independence and dawning prosperity of the United States and its Republican government was a subject of discussion in all the well informed circles of Europe but particularly so in Hamburg whose Government on a deminished scales approached nearer to the Democracy of the United States than any other governments in Europe. Being both [Adolph und Peter A. Grotjan] well acquainted with the History of the American Revolution, the achievements of Washington, the character of Jefferson, Patrick Henry, Samuel & John Adams, Benj[amin] Franklin and the intrepid Hancock as revolutionary leaders, but the fame of Rush & Rittenhouse, as learned and scientific men, had long reached our shores. These interesting subjects engaged our private conversations for hours, and became the cause of my determination to settle myself in business in Philadelphia as soon as I became of age […].[3]

In seinen 1844 verfassten Erinnerungen verband der gebürtige Hamburger Peter A. Grotjan, der 1796 nach Philadelphia emigriert war und erst in Reading/Pennsylvania ein florierendes Handelsgeschäft und dann in Philadelphia eine Druckerei aufgebaut hatte, selbstverständlich sein Interesse für die Geschichte und Kultur der USA mit seiner Lebensplanung. Sein Wissen über faszinierende Protagonisten der Amerikanischen Revolution beeinflusste seine berufliche Zukunft. Das Wissen, das er Kaufleuten und seiner Erziehung an dem berühmten Hamburger Gymnasium Johanneum verdankte, formte sein Bild von den USA als lockender Handelsplatz und trug mit zu seiner Entscheidung bei, Hamburg zu verlassen.

Ebeling, Büsch & Co leisteten diese Wissensvermittlung durch ihr umfangreiches Oeuvre, unterstützt von Gebrauchslexika.[4] Sprengel baute auf dieser Basis weiter und unterstützte den Anspruch der USA, sehr wohl über einen Fundus von Geschichte zu verfügen – eine Einstellung, die der Dichterfürst Johann Wolfgang von Goethe (1749–1832) in seinem häufig, als Beweis für generelle europäische Amerikabilder zitierten Gedichtvers „Amerika, du hast es besser" fälschlicherweise verneinte.

Erziehung und enge wirtschaftliche Kontakte zwischen der Stadtrepublik Hamburg und den USA gingen eine

6.36 | Auswanderertafel, Öl auf Holz von Eduard Fröschle, nach April 1846

Verzeichniß
der von
Krumbach u: Hürben,
zuerst nach America abgereißten
Jünglinge
den 17ten April 1846
Ignatz Stempfle
Karl Rees
German Miller
Leonhard Neidhardt
Johañ Bosch
Ferdinand Miller
Michael Schartner
Joseph Schwaninger
Balthasar Goßnr
Georg Maier,

solide Verbindung ein. Die USA gewannen an Prestige als potenter Wirtschaftsfaktor und aufstrebende Macht. Ein Hamburger Kaufmann vom Schlage eines John Parish (1742–1829) verbuchte es 1793 als Ehre, als erster Generalkonsul der USA an der Elbe fungieren zu dürfen. Er zählte viele der US-Führungsschicht, John Ross (1726–1800), Rüstungsagent von George Washington, Robert Morris (1734–1806) und Gouverneur Morris (1752–1816), zu seinen engen Freunden, bewirtete diese großzügig in seinem Landhaus an der Elbchaussee, profitierte von seinem langjährigen erfolgreichen mal legalen, mal illegalen Handel mit den USA. Bei allem Pragmatismus und proamerikanischen Wirtschaftsgebaren, das sein Sohn David Parish (1778–1826) 1813 mit seinem umfangreichen Kredit zugunsten des lädierten US-Staatshaushalts auf die Spitze treiben sollte, hegten John Parish und seine Frau irrationale Vorbehalte gegen die USA: Geschäfte- und berufsfördernde Freundschaften mit US-Amerikanern waren in Ordnung; die Vorstellung, dass der 1807 in die USA migrierte Lieblingssohn David Parish eventuell eine Amerikanerin heiraten könne, empfanden die Eltern als Risiko, das man nur dank Aufwendung aller Toleranz gewähren wollte.

Das Missbehagen deutscher Großbürger gegen etwaige US-amerikanische Schwiegertöchter entwickelte sich zu einem Dauerbrenner in den Korrespondenzen der Hamburger Familien, die ihre hoffnungsvollen Sprösslinge zur Weiterbildung nach Amerika schickten. Kaufleute imitierten so die adelige *Grand Tour* des 18. Jahrhunderts und bewiesen mit der Einbeziehung der USA in die Reiseroute ihrer Söhne, dass sie die USA als merkantilen Faktor akzeptierten und dortigen Handelsusancen und Handelshäusern durchaus Wert beimaßen. Man behandelte die Kollegen auf der anderen Seiten eben als Kollegen, benutzte Praktiken, die man auch im europäischen Miteinander anwandte, wie Empfehlungsschreiben, Partnerschaften und Geschäftskooperationen, doch bei der ehelichen Partnerwahl setzten sich unbewusst wieder alte Vorbehalte gegen das angeblich wilde Nordamerika durch: amerikanische Frauen, weder aus den protestantischen USA, noch gar aus den katholischen Ländern Südamerikas oder von den karibischen Inseln, taugten nach Ansicht Hamburger Kaufleute zur tugendhaften Ehegattin. Der ansonsten sehr moderate Hamburger Jungkaufmann Gustav Gossler (1813–1844), der eine Dependance des wohlsituierten Handelshauses Berenberg, Gossler & Co in Boston leitete, ging in Briefen an seine Familie mit Vertreterinnen des zarten Geschlechts ins Gericht. Sie seien herrisch, dominant und keine guten Tänzerinnen. Vielleicht schlug hier die schlechte Erfahrung mit seiner Schwägerin durch. Sein älterer Bruder hatte 1829 eine Dame der Bostoner Elite geheiratet und seine anspruchsvolle, verwöhnte Schwägerin fand bei seiner Familie wenig Sympathien. US-Amerikanerinnen hing lange das Klischee an, dass man bis dahin dem Land und seinen Ureinwohnern angelastet hatte: wild, körperbewusst und eitel – so interpretierten deutsche Biedermeier das in Maßen emanzipierte, ungewöhnlich selbstbewusste Verhalten wohlhabender Töchter der Eliten in New York, Boston oder Charleston/SC. Während die mittlerweile zahlenmäßig stark reduzierten Indianer durch die Schriften von Washington Irving (1783–1859) und James Fenimore Cooper (1789–1851) allmählich in Deutschland und Europa bekannt wurden und man in Zeiten vor Karl May (1842–1912) bereits Krokodilstränen über die versunkenen Lebenswelten der nun nicht mehr als gefährlich eingestuften Indianer an der Ostküste vergoss, verunglimpften deutsche Besucher und Neuamerikaner US-amerikanische Frauen und hingen ihnen die Charakterzüge an, die das Land und dessen ursprüngliche indigene Bevölkerung inzwischen angeblich verloren hatten und die man bei amerikanischen weißen Männer im geschäftlichen Verkehr widerwillig anerkennen musste. Gossler meinte, die banausenhaften Amerikaner hätten ihr schönes Land überhaupt nicht verdient.

Vorurteile über angebliche nationale Sitten und Verhaltensweisen der US-Amerikaner waren tief bei ihren europäischen Zeitgenossen verwurzelt; es hing von der Situation der Europäer ab, welche Sichtweise, welches Bild der USA und ihrer Menschen jeweils bei ihnen die Oberhand gewann: die ca. sechs Millionen Deutschen, die im 19. Jahrhundert den deutschen Territorien den Rücken kehrten und sich zur Auswanderung in die USA entschieden, folgten meist positiven Amerikabildern: hier reichte die Skala der Anschauungen vom „Land des Fortschritts",

Blick in die South Street in New York, kolorierte Lithografie nach einer Zeichnung von Ivan P. Pranishnikoff, um 1850. Berlin, Bildarchiv Preußischer Kulturbesitz (bpk): 00009916

der Freiheit, der Revolution, der Demokratie bis hin zum Land mit einer ständelosen Gesellschaft.[5] Die Entscheidung für die USA sagte viel über die Wirkungskraft etablierter Amerikabilder, aber auch genauso viel darüber aus, was man in Europa schmerzlich vermisste, was man kritisierte und herbeisehnte. Für die Migranten wurden die USA zu einem weltlichen Paradies, zu einer erstrebenswerten Gegenwelt zu Missständen, Karrieresackgassen oder verbauten Möglichkeiten der Alten Welt. Manche kapitulierten vor ihrer Situation in Europa, so dass die Auswanderung und der Verzicht auf Heimat, Familie und Freunde das kleinere Übel schien und man zwischen unterschiedlichen Zielländern wählte. Neben den USA standen südamerikanische Länder wie Brasilien und Argentinien, Russland, Australien, Mexiko, Kanada oder Neuseeland zur Wahl.

Die Migranten, die aufgrund der Demagogenverfolgungen ab 1819 oder der Revolutionen 1830 sowie 1848 ihr Heil in der Flucht suchten, folgten der Chimäre der unbegrenzten politischen Freiheit der USA, von „God's own country". Sie hatten das Bild des Staates verinnerlicht, der durch eine Revolution und im Widerstand gegen die europäische Monarchie entstanden war – dafür arrangierten sie sich mehr oder weniger erfolgreich mit den Schattenseiten eines Staats, der durch zweifelhafte Kompromisse mit den Problemen Sklaverei, Unfreiheit und rechtlich sanktionierter Entwürdigung dunkelhäutiger Menschen umging. Im Amerikanischen Bürgerkrieg (1861–1865) kämpften deutschstämmige US-Amerikaner in beiden Lagern. Diese Gleichzeitigkeit von Freiheit und Unfreiheit beeinflusste völlig unterschiedliche Einstellungen: Französische Adelige wie Adelbert von Chamisso (1781–1838), Marquis de Lafayette oder Alexis de Tocqueville (1805–1859) bewunderten grundsätzlich die USA, obwohl auch sie nicht blind für manche Schwächen und Mängel einer Gesellschaft waren, in der Leistung und Fortschrittsgläubigkeit zum Heilsprinzip erhoben wurden. Joseph Bonaparte (1768–1844), der ehemalige König von Spanien, nahm in New Jersey sein Exil und hielt dort, in seiner republikanischen Wahlheimat, Hof; ein Adliger wie Arthur Graf von Bernstorff (1809–1873), Enkel der berühmten Frau von Riedesel, verabscheute die USA und warnte seinen früheren Hauslehrer Franz Lieber (1798–1872), der 1827 in die USA emigrierte, sich nicht von dem „freien überklugen Staate" einnehmen zu lassen „gegen den er einen Widerwillen" empfinde.[6] Etwas besonnener reagierte der weise, weltgewandte Altphilologe, Politiker und preußische Finanzexperte im Dienste der Preußenkönige Barthold Georg Niebuhr (1776–1831), der bei aller Begeisterung für die USA offenbar ein solch kritisches Amerikabild hegte, dass auch er seinen früheren Schützling Franz Lieber vor allzu großer, unkritischer Übernahme amerikanischer Sitten und unbegrenzter Bewunderung US-amerikanischer Verhältnisse, vor allem in den Südstaaten, warnte: er sprach den Neuenglandstaaten immerhin einige Reize zu, hielt es jedoch für eine Art „England ohne alle Aristokraten und Überlieferungen, absolut auf die Gegenwart, auf die materielle Thätigkeit angewiesen".[7] Im Widerspruch zu früheren Errungenschaften und der Erkenntnis, dass die USA sehr wohl Geschichte besaßen, fürchtete der Hamburger Ferdinand Beneke um die moralische Verfassung seines Sohns, der sich in New York City gerne aufhielt: „Veramerikaner mir nur [...] nicht! Vergiß darüber nicht dein schönes herrliches Vaterland [...] welches sich nicht bloß der Morgenröthe einer im guten fortschreitenden Zukunft erfreut, sondern auch die wundervolle Abendröthe eines tiefen historischen Hintergrundes [...]".[8] In literarischen Kreisen war das Bild der USA sehr vielfarbig: während Goethe sich unter Einfluss der Lektüre des Reisetagebuchs von Prinz Bernhard von Sachsen Weimar (1792–1863) ohne viel konkretes aktuelles Wissen über die USA 1827 in dem Gedicht „Vereinigte Staaten" zu pauschalem Lob hinreißen ließ,[9] kritisierte das „junge Deutschland" den jungen Staat. Der Adlige Nikolaus Lenau (1802–1850), der 1832/33 mit einem Kolonialprojekt in Ohio schmählich gescheitert war, kompensierte eigenes Versagen mit radikaler Kritik an den USA: er rächte sich, indem er diese als die „verschweinten Staaten von Amerika" abkanzelte.[10] Heinrich Heine (1797–1856) verachtete die USA und bedauerte seine deutschen Zeitgenossen, die in der Auswanderung dorthin den letzten Ausweg vor politischer Verfolgung, aus wirtschaftlicher Misere oder beruflicher Krise sahen.[11]

Selbst pseudorevolutionäre Kreise in Preußen waren nicht immer automatisch allzu angetan von den großen revolutionären Vorbild USA. Friedrich Ludwig Jahn (1778–1852) etwa lehnte Pläne zur Auswanderung in die USA vehement ab. Für ihn kam Auswanderung dem Freitod nahe. Statt in die USA ging er lieber 1825 in die dauerhafte Verbannung nach Freyburg/Unstrut und wetterte dort über Emigrierte aus seinem Berliner Turnerkreis. Seine Ablehnung ging so weit, dass er jeden Kontakt zu seinem Sohn kappte, nachdem dieser vor seinen Schulden und dem dominanten Vater in die USA geflohen war.[12]

Negative Stereotype der USA verbanden sich gern mit einem Maß von Unkenntnis, das angesichts der überbordenden Informationsmöglichkeiten erstaunt. Trotz aller Schriften, die über die USA und US-Politiker in Europa entstanden, trotz des wachsenden Interesses an US-amerikanischen Wissenschaftlern, Juristen, Literaten und Politikern, das zu einem regen transatlantischen Transfer führte, trotz des intensiven Austauschs von Studierenden und Gelehrten, die deutsche Universitäten als das Nonplusultra akademischer Bildung verstanden und deutsche Lehrmittel z.B. an der Harvard University einführten, trotz einer intensiven Berichterstattung in der europäischen, speziell in der deutschen Presse über die USA, z.B. *Cottasches Morgenblatt für gebildete Stände, Das Ausland, Staats und Gelehrte Zeitung des Hamburgischen unpartheyischen Correspondenten,* hielten sich Vorurteile ebenso wie skurrile Ansichten über die USA. Bereits Mathilde Lieber (1805–1890), die Frau des Deutsch-

Amerikaners Francis (ehemals Franz) Lieber, beklagte 1839 bei einem Besuch in ihrer alten Heimat Hamburg, das erstaunlich vorurteilsbehaftete Wissen ihrer zahlreichen Verwandtschaft, überwiegend Kaufleute, Banker und Unternehmer im Handel mit Nord- und Südamerika.[13]

Das Bild der kultur- und geschichtslosen, unzivilisierten USA hatte allen Informationsbemühungen, allen unmittelbaren Erfahrungen zum Trotz und wider besseres Wissen Bestand. Oftmals übertönte pauschale Negation die Erkenntnis über positive Zustände. Die Vorstellung von den USA als eines Staats voller Waffenfetischisten, ungehobelter Rassisten und lernresistenter Weltpolizisten in Gestalt eines latenten Antiamerikanismus verlagerte sich seit dem späten 19. Jahrhundert in das kollektive Unterbewusstsein der Europäer; in Zeiten angespannter Beziehungen zwischen Europa und Amerika leben alte Klischees sofort wieder auf. Man denke nur an Darstellungen von US-Präsidenten als ungehobelte Cowboys, an die Titulierung Washingtoner Politik als Wildwestmanier oder an den vereinten europäischen Aufschrei angesichts des Eklats, den Donald H. Rumsfeld 2003 mit seinem Ausspruch vom Alten Europa anrichtete.

**Weiterführende Literatur**

America through European eyes: British and French reflections on the new world from the eighteenth century to the present. Ed. by Aurelian Crăiutu u. Jeffrey C. Isaac. University Park/PA 2009.

Amerika und die Deutschen. Bestandsaufnahme einer 300jährigen Geschichte. Hg. v. Frank Trommler. Opladen 1986.

Deutsche im Amerikanischen Bürgerkrieg: Briefe von Front und Farm, 1861–1865. Hg. v. Wolfgang Helbich. Paderborn 2002.

Horst Dippel: Deutschland und die amerikanische Revolution: sozialgeschichtliche Untersuchung zum politischen Bewusstsein im ausgehenden 18. Jahrhundert. Köln 1970.

Stephan W. Görisch: Information zwischen Werbung und Warnung. Die Rolle der Amerikaliteratur in der Auswanderung des 18. und 19. Jahrhunderts. Darmstadt, Marburg 1991 (Quellen und Forschungen zur hessischen Geschichte, 84).

Krieg in Amerika und Aufklärung in Hessen: die Privatbriefe (1772–1784) an Georg Ernst von und zu Gilsa. Hg. v. Holger Th. Gräf. Marburg 2010 (Untersuchungen und Materialien zur Verfassungs- und Landesgeschichte, 27).

Alexander Schmidt: Reisen in die Moderne. Der Amerika-Diskurs des deutschen Bürgertums vor dem Ersten Weltkrieg im europäischen Vergleich. Berlin 1997.

Transatlantic images and perceptions, Germany and America since 1776. Hg. v. David Barclay u. Elisabeth Glaser-Schmidt. Cambridge 1997 (Publications of the German Historical Institute).

**Anmerkungen**

1 Brief von Emanuel Matthias an Lord Suffolk. Hamburg, 23.05.1775 (The National Archives Key, Surrey SP 82/94 1775 No 22).

2 Vgl. Johann Georg Büsch: Ueber den Handel auf Nordamerika. In: Handlungsbibliothek. Hg. v. J.G. Büsch u. Christoph Daniel Ebeling. Bd. 2. Hamburg 1789, 1–51; für einen erfolgreichen Handel sei es wichtig, die politischen Veränderungen zu kennen. Siehe dazu die digitalisierte Version der *Handlungsbibliothek* auf dem Server der Universität Bielefeld: http://www.ub.uni-bielefeld.de/digilib/aufkl/handlungsbibliothek/handlungsbibliothek.htm (Stand: 25.12.2010); Amerikanisches Magazin, oder authentische Beiträge zur Erdbeschreibung, Staatskunde und Geschichte von Amerika, besonders aber der Vereinten Staaten. Hg. v. Christoph Daniel Ebeling u. Dietrich Hermann Hegewisch. Bd. 1. Hamburg: Bohn, 1795–1797.

3 Memoirs Peter A. Grotjan, 1774–1850. Vol. 2, fol. 58 (Historical Society of Pennsylvania Am 0708).

4 Vgl. Waaren-Lexicon in zwölf Sprachen der Hamburgischen Commerz-Deputation zu geeignet Philipp Andreas Nemnich. Hamburg 1797; Gottfried Christian Bohns Waarenlager oder Produkten= und Waarenlexicon für Kaufleute, welches das Interessanteste und Brauchbarste aus der Naturgeschichte, Chemie und Technologie, und eine sorgfältige Beschreibung der im Handel vorkommenden Natur- und Kunstprodukte, der Art ihrer Gewinnung und Verarbeitung, ihrer Eigenschaften und Kennzeichen, der Oerter, wo sie gewonnen werden, und woher man sie zieht, so wie des Handels mit denselben nach alphabetischer Ordnung enthält. Neue durchaus verbesserte und gänzlich umgearbeitete Auflage. Hamburg: Carl Ernst Bohm, 1788.

5 Vgl. Volker Depkat: Amerikabilder in politischen Diskursen. Deutsche Zeitschriften von 1789 bis 1930 Stuttgart 1998 (Sprache und Geschichte, 24).

6 Brief von Arthur Bernstorff an Franz Lieber (London). Berlin, 21.02.1827 (Library of the University of South Carolina, Columbia/SC, Francis Lieber box I, folder 3).

7 Brief von Barthold Georg Niebuhr an Francis Lieber (Cambridge/Mass.). Bonn, 13.09.1827 (The Henry Huntington Library, San Marino/CA Francis Lieber Papers Box 58 Li 2930).

8 Aufzeichnungen und Briefe von Ferdinand Beneke an Alfred Beneke. Hamburg, 27.10.1844 (Staatsarchiv der Freien und Hansestadt Hamburg 622-1/121 Familie Beneke J 6).

9 Goethe und das Zeitalter der Romantik. Hg. v. Walter Hinderer in Verb. mit Alexander von Bormann. Würzburg 2002, 499.

10 Vgl. Anton Xaver Schurz: Lenaus Leben. Grossenteils aus des Dichters eigenen Briefen von seinem Schwestermanne. Stuttgart, Augsburg: Cotta, 1855, 214.

11 Vgl. Brief von Heinrich Heine an Friedrich Merkel (Hamburg). London, 23.04.1827; siehe Briefe und Werke Heines mit Amerikabezügen im Heinrich-Heine-Portal http://www.heine-portal.de (Stand: 21.1.2011).

12 Vgl. Heinrich Pröhle: Friedrich Ludwig Jahn's Leben. Nebst Mitheilungen aus seinem literarischen Nachlasse. Berlin 1855, 142f.

13 Vgl. Brief von Mathilde Lieber an Francis Lieber (New York). Hamburg, 15.10.1839 (The Henry Huntington Library San Marino/Ca Francis Lieber Papers Box 54 Li 5058).

ERP
EUROPA
MARSHALL-PLAN

Volker Depkat

# Szenen einer ambivalenten Verflechtungsgeschichte: Deutschland und Amerika im 19. und 20. Jahrhundert

Die Geschichte der deutsch-amerikanischen Beziehungen von der Französischen Revolution bis zum Ende des Kalten Krieges ist die einer höchst widersprüchlichen Verflechtungsgeschichte im Spannungsfeld von Kooperation und Konfrontation, Faszination und Abgrenzung. Mit der Französischen Revolution, die von vielen Zeitgenossen als der Versuch gesehen wurde, die politischen Ideale der Amerikanischen Revolution auch in Europa zu verwirklichen, begann ein neuer Abschnitt in der Geschichte der deutsch-amerikanischen Beziehungen. Der kreuz und quer über den Atlantik verlaufende Kulturaustausch zwischen Deutschland und Amerika verdichtete sich und nahm eine dezidiert politisch und ideengeschichtliche Dynamik an. Diese führte dazu, dass beide Länder in der sich herausbildenden Wertegemeinschaft der westlichen Welt aufgingen. Dieser Prozess der *Westernisierung* war alles andere als linear oder gar konfliktfrei, ganz im Gegenteil. Deshalb hatte das deutsch-amerikanische Verhältnis im 19. und 20. Jahrhundert auch sehr unterschiedliche Phasen, wobei die kardinalen Zäsuren durch die Revolution von 1848/49, den Ersten Weltkrieg und das Jahr 1945 bestimmt sind.[1]

## Deutschland und Amerika im „langen 19. Jahrhundert" (1789 bis 1914)

Im „langen 19. Jahrhundert" waren die USA für Deutschland in dreierlei Hinsicht bedeutsam, und zwar als Auswanderungsland, als Land der Freiheit und Demokratie sowie als Abenteuerraum, in dem Indianer und weiße Siedler einen epischen Kampf um Existenz und Vorherrschaft gegeneinander ausfochten.

ERP – Marshall-Plan, Plakat, 1947. Das European Recovery Program (ERP), auch Marshall-Plan genannt, war ein Programm der USA zum Wiederaufbau Westeuropas, einschließlich der drei deutschen Westzonen bzw. ab 1949 der Bundesrepublik, nach dem Zweiten Weltkrieg. Berlin, Bildarchiv Preußischer Kulturbesitz (bpk): 00022815

### *Die deutsche Amerikaauswanderung des 19. Jahrhunderts*

Im 19. Jahrhundert wanderten die Deutschen massenhaft in die USA aus; zwischen 1820 und 1920 waren es rund 5,5 Millionen Menschen. Damit stellten die Deutschen die zahlenmäßig stärkste Einwanderergruppe. Vor 1830 machten sich nur wenige Deutsche auf nach Amerika; in den 1820er Jahren waren es durchschnittlich knapp 600 Personen im Jahr. Dann aber entwickelte sich die deutsche Amerika-Auswanderung rasch zu einem Massenphänomen, das in den letzten fünfzehn Jahren vor dem Amerikanischen Bürgerkrieg einen ersten Höhepunkt erreichte. Zwischen 1845 und 1860 emigrierten rund 1,3 Millionen Deutsche in die USA. Während des Amerikanischen Bürgerkrieges (1861–1865) ging die deutsche Amerika-Auswanderung deutlich zurück. Danach jedoch, als die rasante Beschleunigung des Industrialisierungsprozesses die USA bis 1913 zur stärksten Industriewirtschaft der Welt werden ließ, stieg die deutsche Amerikaauswanderung rasch wieder an. Zwischen 1865 und 1875 wanderten mehr als eine Million Deutsche in die USA aus, in den folgenden fünf Jahren ging die Zahl der Auswanderer deutlich zurück, nur um zwischen 1881 und 1885 noch einmal wieder auf fast eine Million anzusteigen. Damit hatte die deutsche Amerika-Auswanderung ihren Höhepunkt Mitte der 1880er Jahre überschritten. Zwischen 1890 und 1914 kamen allerdings immer noch rund eine Million Deutsche in das Land.

Für die Auswanderer waren die USA aus mehreren Gründen interessant. Da war zum einen die ökonomische Situation in Deutschland, die im zweiten Drittel des 19. Jahrhunderts ganz durch den Pauperismus des Vormärz bestimmt wurde. Angesichts der wirtschaftlichen Not entschlossen sich hunderttausende Deutsche, ihr Glück in den USA zu suchen. Neben ökonomischen spielten auch politische Gründe eine wichtige Rolle für den Entschluss zur Auswanderung. Während das vormärzliche Deutsch-

Der deutsche Auswanderer, Holzstich in: Fliegende Blätter. Bd. 1. München: Schreiber, 1845. Halle, Martin-Luther-Universität Halle-Wittenberg, Universitäts- und Landesbibliothek Sachsen-Anhalt: Af 473, 4°

land sich im Zeichen des Systems Metternich mit der Garantie von Grundrechten schwer tat und jede demokratische Regung entschieden unterdrückte, gab es auf der anderen Seite des Atlantiks mit den USA ein Land, dessen politische Ordnung in allen seinen Teilen auf dem Grundsatz der Volkssouveränität beruhte und das jedem seiner Bürger einen Katalog von unveräußerlichen Grundrechten garantierte. Dieser Aspekt Amerikas trat mit dem Scheitern der Revolution von 1848/49, mit dem alle Hoffnungen auf die baldige Verwirklichung von Freiheit und Demokratie in Deutschland auf lange Zeit zerstoben schienen, prominent in den Vordergrund. Diskreditiert und vom wieder erstarkten Obrigkeitsstaat massiv verfolgt, suchten viele der entschiedensten Demokraten der 1848er Revolution, wie beispielsweise Carl Schurz (1829–1906) oder Friedrich Hecker (1811–1881), politisches Asyl in den USA.

### *Amerikaner in Deutschland*

Verglichen mit den Millionen Deutschen, die im 19. Jahrhundert nach Amerika kamen, war die Zahl der Amerikaner in Deutschland verschwindend gering, doch es gab sie immerhin, wobei es sich bei ihnen fast ausschließlich um Bildungseliten handelte. Tausende von Amerikanern kamen bis zum Vorabend des Ersten Weltkrieges als Studenten dorthin. Dabei rangierten die Universitäten in Göttingen, Berlin und Heidelberg ganz oben auf der Beliebtheitsskala. Die Liste der berühmten Amerikaner, die in Deutschland ihre akademische Ausbildung erhielten, ist lang. Erwähnt seien hier nur George Bancroft (1800–1891), der Gründervater der amerikanischen Geschichtswissenschaft, der im Jahr 1820 von der Universität Göttingen promoviert wurde, und William E. B. Du Bois (1868–1963), einer der einflussreichsten afro-amerikanischen Bürgerrechtler des 20. Jahrhunderts, der zwischen 1892 und 1894 in Berlin und Heidelberg studierte. Neben Studenten kamen auch Hunderte amerikanische Maler, um sich an deutschen Kunstakademien aus- und weiterbilden zu lassen. Vor allem die Akademien in Düsseldorf und München genossen einen hervorragenden Ruf. Darüber hinaus kamen viele als Bildungs- oder Geschäftsreisende nach Deutschland; einer der bekanntesten von ihnen war Mark Twain (1835–1910), der seine Deutschlanderlebnisse in seinem satirischen Reisebericht *A Tramp Abroad* (1880) in bis heute überaus lesenswerter Form festgehalten hat. Erwähnt sei in diesem Zusammenhang schließlich noch, dass Buffalo Bill (1846–1917) mit seiner Wildwest-Show zwischen 1887 und 1890 durch Europa tourte und dabei auch mit großem Erfolg in Deutschland Station machte.

### *Deutsche Amerikabilder des 19. Jahrhunderts*

Fragt man nach den Amerikabildern, die von der Französischen Revolution bis zum Ersten Weltkrieg in Deutschland zirkulierten, so stellt man fest, dass diese oft nur wenig mit den Realitäten in den USA, dafür aber sehr viel mit Selbstsichten, Befindlichkeiten, Sehnsüchten und politisch-sozialen Interessen der Deutschen selbst zu tun hatten. Ferner sticht die verwirrende Vielfalt und Widersprüchlichkeit der deutschen Amerikabilder ins Auge. *Das* deutsche Amerikabild des 19. Jahrhunderts hat es nicht gegeben. Vielmehr zirkulierten mehrere Amerikabilder, die miteinander konkurrierten, einander widersprachen, sich gegenseitig ausschlossen. Gewisse Formeln und Versatzstücke jedoch tauchen immer wieder auf: Die deutschen Zeitgenossen diskutierten Amerika damals schon als Land des Fortschritts und Land der Freiheit, als Land der Demokratie, als Land der Revolution, als Land ohne Geschichte, als Auswanderungsland und zum Ende des 19. Jahrhunderts hin auch als Land der industriellen Moderne.

#### • *Auswanderungsland Amerika*

In der deutschen Auswanderungsdebatte ging es maßgeblich um die Frage, wer auswandern sollte und wer nicht. Im Laufe dieser Debatte bildete sich bereits im Vormärz die Überzeugung heraus, dass Amerika den Armen, die körperliche Arbeit gewohnt seien und in Deutschland nichts zu verlieren haben, viele Möglichkeiten biete, während es für die besitzenden und gebildeten Schichten dort

Friedrich Hecker, Holzschnitt, 1848. Berlin, ullstein bild: 003811201

nichts zu gewinnen gebe. Ungeachtet dieses Konsenses waren die im Auswanderungsdiskurs zirkulierenden deutschen Amerikabilder höchst widersprüchlich. Bilder von den USA als bäuerliches Paradies und als Schlaraffenland, in dem Milch und Honig flossen, standen neben solchen, die in drastischen Farben die mit der Auswanderung verbundenen Gefahren, Fehlschläge und Enttäuschungen in den Vordergrund rückten.

#### • *Amerika als Land der Freiheit und der Demokratie*

Eine ganz andere Debatte kreiste um Amerika als Land der Freiheit und der Demokratie und auch hier gingen die Meinungen im Vormärz weit auseinander. Während Amerika für die wenigen deutschen Demokraten eine Art verwirklichte Utopie darstellte, hatte die Mehrheit der bür-

Eine Farm mit Blockhaus, Stahlstich von F. Foltz nach C. Köhler in: Briefe aus Amerika für deutsche Auswanderer. Darmstadt: Lange, 1852. Göttingen, Niedersächsische Staats- und Universitätsbibliothek

gerlichen Liberalen – von den Konservativen ganz zu schweigen – ein überaus gebrochenes Verhältnis zu den potentiellen Folgen der eigenen politischen Ideale. Freiheit und Demokratie für alle erschien ihnen als gleichmacherisch und vulgär. Die liberal-bürgerliche Amerikakritik des Vormärz hob deshalb immer wieder das Rabaukenhafte Amerikas, das Fehlen von höherer Bildung und Kultur sowie den dort grassierenden Materialismus hervor. So beklagte Nikolaus Lenau (1802–1850) das Fehlen der Nachtigall in Amerika. Heinrich Heine (1797–1856) sprach von Amerika als dem „ungeheuren Freiheitsgefängnis“,[2] und auch andere liberal gesonnene Schriftsteller wie Karl Gutzkow (1811–1878) und Heinrich Laube (1806–1884) betonten die Monotonie, Farblosigkeit und Plattheit des alltäglichen Lebens dort. Insofern offenbart die Auseinandersetzung deutscher Liberaler mit den USA immer auch die begrenzte politische Radikalität des deutschen Liberalismus im 19. Jahrhundert.

### • *Amerika als Land der industriellen Moderne*

Im letzten Jahrhundertdrittel, als die Industrialisierung auf beiden Seiten des Atlantiks an Fahrt gewann und Deutschland sowie die USA gleichermaßen rasant zu den führenden Wirtschaftsmächten der Welt aufsteigen ließ, rückten die Besonderheiten des amerikanischen Kapitalismus zunehmend in das Zentrum der deutschen Amerikadebatten. Damals ging Max Weber (1864–1920) in seinem

Werk *Die protestantischen Ethik und der Geist des Kapitalismus* (1904/05) der Frage nach, warum es nur in Westeuropa und Nordamerika zur Entfaltung des Kapitalismus gekommen sei. Seine Antwort war, dass der Protestantismus mit seinem Fokus auf das selbsttätige Individuum, seine Rationalität und seine Wertschätzung der Arbeit eine geistige Haltung zur Welt ausgeprägt habe, die dem kapitalistischen Wirtschaften in besonderem Maße zuträglich gewesen sei. Die reinste Manifestation des kapitalistischen Geistes fand Weber bei den Puritanern im kolonialen Neuengland und er nutzte die Autobiografie Benjamin Franklins (1706–1790), um den kulturprägenden Geist des Kapitalismus zu erläutern.

Im gleichen Zeitraum fragte sich Werner Sombart (1863–1941), warum es in Amerika, dem Land, in dem der Kapitalismus in Reinkultur herrsche, eigentlich keinen Sozialismus gebe, wo doch laut marxistischer Geschichtsauffassung der Sozialismus dort am stärksten sein müsse, wo der Kapitalismus am reinsten sei. Kurz danach fuhr Ludwig Max Goldberger (1848–1913) im Jahr 1902 in die USA, um die Wirkungsweisen der amerikanischen Wirtschaft persönlich in Augenschein zu nehmen. Das, was er auf seiner achtmonatigen Reise durch die Großstädte und Fabriken Amerikas sah, überwältigte ihn. Er sprach von der gigantischen Wirtschaftskraft des Landes, der ungeheuren Produktivität der amerikanischen Industrie, der Findigkeit, mit der die Amerikaner Maschinen im industriellen Fertigungsprozess einsetzten, der enormen Effizienz der Arbeitsabläufe in amerikanischen Fabriken und dem schier unendlichen Angebot an Konsumgütern. Die USA, so Goldberger, seien das „Land der unbegrenzten Möglichkeiten".[3]

Im letzten Drittel des 19. Jahrhunderts wurden die USA in Deutschland und Europa immer mehr zum Paradigma einer industriell-technischen Modernität. *Fordismus* und *Taylorismus*, also Fließbandproduktion und eine nach wissenschaftlichen Kriterien und exakten Zeit- und Bewegungsmessungen durchgeführte Organisation von Produktions- und Arbeitsabläufen mit dem Ziel der Effizienzsteigerung, wurden damals zu Schlagworten, die immer enger mit den USA verbunden wurden. Die Fabrik

Reisen

von

Friedrich Gerstäcker.

Zweiter Band.

Californien.

Stuttgart und Tübingen.

J. G. Cotta'scher Verlag.

1853.

5.40 | Friedrich Gerstäcker: Reisen. Bd. 2: Californien, 1853

und der Wolkenkratzer wurden damals zu Symbolen der amerikanischen Moderne, von der deutsche Zeitgenossen nicht so recht wussten, ob sie die nun auch in Deutschland verwirklicht wissen wollten oder nicht.

### • *Amerika als Land des „Wilden Westens"*

Während des gesamten 19. Jahrhunderts war Amerika in Deutschland das Land des „Wilden Westens", ein Abenteuerland also, in dem weiße Siedler als die ersten Vorboten der europäisch-amerikanischen Zivilisation gegen die ihr Land und ihre Lebensform verzweifelt verteidigenden Indianer kämpften. Die Lederstrumpfgeschichten James Fenimore Coopers (1789–1851) haben hier Entscheidendes geleistet, doch auch deutsche Autoren strickten eifrig mit am Mythos des amerikanischen Westens: Otto Ruppius

FOLGENDE DOPPELSEITE:
Buffalo Bill's Wild West, Plakat, 1880. Berlin, ullstein bild: 42376903

Buffalo Bill's
CALHOUN PRINT C.

Wild West

(1819–1864), Balduin Möllhausen (1825–1905), Friedrich Gerstäcker (1816–1872), Charles Sealsfield (1793–1864), Friedrich Armand Strubberg (1806–1889) und dann vor allem Karl May (1842–1912), der mit seinen Geschichten von Winnetou und Old Shatterhand seit den 1880er Jahren die deutsche Sicht auf den „Wilden Westen" Amerikas gewissermaßen im Alleingang geprägt hat. So unterschiedlich die Autoren und ihre Wild-West-Geschichten im einzelnen auch sind, was sie verbindet ist, dass sie Amerikas Westen als eine im Kern vormoderne Welt entwarfen, wo es noch wilde Tiere und scheinbar wilde Völker gab, wo Superhelden und Superverbrecher eine angemessene Bühne für ihre Taten fanden und wo noch keine fest etablierten staatlichen Strukturen diesem Treiben Einhalt geboten. In diesem „Wilden Westen" herrschte das primitive Recht des Stärkeren, hier bewährten sich die Männer noch als Männer, hier ließen sich Abenteuer erleben, die sich in der staatlich reglementierten, bürokratisch kontrollierten und zivilisatorisch gebändigten Welt Europas anscheinend nicht mehr erleben ließen.

Dieses Bild war immer auch eine Kritik an der industriellen Moderne, die sich im Laufe des 19. Jahrhunderts auf beiden Seiten des Atlantiks stürmisch Bahn brach. In der auf den „Wilden Westen" projizierten Abenteuersehnsucht artikuliert sich eine kaum zu übersehende Zivilisationsmüdigkeit, das Leiden an einer technisch-industriellen Welt, die den einzelnen von der Natur, sich selbst und einer wie auch immer konkret definierten Ursprünglichkeit entfremdete, ihn zunehmend kontrollierte und ihn in der anonymen Masse aufgehen ließ.

## Deutschland und Amerika im „kurzen 20. Jahrhundert"

In dem von Eric Hobsbawm so genannten „kurzen 20. Jahrhundert", das sich vom Beginn des Ersten Weltkrieges bis zum Ende des Kalten Krieges erstreckt und im Kern durch den Gegensatz von Demokratie und totalitären Anti-Demokratien bestimmt ist, wurde das deutsch-amerikanische Verhältnis zwischen 1914 und 1945 entscheidend durch die Kriege und Krisen des „Katastrophenzeitalters" und anschließend durch die Konfliktkonstellation des Kalten Krieges bestimmt.[4]

### *Deutschland, Amerika und der Erste Weltkrieg*

Der Erste Weltkrieg stellt eine fundamentale Zäsur im deutsch-amerikanischen Verhältnis dar, die kaum weniger tief ist als die des Jahres 1945. Nationalistisch gesinnte Intellektuelle in Deutschland wollten den Krieg als Krieg für die „Ideen von 1914" geführt wissen. Ihre politische Vorstellungswelt kreiste um antiliberale, antidemokratische und korporatistische Wertideen, und sie kreierten damit eine Metaphysik des Deutschtums, das sich durch seinen Gegensatz zu den westlichen Demokratien definierte. Damit wurde der Krieg aus deutscher Sicht zu einem ideologisch überhöhten Ringen zweier miteinander unvereinbarer Weltanschauungen und Lebensstile.

Die Amerikaner sahen das genauso, allerdings unter anderen Vorzeichen. Zwar erklärten sich die USA im Juli 1914 für neutral, doch wurden sie bis 1917 zunächst ökonomisch und dann auch politisch immer tiefer auf Seiten der Entente in den europäischen Krieg hineingezogen. Allerdings führten erst die Wiederaufnahme des uneingeschränkten U-Bootkrieges durch das Deutsche Reich im Februar 1917 und das Zimmermann-Telegramm zur Kriegserklärung der USA an Deutschland. Bereits im Februar 1915 hatte der amerikanische Präsident Woodrow Wilson (1856–1924) die Versenkung gegnerischer Handelsschiffe ohne vorherige Warnung und Durchsuchung sowie ohne Rücksicht auf das Leben der Passagiere durch deutsche U-Boote scharf verurteilt. Nach dem deutschen U-Boot-Angriff auf das britische Passagierschiff *Lusitania* vom 7. Mai 1915, bei dem 128 amerikanische Staatsbürger ums Leben kamen, hatte die militärische Führung des Deutschen Reiches den uneingeschränkten U-Bootkrieg zunächst eingestellt, ihn dann aber zum 1. Februar 1917 wieder begonnen und damit einen Kriegseintritt der USA billigend in Kauf genommen.

Parallel dazu wurde Ende Februar 1917 der Inhalt des Zimmermann-Telegramms bekannt. Bei ihm handelte es sich um eine Depesche des deutschen Außenministers Arthur Zimmermann (1864–1940) an den deutschen Botschafter in Mexiko, mit der dieser dazu ermächtigt wurde, der mexikanischen Regierung einen Plan zu unterbreiten, wonach Mexiko an der Seite Deutschlands in den Krieg eintreten und in die USA einmarschieren solle. Im Falle eines deutschen Sieges würde Mexiko das gesamte Territorium zurück erhalten, das es im Jahre 1848 mit dem Frieden von Guadalupe Hidalgo an die USA abgetreten hatte, also den gesamten Südwesten der USA. Dieses sensationelle Telegramm hatte die britische Regierung abgefangen, entschlüsselt und am 24. Februar 1917 veröffentlicht. Daraufhin trat Präsident Wilson am 2. April 1917 vor beide Häuser des Kongresses, um für eine Kriegserklärung an Deutschland zu werben. In dieser Rede überhöhte er den Krieg zu einem Kampf zwischen dem Prinzip der Freiheit und dem der Autokratie in preußischem Gewand. Demgegenüber definierte er die Rolle der USA als Anwalt des Völkerrechts, dessen Geltung durch den amerikanischen Kriegseinsatz zu behaupten sei. Zwei Tage nach Wilsons Rede stimmte der Senat mit 82 zu sechs Stimmen für eine Kriegserklärung an Deutschland, am 6. April schloss sich das Repräsentantenhaus mit 373 zu 50 Stimmen diesem Votum an. Erstmals in ihrer Geschichte traten die USA in einen europäischen Krieg ein.

Für die Deutschamerikaner bedeutete das nichts Gutes. Dieser Krieg brachte die große Tradition der deutschen Einwanderung in die USA zu einem abrupten Ende. Gleichzeitig führte der 1917/18 in den USA systematisch geschürte Kriegsnationalismus zu einer fast schon hysterischen Suche nach „Feinden in Innern", die sich rasch auf die Deutschamerikaner konzentrierte. Sie, die bis dahin eine der größten und sichtbarsten ethnischen Gruppen in den USA gewesen waren, wurden zur Zielscheibe einer vielfach in Gewalt umschlagenden Intoleranz. Ihnen wurde unterstellt, „national unzuverlässig" zu sein und die amerikanische Kriegsanstrengung durch Spionage und Sabotage zu untergraben. Die Deutschamerikaner wurden streng überwacht und Tausende von ihnen unter meist vollkommen haltlosen Vorwürfen ohne Verfahren interniert. Einige Bundesstaaten strichen den Deutschunterricht aus den Lehrplänen, Bibliotheken nahmen deutsche Bücher aus ihren Regalen, die deutschsprachige Presse der USA wurde scharf zensiert und „Sauerkraut" wurde in Restaurants vielfach als *liberty cabbage* verkauft. Auf diese Aggressionen reagierten die Deutschamerikaner vielfach mit einem amerikanischen Hypernationalismus, der sie ihre deutschen kulturellen Wurzeln komplett negieren ließ. Nach 1918 waren sie als ethnische Gruppe in den USA nie wieder so sichtbar wie davor.

In Deutschland wurde Woodrow Wilson zum Ende des Krieges zu einer Schlüsselfigur. Mit seinen berühmten *Vierzehn Punkten*, mit denen er am 8. Januar 1918 die Grundlagen der von ihm antizipierten neuen Weltordnung umrissen hatte, hatte er hier Hoffnungen auf einen Verständigungsfrieden genährt. Die Parlamentarisierung des Deutschen Kaiserreiches im Oktober 1918 war von der militärischen Führung des Reiches als eine Vorleistung für einen Frieden auf der Basis der *Vierzehn Punkte* konzipiert worden. Nach der Revolution vom 9. November 1918 hatten sich die Hoffnungen auf einen Frieden ohne Sieger noch verstärkt. Umso tiefer saß der Schock, als die Bestimmungen des Versailler Vertrages im Frühjahr 1919 in Deutschland bekannt wurden. So groß die Hoffnungen gewesen waren und sich mit dem US-Präsidenten verbunden hatten, so tief saß jetzt der Hass auf ihn in weiten Teilen der deutschen Bevölkerung.

### Zwischen „Amerikanismus" und „Amerikanisierung" – Deutschland und Amerika in den 1920er Jahren

Allerdings hörte Amerika auch in den 1920er Jahren nicht auf, die Deutschen zu faszinieren oder zu erschrecken. Die bereits im letzten Viertel des 19. Jahrhunderts einsetzende Debatte über die spezifische Form der Moderne, die sich in den USA ausgeprägt hatte, verdichtete sich nun im Schlagwort vom „Amerikanismus". Damals avancierten Amerika und der „Amerikanismus" in den Worten Detlev J.K. Peukerts „zur Chiffre für vorbehaltlose und bedingungslose Modernität."[5] Die in diesem Zusammenhang zirkulierenden Amerikabilder waren höchst widersprüchlich. „Amerikanismus", so Philipp Gassert treffend, wurde zu einem „wahrhaft europäischen Sammelbegriff, der alles bedeuten konnte, was ‚modern' war und was mit Materialismus, Effizienz, Größe, Mechanisierung, Standardisierung, Automatisierung, Technokratie, Uniformität, Pragmatismus, Reformertum, naivem Optimismus, Spontanität, Offenheit, Massenbeeinflussung, Reklame und Demokratie

Mit Hilfe eines einfachen Fließbandes fügen Arbeiter in den Ford-Werken in Detroit die Karosserie und das Chassis eines Ford T-Modells zusammen, 1913. Berlin, ullstein bild: 0051866

auch nur im entferntesten in Verbindung gebracht werden konnte."[6]

Tauchten in dieser Debatte viele der bereits vor 1914 ausgeprägten Amerikabilder wieder auf, so fand die deutsche Auseinandersetzung mit Amerika in den 1920er Jahren in einem grundsätzlich veränderten historischen Kontext statt. Während Europas Weltgeltung rasant zerfiel, stiegen die USA zur stärksten ökonomischen und kulturellen Macht auf, die enger als je zuvor mit der Welt verflochten war. In dem Maße, in dem das geschah, hatten Geschehnisse, die sich in den USA ereigneten, zunehmend unmittelbare Rückwirkungen auf Europa, das seit 1918 finanziell am Tropf der USA hing. Im Zuge des Ersten Weltkrieges hatte die Wall Street in New York die City of London als Zentrum des Weltfinanzsystems abgelöst, und die USA waren vom Schuldner zum Gläubiger Europas geworden. Nur deshalb konnte sich der New Yorker Börsenkrach vom Oktober 1929 in eine Weltwirtschaftskrise auswachsen, die insbesondere die Weimarer Republik in einen Strudel riss, der die erste deutsche Demokratie am Ende zerstörte.

Das ändert freilich nichts an der Tatsache, dass amerikanische Produkte, Institutionen, Werte und Praktiken damals in Deutschland immer präsenter wurden. In den 1920/30er Jahren expandierten amerikanische Unternehmen massiv nach Deutschland und Europa. Am 18. August 1925 wurde die Ford-Werke AG in Berlin gegründet, die ihren Sitz 1930 nach Köln verlegte, wo er heute noch ist. Ge-

Charlie Chaplin im Film „Modern Times", 1936. Seit den 1920er Jahren dominiert die Filmindustrie der USA den europäischen Markt. Berlin, ullstein bild: 80189961

neral Motors kaufte sich bei Opel ein und bis 1931 wurde die deutsche Traditionsfirma zu einer hundertprozentigen Tochter des US-Konzerns. Beide US-Unternehmen waren Vorreiter der Serienfertigung in Deutschland und wurden zum Schrittmacher der Rationalisierung in der deutschen Wirtschaft. Parallel dazu wurde auch die amerikanische Popkultur während der Zwischenkriegszeit in Deutschland populär. Coca Cola gab es in Deutschland seit 1929 zu trinken, als in Essen die Coca Cola GmbH gegründet wurde. Filme aus Hollywood fanden ein breites und vielfach auch begeistertes Publikum. Ebenso wurde Jazz in seinen verschiedenen Varianten damals auch in Deutschland populär und zum Inbegriff moderner Musik, zu der sich viele Deutsche nach den neuesten aus Amerika kommenden Tänzen, wie beispielsweise dem Charleston, bewegten. In der Architektur suchten die Protagonisten des *Neuen Bauens* durch ihre funktionalistische Ästhetik Anschluss an die von der amerikanischen Großstadt symbolisierte Moderne.

Damit wurde „Amerikanisierung" in den 1920er Jahren zu einem Kernbegriff der politisch-sozialen Sprache in Deutschland und Europa, mit dem sich die Zeitgenossen über die Art und Richtung des von ihnen selbst im eigenen Land erfahrenen historischen Wandels zu verständigen suchten. Eine tatsächlich oder vermeintlich „amerikanischer" werdende Welt, das war aus Sicht vieler Zeitgenossen die globale Entwicklung, der sie auch in Deutschland unterworfen waren. Dabei war die Rede von der „Amerikani-

CELEBRITY PRODUCTIONS INC.—
present a
MICKEY MOUSE
SOUND CARTOON
A WALT DISNEY
COMIC
DRAWN BY
"UB" IWERKS
The World's Funniest
Cartoon Character
A Sensation in Sound
and Synchrony
Sound Recorded by
CINEPHONE

sierung" zu keinem Zeitpunkt wertfrei. Vielmehr wurden „Amerikanismus" und „Amerikanisierung" in den 1920er Jahren zu Kampfbegriffen, an denen sich weltanschauliche Kontroversen kristallisierten. Während proamerikanische Beobachter in leuchtenden Farben das Bild von den USA als einem Paradigma des neuen, rational durchorganisierten technologisch-industriellen Zeitalters zeichneten, in dem eine auf den Gedanken der individuellen Freiheit gründende, nivellierte Mittelklassengesellschaft einen höheren Lebensstandard als der Rest der Welt genoss und sich an neuen Formen der populären Kultur erfreute, zeichneten antiamerikanisch eingestellte Autoren ganz andere Amerikabilder. In Grau- und Schwarztönen entwarfen sie die USA als ein Land, in dem Technologie und rationales Planen den Menschen „entmenschten", in dem das Individuum in der Masse unterging, in dem Freiheit und Demokratie nur die Langeweile der Konformität und der materielle Wohlstand nur geistige Flachheit produzierten.

Dieser Streit lässt sich kaum sinnvoll in Kategorien von weltanschaulichen Lagern aufgliedern, denn weder war die Linke per se antiamerikanisch, noch die Rechte per se proamerikanisch oder umgekehrt. Ins Auge sticht vielmehr die Ambivalenz und Widersprüchlichkeit der Auseinandersetzung mit den USA innerhalb der verschiedenen weltanschaulichen Lager. Ein und dieselben Autoren, die den technologischen Vorsprung, die rationale Arbeitsorganisation, die Effizienz und Leistungskraft der amerikanischen Industrie bewunderten, sahen in den USA ein seelenloses, rein utilitaristisches und gleichmacherisches *Zeitalter der Massen* heraufziehen, das sie zutiefst erschreckte. Im Kern hat diese Widersprüchlichkeit damit zu tun, dass die Zeitgenossen sich in ihrer Auseinandersetzung mit den USA immer auch darüber verständigten, ob die Moderne, die Amerika repräsentierte, für Deutschland gewollt war oder nicht. Mehr noch als zuvor dienten die Amerikabilder den Deutschen dazu, „sich des eigenen Standpunktes innerhalb der Moderne zu vergewissern."[7] In diesen Kontext fügt sich auch das Amerikabild des Dritten Reichs ein.

Mickey Mouse, Filmplakat, 1929. Dieser Film war der erste Mickey Mouse-Zeichentrickfilm. Später eroberten auch Mickey Mouse- und andere amerikanische Comics den europäischen Markt. Berlin, ullstein bild: 30080238

### *Das Dritte Reich und Amerika – Amerika und das Dritte Reich*

Im Bezug auf die „Amerikanismus"-Debatten der Zwischenkriegszeit markiert das Jahr 1933 keine sehr tiefe Zäsur. Hitler (1889–1945) und viele Nationalsozialisten waren durchaus fasziniert vom technologischen Fortschritt der USA und der rationalen Effizienz amerikanischer Produktionsmethoden. *Fordismus* war etwas, das in den Anfangstagen des Dritten Reiches durchaus die Bewunderung der Nationalsozialisten auf sich zu ziehen vermochte. Allerdings war diese Bewunderung für die industriell-technologische Modernität der USA untrennbar verknüpft mit der tiefen Verachtung für Politik, Gesellschaft und Kultur der amerikanischen Demokratie. Aus Sicht der Nationalsozialisten waren die USA als Inbegriff des „liberalen Systems" diejenige Spielart der Moderne, die man mit dem eigenen rassistischen Projekt der nationalsozialistischen Volksgemeinschaft überwinden wollte. In dem Maße, in dem sich die nationalsozialistische Herrschaft in Deutschland entfaltete, wuchs deshalb die ideologische Distanzierung selbst von denjenigen Aspekten Amerikas, die den Nationalsozialisten anfangs attraktiv erschienen waren. Zum Ende der 1930er Jahre hin wurde Amerika immer mehr zum integralen Bestandteil des nationalsozialistischen Kampfes gegen die „Auswüchse" der Moderne in Form von Demokratie und Liberalismus. Gleichzeitig wurde Antisemitismus im Dritten Reich zum festen Bestandteil deutscher Amerikabilder, die die USA als „Judenstaat" und Präsident Franklin D. Roosevelt (1882–1945) als „Handlanger des Weltjudentums" zeichneten.

Dieser propagandistische Kulturkampf gegen den „Amerikanismus", der sich nach 1937 deutlich intensivierte, sollte freilich nicht den Blick für die Tatsache verschließen, dass Amerika mit seinen Filmen, seiner Jazz- und Swingmusik und anderen Kulturgütern bis Ende der 1930er Jahre auch im Dritten Reich präsent blieb. Zwar ging die Zahl der in Deutschland gezeigten Hollywoodfilme bis zum Beginn des Zweiten Weltkrieges deutlich zurück, aber dennoch waren Filme mit Clark Gable (1901–1960), Joan Crawford (1906–1977) und Greta Garbo (1905–1990), mit Stan Laurel (1890–1965) und Oliver Hardy (1893–1957) sowie nicht zuletzt auch mit Mickey Maus, Donald Duck und Goofy teilweise bis zum Jahr 1940 in deutschen Kinos zu sehen.

Trotz aller Gegenmaßnahmen des Regimes erfreuten sich auch Jazz und Swing vor allem in Teilen der großstädtischen Jugend großer Beliebtheit, nicht nur weil die vom Regime verfemte Musik ihnen die Möglichkeit zur musikalischen Opposition bot.

In den USA war das nationalsozialistische Regime wegen seiner rücksichtlosen Verfolgung politisch Andersdenkender und der fortschreitenden Entrechtung der jüdischen Staatsbürger in weiten Teilen der Bevölkerung wenigstens gering angesehen, teils sogar ausgesprochen verhasst. Zu Recht erblickten viele Amerikaner im totalitären Dritten Reich die komplette Negation aller der Tradition der Aufklärung entstammenden politischen Wertideen, auf die die USA und der *American Way of Life* gegründet waren. Präsident Roosevelt brachte wiederholt seinen Abscheu vor der nationalsozialistischen „Barbarei" zum Ausdruck und warnte schon 1937 in seiner berühmten *Quarantäne Rede* vor der Gefahr, die totalitäre Staaten prinzipiell für Frieden und Stabilität in der Welt bedeuteten. Unter der Führung ihres internationalistisch eingestellten Präsidenten Roosevelt zeigten sich die USA zum Ende der 1930er Jahre hin zunehmend entschlossen, gegen die Aggressionen Deutschlands vorzugehen. Deshalb stellten sich die USA 1939 trotz ihrer formal bis zum Dezember 1941 fortbestehenden Neutralität unbeirrt an die Seite Großbritanniens, um es in seinem Kampf gegen Deutschland zu unterstützen.

Dies blieb den Deutschen nicht verborgen, und viele von ihnen waren sich bereits vor dem deutschen Einmarsch in Polen sicher, dass die USA im Falle eines Krieges an der Seite der westeuropäischen Demokratien stehen würden. Als dies dann bis 1940 auch immer offensichtlicher eintrat, ging die NS-Propaganda endgültig auf Konfrontationskurs zu den USA. Fortan wurde Roosevelt als der Hauptkriegstreiber hingestellt, der propagandistische Kampf gegen die amerikanische Kultur und Lebensform auf die Spitze getrieben und vor allem das Bild von den USA als Land der unerschöpflichen Ressourcen und der unbegrenzten Möglichkeiten hinterfragt.

Die zunehmend aggressiver agierende NS-Propaganda änderte freilich nichts daran, dass die USA Großbritannien finanziell und materiell immer entschiedener unterstützten. Im Dezember 1940 erklärte Roosevelt die Vereinigten Staaten zum „Arsenal der Demokratie", am 6. Januar 1941 hielt er seine berühmte *Four Freedoms-Rede*, am 14. August 1941 verkündete er zusammen mit dem britischen Premierminister Winston Churchill (1874–1965) die *Atlantic Charter*, mit der sich die USA zum Kampf für eine neue, auf liberale und demokratische Prinzipien gründende Weltfriedensordnung verpflichteten. Damit wurde der Zweite Weltkrieg sowohl in den USA als auch in Deutschland als ein ideologisch-moralisch überhöhtes Ringen zweier sich einander ausschließender Systeme begriffen.

Der Krieg zwang die USA zur vollen Entfaltung ihrer machtpolitischen Ressourcen. Der bis dahin schlafende Riese erwachte zwischen 1941 und 1945 zum Bewusstsein eigener Stärke und war nun auch entschlossen, eine internationale Führungsrolle zu spielen. Der amerikanische Publizist Henry R. Luce (1898–1967) sah bereits im Februar 1941 die Möglichkeit eines „amerikanischen Jahrhunderts" für den Fall voraus, dass die USA ihre Macht dazu nutzen würden, die Welt nach ihrem eigenen Vorbild umzugestalten, doch müssten sie sich dafür den Herausforderungen des Krieges stellen. Als das Land dann zehn Monate später in den Krieg eintrat, begann eine Zeit beschleunigten sozialen, wirtschaftlichen und kulturellen Wandels, der eine grundlegende Metamorphose der US-Gesellschaft bewirkte. In diesem Zusammenhang ist ein Aspekt im Hinblick auf die deutsch-amerikanische Beziehungsgeschichte besonders bedeutsam, nämlich der Mobilisierungsschub, den der Zweite Weltkrieg für die afroamerikanische Bürgerrechtsbewegung darstellte.

Dieser Krieg, in dem die USA nicht nur für die Demokratie, sondern erklärtermaßen auch gegen den nationalsozialistischen Rassismus kämpften, vertiefte das ideologische Dilemma, in dem sie seit langem steckten, nämlich ein „Land der Freiheit" zu sein, das den Afroamerikanern, die damals immerhin rund zehn Prozent der Gesamtbevölkerung stellten, aus rassistischen Gründen elementare Freiheitsrechte vorenthielt. Diese Absurdität konnte nicht ohne Folgen für den Fortbestand der Rassentrennung und der Ideologie der *White Supremacy* bleiben, denn immer entschiedener ging eine wachsende Zahl von Afroamerikanern

Symbolischer Handschlag zwischen amerikanischen und sowjetischen Soldaten auf der zerstörten Elbbrücke bei Torgau am 26. April 1945. Berlin, ullstein bild: 00025659

gegen Rassismus und Diskriminierung an der eigenen Heimatfront vor. Einige von ihnen sprachen bereits 1942 von einem *Double Victory*, einem doppelten Sieg über den Rassismus also, der zunächst in Europa und dann auch zu Hause erfochten werden sollte. Deshalb begann die unmittelbare Vorgeschichte afroamerikanischer Bürgerrechtsrevolution der 1950/60er Jahre schon im Zweiten Weltkrieg.

Der Kriegseintritt der USA brachte die entscheidende Wende im Zweiten Weltkrieg. Nachdem die deutsche Wehrmacht zwischen 1939 und 1941 einen Sieg nach dem anderen errungen hatte, ging die Initiative im Verlauf des Jahres 1942 zunehmend auf die bizarre Anti-Hitler-Koalition aus USA, Großbritannien und der Sowjetunion über. Die nach Europa entsandten Bodentruppen drängten das deutsche Heer in die Defensive. Parallel dazu flogen die Westalliierten seit 1943 systematisch Bombenangriffe gegen deutsche Städte, um Industrieanlagen zu vernichten und die deutsche Bevölkerung zu demoralisieren. Im Zuge dieser Angriffe wurden die meisten deutschen Großstädte teils bis zu 80 Prozent zerstört. Die Folgen in der deutschen Bevölkerung waren ambivalent. Bei den Betroffenen erzeugten die Bombardierungen Wut, Empörung und Hass auf Amerikaner und Briten, die von der NS-Kriegspropaganda noch weiter geschürt wurden. Andererseits ließ die erdrückende Überlegenheit der amerikanischen Streitkräfte die NS-Propaganda zunehmend wirkungslos und die Niederlage Deutschlands absehbar werden.

Angesichts der nach 1943 immer deutlicher werdenden Überlegenheit der Anti-Hitler-Koalition ist es bis heute verwunderlich, dass die Vereinigten Staaten sich gegenüber der systematischen Judenvernichtungspolitik der Nationalsozialisten, von der die Regierung spätestens seit dem Sommer 1942 wusste, insgesamt passiv verhielten. Zu mehr als punktueller praktischer Hilfe für die europäischen Juden kam es seitens der USA bis 1945 nicht. Zwar wurden verschiedene Optionen zur Rettung europäischer Juden durchgespielt, doch wurden sie alle verworfen, weil ungeachtet aller moralischen und praktischen Probleme, die beispielsweise ein Freikauf europäischer Juden oder die Bombardierung von Konzentrationslagern aufgeworfen hätten, Aktionen zur Beendigung des Holocaust aus Sicht des amerikanischen Militärs nicht prioritär waren.

Als die Niederlage Deutschlands im Winterhalbjahr 1944/45 unabwendbar wurde, erschien vielen Deutschen eine Besetzung durch die Amerikaner als das kleinere Übel. Zwar versuchte die NS-Propaganda im letzten Kriegswinter, US-Streitkräfte und Rote Armee auf dieselbe Stufe der Grausamkeit zu stellen, doch verfing dies in weiten Teilen der deutschen Bevölkerung nicht mehr. Vielen erschienen die Amerikaner als das humanitäre Gegenbild zum Terror der Roten Armee; zu Fluchtbewegungen vor den anrückenden amerikanischen Streitkräften ist es deshalb in den letzten Kriegsmonaten nicht gekommen. Im Gegenteil, viele Deutsche sehnten die Ankunft der Amerikaner geradezu herbei.

### *Deutschland und Amerika im Kalten Krieg*

Der sich bereits während des Zweiten Weltkrieges herausbildende und dann in den Jahren 1946/47 rasch verfestigende Kalte Krieg bewirkte eine abermalige Transformation der deutsch-amerikanischen Beziehungen. Das Verhältnis war nun bestimmt durch den Status der USA als einer von zwei Supermächten in der bipolaren Welt des Ost-West-Konflikts. Deshalb hing die Haltung einzelner Individuen oder ganzer gesellschaftlicher Gruppen zu den USA immer auch davon ab, welche Haltung sie gegenüber der Sowjetunion einnahmen. Konrad Adenauer (1876–1967) beispielsweise war in erster Linie deshalb proamerikanisch, weil er dezidiert antikommunistisch gesonnen war. Insofern ist Harold Laski (1893–1950) zuzustimmen, der 1949 feststellte, dass die amerikanische und die sowjetische Weltanschauung für die Geschehnisse in der Welt nach 1945 bestimmend waren.[8] Gleichzeitig kann man für die Zeit des Kalten Krieges weniger denn je zuvor von *dem* deutsch-amerikanischen Verhältnis sprechen, weil es sich unter diesen Bedingungen und aufgrund der deutschen Teilung auf nunmehr zwei deutsche Staaten aufspaltete, die jeweils ein ganz unterschiedliches Verhältnis zu den USA hatten.

In Westdeutschland begann mit der Unterzeichnung der deutschen Kapitulation in Reims am 7. Mai 1945 eine Phase der zunehmend intensiven deutsch-amerikanischen Kooperation. Insgesamt ist die erfolgreiche Demokratisierung Westdeutschlands und dessen Einbindung in die westliche Welt, die von Christian Hacke zu Recht als „außenpolitische Revolution“ bezeichnet worden ist, ohne die amerikanische Außenpolitik unter den Bedingungen des Kalten Krieges nicht verständlich.[9] Im Zeichen einer doppelten Eindämmung bauten die USA die Bundesrepublik Deutschland zu einem prosperierenden und demokratischen Staat auf, der als Schaufenster des Westens ein Bollwerk gegen den Kommunismus war und der zugleich durch die Integration in die Institutionen und die Wertegemeinschaft der westlichen Welt unter Kontrolle gehalten wurde. Garantiemacht dieser Ordnung waren die USA. Sie verteidigten die Freiheit der Bundesrepublik während des Kalten Krieges mit großem finanziellen und militärischen Einsatz und damit auch ihre eigene Demokratie und ihren eigenen Wohlstand. Die Teilung Deutschlands nahmen sie darüber billigend in Kauf.

Allerdings war die Westbindung der Bundesrepublik Deutschland nicht nur das Ergebnis von Machtpolitik unter den Bedingungen des Kalten Krieges. Vielmehr ging die Politik der Westbindung einher mit einer sich seit den 1950er rasant beschleunigenden *Westernisierung*, in deren Verlauf die Deutschen ihrem Selbstverständnis nach immer mehr zu einem integralen Bestandteil der auf die Ideale der Aufklärung gründenden Wertegemeinschaft des Westens wurden. Einen „Antiamerikanismus“ wie noch in der ersten Hälfte des Jahrhunderts hat es in der Bundesrepublik Deutschland ungeachtet aller vielfach und in den verschiedensten Zusammenhängen anzutreffenden Amerikakritik eigentlich nur noch am linken und rechten Rand des politischen Spektrums gegeben.

War die Zeit des Kalten Krieges in der Bundesrepublik Deutschland eine Zeit der Kooperation auf der Basis eines zunehmenden weltanschaulichen Gleichklangs, so dauerte der nach 1914 aufgebaute ideologische Gegensatz zwischen Amerika und Deutschland, zwischen Westen und Osten in der DDR fort, stand nun allerdings unter bolschewistischen Vorzeichen. In der offiziellen Lesart waren die USA der Hauptfeind im imperialistisch-kapitalistischen Lager, das nur danach trachtete, die auf die Ideale der Russischen Oktoberrevolution gegründete sozialistische Welt zu vernichten. Gleichzeitig aber definierte „der Westen" auch in der DDR die Standards von Qualität, Rationalität und Effizienz, die im Wettbewerb der Systeme wenigstens zu erfüllen, am besten jedoch sogar noch zu übertreffen waren. Auch kulturell ging vom Westen und insbesondere den USA für die Bürger der DDR eine enorme Anziehungskraft aus. Amerikanische Konsumgüter wie Blue Jeans und Coca Cola waren auch im ersten Arbeiter- und Bauernstaat auf deutschem Boden heiß begehrt, Jazz und Rock and Roll erfreuten sich – wie überhaupt die maßgeblich von den USA geprägte Jugendkultur des Westens – auch in der DDR großer Beliebtheit.

Mit dem Fall der Mauer und dem Zerfall der Sowjetunion kam der Kalte Krieg an sein Ende. In der krisenhaften Übergangsituation der Jahre von 1989 bis 1991 waren die USA und zumal ihr Präsident George Bush die entschiedensten Befürworter der Wiedervereinigung Deutschlands. Sie unterstützten die Deutschlandpolitik von Bundeskanzler Helmut Kohl und überredeten die teils skeptischen, teils ausgesprochen feindseligen Siegermächte des Zweiten Weltkrieges, ein wiedervereinigtes Deutschland zu akzeptieren. Allerdings ließ Präsident Bush keinen Zweifel daran, dass die USA nur ein in die westliche Welt integriertes Deutschland, das Mitglied von NATO und EU blieb und die bestehende Westgrenze Polens anerkannte, akzeptieren würden. Ohne diese amerikanische Garantie wäre es vielleicht nicht zur friedlichen Wiedervereinigung Deutschlands im Rahmen Europas gekommen.

**Weiterführende Literatur**

Astrid Blome, Volker Depkat: Von der „Civilisirung" Rußlands und dem „Aufblühen" Nordamerikas im 18. Jahrhundert. Leitmotive der Aufklärung am Beispiel deutscher Rußland- und Amerikabilder. Bremen 2002 (Presse und Geschichte – Neue Beiträge, 2).

Peter J. Brenner: Reisen in die Neue Welt. Die Erfahrung Nordamerikas in deutschen Reise- und Auswandererberichten des 19. Jahrhunderts. Tübingen 1991 (Studien und Texte zur Sozialgeschichte der Literatur, 35).

Volker Depkat: Amerikabilder in politischen Diskursen. Deutsche Zeitschriften von 1789 bis 1830. Stuttgart 1998 (Sprache und Geschichte, 24).

Dan Diner: Verkehrte Welten. Antiamerikanismus in Deutschland. Ein historischer Essay. Frankfurt/Main 1993.

Horst Dippel: Germany and the American Revolution 1770–1800. A Sociohistorical Investigation of Late Eighteenth-Century Political Thinking. Wiesbaden 1978 (Veröffentlichungen des Instituts für Europäische Geschichte Mainz, Abt. Universalgeschichte, 90).

Philipp Gassert: Amerika im Dritten Reich. Ideologie, Propaganda und Volksmeinung 1933–1945. Stuttgart 1997 (Transatlantische Historische Studien, 7).

Hans-Jürgen Grabbe: Vor der großen Flut. Die europäische Migration in die Vereinigten Staaten von Amerika 1783–1820. Stuttgart 2001 (USA-Studien, 10).

Wolfgang Helbich: „Alle Menschen sind dort gleich...". Die deutsche Amerika-Auswanderung im 19. und 20. Jahrhundert. Düsseldorf 1988 (Historisches Seminar, 10).

Georg Kamphausen: Die Erfindung Amerikas in der Kulturkritik der Generation von 1890. Weilerswist 2002.

Egbert Klautke: Unbegrenzte Möglichkeiten. „Amerikanisierung" in Deutschland und Frankreich (1900–1933). Stuttgart 2003 (Transatlantische historische Studien, 14).

Karl May. Brückenbauer zwischen den Kulturen. Hg. v. Wolfram Pyta. Berlin 2010 (Kultur und Technik, 17).

Hildegard Meyer: Nord-Amerika im Urteil des Deutschen Schrifttums bis zur Mitte des 19. Jahrhunderts. Eine Untersuchung über Kürnbergers „Amerika-Müden". Mit einer Bibliographie. Hamburg 1929.

Axel Schildt: Zwischen Abendland und Amerika. Studien zur westdeutschen Ideenlandschaft der 50er Jahre. München 1999 (Ordnungssysteme, 4).

Alexander Schmidt: Reisen in die Moderne. Der Amerika-Diskurs des deutschen Bürgertums vor dem Ersten Weltkrieg im europäischen Vergleich. Berlin 1997.

Alexander Schmidt-Gernig: Amerika erfahren – Europa entdecken. Zum Vergleich der Gesellschaften in europäischen Reiseberichten des 20. Jahrhunderts. Berlin 1999.

Die USA und Deutschland im Zeitalter des Kalten Krieges 1945–1990. Ein Handbuch. Hg. v. Detlef Junker. 2 Bde. Stuttgart 2001.

**Anmerkungen**

[1] Zum Konzept der *Westernisierung* siehe: Anselm Doering-Manteuffel: Wie westlich sind die Deutschen? Amerikanisierung und Westernisierung im 20. Jahrhundert. Göttingen 1999.

[2] Vgl. Hildegard Meyer: Nord-Amerika im Urteil des Deutschen Schrifttums bis zur Mitte des 19. Jahrhunderts. Eine Untersuchung über Kürnbergers „Amerika-Müden". Mit einer Bibliographie. Hamburg 1929, 50.

[3] Ludwig Max Goldberger: Das Land der unbegrenzten Möglichkeiten. Betrachtungen über das Wirtschaftsleben in den Vereinigten Staaten von Amerika. Berlin, Leipzig 1903.

[4] Eric Hobsbawm: Das Zeitalter der Extreme. Weltgeschichte des 20. Jahrhunderts. München, Wien 1995.

[5] Detlev J.K. Peukert: Die Weimarer Republik. Krisenjahre der klassischen Moderne. Frankfurt/Main 1987, 179.

[6] Philipp Gassert: Amerika im Dritten Reich. Ideologie, Propaganda und Volksmeinung 1933–1945. Stuttgart 1997 (Transatlantische Historische Studien, 7), 14.

[7] Gassert, Amerika [s. Anm. 6], 12f.

[8] Harold J. Laski: The American Democracy. A Commentary and Interpretation. New York 1948, 723.

[9] Christian Hacke: Die Außenpolitik der Bundesrepublik Deutschland. Von Konrad Adenauer bis Gerhard Schröder. Aktualisierte Neuausg. Berlin 2003, 49.

Ein waßer baum
Innsell

# Die Exponate

1.48

# *Raum 1*

## Wunderkammer Amerika

**Europa und die Neue Welt in der frühen Neuzeit**

In der frühen Neuzeit war das europäische Bild von Amerika bestimmt vom Nutzen, den die Neue Welt Europa brachte. Gold und Silber aus Amerika wurden von den Spaniern tonnenweise nach Europa verschifft und veränderten die europäische Ökonomie. Die Pelze nordamerikanischer Tiere waren das wichtigste Handelsgut, das aus der französischen Kolonie Neu-Frankreich ins Mutterland gelangte. Der Anbau von Tabak für den europäischen Markt prägte die Wirtschaft der englischen Kolonie Virginia, nachdem dieses Genussmittel auch in der Alten Welt populär geworden war. Zudem veränderten amerikanische Tiere und Pflanzen die europäischen Essgewohnheiten, wie beispielsweise das Truthuhn (Pute) oder die Tomate, die zuerst als Zierpflanze und erst ab dem 18. Jahrhundert als Nutzpflanze angebaut wurde.

Die Kuriositätenkabinette, die im Barock modern waren und die Welt im Kleinen abbilden sollten, zeugen vom Staunen über das Neue: Amerikanische Tiere und Pflanzen, aber auch Objekte der indianischen Kulturen wurden dort ausgestellt. Indianer wurden, häufig unter Zwang, nach Europa gebracht, um sie zu präsentieren. Hingegen wurde in Amerika die Urbevölkerung durch Gewalt und Sklavenarbeit, aber auch durch von den Europäern eingeschleppte, sich epidemisch ausbreitende Krankheiten dezimiert.

1.4 F

1.5

**1.1** Modell der SANTA MARIA.
Holz, Länge 80 cm, Breite 36 cm, Höhe 66 cm
Nienburg/Weser, Privatbesitz
► Die SANTA MARIA war vom Schiffstyp her ein Nao (spanisch: Schiff) bzw. eine Karacke mit rahgetakeltem Fock- und Großmast sowie einem Besanmast mit Lateinersegel. Sie war das Flaggschiff der kleinen Flotte von Christoph Kolumbus, als er 1492 Amerika entdeckte.

## Allegorien

**1.2** Allegorie von Amerika, Öl auf Leinwand in profilierter Kassette von Christian († 1667) und Wilhelm Richter (1626–1702), um 1663.
Zeitz, Museum Schloss Moritzburg, Foto: Carlo Böttger
► Die Amerika-Allegorie ist Teil einer Darstellung der vier bekannten Kontinente – der Kontinent Australien war noch unbekannt – an der Decke des „Tafelgemachs", heute „Großer Festsaal", im Schloss Moritzburg in Zeitz. Der Maler und Kupferstecher Christian Richter war als fürstlich sächsischer Hofmaler in Weimar angestellt, auch sein Sohn Wilhelm arbeitete für den Weimarer Hof.
• *Abbildung auf Seite 8 (Detail)*

**1.3** Indianer als „Amerika" aus der Folge der vier Erdteile, polychrom bemaltes und vergoldetes Porzellan, Porzellan-Manufaktur Limbach, um 1775.
Höhe 20,6 cm, Durchmesser Standfläche 7,9 cm
Leipzig, Grassi Museum: Inv. Nr. 1920.21
► Indianer als Allegorien für den Kontinent Amerika waren in der barocken Porzellankunst sehr beliebt. In der Regel wurden diese Figuren zusammen mit solchen für die anderen bekannten Erdteile angefertigt und angeboten.
• *Abbildung auf Seite 130*

**1.4 a–h**
Der Aufzug der „Königin Amerika" am Stuttgarter Hof, 8 kolorierte Federzeichnungen auf Bütten mit Bister, Aquarell-, Deckfarben und Gold, 1598/99, Reproduktionen.
29,6–30,5 cm x 38,6–56,3 cm
Weimar, Klassik Stiftung Weimar, Museen, Graphische Sammlungen: KK 202-209
► Zur Fastnacht 1599 lud der Württembergische Herzog Friedrich I. (1557–1608) zu einem Ringrennen an seinen Hof. Im Mittelpunkt der Festlichkeiten stand ein „amerikanischer Aufzug", bei dem der Herzog selbst die „Königin Amerika" darstellte, während die anderen Teilnehmer amerikanisch kostümiert waren.
• *Abbildungen auf Seite 12 und 14f.*

## Objekte aus der Kunst- und Naturalienkammer der Franckeschen Stiftungen

**1.5** Kopf einer Tabak-Pfeife der Creek-Indianer, schwarzer Catlinit, Leder, vor 1741.
Halle, Franckesche Stiftungen: KNK R.Nr. 156
► Die Muskogee oder Creek-Indianer waren ein Volk im Südosten Nordamerikas.

**1.6** Panzer einer Westindischen Landschildkröte, vor 1741.
Halle, Franckesche Stiftungen: KNK R.Nr. 465

1.7

1.2

1.21

1.23

1.24

1.28

**1.7** Federkrone, Brasilien, vor 1741.
Halle, Franckesche Stiftungen: KNK R.Nr. 63

**1.8** Erdglobus mit Ständer, Holz, Metall, Papier, vor 1741.
Halle, Franckesche Stiftungen: KNK R.Nr. 881

### Pflanzen und Tiere aus Amerika

**1.9** Tabakblätter
► Der Tabak gehört zur Gattung der Nachtschattengewächse (Solanaceae) und gelangte schon kurz nach der Entdeckung Amerikas nach Europa, wo er zunächst als Medizin, dann als Genussmittel schnell Verbreitung fand.

**1.10** Kartoffelknollen
► Die Kartoffel gehört zur Gattung der Nachtschattengewächse (Solanaceae) und stammt ursprünglich aus den südamerikanischen Anden. Für die dortigen indianischen Kulturen war sie das wichtigste Nahrungsmittel. Noch heute gibt es in den Anden mehr als 3.000 Kartoffelsorten.

**1.11** Maiskolben
► Der zu den Süßgräsern (Poaceae) gehörige Mais stammt aus Zentralmexiko und wurde dort schon in vorchristlicher Zeit als Nahrungspflanze kultiviert.

**1.12** Erdnüsse
► Die Erdnuss gehört zur Familie der Hülsenfrüchte (Leguminosae). Sie war ursprünglich in den südamerikanischen Anden beheimatet, wurde dort schon um 7.000 v. Chr. domestiziert und danach in ganz Süd- und Mittelamerika angebaut.

**1.13** Kidney-Bohnen
► Die Bezeichnung „Kidney-Bohne" (Nieren-Bohne) ist nur ein anderer Name für die Gartenbohne. Aufgrund ihres hohen Proteingehalts waren Gartenbohnen ein Grundnahrungsmittel aller präkolumbianischen Kulturen in Amerika. Auch in Europa setzten sich Gartenbohnen schnell als Nahrungsmittel durch.

**1.14** Ananas
► Die Ananas gehört zur Familie der Bromeliengewächse (Bromeliaceae). Schon in vorchristlicher Zeit wurde sie domestiziert und war in Süd- und Mittelamerika verbreitet.

**1.15** Kakaofrüchte
► Der Kakao gehört zur Familie der Malvengewächse (Malvaceae). Er stammt ursprünglich aus Südamerika, wurde aber schon in vorchristlicher Zeit in Mittelamerika kultiviert. Den Azteken galt Kakao als heilig und wurde von ihnen u.a. als Opfergabe und Zahlungsmittel genutzt.

**1.16** Sonnenblumenkerne
► Die Sonnenblume gehört zur Familie der Korbblütler (Asteraceae) und stammt aus Nord- und Mittelamerika. Von den indianischen Kulturen wurde sie schon in vorchristlicher Zeit als Nahrungsmittel domestiziert.

**1.17** Standpräparat eines Gürteltiers, Mitte 19. Jahrhundert. Halle, Zentralmagazin Naturwissenschaftlicher Sammlungen der Martin-Luther-Universität Halle-Wittenberg, Zoologische Sammlung
► Gürteltiere bilden biologisch eine eigene Familie (Dasypodidae) mit 20 Arten. Ihr Lebensraum erstreckt sich von Südamerika bis in den Süden der USA.

**1.18** Standpräparat einer Bisamratte, 20. Jahrhundert. Halle, Zentralmagazin Naturwissenschaftlicher Sammlungen der Martin-Luther-Universität Halle-Wittenberg, Zoologische Sammlung
► Die Bisamratte ist trotz ihres Namens keine Rattenart, sondern gehört zu den Wühlmäusen (Arvicolinae). Ursprünglich aus Nordamerika stammend, wurde sie in der frühen Neuzeit nach Europa eingeführt und hat sich über ganz Europa und Asien ausgebreitet.

**1.19** Standpräparat eines Chinchilla. Halle, Zentralmagazin Naturwissenschaftlicher Sammlungen der Martin-Luther-Universität Halle-Wittenberg, Zoologische Sammlung
► Chinchillas, präzise Eigentliche Chinchillas genannt, bilden eine Gattung mit zwei Arten aus der Familie der Chinchillas (Chinchillidae). Sie stammen aus dem Andenraum und wurden schon von den Inkas wegen ihres Fells gejagt. Als Wildtiere fast ausgestorben, werden sie weltweit in Fellfarmen oder als Haustiere gehalten.

**1.20** Tabakpflanze, kolorierte Lithografie in: Edwards's Botanical Register, or ornamental Flower Garden and Shrubbery. London: Ridgway, 1829–1847, Nr. 1592, Reproduktion. Halle, Martin-Luther-Universität Halle-Wittenberg, Universitäts- und Landesbibliothek Sachsen-Anhalt: Sb 248, 8°
► Die nordamerikanischen Indianer verwendeten Tabak als Genussmittel und spirituelle Droge sowie zu medizi-

1.25

1.29

1.30

nischen Zwecken. Im 17. Jahrhundert wurde Tabak zum wichtigsten Exportprodukt Virginias und war dort aufgrund seines Wertes als Zahlungsmittel anerkannt.
• *Abbildung auf Seite 19*

**1.21** Solanum tuberosum (Kartoffelpflanze), kolorierte Zeichnung in: Johann Hieronymus Kniphof: Botanica in Originali seu Herbarium Vivum in quo Plantarum tam indigenarum quam exoticarum Peculiari quadam operosaque enchiresi atramento impressorio obductarum nominibusque suis [...]. 12 Bde. Halle: Trampe, 1757–1764, Reproduktion.
Halle, Franckesche Stiftungen: BFSt: 38 A 12
► In der zweiten Hälfte des 16. Jahrhunderts wurde die Kartoffel in Europa anscheinend zunächst als Zierpflanze eingeführt. Ab dem 17. Jahrhundert setzte sie sich allmählich als Nahrungsmittel durch und der Anbau wurde intensiviert.

**1.22** Zea Mays (Maispflanze), Farbdruck in: Köhler's Medizinal-Pflanzen in naturgetreuen Abbildungen mit kurz erläuterndem Texte. Hg. v. Gustav Pabst. Bd. 1. Gera: Köhler, 1887, Nr. 218, Reproduktion.
Halle, Martin-Luther-Universität Halle-Wittenberg, Universitäts- und Landesbibliothek Sachsen-Anhalt: Bm Ph 97(1)
► Schon Kolumbus brachte die Pflanze nach Europa, die sich dort langsam als Nahrungsmittel und in den letzten Jahrhunderten verstärkt als Futtermittel für Nutztiere etablierte.
• *Abbildung auf Seite 18*

**1.23** Solanum Lycopersicum (Tomate), kolorierte Zeichnung in: Johann Hieronymus Kniphof: Botanica in Originali seu Herbarium Vivum in quo Plantarum tam indigenarum quam exoticarum Peculiari quadam operosaque enchiresi atramento impressorio obductarum nominibusque suis [...]. 12 Bde. Halle: Trampe, 1757–1764, Reproduktion.
Halle, Franckesche Stiftungen: BFSt: 38 A 12
► Die zur Gattung der Nachtschattengewächse (Solanaceae) gehörende Tomate stammt eigentlich aus Südamerika, wurde aber schon in vorchristlicher Zeit von den mittelamerikanischen Kulturen angebaut. Seit dem 16. Jahrhundert in Europa bekannt, wurde sie zunächst als Zierpflanze und nach 1750 als Nahrungspflanze kultiviert.

**1.24** Capsicum annuum (Paprika), kolorierte Zeichnung in: Johann Hieronymus Kniphof: Botanica in Originali seu Herbarium Vivum in quo Plantarum tam indigenarum quam exoticarum Peculiari quadam operosaque enchiresi atramento impressorio obductarum nominibusque suis [...].

Papilionaceae
(Arachideae)
256
A
1
2
3
4
5
6
Arachis hypogaea L.
42

1.26

1.31

12. Bde. Halle: Trampe, 1757–1764, Reproduktion.
Halle, Franckesche Stiftungen: BFSt: 38 A 12
► Die Gattung der Paprikapflanzen, auch als Chili oder Peperoni bezeichnet, gehört zur Familie der Nachtschattengewächse (Solanaceae). Die Wildform der Pflanze stammt aus Südamerika, aber Paprika wurde schon um 5.000 v. Chr. in Süd- und Mittelamerika kultiviert. Kolumbus brachte die Pflanze nach Europa.

**1.25** Kürbis, Tuschzeichnung in: Zeichnungsbuch aus dem Besitz von Philipp Georg Friedrich von Reck (* 1711), um 1736, 22v, Reproduktion.
28,8 x 36,5 cm
Kopenhagen, Det Kongelige Bibliotek – Nationalbibliotek og Københavens Universitetsbibliotek: NKS 565 4°
► Kürbisse (Cucurbitaceae) bilden eine eigene Pflanzengattung, deren Arten von Süd- bis zum südlichen Nordamerika vorkommen. Sie wurden schon mindestens 5.000 v. Chr. domestiziert und gelangten zu Beginn des 16. Jahrhunderts nach Europa. Heute werden sie weltweit in wärmeren Zonen kultiviert.

**1.26** Arachis Hypogaea (Erdnuss), Farbdruck in: Köhler's Medizinal-Pflanzen in naturgetreuen Abbildungen mit kurz erläuterndem Texte. Hg. v. Gustav Pabst. Bd. 3. Gera: Köhler, 1887, Nr. 218, Reproduktion.
Halle, Martin-Luther-Universität Halle-Wittenberg, Universitäts- und Landesbibliothek Sachsen-Anhalt: Bm Ph 97(3)
► Die Spanier lernten Erdnüsse in Mexiko kennen und brachten sie nach Europa.

**1.27** Anacardium Occidentale (Cashewnuss), Farbdruck in: Köhler's Medizinal-Pflanzen in naturgetreuen Abbildungen mit kurz erläuterndem Texte. Hg. v. Gustav Pabst. Bd. 3. Gera: Köhler, 1887, Nr. 236, Reproduktion.
Halle, Martin-Luther-Universität Halle-Wittenberg, Universitäts- und Landesbibliothek Sachsen-Anhalt: Bm Ph 97(3)
► Der Kaschu- oder Cashewbaum gehört zur Familie der Sumachgewächse (Anacardiaceae) und stammt aus dem heutigen Brasilien. Von den Portugiesen wurde er im 16. Jahrhundert nach Afrika und Indien gebracht. Seit dem 19. Jahrhundert ist der Verzehr von Cashewnüssen auch in Europa populär.

**1.28** Phaseolus Vulgaris Coccineus (Gartenbohne), kolorierte Zeichnung in: Johann Hieronymus Kniphof: Botanica in Originali seu Herbarium Vivum in quo Plantarum tam indigenarum quam exoticarum Peculiari quadam operosaque enchiresi atramento impressorio obductarum nominibusque suis [...]. 12 Bde. Halle: Trampe, 1757–1764, Reproduktion.
Halle, Franckesche Stiftungen: BFSt: 38 A 12
► Die Gartenbohne gehört zur Familie der Hülsenfrüchtler (Fabaceae) und wurde in allen Teilen Amerikas angebaut. Im 16. Jahrhundert nach Europa eingeführt, verdrängte sie schnell europäische Bohnenarten als Nahrungsmittel.

**1.29** Sonnenblume, kolorierte Lithografie in: Edwards's Botanical Register, or ornamental Flower Garden and Shrubbery. London: Ridgway, 1829–1847, Nr. 1265, Reproduktion.
Halle, Martin-Luther-Universität Halle-Wittenberg, Universitäts- und Landesbibliothek Sachsen-Anhalt: Sb 248, 8°
► Sonnenblumen wurden von den Spaniern im 16. Jahrhundert nach Europa gebracht. Hier wurden sie zunächst als Zierpflanze geschätzt, später als Nahrungsmittel genutzt.

**1.30** Ananas, kolorierte Lithografie in: Edwards's Botanical Register, or ornamental Flower Garden and Shrubbery. London: Ridgway, 1829–1847, Nr. 1081, Reproduktion.
Halle, Martin-Luther-Universität Halle-Wittenberg, Universitäts- und Landesbibliothek Sachsen-Anhalt: Sb 248, 8°
► Schon durch Kolumbus wurde die Ananas in Europa bekannt. Die Portugiesen brachten sie im 16. Jahrhundert nach Afrika und Asien, so dass Ananas schon in der frühen Neuzeit in nahezu allen tropischen Regionen der Erde angebaut wurde.

**1.31** Theobroma Cacao (Kakao), Farbdruck in: Köhler's Medizinal-Pflanzen in naturgetreuen Abbildungen mit kurz erläuterndem Texte. Hg. v. Gustav Pabst. Bd. 1. Gera: Köhler, 1887, Nr. 78, Reproduktion.
Halle, Martin-Luther-Universität Halle-Wittenberg, Universitäts- und Landesbibliothek Sachsen-Anhalt: Bm Ph 97(1)
► Ab dem 16. Jahrhundert verbreitete sich der Genuss von Kakao als Getränk in Europa vor allem in Adelskreisen. Ihm wurde eine heilende und die männliche Potenz stärkende Wirkung nachgesagt. In der frühen Neuzeit wurde der Anbau von Kakao auf alle tropischen Regionen der Erde ausgedehnt.

**1.32** Vanilla planifolia (Gewürzvanille), Farbdruck in: Köhler's Medizinal-Pflanzen in naturgetreuen Abbildungen mit kurz erläuterndem Texte. Hg. v. Gustav Pabst. Bd. 1. Gera: Köhler, 1887, Nr. 40, Reproduktion.

T.III
Tab. XXII
Die wilde americanische Tiegerkaz.
J. D. Meyer fec. et exc. Norib.

1.33

T.III.
Der Hirsch Macatlchichiltic, oder Temamacama genandt.
J. D. Meyer fec. et exc. Norib.

1.34

T.III.
Der kleine americanische Fuchs.
Tab. XVII
J. D. Meyer fec. et exc. Norib.

1.35

T. III.
Tab. I.
Der americanische Faule.
I. D. Mayer fec. et exc. Norib.

Halle, Martin-Luther-Universität Halle-Wittenberg, Universitäts- und Landesbibliothek Sachsen-Anhalt: Bm Ph 97(1)
► Die Gewürzvanille gehört zur Familie der Orchideen (Orchidaceae). Sie stammt aus Mittelamerika und wurde schon von den Azteken als Gewürz genutzt. Dies übernahmen die Spanier und führten sie in der europäischen Küche ein. Da Vanille in der frühen Neuzeit nur in Mexiko/Neu-Spanien wuchs, hatten die Spanier lange Zeit ein Monopol auf den Vanille-Handel. Heute wird Vanille in allen tropischen Regionen angebaut.

**1.33** Die wilde americanische Tigerkaz (Ozelot), kolorierter Kupferstich in: Johann Daniel Meyer: Angenehmer und nützlicher Zeit=Vertreib mit Betrachtung curioser Vorstellungen allerhand kriechender, fliegender und schwimmender Thiere [...]. Bd. 3. Nürnberg: Fleischmann, 1756, Tafel 22, Reproduktion.
Halle, Franckesche Stiftungen: BFSt: 72 A 19
► Der Ozelot ist der größte Vertreter der sog. Pardelkatzen, deren Verbreitung auf Amerika beschränkt ist. Ozelots leben in allen Klimazonen zwischen den Südstaaten der USA und dem nördlichen Argentinien.

**1.34** Der Hirsch Macatlchichiltic oder Temamacama genandt (Gabelbock?), kolorierter Kupferstich in: Johann Daniel Meyer: Angenehmer und nützlicher Zeit=Vertreib mit Betrachtung curioser Vorstellungen allerhand kriechender, fliegender und schwimmender Thiere [...]. Bd. 3. Nürnberg: Fleischmann, 1756, Tafel 20, Reproduktion.
Halle, Franckesche Stiftungen: BFSt: 72 A 19
► Welches Tier hier dargestellt ist, bleibt unklar, denn es gibt in Amerika keine Hirsche dieses Aussehens. Wahrscheinlich handelt es sich um den Gabelbock (Antilocapra americana), dessen Fell allerdings eine andere Färbung aufweist. Er lebt in der nordamerikanischen Prärie.

**1.35** Der kleine americanische Fuchs (Nasenbär), kolorierter Kupferstich in: Johann Daniel Meyer: Angenehmer und nützlicher Zeit=Vertreib mit Betrachtung curioser Vorstellungen allerhand kriechender, fliegender und schwimmender Thiere [...]. Bd. 3. Nürnberg: Fleischmann, 1756, Tafel 17, Reproduktion.
Halle, Franckesche Stiftungen: BFSt: 72 A 19
► Nasenbären gehören zur Gattung der Kleinbären (Procyonidae) und sind vom Süden der USA bis hin nach Argentinien verbreitet.

**1.36** Der gröste Ameisenfresser (Ameisenbär), kolorierter Kupferstich in: Johann Daniel Meyer: Angenehmer und nützlicher Zeit=Vertreib mit Betrachtung curioser Vorstellungen allerhand kriechender, fliegender und schwimmender Thiere [...]. Bd. 3. Nürnberg: Fleischmann, 1756, Tafel 13, Reproduktion.
Halle, Franckesche Stiftungen: BFSt: 72 A 19
► Ameisenbären (Myrmecophagidae) bilden eine eigene Säugetierfamilie und sind trotz ihres Namens mit den Bären nicht verwandt. Sie leben in Süd- und Mittelamerika.

**1.37** Der americanische Faule (Faultier), kolorierter Kupferstich in: Johann Daniel Meyer: Angenehmer und nützlicher Zeit=Vertreib mit Betrachtung curioser Vorstellungen al-

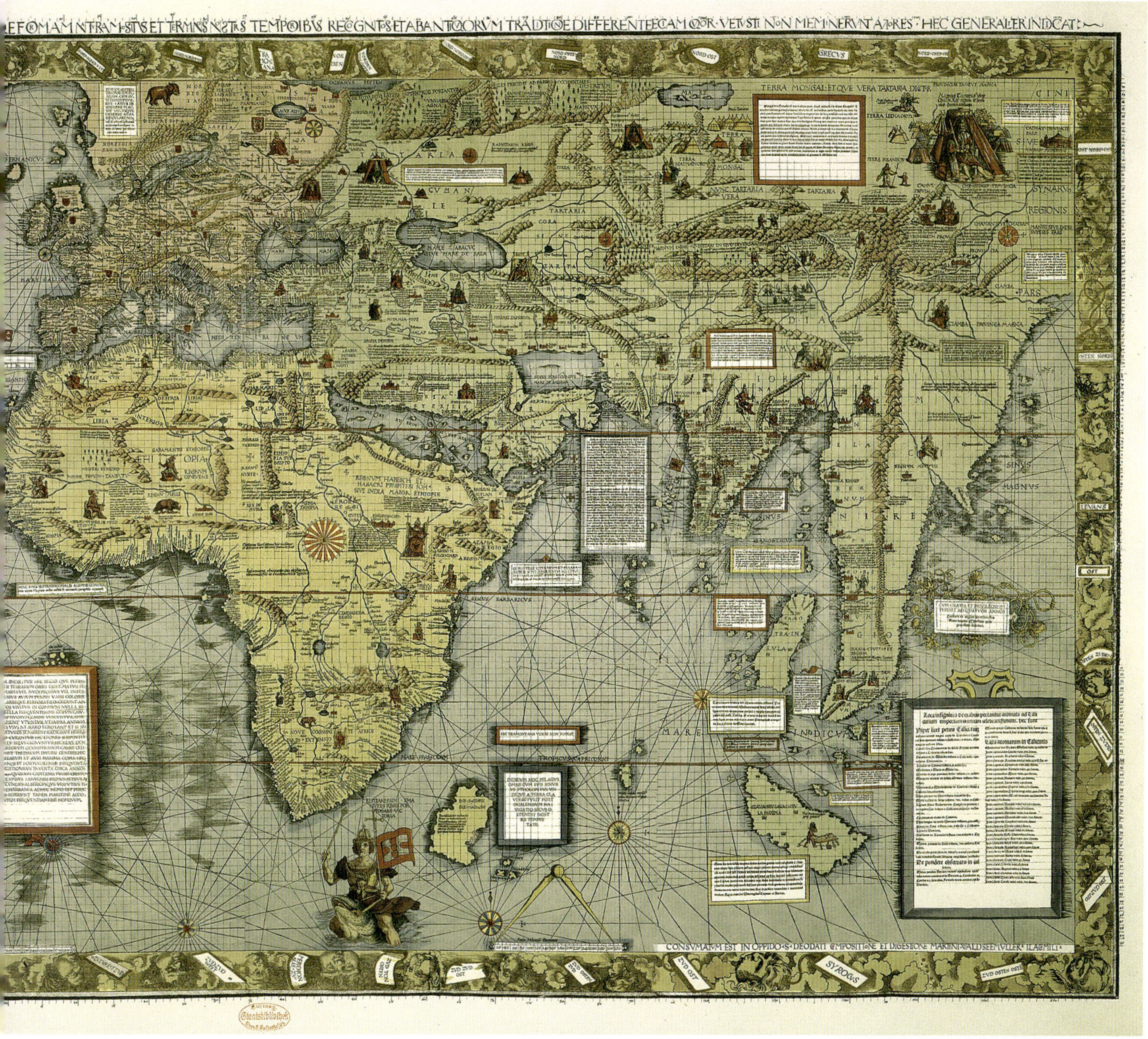


1.43

lerhand kriechender, fliegender und schwimmender Thiere […]. Bd. 3. Nürnberg: Fleischmann, 1756, Tafel 1, Reproduktion.
Halle, Franckesche Stiftungen: BFSt: 72 A 19
► Faultiere bilden eine eigene Familie (Folivora) mit mehreren Arten. Sie leben in den tropischen Regenwäldern Mittelamerikas und des nördlichen Südamerikas.

**1.38** Der americanische Armadill (Neunbinden-Gürteltier), kolorierter Kupferstich in: Johann Daniel Meyer: Angenehmer und nützlicher Zeit=Vertreib mit Betrachtung curioser Vorstellungen allerhand kriechender, fliegender und schwimmender Thiere […]. Bd. 3. Nürnberg: Fleischmann, 1756, Tafel 26, Reproduktion.
Halle, Franckesche Stiftungen: BFSt: 72 A 19
► Das Neunbinden-Gürteltier ist die einzige Gürteltierart, die nicht nur in Mittel- und Südamerika, sondern auch in Nordamerika vorkommt. Dort wird es bisweilen auch zur Schädlingsbekämpfung angesiedelt oder als Haustier gehalten.

**1.39** Truthuhn, kolorierter Kupferstich in: Alexander Wilson u. Charles Lucian Bonaparte: American Ornithology or, the Natural History of the birds of the United States.

Bd. 3. London 1832, S. 335, Reproduktion.
Halle, Martin-Luther-Universität Halle-Wittenberg, Universitäts- und Landesbibliothek Sachsen-Anhalt: Sc 5806 (3)
► Das Truthuhn, auch Pute genannt, stammt ursprünglich aus Nordamerika. Es wurde schon von den Indianern domestiziert und hatte für deren Kulturen als Fleisch- und Federnlieferant eine sehr große Bedeutung. In der ersten Hälfte des 16. Jahrhunderts wurden die ersten Tiere nach Spanien gebracht.

### Karten und frühe Amerika-Literatur

**1.40** Cristoforo Colombo: Epistola de insulis repertis de novo. Paris: Caillardi, 1493.
Göttingen, Niedersächsische Staats- und Universitätsbibliothek: 8 H AM I, 502 INC RARA
► Nachdem Kolumbus am 12. Oktober 1492 die karibischen Inseln erreicht hatte, schrieb er einen Bericht, der sofort in zahlreichen Ausgaben und verschiedenen Sprachen gedruckt wurde. Darin betont er, „Inseln jenseits des Ganges" entdeckt zu haben. Dass er einen neuen Kontinent entdeckt hatte, wollte er zeitlebens nicht glauben.

**1.41** Amerigo Vespucci: Mundus Novus [Neue Welt]. Antwerpen 1504.
Göttingen, Niedersächsische Staats- und Universitätsbibliothek: 8 H AM I, 621 RARA
► In dem Traktat berichtet Vespucci über eine Reise nach Brasilien, an der er 1502 teilgenommen hatte. Er war der erste, der das entdeckte Land als Neue Welt beschrieb, weshalb der Kontinent nach ihm benannt wurde.

**1.42** Weltkarte, kolorierte Holzschnitte von Martin Waldseemüller (um 1470–1520), St. Dié, 1507, Reproduktion.
125 x 228 cm
Berlin, Bildarchiv Preußischer Kulturbesitz (bpk): 00008508
► Auf dieser Karte wird der neu entdeckte Kontinent erstmals als „America" bezeichnet. Oben rechts ist der Na-

1.41

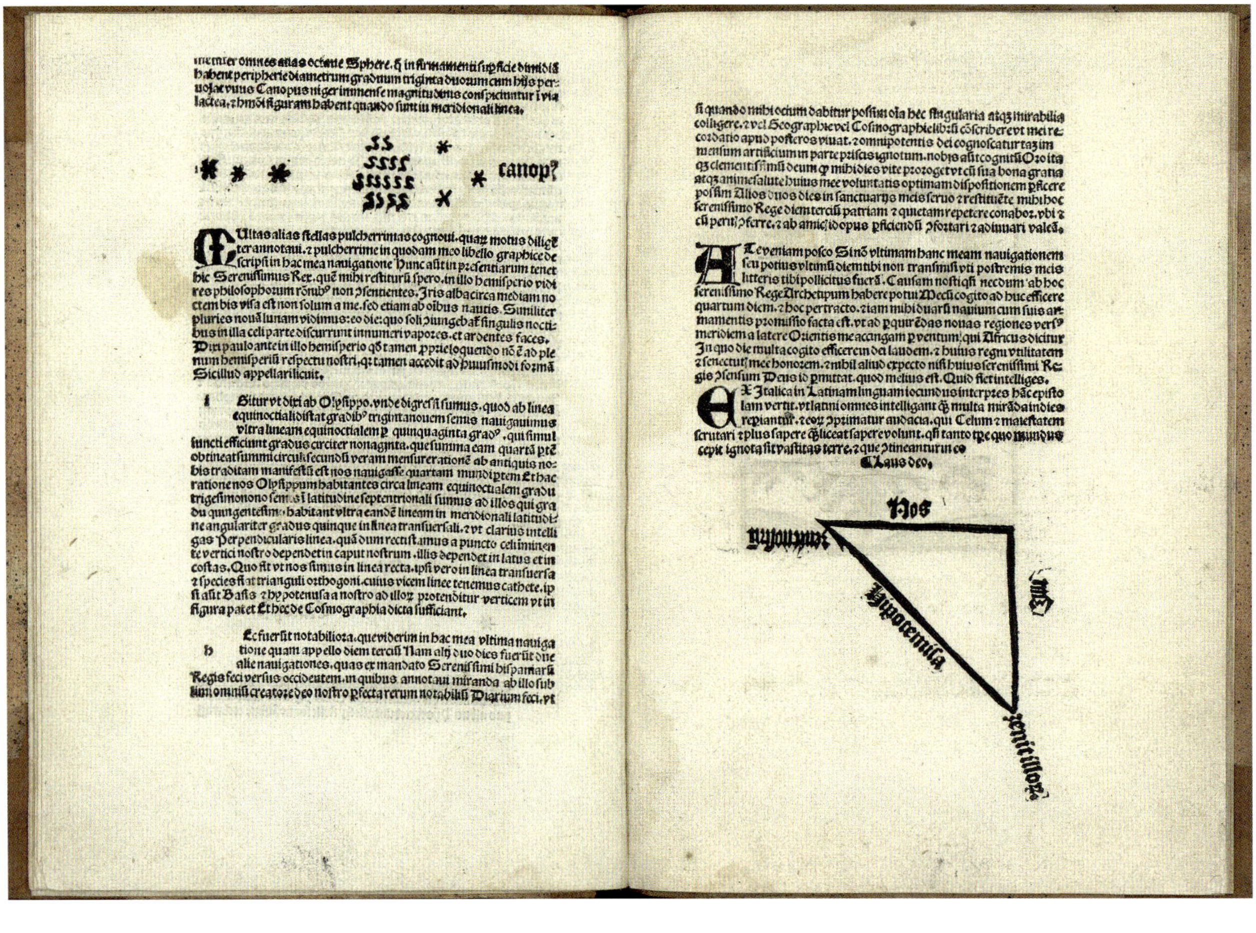

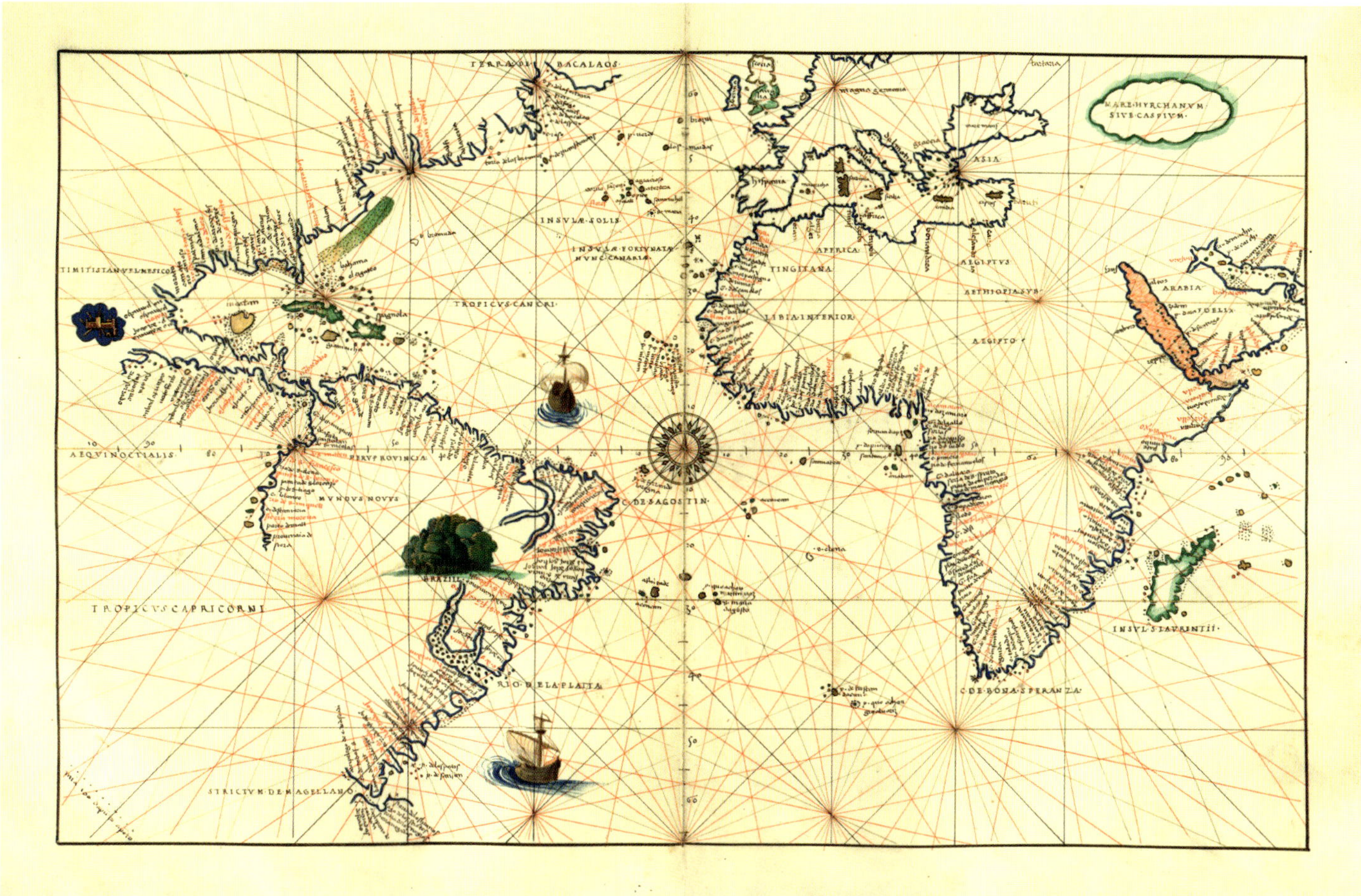


1.45

mensgeber Amerigo Vespucci porträtiert, links oben der antike Kosmograf Claudius Ptolemaeus (um 100 – nach 160), dessen Werke die Geografie bis zum Ende des Mittelalters prägten.

• *Abbildung auf Seite 20f.*

**1.43** Carta Marina Navigatoria Portugallen Navigationes, kolorierte Holzschnitte von Martin Waldseemüller, St. Dié, 1516, Reproduktion.
133 x 248 cm
Berlin, Bildarchiv Preußischer Kulturbesitz (bpk): 00024914

► Trotz ihres Namens ist diese Karte keine See-, sondern eine Übersichtskarte, die die Welt ohne den pazifischen Raum darstellt. Der neu entdeckte Kontinent wird hier nicht als „Amerika" bezeichnet, da Waldseemüller nach 1507 die Leistung von Kolumbus gegenüber der Vespuccis stärker würdigte und deshalb auf den Namen verzichtete.

**1.44** Amerika, Ausschnitt aus der Weltkarte von Diogo Ribeiro, Sevilla, 1527, in: Johann Georg Kohl: Die beiden ältesten General-Karten von Amerika. Ausgeführt in den Jahren 1527 und 1529 auf Befehl Kaiser Karl's V. Weimar: Geographisches Institut, 1860, Reproduktion.
Weimar, Klassik Stiftung Weimar, Herzogin Anna Amalia Bibliothek: Th K o : 14 [a]

► Der Portugiese Ribeiro († 1533) war seit 1523 erster Kartograf und Cheflotse in Sevilla. Seine Seekarten, in die er alle neu gewonnenen Informationen über Amerika aufnahm, gehörten zu den geografisch genauesten und differenziertesten seiner Zeit. Sie wurden jedoch geheim gehalten.

• *Abbildung auf Seite 31*

**1.45** Karte vom Atlantik mit Europa, Afrika und der Neuen Welt, teilkolorierte Zeichnung auf Pergament von Battista Agnese in: Portolanatlas, um 1550, Reproduktion.
29 x 47,5 cm

München, Ludwig-Maximilians-Universität, Universitätsbibliothek München: Cim 18
► Der Genuese Agnese (1514–1564) arbeitete als Kartograf und Kartenzeichner in Venedig. Eigentlich dienten Portolankarten mit ihren charakteristischen Netzlinien und Windrosen als Seekarten. Jedoch dienten die kunstvollen Karten Agneses eher als Repräsentations- und Liebhaberobjekte.

**1.46** Beschreibung Amerikas oder der Neuen Welt („Americae sive novi orbis nova descriptio"), Kupferstich in: Abraham Ortelius (1527–1598): Theatrvm Orbis Terrarvm [...]. Antwerpen: Plantin, Moretus, 1601, 21v–22r.
Halle, Franckesche Stiftungen: BFSt: 88 A 8
► Der Kosmograf und Verleger Ortelius (1527–1598) gab 1570 einen Atlas mit Karten in Mercator-Projektion heraus, der zahlreiche Neuauflagen hatte.

**1.47** Indianerdarstellung, kolorierter Holzschnitt, Einblattdruck, Augsburg: Johann Froschauer, 1505, Reproduktion.
25 x 34 cm
München, Bayerische Staatsbibliothek: Einblattdruck V,2
► Der Einblattdruck zeigt die Indianer als Kannibalen und als sexuell lasziv. Solche Stereotypen prägten die Darstellung von Indianern in den folgenden Jahrhunderten.

**1.48** Indianer mit Papagei, kolorierte Zeichnung in: Christoph Weiditz: Trachtenbuch, um 1530, Reproduktion.
20 x 15 cm
Nürnberg, Germanisches Nationalmuseum: HS 22474
► Der Augsburger Medailleur, Bildschnitzer und Goldschmied Weiditz (um 1500–1559) reiste 1529 an den kaiserlichen Hof nach Spanien, wo er Azteken begegnete, die er in ihren Originaltrachten zeichnete. Der Papagei als Metapher für die neue, exotische Welt taucht häufig in frühen Darstellungen des Kontinentes auf.
• *Abbildung auf Seite 17*

**1.49** Claudius Ptolemaeus: Geographia Vniversalis, Vetvs Et Nova, Complectens Clavdii Ptolemæi Alexandrini Enarrationis Libros VIII. Quorum primus noua translatione Pirckheimheri et accessione commentarioli illustrior quam hactenus fuerit, redditus est. Reliqui [...] castigatiores facti sunt. Addita sunt insuper Scholia [...] Succedunt tabulæ Ptolemaic[a]e, opera Sebastiani Munsteri nouo paratæ modo. His adiectæ sunt plurim[a]e nouæ tabulæ, moderna orbis faciem [...] explicantes [...] Vltimo annexum est compendium geographic[a]e descriptionis, in quo uarij gentium & regionum ritus & mores explicantur. Pr[a]efixus est [...]. Basel: Petri, 1540.

SEPTENTRIO.
ESTOTILANT
TERRA CORTEREALIS
SAGVENAI
CANADA
NOVA
FRANCIA
CHILAGA
NORVMBEGA
MOCOSA
MARATA.
CALICVAS.
APALCHEN.
CAPASCHI.
TERLICHICHIMECHI.
HISPANIA NOVA
TOVA
LA FLO-RIDA.
La emperadada
La bermuda
Sept cites
Las Açores
S. Brandam
CVBA
Insulæ de C. Verde.
SVR, quod
ORIENS.
Cari bana.
Tisnada.
Pagua-ña.
Amazones
PE-RV.
Picora.
BRESILIA
PARANA.
CHARCAS.
Ningatas
CHILI.
PATAGONES.
REGIO GIGANTVM
Rio de la Plata
Archipelago del C. desseado.
TERRA DEL FVEGO.
Golfo de S. Sebastiano
Cum Privilegio decennali Ab. Ortelius delineab. et excudeb. 1587.
MERIDIES.
IVE
NO-
TIO.

1.46

1.54

Halle, Martin-Luther-Universität Halle-Wittenberg, Universitäts- und Landesbibliothek Sachsen-Anhalt: Cg 2503, 4°
► Ptolemaeus' (um 100 – nach 160) Werk bildet den Höhepunkt der Geografie und mathematischen Astronomie der Antike. Die Geografen der Renaissance bearbeiteten und ergänzten es, z.B. mit Informationen über die Neue Welt, bevor es in zahlreichen Auflagen neu herausgegeben wurde.

**1.50** Simon Grynäus, Johann Huttich: Novus orbis regionum ac insularum veteribus incognitarum [...]: Adiecta est huic postremae editioni Navigatio Caroli Caesaris auspicio in comitijs Augustanis instituta. Basel: Herwagen, 1555.
Halle, Marienbibliothek: Zsch E XVIII.1 Fol
► Huttich (um 1480–1544), Kanoniker am Straßburger Münster, und der Reformator Grynäus (1493–1541) gaben 1532 eine der ersten Sammlungen von Reisebeschreibungen der Neuen Welt heraus, die mehrfach nachgedruckt wurde.

**1.51** Sebastian Münster: Cosmographey: das ist/ Beschreibung Aller Länder/ Herrschafften und fürnemesten Stetten des gantzen Erdbodens/ sampt jhren Gelegenheiten/ Eygenschafften/ Religion/ Gebräuchen/ Geschichten und Handtierungen [...]. Basel: Petri, 1598.
Halle, Franckesche Stiftungen: BFSt: 108 A 1
► Der Professor für Hebraistik und Altertumswissenschaften Münster (1488–1552) stellte das Weltbild seiner Zeit anhand von Quellen von der Antike bis in seine Zeit nicht immer realistisch dar. Sein erstmals 1544 erschienenes Werk war sehr populär und erschien bis 1628 in mehr als 40 Auflagen.

**1.52** [Schiffahrten:] Vierte Schiffart. Warhafftige Historien einer Wunderbaren Schiffart, welche Ulrich Schmidel von Straubing, von Anno 1534 biß Anno 1554 in Americam oder Neuwewelt, bey Brasilia und Rio della Plata gethan [...]. Hg. v. Levin Hulsius. Nürnberg: Hulsius, 1599.
Halle, Martin-Luther-Universität Halle-Wittenberg, Univer-

1.47

sitäts- und Landesbibliothek Sachsen-Anhalt: Oa 308 d (4)
► Der Straubinger Patriziersohn Schmidel (um 1510 – um 1580) diente ab 1534 fast 20 Jahre lang als Landsknecht in Südamerika. Sein Bericht wurde ab 1567 immer wieder neu verlegt und die klischee- und vorurteilsbehaftete Darstellung der Indianer prägte die Vorstellung, die man sich im frühneuzeitlichen Europa von ihnen machte.

**1.53** José de Acosta: Historie Naturael en Morael van de Westersche Indien [ ...]. 2. Ausg. Amsterdam: Cloppenburgh, 1624.
Halle, Franckesche Stiftungen: BFSt: 116 D 11
► Der Jesuiten-Pater und Gelehrte de Acosta (1540–1600) war von 1571 bis 1588 Provinzial seines Ordens in Peru. In seinem erstmals 1591 auf Spanisch erschienenen Buch vertrat er als erster die These, dass die Indianer ursprünglich über eine Landbrücke aus Asien nach Amerika gekommen seien.

**1.54** Amerigo Vespucci: Das sind die new gefunde[n] mensche[n] od[er] volcker Jn form vn[d] gestalt Als sie hie stend durch de[n] Cristenlichen Künig von Portugall/ gar wunnderbarlich erfunden, Einblattdruck, Nürnberg, um 1505, Reproduktion.
Wolfenbüttel, Herzog August Bibliothek: H:QuH 26 (5)
► In dem Traktat berichtet Vespucci über eine Reise nach Brasilien, an der er 1502 teilgenommen hatte.
• *Abbildung auf Seite 28 (Detail)*

POMEIOOC

# Raum 2

## „Unsere Banner bei der Entdeckung auf jeder Insel und jedem Festland aufzuziehen“

### Die Entdeckung und Erschließung Nordamerikas

Die Spanier unternahmen ab 1513 von Mexiko oder Kuba aus zu Wasser und zu Lande Expeditionen in den Süden Nordamerikas. Ihr Ziel war nicht die Erkundung des Landes, sondern die Suche nach Gold, das dort jedoch nicht gefunden wurde. Festsetzen konnten sie sich in Florida und im Südwesten Nordamerikas.

Die Entdeckungsreisen von Jacques Cartier (1491–1557) zwischen 1534 und 1542 leiteten die Erschließung des Gebietes am St.-Lorenz-Strom durch Frankreich ein. Ihm folgte Samuel de Champlain (1570– 1635) zu Beginn des 17. Jahrhunderts. Durch seine Forschungsreisen wurde das französische Territorium bis zu den Großen Seen ausgedehnt. Schließlich befuhren 1682 französische Pelzhändler erstmals den Mississippi bis zur Mündung und nahmen das Gebiet unter dem Namen „Louisiana“ für die französische Krone in Besitz.

Nach 1570 unternahmen die Engländer Entdeckungsfahrten an die nordamerikanische Ostküste. Ihr vorrangiges Ziel war die Gründung von Siedlungskolonien. So gründete Walter Raleigh (1552–1618) 1585 Roanoke als Siedlungskern einer künftigen Kolonie Virginia, das jedoch nach wenigen Jahren aufgegeben wurde. Erst zu Beginn des 17. Jahrhunderts konnten sich die Engländer dauerhaft an der Chesapeake Bay (Virginia) und am Cape Cod (Neuengland) behaupten.

2.2C

2.4 A

**2.1** Modell der Galeone GOLDEN HINDE (Goldene Hirschkuh).
Höhe 180 cm, Länge 196 cm, Breite 66 cm
Osterode am Harz, Frank Dietrich
► Auf diesem Schiff umsegelte Francis Drake (1540–1596) von 1577 bis 1580 die Welt. Als erster Europäer umrundete er Kap Hoorn und folgte der amerikanischen Pazifikküste nordwärts bis zum heutigen Kanada wohl auf der Suche nach der Nordwestpassage. Nach Abbruch der Suche segelte er südwärts nach Kalifornien und nahm das Land formell für England in Besitz, bevor er auf Westkurs den Pazifik überquerte.

**2.2 a–c**
Kolorierte Zeichnungen von John White, 1585–1593, Reproduktionen.

a) Indianerpaar beim Maisessen.
20,9 x 21,4 cm

b) A festive Dance [tanzende Indianer].
27,4 x 35,8 cm

c) Das Indianerdorf Pomeiooc.
37 x 25 cm

London, British Museum: RegNr. 1906,0509.1.20; 1906,0509.1.10; SL,5270.3
► Der englische Künstler John White (um 1540 – um 1593) war 1585 am Aufbau der ersten englischen Siedlung in Nordamerika auf Roanoke Island (NC) beteiligt. 1587 segelte White nach England zurück, um Unterstützung für die Siedlung zu organisieren. Als er 1590 zurückkehrte, fand er die Siedlung zerstört vor und die Siedler waren verschwunden. Daraufhin wurde Roanoke aufgegeben. Whites Zeichnungen sind die ersten realistischen Darstellungen von Indianern überhaupt.
• *Abbildungen auf Seite 40f.*

2.4 B

**2.3 a+b**

Zwei Kupferstiche in: Americae […]. Pars 1: Admiranda narratio fida tamen, de commodis et incolarum ritibus Virginiae nuper admodum ab Anglis anno MDLXXXV inventae/ Anglico scripta sermone à Thoma Hariot. Frankfurt/Main: De Bry, 1590.

a) Vir Virginiae insulae Habitator (Mann, Einwohner der Insel Virginia).

b) Mulier Virginiae insulae Habitatrix (Frau, Einwohnerin der Insel Virginia).

Je 12 x 9,5 cm

Göttingen, Privatbesitz

► Der vielseitige Wissenschaftler Harriot (um 1560–1621) nahm 1585 an der Expedition von Walter Raleigh nach Roanoke teil, wo die erste englische Siedlung gegründet werden sollte. Er hielt sich dort ein Jahr auf, erlernte die Algonquin-Sprache der dortigen Indianer und erforschte deren Kultur. Sein Reisebericht wurde immer wieder nachgedruckt und auch vom Goldschmied, Kupferstecher und Verleger Theodor de Bry (1528–1598) reich illustriert herausgegeben.

• *Abbildungen auf Seite 23*

**2.4 a+b**

Zwei kolorierte Kupferstiche in: Americae […]. Pars 2: Brevis narratio eorum quae in Florida provincia Gallis acciderunt, secunda in illam nevigatione, duce Renato de Laudonnière classis praefecto anno MDLXIIII […]. Frankfurt/Main: De Bry, Wechel (Drucker), 1591, Reproduktionen.

a) Indianer aus Florida bei einem Spiel.

b) Indianer aus Florida töten Alligatoren.

Berlin, ullstein bild: 30009820, 30009679

► 1562 und 1564 unternahmen französische Protestanten zwei vergebliche Versuche, Siedlungen in Florida zu errichten. An beiden war René Goulaine de Laudonnière (um 1529–1574) beteiligt und verfasste einen Bericht darüber. Dieser wurde von De Bry mit Illustrationen versehen herausgegeben. De Brys *Geschichte Amerikas* prägte das Bild der Europäer von Amerika in der frühen Neuzeit stark.

**2.5** Marterung französischer Jesuitenmissionare, Kupferstich in: François Du Creux: Historiæ Canadensis. Sev Novæ-Franciæ Libri Decem Ad Annum vsque Christi MDCLVI. Paris: Cramoisy, 1664, Reproduktion.
Göttingen, Niedersächsische Staats- und Universitätsbibliothek: 8 H E MISS I, 1203

► Die in den Westen Kanadas vorstoßenden französischen Missionare rekrutierten sich vor allem aus den Orden der Franziskaner und Jesuiten. Die Jesuitenmissionare waren angehalten, ständig über ihre Reisen und ihre Tätigkeit bei den Indianern, deren Lebensweise sie teilten, zu berichten. Um 1650 erschlossen sie das Gebiet der Großen Seen für Frankreich.

• *Abbildung auf Seite 38*

2.6 b

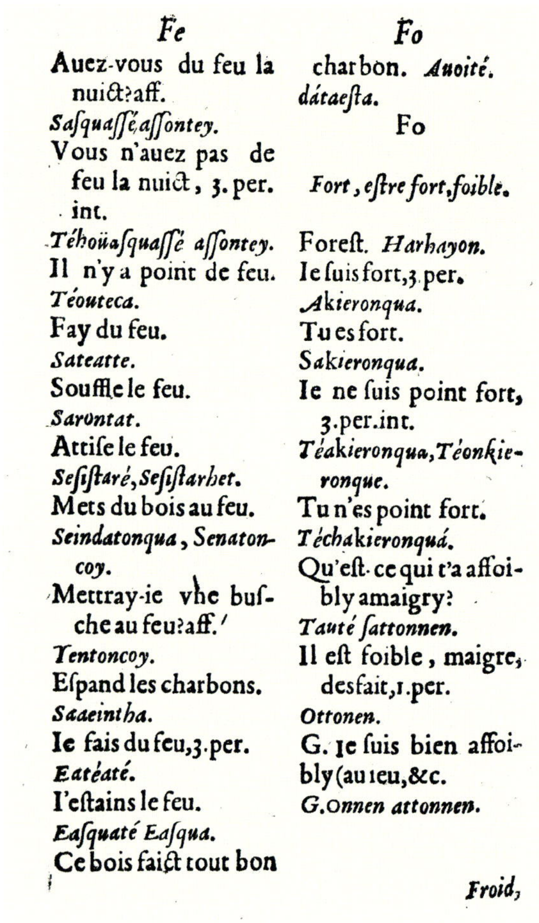

Fe

Auez-vous du feu la nuict?aff.
*Saſquaſſé,aſſontey.*
Vous n'auez pas de feu la nuict, 3.per. int.
*Téhoüaſquaſſé aſſontey.*
Il n'y a point de feu.
*Téouteca.*
Fay du feu.
*Sateatte.*
Souffle le feu.
*Sarontat.*
Attiſe le feu.
*Seſiſtaré, Seſiſtarhet.*
Mets du bois au feu.
*Seindatonqua, Senatoncoy.*
Mettray-ie vne buſche au feu?aff.
*Tentoncoy.*
Eſpand les charbons.
*Saaeintha.*
Ie fais du feu,3.per.
*Eatéaté.*
I'eſtains le feu.
*Eaſquaté Eaſqua.*
Ce bois faict tout bon

Fo

charbon. *Auoité.*
*dataeſta.*

Fo

*Fort, eſtre fort, foible.*
Foreſt. *Harhayon.*
Ie ſuis fort,3.per.
*Akieronqua.*
Tu es fort.
*Sakieronqua.*
Ie ne ſuis point fort, 3.per.int.
*Téakieronqua, Téonkieronque.*
Tu n'es point fort.
*Téchakieronquá.*
Qu'eſt-ce qui t'a affoibly amaigry?
*Tauté ſattonnen.*
Il eſt foible, maigre, desfait,1.per.
*Ottonen.*
G. Ie ſuis bien affoibly (au ieu,&c.
*G.Onnen attonnen.*

*Froid,*

**2.6 a+b**
Zwei Seiten aus: Gabriel Theodat Sagard: Le grand voyage du Pays des Hurons: situé en l'Amerique vers la mer douce, és derniers confins de la nouvelle France, ou il est traicte de tout ce qui est du pays [et] du gouvernement des sauvages; avec un dictionnaire de la langue Huronne. Paris: Moreau, 1632, Reproduktionen.

a) Frontispiz, Kupferstich.
b) Französische Wörter und Übersetzung in die Huronensprache, Druck.

Göttingen, Niedersächsische Staats- und Universitätsbibliothek: 8 ITIN I, 4435

► Sagard (1614–1634) war Pater des franziskanischen Rekollektenzweiges und wurde 1623 zur Mission nach Neu-Frankreich entsandt. Mehr als ein Jahr lebte er in einem Dorf der Huronen am Südufer des heutigen Lake Huron und erlernte ihre Sprache. 15 Jahre später wurden die Huronen durch Epidemien und Kriege mit anderen Indianer-Nationen nahezu ausgerottet.

• *Abbildung auf Seite 133*

**2.7 a–c**
Kämpfe mit Indianern, drei Kupferstiche in: Samuel Champlain: Les Voyage du Sieur de Champlain [...]; ou Journal des Observations Faites es decouvertures de la Nouvelle France, tant en la description de terres p.p.p. qu'en la creance des peuples, leur superstition, façon de vivre, et de guerroyer [...]. Paris, 1613, Reproduktionen.
Göttingen, Niedersächsische Staats- und Universitätsbibliothek: 8 ITIN I, 4327 RARA

► Während seiner Expeditionen in Regionen nördlich, südlich und westlich des St.-Lorenz-Stroms wurden Champlain (1570–1635) und seine Gefährten häufig in Kämpfe zwischen mit den Franzosen verbündeten indianischen Nationen und deren Feinden verwickelt.

• *Abbildungen auf Seite 34f.*

**2.8** Karte von Nord- und Zentralamerika, kolorierte Handzeichnung auf Pergament, in: Antonio Millo: Weltatlas. Venedig 1586, Fol. 3v/4r, Reproduktion.
Berlin, Bildarchiv Preußischer Kulturbesitz (bpk): 00023750; Foto: Dietmar Katz (Original: Berlin, Staatsbibliothek zu Berlin – Preußischer Kulturbesitz, Handschriftenabteilung: Ms. Ham. 446)

► Der in Venedig lebende Grieche Antonio Millo war Kartograf und Seemann. Seine detailreiche nautische Karte reicht von der genau dargestellten Karibik im Süden bis zur „Terra incognita", dem noch unbekannten Land im Norden, und gibt das damalige Wissen über die Atlantikküste Nordamerikas wieder.

2.7c

**2.9** Karte: America Pars Borealis, Florida, Baccalaos, Canada, Corterealis, Kupferstich in: Cornelis de Jode: Speculum Orbis terrarum. Antwerpen: Jode, 1593, Reproduktion. Göttingen, Niedersächsische Staats- und Universitätsbibliothek, Kartenabteilung: 2 GEOGR 155d RARA
► Jode (1568–1600) veröffentlichte als einer der ersten in seinem Atlas eine eigenständige Karte von Nordamerika. Während die Küstenlinien schon ziemlich genau dargestellt sind, fehlen beispielsweise die Großen Seen. Zudem ist im Norden die Nordwestpassage als breiter Meeresarm eingezeichnet, obwohl sämtliche Expeditionen auf der Suche nach ihr ohne Ergebnis geblieben waren.
• *Abbildung auf Seite 37*

**2.10** Karte eines Teils von Virginia und Darstellungen der Abenteuer von John Smith in Virginia, Kupferstich von Robert Vaughan in: John Smith: The general history of Virginia, New-England and the Summer Isles with the names of the Adventurers, Planters, and Governours from their first beginning an[no] 1584 to this present 1624. London: Sparkes, 1624, Reproduktion. Göttingen, Niedersächsische Staats- und Universitätsbibliothek: 4 H AM II, 5252 RARA
► Nach einem bewegten Leben als Söldner und Sklave bei den Osmanen beteiligte sich Smith (1580–1631) 1606 an der Expedition, die Jamestown in Virginia gründen sollte. Auf einer Erkundungsreise wurde er von Indianern gefangen genommen und soll durch die Häuptlingstochter Pocahontas (um 1595–1617) gerettet worden sein. 1608 wurde er Gouverneur von Jamestown, musste aber kurz darauf wegen einer Verletzung nach England zurückkehren.
• *Abbildung auf Seite 52f.*

**2.11** Spezialkarte des St.-Lorenz-Stroms mit Angabe der Namen der Wilden des Landes, der Handelsgüter, der Tiere, Insekten, Fische, Vögel, Bäume und Früchte („Carte particuliére de Fleuve Saint Louis dressee sur les lieux avec les noms des sauvages du pais, des marchandises […] & des animaux, insects, poissons, oiseaux, arbres & fruits […]"), grenz- und teilkolorierter Kupferstich in: Zacharie und Henri Abraham Chatelain [u.a.]: Atlas Historique […]. Amsterdam: L'Honoré et Châtelain, 1719.

2.8

40 x 48,5 cm
Göttingen, Privatbesitz
► Dargestellt ist Neu-Frankreich, das zu Frankreich gehörende Gebiet Nordamerikas. Die Angaben über Indianerstämme, Handelsgüter, Pflanzen und Tiere in den Randleisten bezeugen das wissenschaftliche und ökonomische Interesse der französischen Kartografen an der Region.

**2.12** Karte und Ansicht: Der Mississippi und Louisiana in Nordamerika, kolorierter Druck, 18. Jahrhundert, Reproduktion.
19,8 x 30,5 cm
Berlin, Bildarchiv Preußischer Kulturbesitz (bpk): 00056484
► 1673 entdeckten der Waldläufer Louis Jolliet (1645–1700) und der Jesuitenpater Jacques Marquette (1637–1675) den Oberlauf des Mississippi. Daraufhin rüstete der Pelzhändler René Robert Cavelier de La Salle (1643–1687) eine Expedition aus, befuhr als erster Europäer den Mississippi bis zur Mündung und nahm 1683 das Mündungsgebiet für die französische Krone in Besitz, wobei er die Region zu Ehren des Königs „Louisiana" benannte.

**2.13** A Chart Shewing Part of the Coast of N[orth] W[est] America, Kupferstich von John Warner, Edwards & Robinson (Verlag), London, 1798, Reproduktion.
57 x 76 cm
Göttingen, Niedersächsische Staats- und Universitätsbibliothek, Kartenabteilung: GR 2 H NAT II, 1095, 3
► Aufgrund des spanischen und russischen Interesses an der Pazifikregion entsandten die Briten James Cook (1728–1779) 1776 an die nordamerikanische Pazifikküste, die er vermaß. Ihm folgte 1792 George Vancouver (1757–1798), der zwei Jahre lang die Nordwestküste kartografierte und naturkundliche Untersuchungen durchführte. Seine Kurse sind auf der Karte dargestellt.
• *Abbildung auf Seite 42*

**2.14** Alvaro Núñez Cabeza de Vaca: Navfragios De Alvar Núñez Cabeza de Vaca, Y Relacion De La Jornada, Que Hizo A La Florida Con El Adelantado Panfilo De Narvaez. In: Historiadores Primitivos De Las Indias Occidentales [...]. Hg. v. Andrés González de Barcía Carballido. Tomo I. Madrid, 1749. Halle, Martin-Luther-Universität Halle-Wittenberg, Universitäts- und Landesbibliothek Sachsen-Anhalt: Nu 1498, 4° (1)

► Núñez Cabeza de Vaca (1507–1559) nahm 1528 an einer Expedition nach Florida mit einer Flotte und vierhundert Soldaten teil. Nach der Landung an der Westküste misslang die Wiedervereinigung des Expeditionskorps mit der Flotte und der größte Teil der Mannschaften ertrank beim Untergang selbstgezimmerter Boote. Nur eine kleine Gruppe erreichte die texanische Küste und begann, sich auf dem Landweg unter Führung von Núñez Cabeza de Vaca westwärts nach Mexiko durchzuschlagen. Nach einer abenteuerlichen Wanderung erreichte er nach acht Jahren einen spanischen Stützpunkt im Nordwesten Mexikos.

**2.15** Giovanni Battista Ramusio: Le Navigationi al Mondo Nuovo, alli Antichi incognito, fatte da Don Christoforo Colombo [...]. Venedig: Giunti, 1556 (Delle Navigationi et Viaggi, Vol. 3).
Halle, Martin-Luther-Universität Halle-Wittenberg, Universitäts- und Landesbibliothek Sachsen-Anhalt: Ob 172, 4° (3)

► Ramusio (1485–1557) war ab 1515 Sekretär des Senats von Venedig. Bekannt wurde er durch seine ab 1550 herausgegebene Sammlung von Reisebeschreibungen, die in immer neuen Auflagen nachgedruckt wurde und in ganz Europa gelesen wurde.

**2.16 a+b**

a) Karte von Neu-Frankreich (Carte Geographique de la Nouvelle Franse);

b) Ansicht von Québec (Abitation de Quebecq).
Kupferstiche in: Samuel Champlain: Les Voyage du Sieur de Champlain [...]; ou Journal des Observations Faites es decouvertures de la Nouvelle France, tant en la description des terres p. p. p. qu'en la creance des peuples, leur superstition, façon de vivre, et de guerroyer [...]. Paris, 1613, Reproduktionen.
Göttingen, Niedersächsische Staats- und Universitätsbibliothek: 8 ITIN I, 4327 RARA

► Champlain sicherte durch seine Reisen den langfristigen französischen Einfluss auf das St.-Lorenz-Gebiet, das er ab 1603 bereiste. 1608 war er entscheidend an der Gründung Quebecs beteiligt. Es folgten Erkundungsreisen bis zu den Großen Seen. Mit diesen Reisen erschloss er den Franzosen neue Handelsrouten für Pelze, die zum wichtigsten Exportgut Neu-Frankreichs werden sollten.

• *Abbildung auf Seite 32f. und 49*

**2.17** Richard Hackluyt: The Principal Navigations, Voiages, Traffiques And disoveries of the English Nation, made by Sea or over-land, to the remote and farthest distant quarters of the Earth. 3 Vol. London: Bishop [u.a.], 1600.
Halle, Martin-Luther-Universität Halle-Wittenberg, Universitäts- und Landesbibliothek Sachsen-Anhalt: Oa 308, 4° (3)

► Der Theologe und Geograf Hakluyt (um 1553–1616) lenkte mit seiner Forderung nach der Gründung einer englischen Siedlungskolonie auf nordamerikanischem Boden das Interesse der englischen Öffentlichkeit dorthin. Daraufhin rüstete Walter Raleigh eine Flotte aus, warb Kolonisten und Soldaten an und gründete die erste englische Niederlassung in Nordamerika auf der Insel Roanoke an der Nordküste des heutigen North Carolina. Jedoch scheiterte dieser Siedlungsversuch nach wenigen Jahren.

**2.18** Levin Hulsius: [Schiffahrten]: Dreyzehente Schiffahrt. Darinnen Ein Warhafftiger vnd Gruendtlicher Bericht, von dem jtzigen Zustandt der Landtschafft Virginien: Auch wie nunmehr der Friede mit den Indianern beschlossen: Vnd wie etliche Stätte vnd Vestunge alda zum Schutz des Landts von den Engelischen auffgebawet worden; Sampt Einer Relation, wie Koenig Powhatans in Virginien Tochter, Pocahuntas genant, Christlichen getaufft vnd mit einem Engelischen verheurahtet worden, sehr anmuetig zu lesen [...] Erstlichen in Engelischer Sprach durch Ralphe Hamor [...]. Hanau: Hulsius, 1617.
Halle, Martin-Luther-Universität Halle-Wittenberg, Universitäts- und Landesbibliothek Sachsen-Anhalt: 80 A 6547

► Schon drei Jahre nach der englischen Erstauflage gab der Verleger Hulsius (1550–1606) Ralphe Hamors († 1629) Bericht über Jamestown, die erste ständige englische Niederlassung in Virginia, heraus. Im Mittelpunkt steht die Geschichte der Häuptlingstochter Pocahontas, die den Entdecker John Smith (um 1580–1631) aus Liebe vor dem Tod durch die Indianer rettete und später den Pflanzer John Rolfe (1585–1622) heiratete.

**2.19** Levin Hulsius: [Schiffahrten]: Viertzehende Schiffart, Oder Gruendliche vnd warhaffte Beschreibung deß Neuwen Engellandts, einer Landschafft in NordtIndien, eines Theils in America, vnter dem Capitein Johann Schmidt, Rittern, Admiral derselben Landtschafft [...]. Frankfurt/Main: Hulsius, 1617.
Halle, Martin-Luther-Universität Halle-Wittenberg, Universitäts- und Landesbibliothek Sachsen-Anhalt: 80 A 6548

► Nachdem John Smith von Virginia nach England zurückgekehrt war, nahm er 1614 an einer Erkundungsreise nach Maine und Massachusetts teil. Er war es, der dieser Region den Namen Neuengland gab.

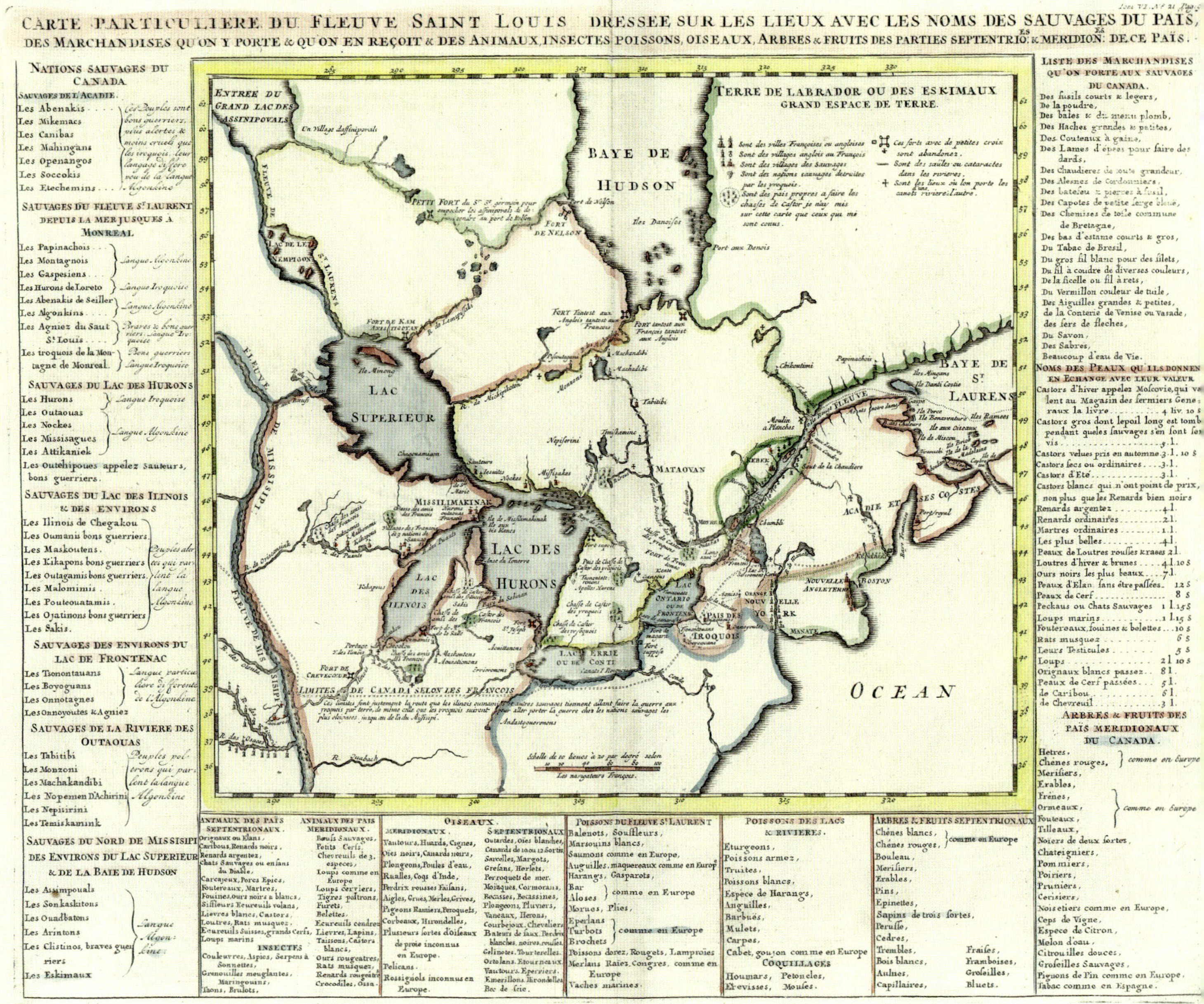

2.11

**2.20** Dionyse Settle, Martin Frobisher: Historia Navigationis Martini Forbisseri Angli Praetoris sive Capitanei [...]. Hamburg: Naumann u. Wolff, 1675.
Halle, Franckesche Stiftungen: BFSt: 110 D 19
► Bis ins 18. Jahrhundert wurde im hohen Norden Nordamerikas die Nordwestpassage vom Atlantik in den Pazifischen Ozean gesucht. Martin Frobisher (um 1537–1594) unternahm zu diesem Zweck zwischen 1576 und 1578 drei Reisen dorthin. Auf der ersten Reise entdeckte er Steine, die man für Golderz hielt. Die anderen Reisen dienten vor allem der Erzbeschaffung, jedoch erwies sich das Gestein als wertloses Pyrit.

**2.21** Heinrich Ellis: Reise nach Hudsons Meerbusen, welche von zweyen englischen Schiffen, der Dobbs-Galley und California, in den Jahren 1746 und 1747 wegen Entdeckung einer nordwestlichen Durchfahrt in die Sued-See verrichtet worden [...]. Göttingen: Vandenhoeck, 1750 (Sammlung neuer und merkwürdiger Reisen zu Wasser und zu Lande, Theil 1).
Halle, Martin-Luther-Universität Halle-Wittenberg, Universitäts- und Landesbibliothek Sachsen-Anhalt: Ob 194 (1)
► Henry Ellis (1721–1806) unternahm als Agent einer Gesellschaft zur Entdeckung der Nordwestpassage zwei Reisen

auf der vergeblichen Suche einer Passage in den Pazifik. Sein Werk, das vom Universalgelehrten und Göttinger Professor Albrecht von Haller (1708–1777) ins Deutsche übersetzt wurde, zeigt, dass man auch in Deutschland die nordamerikanischen Entdeckungsfahrten mit Interesse verfolgte.

**2.22** Olfert Dapper: Die Unbekante Neue Welt/ oder Beschreibung des Welt-teils Amerika, und des Sud-Landes: Darinnen vom Uhrsprunge der Ameriker und Sudländer/ und von den gedenckwürdigen Reysen der Europer darnach zu. Wie auch Von derselben Festen Ländern/ Inseln/ Städten/ Festungen/ Dörfern [...] und so wohl alten als neuen Kriegen/ ausführlich gehandelt wird. Amsterdam: Meurs, 1673.
Halle, Franckesche Stiftungen: BFSt: 102 C 19
► Der Niederländer Dapper (1636–1689) war einer der bekanntesten Geografen seiner Zeit. Ohne die Niederlande jemals verlassen zu haben, verfasste er illustrierte Beschreibungen von Afrika, Asien und der Neuen Welt, die auch in andere Sprachen übersetzt wurden.

**2.23** Lodewyk Hennepin: Neue Entdeckung vieler sehr grossen Landschafften in America zwischen Neu-Mexico und dem Eyß-Meer gelegen [...]. Bremen: Saurmann, 1699.
Halle, Franckesche Stiftungen: BFSt: 117 I 1
► Der Franziskaner-Rekollekt Hennepin (1626 – um 1705) wurde 1675 nach Neu-Frankreich entsandt und nahm an der Expedition, die den Oberlauf des Mississippi erkundete, teil. Zwischenzeitlich wurde er von Sioux gefangen genommen, jedoch konnte er 1681 nach Frankreich zurückkehren und schrieb dort mehrere Bücher über Nordamerika.

**2.24** Virtuelle Animation zur Entdeckungsgeschichte Nordamerikas.
Leipzig, Sarah Coutandin/Andreas Matthes/KOCMOC.NET

2.12

# Raum 3

## Vom neuen Kanaan

**Die europäische Besiedlung Nordamerikas (1600–1730)**

In der zweiten Hälfte des 16. Jahrhunderts gründeten sowohl Franzosen als auch Engländer erfolglos Siedlungen an der nordamerikanischen Atlantikküste – allein eine spanische Siedlungsgründung in Florida hatte Bestand.

Erste dauerhafte Niederlassungen der Franzosen und Engländer entstanden nach 1600, darunter Quebec (1608) am St.-Lorenz-Strom in Neu-Frankreich und die englischen Siedlungen Jamestown (1607) in Virginia und Plymouth (1620) in Neuengland. Während Neu-Frankreich danach nur wenige Siedler aus dem Mutterland anzog, strömte in die Siedlungskerne Virginia und Neuengland eine große Zahl von Auswanderern. Unter ihnen bildeten Dissenter – religiöse Abweichler von der Anglikanischen Kirche wie beispielsweise die Puritaner – die größte Gruppe. Sie erhofften sich in den Kolonien freie Religionsausübung. Den Auswanderern wurden aber auch mehr Mitbestimmungsrechte in den politischen Gremien als im Mutterland zugestanden.

Zwischen den englischen Siedlungskernen gründeten Niederländer und Schweden Kolonien an der Atlantikküste, die allerdings 1664 von den Engländern okkupiert wurden.

Die ersten Auswanderungsströme aus Deutschland gelangten in die 1681 vom Quäker William Penn (1644–1718) als „heiliges Experiment" gegründete Kolonie Pennsylvania. Mit der Gründung Georgias 1732 kontrollierten die Engländer die gesamte nordamerikanische Atlantikküste zwischen dem spanischen Florida und Neu-Frankreich am St.-Lorenz-Strom.

3.8

3.2

**3.1** Die Gros-Britannische Colonie-Laender in Nord-Amerika in accuraten Special-Mappen nach den London. Originalien/ Dominia Anglorum in America Septentrionali Specialibus Mappis Londini [...], grenz- und flächenkolorierte Kupferstiche, Nürnberg, Homann (Verlag), [um 1740].
55 x 50 cm
Halle, Martin-Luther-Universität Halle-Wittenberg, Universitäts- und Landesbibliothek Sachsen-Anhalt: Altkt B I 5[12]/8
► Ausgehend von ihren Siedlungskernen Virginia und Neuengland dehnten die Briten ihr Gebiet bis zum Beginn des 18. Jahrhunderts über die gesamte Ostküste Nordamerikas vom St.-Lorenz-Strom bis Florida aus: ab 1629 wurde Carolina als Eigentümerkolonie erschlossen, das 1663 seinen Namen erhielt, 1664 Neu-Niederland erobert und 1710 wurden Akadien und Neufundland von den Franzosen abgetreten.
• *Abbildung auf Seite 46f.*

**3.2** Ansicht von Boston, kolorierter Kupferstich, um 1730, Reproduktion.
29 x 44 cm
Providence (RI), John Carter Brown Library, Brown University: 65-155
► Die Siedlung wurde 1630 von puritanischen Auswanderern unter der Ägide von John Winthrop (1588–1649), dem ersten Gouverneur Neuenglands, gegründet. Sie wuchs schnell und schon 1635 wurde hier die erste Lateinschule, im Folgejahr mit der Harvard Universität die erste Universität Nordamerikas gegründet. Bis ins 18. Jahrhundert war Boston Metropole und größte Stadt Nordamerikas.
• *Abbildung auf Seite 60 (Detail)*

**3.3** Modell des Schiffes MAYFLOWER
Höhe 68 cm, Länge 78 cm, Breite 38cm
Osterode am Harz, Frank Dietrich
► Auf dem Schiff segelten 1620 die sogenannten Pilgerväter, englische separatistische Puritaner, nach Neuengland und gründeten dort die erste Siedlung New Plymouth in Massachusetts. Im *Mayflower Compact* legten sie vertraglich eine Selbstverwaltung der Gemeinschaft fest, so dass der

Vertrag als erstes Manifest bürgerlicher Selbstverwaltung in Nordamerika gilt.

**3.4** Ansicht von Neu-Amsterdam, kolorierte Radierung von Gerard oder François Jollain, 1672, Reproduktion.
35,6 x 50,8 cm
New York, Collection of the New-York Historical Society: Negative #76191
► Ab 1621 kontrollierte die niederländische Westindische Compagnie den Fluss Hudson und organisierte die Emigration niederländischer Siedler dorthin. 1626 wurde den Indianern die Insel Manhattan abgekauft, die Siedlung Neu-Amsterdam entstand und wurde zum Verwaltungszentrum der Kolonie Neu-Niederland. 1653 erhielt der Ort Stadtrecht, nach Übergabe an die Engländer erhielten Stadt und Kolonie den Namen New York.
• *Abbildung auf Seite 50f.*

**3.5** Pieter Stuyvesant, Öl auf Holz, um 1665, Reproduktion.
74,3 x 63,5 cm
New York, Collection of the New-York Historical Society: Accession #1909.2
► Die Westindische Compagnie ernannte Stuyvesant (1592–1672) 1646 zum Gouverneur der Kolonie Neu-Niederland. Er ließ Neu-Amsterdam, dessen Einwohnerzahl stetig wuchs, befestigen, Straßen bauen und gründete das erste Krankenhaus. 1655 eroberte er die benachbarte schwedische Kolonie Neu-Schweden, 1664 musste er seine Kolonie den angreifenden Engländern übergeben.
• *Abbildung auf Seite 48*

3.10

**3.6** Penns Vertrag mit den Indianern, Öl auf Leinwand von Benjamin West, 1771/72, Reproduktion.
191,8 x 273,7 cm
Philadelphia, The Pennsylvania Academy of Fine Arts, Gift of Mrs. Sarah Harrison (The Joseph Harrison, Jr. Collection): 1878.1.10
► 1681 wurde dem Quäker William Penn (1644–1718) durch Charter des englischen Königs das Territorium von Pennsylvania und Delaware verliehen. Hier realisierte er seine Vorstellungen des „religiösen Experiments", nämlich absolute Religionsfreiheit, und der bürgerlichen Selbstverwaltung aufgrund eines Gesellschaftsvertrags. Penn achtete auf eine faire Behandlung der Indianer und kaufte ihnen das Land zur Besiedlung durch Europäer ab. Um 1700 lebten schon etwa 21.000 Siedler in der Kolonie.
• *Abbildung auf Seite 57*

**3.7** Pastorius-Denkmal: Die ersten Amerikaauswanderer von Krefeld nach Germantown, Bronze von J. Otto Schweizer, Philadelphia, 1914.
Höhe 102 cm, Länge 113 cm, Breite 168 cm
Krefeld, Museum Burg Linn
► Der Jurist Franz Daniel Pastorius (1651–1719) schloss sich 1679 in Frankfurt einer radikal-pietistischen Gruppe an, die eine Gesellschaft zum Landkauf in Nordamerika zum Zwecke der Emigration dorthin gründete. In deren Auftrag begleitete er 1683 eine Gruppe von 13 Familien aus Krefeld, Reformierte, Quäker und Mennoniten, bei der Auswanderung nach Pennsylvania. Sie gründeten dort die erste deutsche Siedlung Germantown.
• *Abbildung auf Seite 58*

**3.8** Das gelobte Land Georgia, Öl auf Leinwand, [um 1735].
190,5 x 237 cm
Augsburg, Hotel Steigenberger Drei Mohren
► Um 1730 fürchteten die Briten ein Vordringen der Spanier oder Franzosen an der südlichen Atlantikküste Nordamerikas. Zudem entspann sich eine gesellschaftliche Debatte darüber, ob man verarmten Engländern nicht Siedlungsraum in Nordamerika zur Verfügung stellen sollte. Diese beiden Anliegen führten zur Gründung der englischen Kolonie Georgia.
• *Abbildung auf Seite 44 (Detail)*

**3.9** Die Trustees of Georgia empfangen eine Delegation der Creek-Indianer, Öl auf Leinwand von William Verelst (1704–1752), 1734, Reproduktion.
123 x 156 cm
Wilmington (DE), Winterthur Museum, Gift of Henry Francis du Pont: 1956.0567
► 1732 erlangte eine Gruppe Philanthropen, die Trustees (Treuhänder), eine königliche Charter, die ihnen das Gebiet südlich von South Carolina, nunmehr die Eigentümerkolonie Georgia, übertrug. Sie wählten Siedler aus, die 1733 Savannah als erste Siedlung in Georgia gründeten. 1752 übergaben die Trustees aus finanziellen Erwägungen Georgia dem britischen König und es wurde Kronkolonie.
• *Abbildung auf Seite 54f.*

**3.10** General James Oglethorpe, Federzeichnung, 1785, Reproduktion.
27 x 21 cm
Herrnhut, Unitätsarchiv der Evangelischen Brüder-Unität Herrnhut: GS.276
► Oglethorpe (1696–1785), Offizier und Mitglied des englischen Parlaments, segelte als Bevollmächtigter der Trustees mit den Siedlern nach Georgia und fungierte als erster Gouverneur, u.a. organisierte er die militärische Verteidigung gegen die Spanier in Florida und erließ ein Verbot der Sklaverei. Dies stieß auf den Widerstand vieler Siedler. 1743 kehrte Oglethorpe nach England zurück.

**3.11** Karte von Pennsylvania, New Jersey und New York, kolorierter Kupferstich von Tobias Conrad Lotter (1717–1777), Matthäus Seutter (1678–1756) (Verleger), Augsburg, um 1740.
52 x 62 cm
Halle, Franckesche Stiftungen: BFSt: S/Kt 0388
► In der Region zwischen den Flüssen Hudson und Delaware siedelten nach 1620 Niederländer und Schweden. Nach Okkupation der Region durch die Engländer 1664 wurde neben der Kolonie New York die Kolonie New Jersey gegründet und zwei Privatleuten übertragen. 1702 wurde New Jersey Kronkolonie.
• *Abbildungen auf Seite 2f. (Detail) und 67*

**3.12** Indentured Servitude-Vertrag zwischen Griffith Jones und Richard Townsend, 30. Juli 1689, Reproduktion.
Philadelphia, The Historical Society of Pennsylvania (HSP), Henry Pleasants Collection: Collection 1508
► Viele europäische Auswanderer, die keine Mittel zur Finanzierung der Überfahrt nach Nordamerika besaßen, schlossen solche Schuldknechtschaftsverträge auf in der Regel sieben Jahre ab. Die nordamerikanischen Arbeitgeber bezahlten die Überfahrt und kamen danach nur für Essen, Kleidung und Unterkunft auf.

**3.13 a+b**
Karte von Virginia und Karte von Neuengland, Kupferstiche in: John Smith: The general history of Virginia, New-England and the Summer Isles with the names of the Ad-

3.12

venturers, Planters, and Governours from their first beginning an[no] 1584 to this present 1624. London: Sparkes, 1624, Reproduktionen.
Göttingen, Niedersächsische Staats- und Universitätsbibliothek: 4 H AM II, 5252 RARA
► Der Abenteurer und Entdecker Smith (1580–1631) war Gouverneur von Virginia gewesen und hatte Erkundungsfahrten nach Neuengland unternommen. Auf dieser Grundlage verfasste er die erste Geschichte der englischen Kolonien in Nordamerika einschließlich der Bermudainseln („Summer Isles").

**3.14** John Cotton: The planters plea: Or the grounds of plantations examined together with a manifestation of the causes mooving such as have lately undertaken a plantation in New-England. London, 1630. In: Tracts and other papers relating principally to the origin [...] of the colonies in North America. Collected by Peter Force. Teil 2. Washington 1838.
Berlin, Staatsbibliothek zu Berlin – Preußischer Kulturbesitz: Nr. 3 in: Uu 53-2
► Der puritanische Geistliche Cotton (1585–1652) war 1630 vor religiöser Verfolgung in England in die Kolonie Mas-

3.13 A

sachusetts geflohen. Dort wurde er einer der einflussreichsten politischen und geistlichen Wortführer.

**3.15** Ludwig Hennepin: Beschreibung der Landschafft Louisiana, welche, auf Befehl des Königs in Frankreich, neulich gegen Südwesten Neu-Frankreichs in America entdeckt worden [...]. Nürnberg: Otto, 1689.
Gotha, Universitäts- und Forschungsbibliothek Erfurt/Gotha, Forschungsbibliothek Gotha: Geogr 8° 01357 (02)
► Neben Neu-Frankreich, dem Gebiet am St.-Lorenz-Strom, wurde am Ende des 17. Jahrhunderts auch das Louisiana genannte Mississippi-Tal von den Franzosen mit vereinzelten Siedlungen erschlossen. Jedoch wurde nie die Besiedlungsdichte der englischen Kolonien in Nordamerika erreicht.

**3.16** Franz Daniel Pastorius: Umständige Geografische Bezeichnung Der zu allerletzt erfundenen Provinz Pensylvaniae, In denen End=Gräntzen Americae, In der West=Welt gelegen. Frankfurt, Leipzig: Otto, 1704.
Halle, Martin-Luther-Universität Halle-Wittenberg, Universitäts- und Landesbibliothek Sachsen-Anhalt: Oc 5804, 8°
► Pastorius war Ortsvorsteher der ersten deutschen Siedlung in Nordamerika Germantown. Zudem arbeitete er als Lehrer und verfasste geografische Schriften über Pennsylvania sowie Gedichte. Den geografischen Schriften fügte er auch Übersetzungen von Werbeschriften von William Penn bei, die Deutsche zur Emigration nach Pennsylvania aufforderten.

3.13 B

**3.17** A state of the province of Georgia, attested upon oath, in the court of Savannah, Nov. 10, 1740 [Vom Zustand der Provinz Georgia, unter Eid bezeugt, am Gericht von Savannah]. London, 1742. In: Tracts and other papers relating principally to the origin [...] of the colonies in North-America. Collected by Peter Force. Teil 1. Washington 1836. Berlin, Staatsbibliothek zu Berlin – Preußischer Kulturbesitz: Nr. 3 in: Uu 53-1
► Der Druck dokumentiert die Auseinandersetzungen zwischen den Trustees und vielen Siedlern in der Eigentümerkolonie Georgia. Unter anderem ließen die Treuhänder keine Sklaven in der Kolonie zu, während die Siedler Sklaven als Arbeitskräfte nutzen wollten.

## Frühe deutschsprachige Literatur über Nordamerika

Ab dem Ende des 17. Jahrhunderts erschienen in Deutschland erste Veröffentlichungen über Nordamerika, die von einem erwachenden Interesse an dem Halbkontinent zeugen.

**3.18** Richard Blome: Englisches America, oder Kurtze doch deutliche Beschreibung aller derer jenigen Länder und Inseln so der Cron Engeland in West-Indien jetziger Zeit zuständig und unterthänig sind [...]. Leipzig: Große, 1697. Halle, Franckesche Stiftungen: BFSt: 95 F 12
► Deutsche Übersetzung einer von Richard Blome († 1705) 1687 erstmals in London veröffentlichten Landesbeschreibung.

Das verlangte / nicht erlangte Canaan
bey den Lust-Gräbern;
Oder
Ausführliche Beschreibung
Von der unglücklichen Reise derer jüngsthin aus Teutschland nach dem Engelländischen in America gelegenen
Carolina und Pensylvanien
wallenden Pilgrim / absonderlich dem einseitigen übelgegründeten
Kochenthalerischen Bericht
wohlbedächtig entgegen gesetzt

I. Einem Beantwortungs-Schreiben etlicher diese Sach angehenden Fragen; nebst einer Vorrede Moritz Wilhelm Höens.
II. Ermahnungs-Schreiben an die bereits dahin verreißte Teutsche / Anthon Wilhelm Böhmens.
III. Der Berg-Predigt Christi / und Gebettern vor die noch dahin auf dem Weg begriffenen rc.
IV. Königl. Englischen deswegen nach Teutschland erlassenen Abmahnung.
V. Kurtzen Relation, jener dabey erlittenen Elendes und Schicksals.
VI. Noch einer andern Relation davon.
VII. Einem Stück der Warnungs-Predigt von Hn. Johann Tribecko / rc. den zuruckreisenden in London gehalten.

Alles aus Liebe zur Warheit und Patriotischem Wohlmeinen zusammen verfasset.

Franckfurt und Leipzig / M DCC XI.

3.20

**3.19** Kocherthal: Ausführlich- und umständlicher Bericht Von der berühmten Landschafft Carolina/ In dem Engellaendischen America gelegen. Frankfurt/Main: Oehrling, 1709.
Göttingen, Niedersächsische Staats- und Universitätsbibliothek: 8 H AM II, 5316 RARA:4
► Der unter einem Pseudonym schreibende Josua Harrsch (1669–1719) war protestantischer Pfarrer in der Kurpfalz, wo die Protestanten Diskriminierungen seitens des katholischen Landesherrn ausgesetzt waren. Deshalb warb er, der selbst 1708 in die Kolonie New York auswanderte, für die Emigration und sein Bericht wurde mehrmals nachgedruckt.

**3.20** Moritz Wilhelm Höen: Das verlangte, nicht erlangte Canaan bey den Lust-Gräbern: Oder Ausführliche Beschreibung Von der unglücklichen Reise derer jüngsthin aus Teutschland nach der Engelländischen in America gelegenen Carolina und Pensylvanien wallenden Pilgrim: absonderlich dem einseitigen übelgegründeten Kochenthalerischen Bericht wohlbedächtig entgegen gesetzt [...]. Frankfurt, Leipzig, 1711.
Halle, Deutsche Akademie der Naturforscher Leopoldina – Nationale Akademie der Wissenschaften, Bibliothek: Hb 8 : 7769
► Ab 1709 kam es zu einer ersten Massenauswanderung protestantischer Pfälzer nach Nordamerika. Jedoch strandeten sie in London und der deutsche Prediger am englischen Hof Anton Wilhelm Böhme (1629–1711) verfasste diese Schrift mit, um ein weiteres Steigen der Emigrantenzahlen zu verhindern.

**3.21** [Caspar Gottschling:] Staat von Amerika. [Halle?: Renger ?,] um 1713.
Halle, Marienbibliothek: H 31
► Der Pädagoge und Pietist Gottschling (1679–1739) verfasste Landesbeschreibungen über viele Regionen der außereuropäischen Welt, aber auch eine Beschreibung des Schlaraffenlandes.

**3.22** [Johann Matthias Kramer:] Neueste und richtigste Nachricht von der Landschaft Georgia in dem Engelländischen Amerika: Worinnen enthalten: 1. Die Original-Berichte,

welche die Königlichen Commissarien über die Beschaffenheit dieser Landschaft eingeschicket haben; 2. Ein zuverläßiger Bericht derer vornehmsten Privilegien, Freyheiten und Wohlthaten, so alle diejenigen zu geniessen haben, die sich in dieser fruchtbaren Provinz häußlich niederlassen; Nebst einem Unterricht für selbige zu ihrer Dahinreise. Göttingen: Universitäts-Buchdruckerei, Schmid, 1746.
Göttingen, Niedersächsische Staats- und Universitätsbibliothek: 8 H AM II, 5399
► Kramer, der noch in Deutschland Wörterbücher seines Vaters Matthias Kramer (um 1640 – um 1727) herausgegeben hatte, war vor 1750 nach Philadelphia emigriert und arbeitete dort unter dem Namen Creamer als Deutsch-, Französisch- und Italienischlehrer.

**3.23** [Georges Marie Butel-Dumont:] Der Engländischen Pflanzstädte in Nord-America Geschichte und Handlung: nebst einer zuverläßigen Nachricht von der gegenwärtigen Anzahl der dasigen Einwohner, und einer umständlichen Beschreibung der Landesverfassung, absonderlich was Neu-England, Pensylvanien, Carolina und Georgien betrifft. Stuttgart: Metzler, 1755.

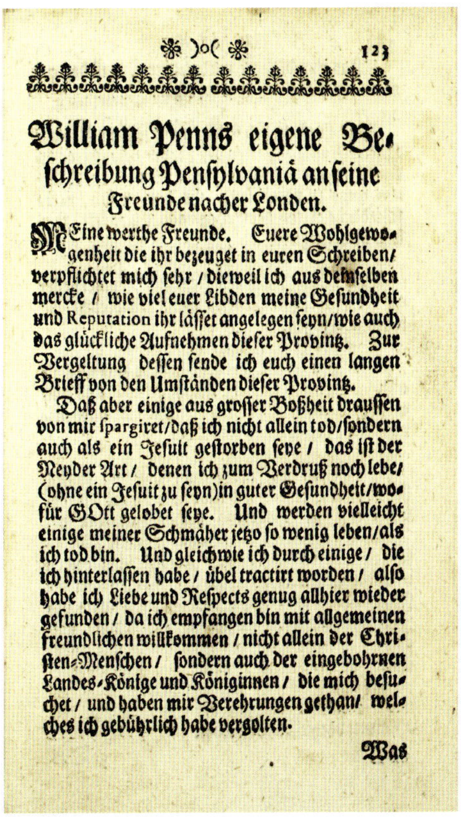
123

William Penns eigene Beschreibung Pensylvaniä an seine Freunde nacher Londen.

Meine werthe Freunde. Euere Wohlgewogenheit die ihr bezeuget in euren Schreiben/ verpflichtet mich sehr / dieweil ich aus demselben mercke / wie viel euer Libden meine Gesundheit und Reputation ihr lässet angelegen seyn/wie auch das glückliche Aufnehmen dieser Provintz. Zur Vergeltung dessen sende ich euch einen langen Brieff von den Umständen dieser Provintz.

Daß aber einige aus grosser Boßheit draussen von mir spargiret/daß ich nicht allein tod/sondern auch als ein Jesuit gestorben seye / das ist der Neyder Art / denen ich zum Verdruß noch lebe/ (ohne ein Jesuit zu seyn)in guter Gesundheit/wofür GOtt gelobet seye. Und werden vielleicht einige meiner Schmäher jetzo so wenig leben/als ich tod bin. Und gleichwie ich durch einige / die ich hinterlassen habe / übel tractirt worden / also habe ich Liebe und Respects genug allhier wieder gefunden / da ich empfangen bin mit allgemeinen freundlichen willkommen / nicht allein der Christen-Menschen / sondern auch der eingebohrnen Landes-Könige und Königinnen / die mich besuchet / und haben mir Verehrungen gethan/ welches ich gebührlich habe vergolten.

Was

3.16

Reise durch einige der mittlern und südlichen vereinigten nordamerikanischen Staaten nach Ost-Florida und den Bahama-Inseln unternommen in den Jahren 1783 und 1784 von Johann David Schöpf d. A. W. D. Hochfürstl. Brandenb. Onolzb. und Culmb. Hof- und Militär-Medikus, Landphysikus, des Mediz. Colleg. zu Bayreuth Rath und der Gesellschaft naturforschender Freunde zu Berlin Mitglied.

Erster Theil.

Mit einem Landchärtchen.

Erlangen bey Johann Jacob Palm. 1788.

3.25

Halle, Franckesche Stiftungen: BFSt: 126 G 25
► Deutsche Übersetzung eines Werkes des französischen Ökonomen Butel-Dumont (1725–1788).

**3.24** William Russell: Geschichte von Amerika von dessen Entdeckung an bis auf das Ende des vorigen Krieges [...]. 4 Bde. Leipzig: Schwickert, 1779.
Gotha, Universitäts- und Forschungsbibliothek Erfurt/Gotha, Forschungsbibliothek Gotha: H 8° 05214 (01-04)
► Deutsche Übersetzung eines 1778 in London erschienenen Werkes.

**3.25** Johann Daniel Schöpf: Reise durch einige der mittlern und südlichen vereinigten nordamerikanischen Staaten nach Ost-Florida und den Bahama-Inseln unternommen in den Jahren 1783 und 1784. Erlangen: Johann Jacob Palm, 1788.
Halle, Martin-Luther-Universität Halle-Wittenberg, Universitäts- und Landesbibliothek Sachsen-Anhalt: Ob 4534 (1+2), 4°

# Raum 4

## Ecclesia Plantanda

### Das Verhältnis des Halleschen Pietismus und der Herrnhuter Brüdergemeine zu Nordamerika

#### August Hermann Francke und Nordamerika

Schon vor 1700 stand August Hermann Francke (1663–1727) in Kontakt mit dem deutschen Pietisten Daniel Falckner (1666 – um 1744), der 1694 nach Pennsylvania ausgewandert war, und ließ sich über die Verhältnisse dort informieren. Zudem korrespondierte er mit weiteren Aussiedlern wie dem reformierten Pfarrer Samuel Güldin (1664–1745) in Pennsylvania.

Franckes wichtigster Kontaktpartner in Nordamerika war Cotton Mather (1663–1728) in Boston. Dieser stammte aus einer einflussreichen puritanischen Familie in Neuengland und hatte Theologie studiert. Mit seinen mehr als 450 Veröffentlichungen war er einer der bedeutendsten Intellektuellen Nordamerikas und kämpfte gegen eine Aufweichung des orthodoxen Puritanismus sowie eine weitgehende Säkularisierung der neuenglischen Kolonien.

4.6B

**4.1** Porträt von Cotton Mather, Schabkunst von Peter Pelham (1697–1751), Reproduktion.
30,6 x 25 cm (Bild), 55,9 x 40,6 cm (Blatt)
Washington DC, National Portrait Gallery, Smithsonian Institution: NPG.86.1
► Der puritanische Geistliche und Gelehrte Mather (1663–1728) aus Boston veröffentlichte mehr als 450 Schriften und war einer der bekanntesten Gelehrten Neuenglands. Nachweislich stand er ab 1711 in Briefkontakt mit August Hermann Francke (1663–1727).
• *Abbildung auf Seite 62*

**4.2** Brief von Cotton Mather an August Hermann Francke, Boston, 10.01.1712.
Halle, Franckesche Stiftungen: AFSt/H C 229 : 32a
► Mather berichtet, dass die englische Ausgabe von Franckes *Fußstapfen des noch lebenden und waltenden liebreichen und getreuen Gottes* in den Kirchen Nordamerikas eine neue Leidenschaft für das Christentum entfacht habe. Zudem kündigt er die Übersendung eines Goldstücks als Spende für Franckes Waisenhaus an.

**4.3** Brief von August Hermann Francke an Cotton Mather, Halle, 19.12.1714.
Halle, Franckesche Stiftungen: AFSt/W II/-/23
► Francke beschreibt hier ausführlich die von ihm in Glaucha geschaffenen Anstalten.

**4.4** Cotton Mather: A monitor for communicants. An essay to excite and assist religious approaches to the table of the Lord / Mehquantamwahuwaenin wutche Nemunukeeg Lordooe mishadtuppooonk. Boston: Green, 1716.
Halle, Franckesche Stiftungen: BFSt: 150 G 16 (5)
► Diese religiöse Schrift Mathers wurde auch in die Sprache der Algonquin-Indianer der Ostküste Nordamerikas übersetzt.

### Die Betreuung von Salzburger Exulanten in Georgia

Ab 1731 vertrieb der Salzburger Erzbischof 20.000 Protestanten aus ihrer Heimat. Eine Gruppe Salzburger erhielt die Erlaubnis, sich in der Kolonie Georgia anzusiedeln. Gotthilf August Francke (1696–1769), der seinem Vater im Direktorenamt der Glauchaschen Anstalten folgte, entsandte aus Halle zwei Theologen, Johann Martin Boltzius (1703–1765) und Israel Christian Gronau (1714–1745). Sie begleiteten die Salzburger nach Georgia und betreuten sie als Pfarrer in ihrer Siedlung Ebenezer. Boltzius war zugleich Pfarrer, Pädagoge, Erzieher und „Waisenvater", zudem vertrat er als geschickter Politiker die Interessen seiner Gemeinde in Verhandlungen mit den Verantwortlichen der Kolonie. Ebenezer nahm unter seiner wirtschaftlichen Leitung einen der führenden ökonomischen Plätze in Georgia ein.

**4.5 a+b**

2 Figurengruppen von Salzburgern in ihrer Tracht, bemaltes Holz, [um 1730].

a) Frau mit Knaben.

b) Mann mit Mädchen.

Höhe 21 cm, Breite 13 cm, Tiefe 10 cm

4.7

Ausführliche Historie Derer EMIGRANTEN Oder Vertriebenen Lutheraner Aus dem Ertz=Bißthum Saltzburg, Worinnen man findet

I. Eine Geographische Beschreibung, nebst einer accuraten Land-Charte dieses Ertz-Bißthums.

II. Eine Historische Erzehlung von dessen Ursprunge, und denen remarquablesten Ertz-Bischöffen.

III. Eine gründliche Ausführung derer dortigen Religions-Händel, die so wohl nach der Reformation biß auf unsere Zeiten, als vornemlich jetzo in diesen Jahren darinn vorgegangen.

IV. Was sich vor, bey und nach der jetzigen grossen Vertreibung daselbst zugetragen.

Alles aus glaubwürdigen Historien-Schreibern, und denen zu Regensburg gedruckten Acten heraus gezogen, Auch aus denen Friedens-Schlüssen mit Fleiß erläutert.

Leipzig, Bey Johann Michael Teubnern, 1732.

Der ausführlichen Nachrichten Von der Königlich-Groß-Britannischen Colonie Saltzburgischer Emigranten in America Erster Theil. Worin Von der Gelegenheit und andern Umständen ihrer Aufnahme, ihrem dreyfachen Transport aus Teutschland nach Georgien in America, Beschaffenheit dieses Landes, Ankunft darin, erstem Anbau in Eben-Ezer, überstandenen mannigfaltigen Schwierigkeiten, schönem Zustand im geistlichen, auch nach und nach immer besser erfolgten äusserlichen Einrichtung, und andern dahin gehörigen Merckwürdigkeiten, ein umständlicher und bis auf das Ende des Jahrs 1738, sich erstreckender Bericht ertheilet wird, Von der Ersten ausführlichen Nachricht an bis zu der fünften Continuation derselben Nebst einem vollständigen Register herausgegeben von Samuel Urlsperger, Des Evangel. Ministerii in Augspurg Seniore und Pastore der Haupt-Kirche zu St. Annen.

HALLE, in Verlegung des Wäysenhauses, MDCC XXXXI.

4.16

Halle, Franckesche Stiftungen: KNK R.Nr. 765, 766

► 1731 und 1732 verließen aufgrund der radikalen Vertreibungspolitik des Erzbischofs Leopold Anton von Firmian 20.000 Protestanten das Salzburger Land . Dieses Ereignis versetzte die gesamte evangelische Christenheit Europas in Aufruhr und löste ein großes Medienecho aus.

• *Abbildungen auf Seite 77*

**4.6 a+b**

a) Eine Gruppe Salzburger Protestanten erreicht Nördlingen, Kupferstich von Elias Bäck, [1732].
36 x 29 cm

b) Empfang der Salzburger Emigranten in Halle, Kupferstich von Rüdiger, [1732].
21,5 x 34,6 cm

Halle, Franckesche Stiftungen: AFSt/B Sc 0065 + Sb 0012

► Ein Großteil der vertriebenen Salzburger wurde in Brandenburg-Preußen, vor allem in Ostpreußen, angesiedelt. Etwa 300 von ihnen konnten schließlich nach Georgia auswandern.

• *Abbildung auf Seite 76*

**4.7** Ausführliche Historie Derer Emigranten, oder Vertriebenen Lutheraner Aus dem Ertz-Bißthum Saltzburg [Theil 1]: Worinnen man findet I. Eine Geographische Beschreibung/ nebst einer accuraten Land-Charte dieses Ertz-Bißthums. II. Eine Historische Erzehlung von dessen Ursprunge/ und denen remarquablesten Ertz-Bischöffen. III. Eine gründliche Ausführung derer dortigen Religions-Händel [...] IV. Was sich vor/ bey und nach der ietzigen grossen Vertreibung daselbst zugetragen [...]. Leipzig: Teubner, 1732.
Halle, Franckesche Stiftungen: BFSt: 38 K 10 [1]

**4.8** Samuel Urlsperger, Kupferstich von Johann Jacob Kleinschmidt (1687–1772, Stecher) nach Gottfried Eichler (1715–1770, Maler).
35,4 x 25,6 cm (Bild), 39,5 x 26,9 cm (Platte)
Halle, Franckesche Stiftungen: BFSt: Porträtsammlung: D 109
► Intensiv setzte sich der pietistische Theologe und Senior des Augsburger Ministeriums Urlsperger (1685–1772) für die Salzburger Protestanten ein. Aufgrund seiner engen Kontakte zum britischen Königshof erwirkte er die Erlaubnis zur Ansiedlung einer Gruppe Salzburger Protestanten in Georgia. Dabei stand er in ständigem Kontakt zu den hallischen Pietisten.
• *Abbildung auf Seite 74*

**4.9** Friedrich Michael Ziegenhagen, Kupferstich von G. L. Smith.
14,1 x 9,9 cm
Halle, Franckesche Stiftungen: BFSt: Porträtsammlung: P 425
► Ziegenhagen (1694–1776) war seit 1722 königlicher Hofprediger an der deutschen Kapelle St. James in London. Seit seinem Studium in Halle vom Pietismus Franckes geprägt, wirkte er als wichtiger Vermittler zwischen den weltweiten Interessen Franckes sowie seiner Nachfolger und dem Königshof im Zentrum des Britischen Weltreichs, auch bei der Ansiedlung der Salzburger in Georgia.
• *Abbildung auf Seite 74*

**4.10** Jean Pierre Purry, Jacob Reichard, Abraham Meuron, Heinrich Reymund: Kurtze, iedoch zuverlässige Nachricht von dem gegenwärtigen Zustand und Beschaffenheit des Mittägigen Carolina in America oder West-Indien, Welche Landschaft Georgien genennet wird. Leipzig, 1734.
Halle, Franckesche Stiftungen: AFSt/M 5 A 1 : 1-3
► Mit diesen von europäischen Auswanderern verfassten Schriften warben Urlsperger und Francke unter den Salzburgern Freiwillige für die Niederlassung in Georgia an, das als Land der Freiheit und des Überflusses beschrieben wird und aufgrund seiner natürlichen Bedingungen die günstigsten Voraussetzungen für ein Leben in Wohlstand biete.

**4.11** Johann Martin Bolzius [Boltzius], Schabkunstblatt von Johann Jacob Haid nach Jeremias Theus, 1754.
14,3 x 12,2 cm
Halle, Franckesche Stiftungen: BFSt: Porträtsammlung: A 211
► Boltzius hatte in Halle Theologie studiert und arbeitete danach in Franckes Anstalten. 1734 begleitete er zusammen mit dem Katecheten Israel Christian Gronau die Salzburger Protestanten nach Georgia, um sie dort als Pfarrer zu betreuen.
• *Abbildung auf Seite 75*

**4.12** Die LONDON MERCHANT und die SIMONDS bei der Isle of Wight, Tuschzeichnung in: Zeichnungsbuch aus dem Besitz von Philipp Georg Friedrich von Reck, 1736, S. 33r, Reproduktion.
Kopenhagen, Det Kongelige Bibliotek – Nationalbibliotek og Københavens Universitetsbibliotek: NKS 565 4°
► Von Reck (1710–1798) begleitete 1734 und 1736 die Salzburger als Reisekommissar. Während der zweiten Reise und dem mehrmonatigen Aufenthalt in Georgia entstehen Zeichnungen, die für einen nicht realisierten landeskundlichen Bericht bestimmt waren. Die Abbildung zeigt zwei Auswandererschiffe vor der englischen Küste auf dem Weg nach Georgia.
• *Abbildung auf Seite 70 (Detail)*

**4.13** Karte von Savannah und Umgebung in Georgia, 1735 („A map of the County of Savannah"), Kupferstich in: Samuel Urlsperger: Ausführliche Nachrichten von der Königlich-Groß-Britannischen Colonie Saltzburgischer Emigranten in America [...]. 1. Teil. Halle: Waisenhaus, 1741, nach S. 184, Reproduktion.
Halle, Franckesche Stiftungen: BFSt: Miss:A 5:1
► Im 1733 gegründeten Savannah, der ersten Hauptstadt Georgias, landeten die Salzburger Protestanten. Von 1735 bis 1740 ließen sich auch Herrnhuter Missionare hier nieder.
• *Abbildung auf Seite 79*

**4.14** Plan von Neu Eben-Ezer, kolorierter Kupferstich von Matthäus Seutter, um 1747, Reproduktion.
35,3 x 52,5 cm
Berlin, Staatsbibliothek zu Berlin – Preußischer Kulturbesitz, Kartenabteilung: X 51.508
► Die Salzburger gründeten 1734 die Siedlung Ebenezer, zwei Jahre später wurde sie an den Savannah-Fluss verlegt, der eine günstige Anbindung an die Hauptstadt bot. Neu

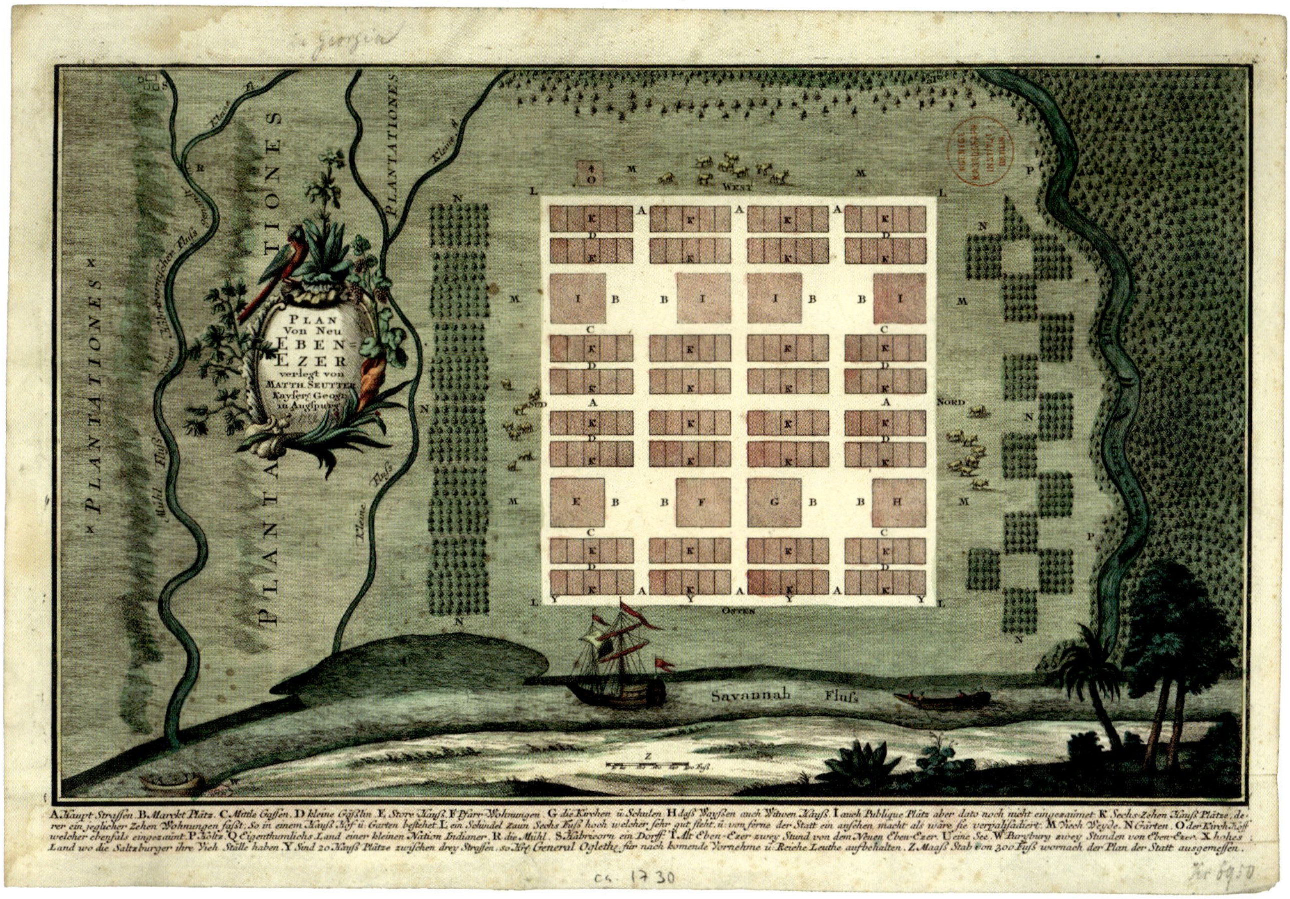


4.14

Eben-Ezer wurde als Planstadt mit Marktplätzen, öffentlichen Gebäuden, Kirche und Schule errichtet.

**4.15** Zeichnung der Mühlenanlage in Ebenezer, um 1746.
Halle, Franckesche Stiftungen: AFSt/M 5 D 12 : 1
► Boltzius war nicht nur Pfarrer in Ebenezer, sondern vertrat die Siedlung auch politisch nach außen und lenkte die wirtschaftlichen Aktivitäten. Er regte den Aufbau von Getreide- und Sägemühlen unter Nutzung von Wasserkraft an, die sich schnell zu erfolgreichen Wirtschaftsbetrieben entwickelten.
• *Abbildung auf Seite 72f.*

**4.16** Samuel Urlsperger: Ausführliche Nachrichten von der Königlich-Groß-Britannischen Colonie Saltzburgischer Emigranten in America [...]. 1. Teil. Halle: Waisenhaus, 1741.
Halle, Franckesche Stiftungen: BFSt: Miss:A 5:1
► Urlsperger gab Schriften heraus, die in Deutschland über das Siedlungsprojekt informierten, aber auch als protestantische Glaubenszeugnisse vom segensvollen Wirken Gottes künden sollten. Zudem sollten mit den Schriften Spenden für das Projekt eingeworben werden.

**4.17** Johann Martin Boltzius: Tagebuch, 01.01.1736 bis 31.12.1736.
Halle, Franckesche Stiftungen: AFSt/M 5 D 2
► In diesem Tagebuch beschreibt Boltzius das Jahr der Verlegung der Siedlung an den Savannah-Fluss. Seine nach Halle und Augsburg gesandten Briefe und Tagebücher wurden in Halle und Augsburg redigiert und in den *Ausführlichen Nachrichten* veröffentlicht.

**4.18** Ein indianischer Kriegstanz, Tuschzeichnung in: Zeichnungsbuch aus dem Besitz von Philipp Georg Friedrich von Reck, 1736, S. 29r, Reproduktion.
Kopenhagen, Det Kongelige Bibliotek – Nationalbibliotek og Københavens Universitetsbibliotek: NKS 565 4°
► Anfangs hatten Francke und Urlsperger erwogen, auch eine Indianermission in Georgia einzurichten, und Boltzius war angewiesen, sich über die Sprache und Kultur der Indianer zu informieren. Intensiv setzte sich auch von

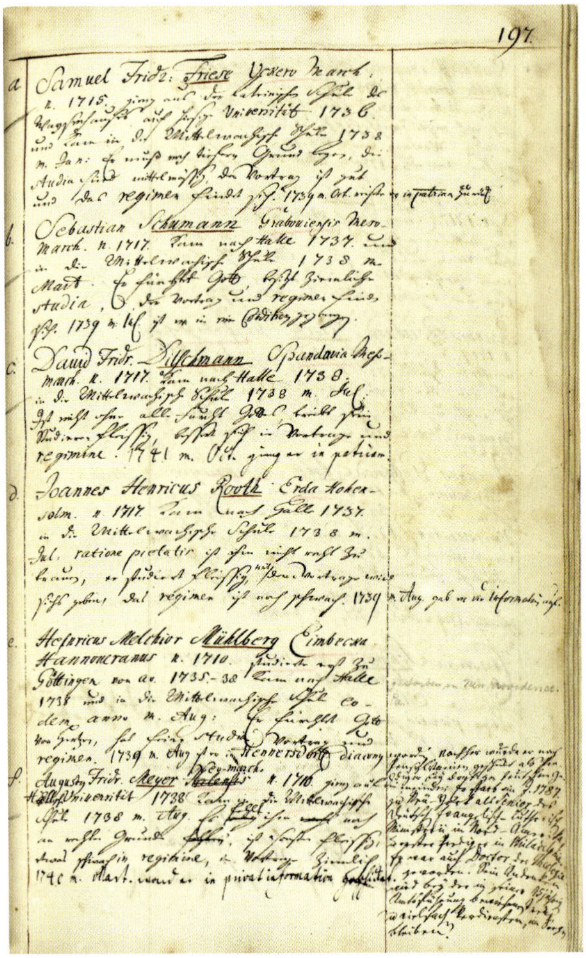

4.21

Reck mit deren Zivilisation auseinander und berichtete darüber in den *Ausführlichen Nachrichten*.

• *Abbildung auf Seite 81*

**4.19** Tomo Chachi Mico oder König von Yamacran und Tooanahowi Seines Bruders [...] Sohn, Kupferstich von Johann Jacob Kleinschmidt (1687–1772) nach einem Gemälde von Willem Verelst und einem Schabkunstblatt von John Faver. 19,7 x 14,9 cm
Halle, Franckesche Stiftungen: BFSt: Porträtsammlung: B 5248

► Auf dem ersten Titelkupfer der *Ausführlichen Nachrichten* werden der Häuptling der Yamacraw Tomochachi (um 1644–1739) und sein Neffe Tooanahowi porträtiert. Tomochachi war bei der Gründung Georgias ein wichtiger Verhandlungspartner der Briten. Beide Indianer werden nicht als exotische Wilde, sondern wie europäische Herrscher dargestellt.

• *Abbildung auf Seite 80*

### Heinrich Melchior Mühlenberg in Pennsylvania

1734 wandten sich deutsche Auswanderergemeinden in Pennsylvania an Gotthilf August Francke mit der Bitte um Entsendung eines Pfarrers. Schließlich wurde 1742 Heinrich Melchior Mühlenberg (1711–1787) von Halle aus nach Pennsylvania entsandt, um drei Gemeinden zu versorgen. Hier musste Mühlenberg, der nur das obrigkeitlich verfasste Kirchenwesen Deutschlands kannte, unter völlig anderen Bedingungen kirchliche Strukturen aufbauen: Weder gab es gemeindliche Kirchenordnungen, die beispielsweise die Stellung des Pfarrers definierten, noch eine einheitliche Liturgie oder ein übergemeindlich strukturiertes Kirchenwesen. Im Laufe der folgenden Jahrzehnte schuf er eine einheitliche Verfassung der Gemeinden und mit dem Ministerium, dessen Präsident er lange Zeit war, eine Kirchenstruktur. Die von ihm aufgebaute Organisation wurde wegweisend für das lutherische Kirchenwesen in Nordamerika.

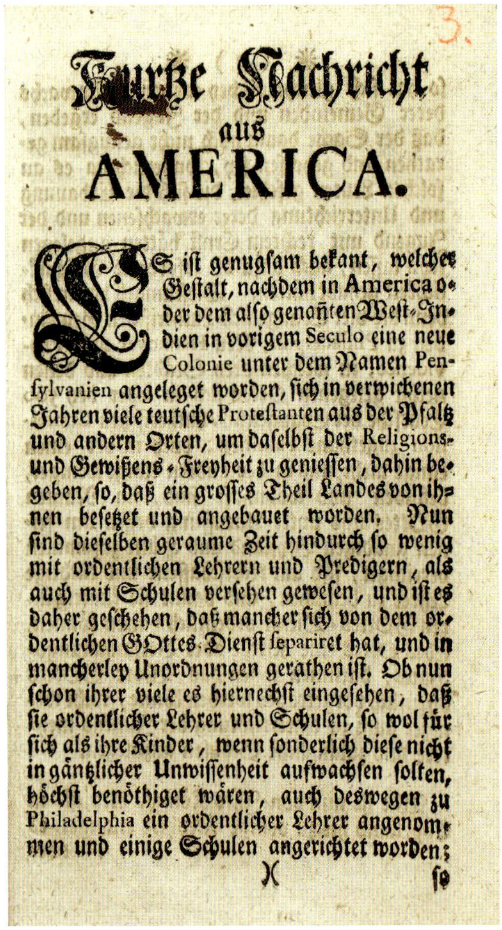

Kurtze Nachricht aus AMERICA.

Es ist genugsam bekant, welcher Gestalt, nachdem in America oder dem also genanten West-Indien in vorigem Seculo eine neue Colonie unter dem Namen Pensylvanien angeleget worden, sich in verwichenen Jahren viele teutsche Protestanten aus der Pfaltz und andern Orten, um daselbst der Religions- und Gewißens-Freyheit zu geniessen, dahin begeben, so, daß ein grosses Theil Landes von ihnen besetzet und angebauet worden. Nun sind dieselben geraume Zeit hindurch so wenig mit ordentlichen Lehrern und Predigern, als auch mit Schulen versehen gewesen, und ist es daher geschehen, daß mancher sich von dem ordentlichen GOttes-Dienst separiret hat, und in mancherley Unordnungen gerathen ist. Ob nun schon ihrer viele es hiernechst eingesehen, daß sie ordentlicher Lehrer und Schulen, so wol für sich als ihre Kinder, wenn sonderlich diese nicht in gäntzlicher Unwissenheit aufwachsen sollen, höchst benöthiget wären, auch deswegen zu Philadelphia ein ordentlicher Lehrer angenommen und einige Schulen angerichtet worden;
X so

4.24

**4.20** Porträt von Heinrich Melchior Mühlenberg, Öl auf Leinwand, um 1780.
Newport (RI), The Preservation Society of Newport County, Foto: John Corbette
► Mühlenberg stammte aus Einbeck in Südniedersachsen und studierte in Göttingen Theologie. Dort wandte er sich dem Pietismus zu und gründete eine Schule für mittellose Kinder. 1738 begab er sich zu Gotthilf August Francke nach Halle mit dem Wunsch, in der Mission unter den osteuropäischen Juden eingesetzt zu werden.
• *Abbildung auf Seite 84*

**4.21** Seite aus dem Informatorenverzeichnis der Franckeschen Stiftungen (1728 bis 1751) mit Eintrag zu Mühlenberg.
Halle, Franckesche Stiftungen: AFSt/H D 24a : 197e
► Auch in Halle arbeitete Mühlenberg zunächst als Lehrer (Informator) an der Armenschule, später als Betreuer im Waisenhaus und in den Krankenanstalten.

**4.22** Patene, feuervergoldetes Silber.
Ø 15,5 cm
Großhennersdorf, Ev.-Luth. Kirchgemeinde, Archiv
► Nach einjähriger Tätigkeit in Halle wurde Mühlenberg 1739 von Henriette Sophie von Gersdorff (1686–1761), einer Anhängerin des Halleschen Pietismus, in die Oberlausitz berufen. In der Pfarrei, deren Patronatsherrin von Gersdorff war, sollte Mühlenberg als Diakon den Hauptpfarrer in der Seelsorge unterstützen.

**4.23** Abendmahlskelch, feuervergoldetes Silber, 1660.
Höhe 22 cm, Ø 16 cm
Großhennersdorf, Ev.-Luth. Kirchgemeinde, Archiv
► Henriette Sophie von Gersdorff hatte auf ihrem Gut auch ein Waisen- und Armenhaus nach hallischem Vorbild gegründet, dessen Leitung sie Mühlenberg übertrug.

**4.24** Daniel Weisiger: Kurtze Nachricht aus America. Halle: Waisenhaus, 1734.
Halle, Franckesche Stiftungen: BFSt: 162 H 5 (3)
► 1734 schickten deutsche Lutheraner aus Pennsylvania unter Führung Weisigers eine Delegation nach Deutschland, die um die Entsendung eines Pfarrers zu ihrer Betreuung bitten sollte. Dessen Darstellung der prekären konfessionellen Betreuung der dortigen Lutheraner wurde sofort vom Verlag des Waisenhauses verbreitet, um Spenden einzuwerben.

**4.25** [Gotthilf August Francke:] Entwurf einer Vollmacht zur Ordination und Vokation von Predigern für Pennsylvanien, Handschrift, [31.05.1734].

4.23

Halle, Franckesche Stiftungen: AFSt/M 4 B 1 : 4
► Francke plante, Theologen nach Pennsylvania zu entsenden. Aufgrund der Tatsache, dass die in Halle eingegangenen Spendengelder von Mitgliedern der pennsylvanischen Delegation veruntreut wurden, und aufgrund differierender Vorstellungen über den Status der Pfarrer wurden diese Pläne vorerst nicht weiterverfolgt.

**4.26** Anforderungsschreiben der Gemeinden Philadelphia, New Hanover und Providence für einen Pfarrer, Handschrift, 1739.
Halle, Franckesche Stiftungen: AFSt/M 4 B 3 : 21
► 1739 kontaktierten wiederum drei lutherische Gemeinden aus Pennsylvania Francke mit dem Wunsch um Entsendung eines Pfarrers. Allerdings lehnten es die Siedler ab, einen aus Halle gesandten Pfarrer unbesehen zu akzeptieren und sich im Voraus zur Finanzierung von dessen Lebensunterhalt zu verpflichten.

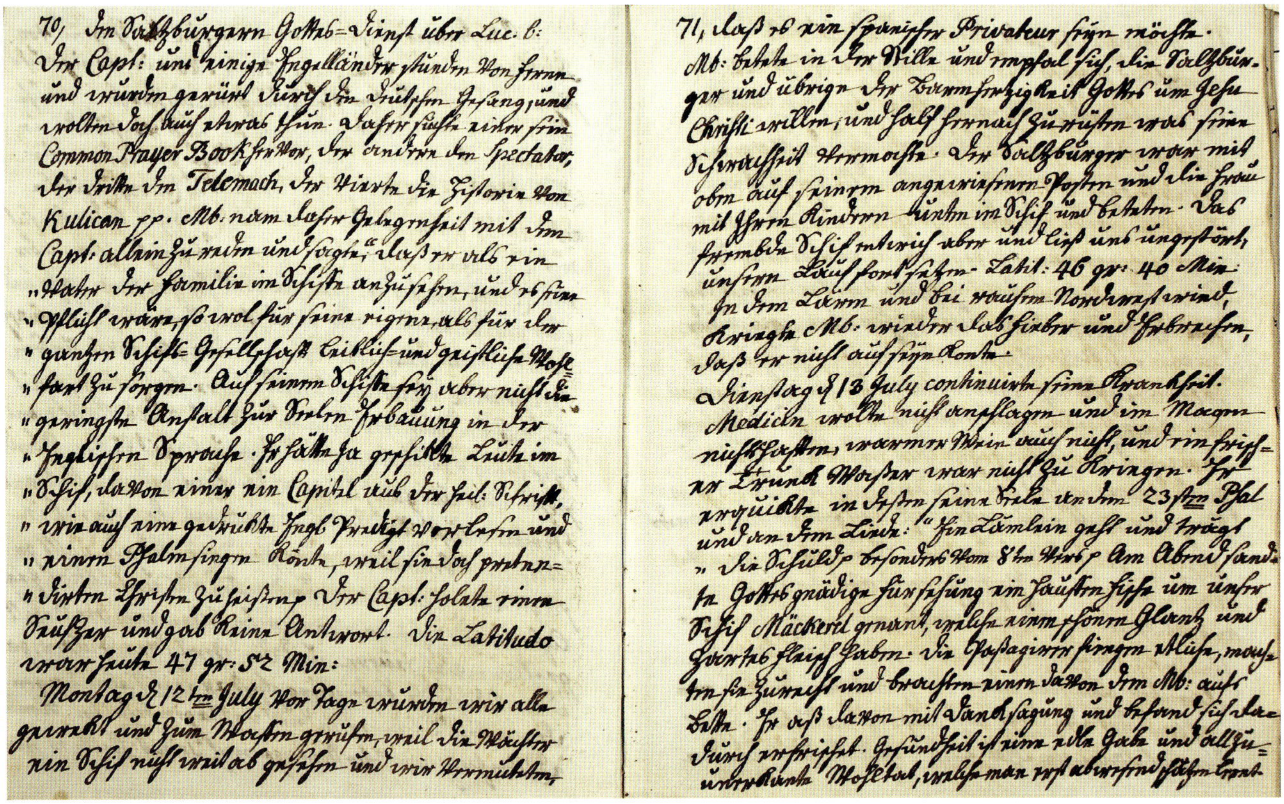

4.35

**4.27** Ansicht von Philadelphia, kolorierter Kupferstich von George Heap, 1761, Reproduktion.
Philadelphia, American Philosophical Society: Graphics No. M42-38-9
► Als Mühlenberg 1742 nach Philadelphia kam, löste die Hauptstadt der Kolonie Pennsylvania gerade Boston als kulturelles und wirtschaftliches Zentrum der nordamerikanischen Kolonien ab. Auch die Bevölkerungszahl stieg rapide an (1731: 12.000 Einwohner).
• *Abbildung auf Seite 112f.*

**4.28** Ansicht von Germantown, Tuschzeichnung, um 1800, Reproduktion.
Philadelphia, Germantown Historical Society
► Auch im 1683 von der ersten deutschen Einwanderergruppe gegründeten Germantown arbeitete Mühlenberg zeitweilig als Pfarrer. 1752 brach dort ein Streit unter den Gemeindemitgliedern aus, der trotz des Eingreifens von Mühlenberg zur Spaltung der lutherischen Gemeinde führte. Erst zwölf Jahre später vereinigte sich die Gemeinde wieder.
• *Abbildung auf Seite 98*

**4.29** Erbauliche Liedersammlung zum Gottesdienstlichen Gebrauch in den Vereinigten Evangelisch-Lutherischen Gemeinden in Nord-America; Gesamlet, eingerichtet und zum Druck befördert durch die gesamten Glieder des hiesigen Vereinigten Evangelisch Lutherischen Ministeriums. Germantown: Leibert u. Billmeyer, 1786.
Stuttgart, Institut für Auslandsbeziehungen: Ra USA I 8
► Das Gesangbuch war ein Meilenstein im Aufbau einer einheitlichen Kirchenorganisation der deutschen lutherischen Gemeinden. Mühlenberg verfasste das Vorwort.
• *Abbildung auf Seite 97*

**4.30** Philadelphische Kirchenordnung, Handschrift, Philadelphia, 18.10.1762.
Halle, Franckesche Stiftungen: AFSt/M 4 B 2 : 1
► Die von Mühlenberg ausgearbeitete erste Kirchenordnung der lutherischen Gemeinde von Philadelphia war wegweisend für weitere deutsche Kirchengemeinden und ein wichtiger Schritt hin zu einer einheitlichen Verfassung der deutschen lutherischen Gemeinden in Nordamerika.

**4.31** Ansicht der [New-Lutheran] Zion-Church, Philadelphia, Kupferstich von William Russell Birch (1755–1834), 1804,

Reproduktion.
Library Company of Philadelphia, Graphics/ Print Department/ Birch William – Views of Philadelphia: Sn 6b / P.2276.12
► Die deutsche lutherische Gemeinde in Philadelphia war mit etwa 500 Familien (1765) eine der größten Kirchengemeinden in Pennsylvania. Auf Betreiben Mühlenbergs wurde ab 1766 die Zions-Kirche als zweite deutsche lutherische Kirche der Stadt errichtet und 1769 geweiht.
● *Abbildung auf Seite 101*

**4.32** Biblia. Das ist: Die Heilige Schrift Altes und Neues Testaments, nach der deutschen Übersetzung D. Martin Luthers [...]. Germantown: Saur [Johann Christoph Sauer], 1743.
Halle, Franckesche Stiftungen: BFSt: 12 D 1
► Der aus Ladenburg stammende Sauer (1695–1757) war 1724 nach Pennsylvania ausgewandert. In Germantown gründete er 1739 eine Druckerei, in der er Kalender, Bücher, aber auch die erste deutschsprachige Zeitung verlegte. Seine deutschsprachige Bibel war die erste in Nordamerika gedruckte Bibelausgabe überhaupt. In Kirchenfragen war er ein Opponent von Mühlenberg.

**4.33** Heinrich Melchior Mühlenberg: Ein Zeugnis von der Güte und Ernst Gottes gegen sein Bundesvolk in alten und neuern Zeiten, Und des Volkes Undankbarkeit gegen Gott [...] wegen Aufhebung der Staempel Acte [...]. Philadelphia: Müller, [1766].
Halle, Franckesche Stiftungen: BFSt: 155 M 77
► 1765 waren die nordamerikanischen Kolonien mit einer Steuer belastet worden, die zur Entrichtung von Stempelgebühren für alle dort hergestellten Druckerzeugnisse verpflichtete. Hiergegen erhob sich erbitterter Widerstand und im folgenden Jahr wurde das Gesetz aufgehoben. In dieser Predigt bekennt sich Mühlenberg zur Obrigkeit als Werkzeug Gottes und deutet die Steuer als dessen Strafe.

**4.34** Petition der lutherischen und reformierten Gemeinden an die gesetzgebende Versammlung in Pennsylvania vom 17.09.1776, Handschrift von Heinrich Melchior Mühlenberg.
Halle, Franckesche Stiftungen: AFSt/M 4 H 23 : 150
► Die Amerikanische Revolution stürzte Mühlenberg in Gewissensnöte hinsichtlich seiner Loyalität gegenüber dem britischen König. Zwar folgte er 1775 der Bitte des Kontinentalkongresses, zögernde Landsleute auf die Unabhängigkeit der Kolonien von Großbritannien einzuschwören, andererseits leistete er erst 1778 unter Strafandrohung den Eid auf die Republik Pennsylvania.

**4.35** Heinrich Melchior Mühlenberg: Lebens- und Reisebeschreibung, Handschrift, [nach 1742].

4.39

Halle, Franckesche Stiftungen: AFSt/M 4 H 1a
► Mühlenbergs Autobiografie beschreibt die Zeit von seiner Geburt in Einbeck bis zu den ersten Monaten in Pennsylvania. Breiten Raum darin nimmt die Überfahrt nach Nordamerika ein, in der anschaulich die vielen Gefahren geschildert werden, die Schiffsreisenden damals drohten.

**4.36** Ausführlicher Bericht von Heinrich Melchior Mühlenberg, Peter Brunnholtz und Johann Friedrich Handschuh für Friedrich Michael Ziegenhagen, Gotthilf August Francke und Johann Philipp Fresenius über den Zustand des evangelischen Kirchenwesens, der Gemeinden und Versorgung der Prediger in Pennsylvania, 9. Juli 1754.
Halle, Franckesche Stiftungen: AFSt/M 4 B 2 : 3
► Mühlenberg und seine Mitarbeiter standen in stetem Kontakt mit ihren europäischen Vorgesetzten in Halle und London. Der Bericht enthält neben einer Geschichte der lutherischen Gemeinden in Pennsylvania auch eine Schilderung über die Situation der verschiedenen Religionsgemeinschaften und die Bitte um Unterstützung der deutschen Amtskirche für den Gemeindeaufbau.

**4.37** Kirchenordnung, oder Vergleichspunkte, betr. eine ordentliche Regierung und nötige Zucht in denen vereinigt-Evangelischen Zions- und St. Pauls Kirchen und Gemeinen, in den Grafschaften Hunterdon, Sommerset und Morris, der Provintz Neu-Jersey, gegründet und vest gesetzt von den gegenwärtigen Lehrer, Vorstehern, Ältesten und ordentlichen Gemeine-Gliedern [...], Handschrift, 13.05.1767.
Halle, Franckesche Stiftungen: AFSt/M 4 C 13 : 26
► Mit dieser von Mühlenberg verfassten Kirchenordnung sollten sowohl der Aufgabenbereich der Prediger in den vereinigten lutherischen Gemeinden als auch die Gemeindemitgliedschaft sowie die Wahl der Ältesten und Vorsteher geregelt werden.

**4.38** Die lutherische Augustus Kirche in Providence/Trappe.
Foto: Glenn Holcombe
► Die Kirche wurde 1743 nach Plänen Mühlenbergs erbaut. 1850 wurde sie bei einem Unwetter zerstört und daraufhin nach dem historischen Vorbild rekonstruiert. St. Augustus gehört heute zum nationalen Kulturerbe der USA.
• *Abbildung auf Seite 92*

**4.39** Mühlenbergs Grab auf dem Kirchhof der Augustus Kirche in Providence/Trappe.
Foto: Glenn Holcombe

**4.40** Mühlenbergs Wohnhaus in Providence/Trappe.
Foto: Glenn Holcombe

VUË DE LA NOUVELLE YORCK
Gravé par Balth. Frederic Leizelt
La nouvelle Yorck.
hattan genannt an
n den Holländern
n geneñet, hernach
und neu Yorck
Une Ville dans l'Amerique Septentrionale sur une Isle, dite Manahatan, près de
l'orifice du fleuve Hudson, les Hollandois commencérent a la battir
en l'année 1615. et l'appellerent nouvelle Amsterdam, mais en
1666. ils en fierent privés par les Anglois qui la nommérent
nouvelle Yorck.
nie Imperiale d'Empire des Arts libereaux avec Privilege de Sa Majesté Imperiale et avec Defense ni d'en faire ni de vendre les Copies.

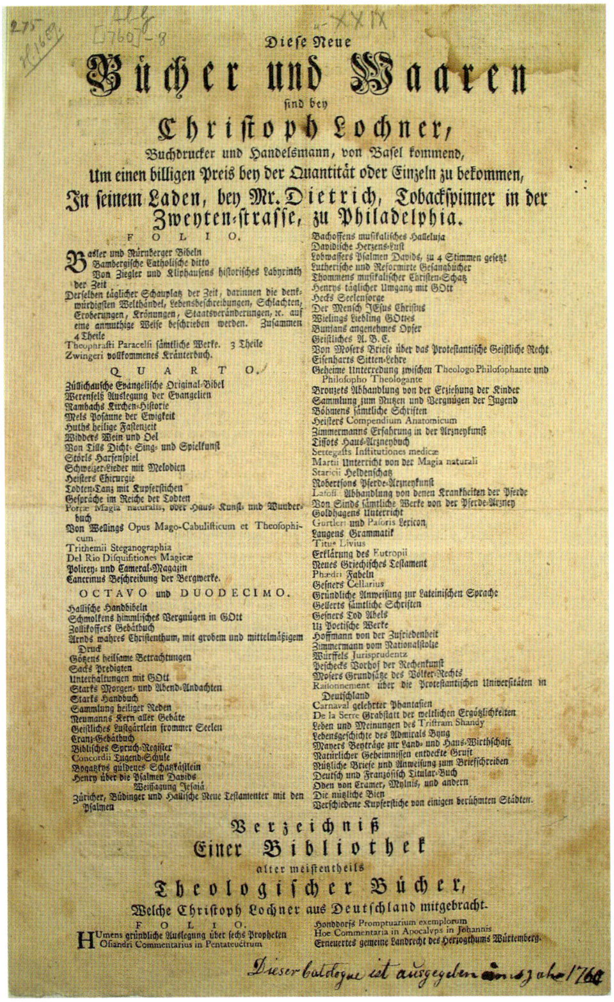

Diese Neue
Bücher und Waaren
sind bey
Christoph Lochner,
Buchdrucker und Handelsmann, von Basel kommend,
Um einen billigen Preiß bey der Quantität oder Einzeln zu bekommen,
In seinem Laden, bey Mr. Dietrich, Tobackspinner in der Zweyten-strasse, zu Philadelphia.

Verzeichniß
Einer Bibliothek
alter meistentheils
Theologischer Bücher,
Welche Christoph Lochner aus Deutschland mitgebracht.

4.44

► Auch das Haus, in dem Mühlenberg mehrere Jahrzehnte lebte, steht heute unter Denkmalschutz.

• *Abbildung auf Seite 93*

**4.41** Denkmal der Liebe und Achtung: welches Seiner Hochwürden dem Herrn D. Heinrich Melchior Mühlenberg, verdienstvollesten Senior des Evangelisch-Lutherischen Ministeriums in Nord-America, und treueifrigsten ersten Lehrers an der St. Michaelis- und Zions-Gemeinde in Philadelphia, ist gesetzet worden; Samt desselben Lebenslaufe. Philadelphia: Steiner, 1788.
Göttingen, Niedersächsische Staats- und Universitätsbibliothek: DD 93 A 33893
► Neben der Leichenpredigt für Mühlenberg enthält der Band auch eine von dem aus Halle nach Nordamerika gesandten Prediger Justus Heinrich Christian Helmuth (1745–1825) verfasste Gedächtnispredigt.

**4.42** Ansicht des Hafens von New York, kolorierter Kupferstich von Balthasar Friedrich Leizel, 1750.
50 x 60 cm
Halle, Franckesche Stiftungen: AFSt/B Sc 0002
► Auch in New York arbeitete Mühlenberg 1750 kurzzeitig als Pfarrer und mehrmals schlichtete er dort Streitigkeiten innerhalb der Gemeinden.

**4.43** Mühlenberg-Denkmal vor dem Lutherischen Theologischen Seminar in Philadelphia von Jacob Otto Schweizer, Foto, 2010.
The Lutheran Theological Seminary at Philadelphia
► Das Denkmal zu Ehren Mühlenbergs wurde 1917 von dem in Zürich geborenen Bildhauer Jacob Otto Schweizer (1863–1955) in Bronze gearbeitet. Dieser emigrierte 1894 in die USA und erlangte Bekanntheit durch eine Vielzahl von Kriegerdenkmalen zum Unabhängigkeits- und Amerikanischen Bürgerkrieg.

**4.44** Bücher- und Warenliste Christoph Lochners, Plakat, Philadelphia, 1760.
Philadelphia, Historical Society of Pennsylvania
► Der aus Basel stammende Buchdrucker und -händler Lochner bot in seinem Laden in Philadelphia deutschsprachige Literatur aus Europa an. Neben medizinischen Schriften war dies vornehmlich theologische Literatur, darunter eine Vielzahl pietistischer Bestseller und hallischer Publikationen wie Bogatzkys (1690–1774) *Güldnes Schatz-Kästlein* oder die *Sonn- und Fest-Tags-Predigten* Franckes.

4.41

## Mühlenbergs Nachfolger in Pennsylvania

Ab 1745 wurden weitere Theologen von Gotthilf August Francke nach Pennsylvania entsandt, um Mühlenberg in seiner Arbeit zu unterstützen – bis 1786 insgesamt 13. Sie wurden zu wichtigen Mediatoren der Akkulturation deutscher Auswanderer in Nordamerika. Zwar hielten sie einerseits an der deutschen Sprache im Gottesdienst fest, andererseits forderten sie ihre Gemeindemitglieder auf, Englisch zu lernen. Während des Unabhängigkeitskrieges setzten sie sich unter den Einwanderern für die Amerikanische Revolution und deren politische Ziele ein.

Dem Mangel an Pfarrern begegneten sie 1787 mit dem Aufbau eines höheren Schulwesens für Deutschstämmige durch die Gründung des Franklin College (heute Franklin & Marshall College, Lancaster) sowie 1780 mit der Einrichtung eines Lehrstuhls für Deutsch und Orientalische Sprachen an der University of Pennsylvania.

**4.45** Die deutsch-lutherische Kirchengemeinde in York beim Gottesdienst im Jahr 1800, kolorierte Zeichnung von Lewis Miller, Reproduktion.
43 x 28,3 cm
York, PA, The Collection of York County Heritage Trust: Lewis Miller, 2V, 2
► Der Schreiner Lewis Miller (1796–1882), Sohn deutscher Einwanderer, wurde in York geboren und dokumentierte in seinen illustrierten Tagebüchern, die über 2.000 Zeichnungen umfassen, das Alltagsleben im York County/Pennsylvania. Die lutherische Gemeinde in York gehörte zu den ersten Gemeinden, die sich Mühlenbergs Kirchenverbund anschlossen.
• *Abbildung auf Seite 116*

**4.46** Johann Ludwig Schulze: Nachrichten von den vereinigten deutschen evangelisch-lutherischen Gemeinen in Nord-America, absonderlich in Pensylvanien. 2 Bde. Halle: Waisenhaus, 1744–1787.
Halle, Franckesche Stiftungen: BFSt: S/Miss:A 8:1-2
► Der Hallenser Schulze (1734–1799) war Professor für Theologie, orientalische und griechische Sprachen, er war zweimal Rektor der hallischen Universität und leitete von 1785 bis 1799 die Franckeschen Stiftungen.

**4.47** Verhandlungen der Deutschen Evangelisch-Lutherischen Synode von Pennsylvanien/ gehalten in Wommelsdorf, Berks County, in der Trinitatiswoche, 1832. Philadelphia: Zentler, 1832.
Halle, Franckesche Stiftungen: BFSt: S/MISS:K 187
► Die von Mühlenberg aufgebaute Kirchenorganisation hatte Bestand. Noch in der ersten Hälfte des 19. Jahrhunderts wurden die gedruckten Verhandlungsprotokolle nach Deutschland in die Franckeschen Stiftungen versandt.

4.43

**4.48** Liturgie und Kirchenagende für die Evangelisch-Lutherischen Gemeinden in Pensylvanien, Neu York, Ohio und den benachbarten Staaten. Philadelphia: Bötticher, 1842.
Halle, Franckesche Stiftungen: BFSt: S/THOL:XVII C 239
► Gegen Ende des 18. Jahrhunderts dehnte sich die Organisation der deutschen lutherischen Gemeinden über die Grenzen Pennsylvanias aus und es entstand ein Verbund der Gemeinden in den nordöstlichen USA.

**4.49** Die Bibel, oder die ganze Heilige Schrift alten und neuen Testaments: Mit 28 Stahlstichen und 1 Karte von Palästina/ nach der deutschen Uebersetzung D. Martin Luther's. Hild-

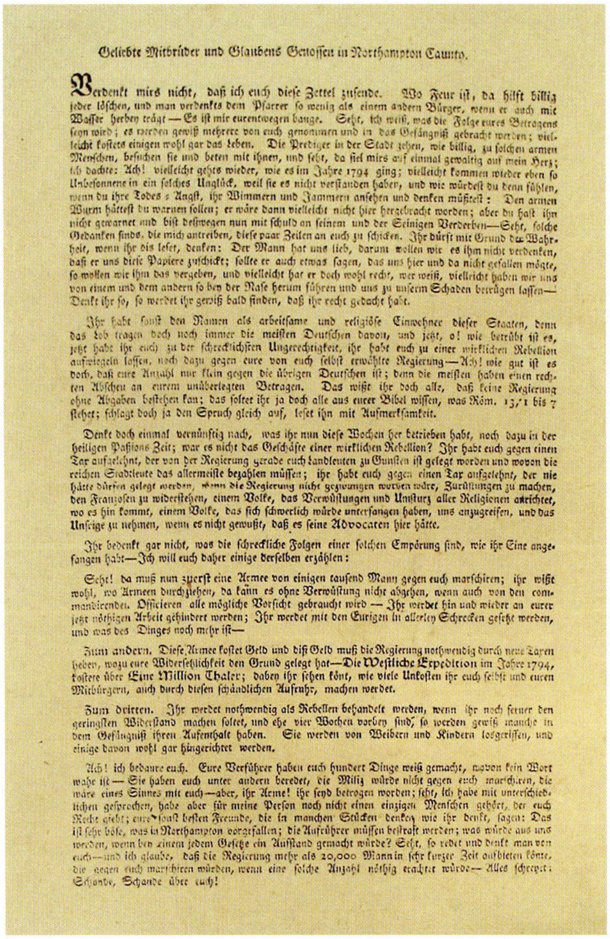

Geliebte Mitbrüder und Glaubens Genossen in Northampton Caunty.

Verdenkt mirs nicht, daß ich euch diese Zettel zusende. Wo Feur ist, da hilft billig jeder löschen, und man verdenkts dem Pfarrer so wenig als einem andern Bürger, wenn er auch mit Wasser herbey trägt — Es ist mir eurentwegen bange. Seht, ich weiß, was die Folge eures Betragens seyn wird; es werden gewiß mehrere von euch genommen und in das Gefängniß gebracht werden; vielleicht kostets einigen wohl gar das Leben. Die Prediger in der Stadt gehen, wie billig, zu solchen armen Menschen, besuchen sie und beten mit ihnen, und seht, da fiel mirs auf einmal gewaltig auf mein Herz; ich dachte: Ach! vielleicht gehts wieder, wie es im Jahre 1794 ging; vielleicht kommen wieder eben so Unbesonnene in ein solches Unglück, weil sie es nicht verstanden haben, und wie würdest du denn fühlen, wenn du ihre Todes = Angst, ihr Wimmern und Jammern ansehen und denken müßtest: Den armen Wurm hättest du warnen sollen; er wäre dann vielleicht nicht hier hergebracht worden; aber du hast ihn nicht gewarnet und bist deßwegen nun mit schuld an seinem und der Seinigen Verderben—Seht, solche Gedanken sinds, die mich antreiben, diese paar Zeilen an euch zu schicken. Ihr dürft mit Grund der Wahrheit, wenn ihr dis leset, denken: Der Mann hat uns lieb, darum wollen wir es ihm nicht verdenken, daß er uns diese Papiere zuschickt; sollte er auch etwas sagen, das uns hier und da nicht gefallen mögte, so wollen wir ihm das vergeben, und vielleicht hat er doch wohl recht, wer weiß, vielleicht haben wir uns von einem und dem andern so bey der Nase herum führen und uns zu unserm Schaden betrügen lassen—Denkt ihr so, so werdet ihr gewiß bald finden, daß ihr recht gedacht habt.

Ihr habt sonst den Namen als arbeitsame und religiöse Einwohner dieser Staaten, denn das Lob tragen doch noch immer die meisten Deutschen davon, und jetzt, o! wie betrübt ist es, jetzt habt ihr euch zu der schrecklichsten Ungerechtigkeit, ihr habt euch zu einer wirklichen Rebellion aufwiegeln lassen, noch dazu gegen eure von euch selbst erwählte Regierung—Ach! wie gut ist es doch, daß eure Anzahl nur klein gegen die übrigen Deutschen ist; denn die meisten haben einen rechten Abscheu an eurem unüberlegten Betragen. Das wißt ihr doch alle, daß keine Regierung ohne Abgaben bestehen kan; das soltet ihr ja doch alle aus eurer Bibel wissen, was Röm. 13,1 bis 7 stehet; schlagt doch ja den Spruch gleich auf, leset ihn mit Aufmerksamkeit.

Denkt doch einmal vernünftig nach, was ihr nun diese Wochen her betrieben habt, noch dazu in der heiligen Paßions Zeit; war es nicht das Geschäfte einer wirklichen Rebellion? Ihr habt euch gegen einen Tax aufgelehnt, der von der Regierung gerade euch Landleuten zu Gunsten ist gelegt worden und wovon die reichen Stadtleute das allermeiste bezahlen müssen; ihr habt euch gegen einen Tax aufgelehnt, der nie hätte dürfen gelegt werden, wenn die Regierung nicht gezwungen worden wäre, Zurüstungen zu machen, den Franzosen zu widerstehen, einem Volke, das Verwüstungen und Umsturz aller Religionen anrichtet, wo es hin kommt, einem Volke, das sich schwerlich würde unterfangen haben, uns anzugreifen, und das Unsrige zu nehmen, wenn es nicht gewußt, daß es seine Advocaten hier hätte.

Ihr bedenkt gar nicht, was die schreckliche Folgen einer solchen Empörung sind, wie ihr Eine angefangen habt—Ich will euch daher einige derselben erzählen:

Seht! da muß nun zuerst eine Armee von einigen tausend Mann gegen euch marschiren; ihr wißt wohl, wo Armeen durchziehen, da kann es ohne Verwüstung nicht abgehen, wenn auch von den commandirenden Officieren alle mögliche Vorsicht gebraucht wird — Ihr werdet hin und wieder an eurer jetzt nöthigen Arbeit gehindert werden; Ihr werdet mit den Eurigen in allerley Schrecken gesetzt werden, und was des Dinges noch mehr ist—

Zum andern. Diese Armee kostet Geld und diß Geld muß die Regierung nothwendig durch neue Taxen heben, wozu eure Widersetzlichkeit den Grund gelegt hat—Die Westliche Expedition im Jahre 1794, kostete über Eine Million Thaler; daben ihr sehen könt, wie viele Unkosten ihr euch selbst und euren Mitbürgern, auch durch diesen schändlichen Aufruhr, machen werdet.

Zum dritten. Ihr werdet nothwendig als Rebellen behandelt werden, wenn ihr noch ferner den geringsten Widerstand machen soltet, und ehe vier Wochen vorbey sind, so werden gewiß manche in dem Gefängniß ihren Aufenthalt haben. Sie werden von Weibern und Kindern losgerissen, und einige davon wohl gar hingerichtet werden.

Ach! ich bedaure euch. Eure Verführer haben euch hundert Dinge weiß gemacht, wovon kein Wort wahr ist — Sie haben euch unter andern beredet, die Miliz würde nicht gegen euch marschiren, die wäre eines Sinnes mit euch—aber, ihr Arme! ihr seyd betrogen worden; seht, ich habe mit unterschiedlichen gesprochen, habe aber für meine Person noch nicht einen einzigen Menschen gehört, der euch Recht giebt; eure sonst besten Freunde, die in manchen Stücken denken wie ihr denkt, sagen: Das ist sehr böse, was in Northampton vorgefallen; die Aufrührer müssen bestraft werden; was würde aus uns werden, wenn bey einem jedem Gesetze ein Aufstand gemacht würde? Seht, so redet und denkt man von euch—und ich glaube, daß die Regierung mehr als 20,000 Mann in sehr kurzer Zeit aufbieten könte, die gegen euch marschiren würden, wenn eine solche Anzahl nöthig erachtet würde— Alles schreyet: Schande, Schande über euch!

4.51

burghausen, Amsterdam, Philadelphia: Bibliographisches Institut, 1840.
Halle, Franckesche Stiftungen: BFSt: S/CANST:1824
► Die Akkulturation und Assimilation der deutschen Bevölkerung schritt mit dem Ausbruch des Unabhängigkeitskrieges merklich voran. Englisch wurde auch in vielen deutschsprachigen Gebieten zur Verkehrssprache. Trotz dieses langsam fortschreitenden Integrationsprozesses wurde die deutsche Sprache bis ins 19. Jahrhundert hinein in den Gottesdiensten genutzt und gepflegt.

**4.50** Justus Heinrich Christian Helmuth, Öl auf Leinwand von John Eckstein (1736–1817), um 1795.
78,8 x 71,1 cm
Washington, National Portrait Gallery, Smithsonian Institution: NPG.67.7
► Helmuth (1745–1825) wuchs als Halbwaise in den Glauchaschen Anstalten zu Halle auf, studierte an der hallischen Universität Theologie und wurde 1768 als Pfarrer nach Lancaster/Pennsylvania entsandt. 1779 wurde er Pfarrer der Zionskirche in Philadelphia und ab 1784 Senior der lutherischen Pfarrer dort. Mehrmals wurde er auf ein Jahr zum Vorsitzenden der Evangelisch-Lutherischen Synode gewählt.
• *Abbildung auf Seite 121*

**4.51** Flugblatt von Justus Heinrich Christian Helmuth an deutsche Einwanderer in Northampton, Philadelphia, 28. März 1799.
Philadelphia, Historical Society of Pennsylvania
► Um die Aufrüstung des amerikanischen Heeres und der Flotte für den Krieg gegen Frankreich (1798–1800) zu finanzieren, erließ der Kongress im Juli 1798 eine Grundbesitzsteuer. Unter den deutschen Farmern (*Pennsylvania Dutch*) in Pennsylvania brach daraufhin eine bewaffnete Revolte aus. In dem Flugblatt sprach sich Helmuth für die Beendigung des Aufstandes aus.

**4.52** Johann Christoph Kunze, Öl auf Leinwand von John Wesley Jarvis (1781–1840), 1818, Reproduktion.
New York, Collection of the New-York Historical Society: # 1818.1
► Kunze (1744–1807) besuchte die Schule in den Glauchaschen Anstalten und studierte in Leipzig Theologie. 1770 übernahm er das Pfarramt der St. Michaels- und Zions-Kirche in Philadelphia, der größten lutherischen Gemeinde Nordamerikas, und heiratete 1771 Mühlenbergs Tochter Margaretta Henrietta. 1784 ging er als Pfarrer nach New York und gründete dort das Predigerministerium.
• *Abbildung auf Seite 120*

### Herrnhuter/Moravians

Auch die von Graf Nikolaus Ludwig von Zinzendorf (1700–1760) gegründete Herrnhuter Brüdergemeine war in Nordamerika aktiv. 1735 ließ sich eine Gruppe von Brüdern in Savannah (Georgia) nieder, um dort deutsche Auswanderer zu betreuen und Indianer und Sklaven zu missionieren. Ab 1741 wurde in Pennsylvania die Siedlung Bethlehem errichtet, die später zum Zentrum der Herrnhuter Evangelisations- und Missionsarbeit in Nordamerika werden sollte.

1741 reiste Zinzendorf selbst in die mittleren Kolonien in Nordamerika, um die Missionsarbeit unter den deutschen Siedlern und Indianern zu intensivieren. In Philadelphia kam es zu Auseinandersetzungen mit Heinrich Melchior Mühlenberg, da auch in Nordamerika hallische Pietisten und Herrnhuter in scharfer Konkurrenz zueinander standen. Versuche Zinzendorfs, die verschiedenen Konfessionsgemeinschaften der deutschen Einwanderer religiös zu vereinigen, scheiterten.

**4.53** Nikolaus Ludwig von Zinzendorf und die fünf Häuptlinge der Irokesen am 2. August 1742 in Pennsylvanien, Öl auf Leinwand, Kopie von Anna Arndt nach Johann Valentin Haidt (1700–1780), 1899.
75,5 x 93,5cm
Herrnhut, Unitätsarchiv der Evangelischen Brüder-Unität Herrnhut: GS.389
► Während seines Amerikaaufenthaltes (1741–1743) unternahm Zinzendorf drei Reisen zu den Indianern Pennsylvanias, begleitet vom Dolmetscher Conrad Weiser (1696–1760), dem späteren Schwiegervater Mühlenbergs. Mit der hier dargestellten Übergabe eines Wampum wurde ein Vertrag besiegelt, der den Herrnhuter Missionaren erlaubte, im Irokesengebiet zu siedeln.
• *Abbildung auf Seite 104*

**4.54** Nikolaus Ludwig von Zinzendorf: B. Ludewigs Wahrer Bericht, de dato Germantown, den 20. Febr. 1741/42.
Halle, Franckesche Stiftungen: BFSt: S/A:1453
► Das kirchliche Leben in Pennsylvania war geprägt von religiösem Pluralismus. 1742 fanden dort sieben ökumenische Konferenzen statt, an denen sich Vertreter verschiedener deutscher Religionsgemeinschaften beteiligten, mit dem Ziel, sich unter Beendigung der Streitigkeiten untereinander zu einer interkonfessionellen „Gemeine Gottes im Geist" zu vereinen.

**4.55** Ansicht von Bethlehem, der großen mährischen Siedlungen in der Provinz Pennsylvania („A view of Bethlehem, the great Moravian settlement in the province of Pennsylvania"), kolorierter Stahlstich von Thomas Pownal (1722–1805) (Skizze) und Paul Sandby (1725–1809) (Zeichnung und Stich), 1761.
35,5 x 51,5 cm
Herrnhut, Unitätsarchiv der Evangelischen Brüder-Unität Herrnhut: TS Mp. 202.1
► Die 1740 gegründete Siedlung war der Ausgangspunkt für das umfangreiche Missionswerk der Herrnhuter Brüdergemeine in Nordamerika.
• *Abbildung auf Seite 109*

**4.56** Samuel Güldins Gewesenen Predigers in der Haupt-Kirchen zu Bern in der Schweitz Sein Unpartheyisches Zeugnüß über die Neue Vereinigung Aller Religions-Partheyen in Pen-Sylvanien. Germantown: Saur, 1744.
Halle, Franckesche Stiftungen: BFSt: S/A: 1452
► Der reformierte Pfarrer Güldin (1664–1745) wurde 1701 wegen „Pietisterey" aus der Schweiz ausgewiesen. Er ließ

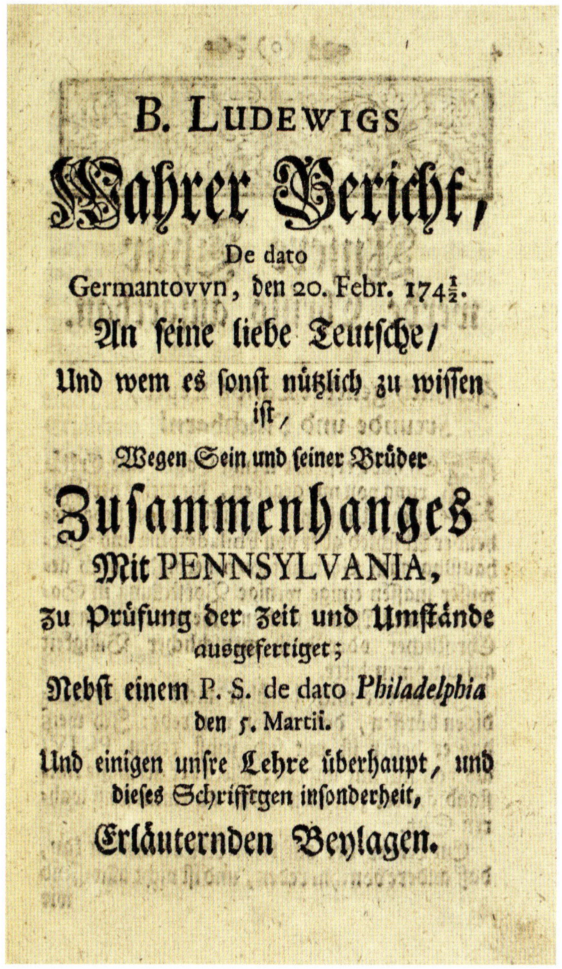
B. LUDEWIGS
Wahrer Bericht,
De dato
Germantovvn, den 20. Febr. $174\frac{1}{2}$.
An seine liebe Teutsche/
Und wem es sonst nützlich zu wissen ist,
Wegen Sein und seiner Brüder
Zusammenhanges
Mit PENNSYLVANIA,
zu Prüfung der Zeit und Umstände ausgefertiget;
Nebst einem P. S. de dato *Philadelphia* den 5. Martii.
Und einigen unsre Lehre überhaupt, und dieses Schrifftgen insonderheit,
Erläuternden Beylagen.

4.54

sich in Magdeburg nieder und seine vier Kinder besuchten die Schulen der Glauchaschen Anstalten. 1711 wanderte er nach Pennsylvania aus. In dieser Schrift argumentiert er gegen die Pläne Zinzendorfs zur Vereinigung der deutschen Religionsgruppen in Pennsylvania.

**4.57** Reisekarte für Pennsylvania, kolorierte Federzeichnung, 1752, Reproduktion.
29 x 46,8 cm
Herrnhut, Unitätsarchiv der Evangelischen Brüder-Unität Herrnhut: TS Bd. 02.01.b
► Die Karte beschreibt das gut strukturierte Wegenetz der Herrnhuter in Pennsylvania. Neben Siedlungen sind auch Kirchen, Schulen und Herbergen verzeichnet.
• *Abbildung auf Seite 110*

# Raum 5

## Von Heiden und edlen Wilden

### Die Indianermission und Erforschung indianischer Kulturen

Die Erschließung der Neuen Welt durch die katholischen Nationen Spanien und Frankreich ab dem 16. Jahrhundert war eng verbunden mit dem Missionsgedanken. In der Vorstellung der Europäer galten die Indianer als unzivilisierte Wilde, die christianisiert und zivilisiert werden mussten. Der Zivilisierungsgedanke spielte auch in den Missionsbemühungen der englischen Puritaner ab der Mitte des 17. Jahrhunderts eine Rolle. Dabei unterschieden sich die Missionsmethoden der Protestanten im Wesentlichen nicht von denen der Katholiken. Erst mit der Gründung von Missionsgesellschaften wie der Society for Promoting Christian Knowledge (SPCK) im 18. Jahrhundert konnte die protestantische Bekehrungsarbeit nennbare Erfolge aufweisen. In der zweiten Hälfte des 18. Jahrhunderts konzentrierte sich vor allem die Herrnhuter Brüdergemeine (Moravians) auf die Indianermission.

Missionare erforschten intensiv die indianischen Kulturen und Sprachen, da dies die Voraussetzung für eine erfolgreiche Missionsarbeit war. Mit ihren Berichten prägten sie maßgeblich europäische Vorstellungen über die indigenen amerikanischen Kulturen.

Im Zuge der Aufklärung entwickelte sich auch das Bild des Indianers als „edler Wilder", der als positives Bild der europäischen Zivilisation gegenübergestellt wurde.

5.30

**5.1** Tabakindianer, gefasstes Holz.
135 x 35 x 30 cm
Bünde, Tabakwarengeschäft Carl Pollner & Sohn
► Tabakindianer fungierten in Europa und Amerika vom 19. Jahrhundert bis ins frühe 20. Jahrhundert hinein als Werbeaufsteller für den Verkauf von Tabakerzeugnissen in Tabakläden. Die in der Ausstellung gezeigte Figur erfüllt diese Funktion noch heute.

**5.2** Felix Martin: Mission du Canada: Relations inédites de la Nouvelle-France (1672–1679); pour faire suite aux anciennes relations (1615–1672) [...]. Paris: Douniol, 1861 (Voyages et travaux des missionnaires de la Compagnie de Jesus, 3–4).
Berlin, Staatsbibliothek zu Berlin – Preußischer Kulturbesitz: Cv 4966-3/4
► Der Jesuit Felix Martin (1804–1886) veröffentlichte katholische Missionsberichte des 17. Jahrhunderts aus Nordamerika. Bei ihrer Missionstätigkeit unter der indigenen Bevölkerung gingen die jesuitischen Missionare davon aus, dass die Indianer vernunftbegabt und lernfähig waren, und errichteten in den Missionsstationen Schulen zur Unterweisung im christlichen Glauben und zur Vermittlung der europäischen Lebensweise.

**5.3** Pierre François Xavier Charlevoix: Histoire et description generale de la nouvelle France: avec le journal historique d'un voyage fait par ordre du Roi dans l'amerique septentrionale. Paris: Nyon, 1744.
Göttingen, Niedersächsische Staats- und Universitätsbibliothek: 4 H AM II, 606: 1-4
► Der Historiker und Forschungsreisende Charlevoix

5.3

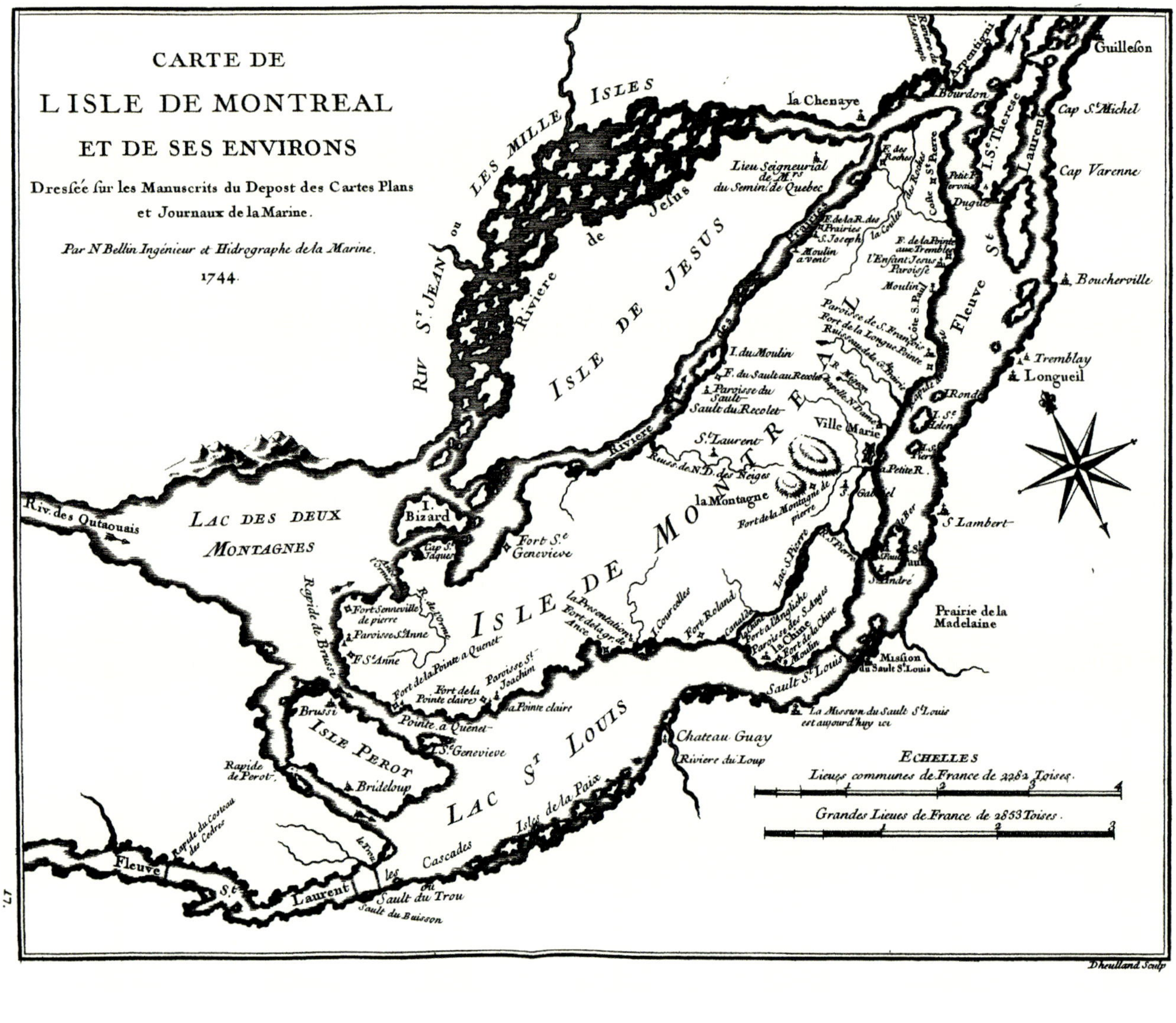

5.5

(1682–1761) reiste 1720 nach Neu-Frankreich, um eine neue Route in den Westen Nordamerikas zu suchen, scheiterte aber an mangelnder Unterstützung. Seine Reiseberichte beschreiben neben der Geschichte der französischen Kolonien das Land mit seiner Flora und Fauna sowie die Kultur der indianischen Ureinwohner.

**5.4** Neue Bilder Gallerie für junge Söhne und Töchter zur angenehmen nützlichen Selbstbeschäftigung aus dem Reiche der Natur, Kunst, Sitten und des gemeinen Lebens. Bd. 14. Berlin: Oehmigcke, 1806.
Berlin, Staatsbibliothek Berlin – Preußischer Kulturbesitz: B XXIII, 11-14 R
► Die mehrere Bände umfassende *Neue Bilder Gallerie* gehört zu den wichtigsten enzyklopädischen Werken für Kinder und ist mit zahlreichen kolorierten Kupfertafeln bebildert. Ausführlich werden dort auch die indianischen Kulturen sowie die Mission unter den Indianern dargestellt.

**5.5** John Elliot preaching to the Indians. Radierung, 1832, Reproduktion.
Berlin, ullstein bild: Nr. 30084767
► Der Puritaner John Eliot (1604–1690), auch als „Apostel der Indianer" bezeichnet, baute als Missionar bei den Massachusetts mehrere christliche Indianerdörfer *(Praying Towns)* auf, die von den bekehrten Indianern selbst verwaltet wurden. Idealisiert stellt die Radierung Eliot als Prediger vor einer Gruppe Indianer dar.

**5.6** John Eliot: The Indian Grammar began: or an essay to bring the Indian Language into rules. Cambridge, 1666.
Göttingen, Niedersächsische Staats- und Universitätsbibliothek: 8 LING X,5676 RARA
► Zur Beförderung der Mission wurde 1649 in England die erste protestantische Missionsgesellschaft, die Society for the Propagation of the Gospel in New England, gegründet. Voraussetzung für eine erfolgreiche Arbeit war das Erlernen der jeweiligen Sprache durch die Missionare. Eliots Grammatik behandelt das Natick, eine Algonquinsprache.

A

PRIMER,

FOR THE USE OF THE

MOHAWK CHILDREN,

To acquire the SPELLING and READING of their OWN, as well as to get acquainted with the ENGLISH, Tongue; which for that Purpose is put on the oppofite Page.

WAERIGHWAGHSAWE IKSAONGOENWA

Tſiwaondad-derighhonny Kaghyadoghſera; Nayondeweyeſtaghk ayeweanaghnòdon ayeghyàdow Kaniyenkehàga Kaweanondaghkouh; Dyorheaſ-hàga oni tſinihadiweanotea.

LONDON,

PRINTED BY C. BUCKTON, GREAT PULTNEY-STREET.

1786.



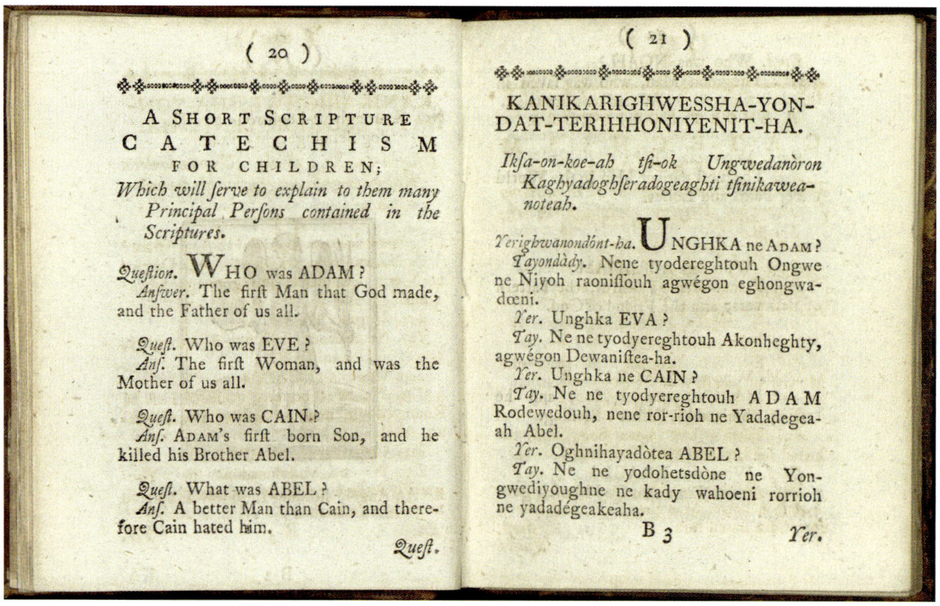

( 20 )

A SHORT SCRIPTURE CATECHISM FOR CHILDREN;

*Which will ſerve to explain to them many Principal Perſons contained in the Scriptures.*

*Queſtion.* WHO was ADAM?
*Anſwer.* The firſt Man that God made, and the Father of us all.

*Queſt.* Who was EVE?
*Anſ.* The firſt Woman, and was the Mother of us all.

*Queſt.* Who was CAIN?
*Anſ.* ADAM's firſt born Son, and he killed his Brother Abel.

*Queſt.* What was ABEL?
*Anſ.* A better Man than Cain, and therefore Cain hated him.

*Queſt.*

( 21 )

KANIKARIGHWESSHA-YON-DAT-TERIHHONIYENIT-HA.

*Ikſa-on-koe-ah tſi-ok Ungwedanòron Kaghyadoghſeradogeaghti tſinikawea-noteah.*

*Yerighwanondònt-ha.* UNGHKA ne ADAM?
*Tayondàdy.* Nene tyodereghtouh Ongwe ne Niyoh raoniſſouh agwégon eghongwa-dœni.
*Yer.* Unghka EVA?
*Tay.* Ne ne tyodyereghtouh Akonheghty, agwégon Dewaniſtea-ha.
*Yer.* Unghka ne CAIN?
*Tay.* Ne ne tyodyereghtouh ADAM Rodewedouh, nene ror-rioh ne Yadadegea-ah Abel.
*Yer.* Oghnihayadòtea ABEL?
*Tay.* Ne ne yodohetsdòne ne Yon-gwediyoughne ne kady wahoeni rorrioh ne yadadégeakeaha.

B 3 *Yer.*

5.8

**5.7** Cotton Mather: An epistle to the Christian Indians: giving them a short account, of what the English desire them to know and to do in order to their happiness [...]. Boston: Green, 1706.
Halle, Franckesche Stiftungen: BFSt: 150 G 16
► Cotton Mather (1663–1728), puritanischer Pfarrer und Autor zahlreicher theologischer Schriften, setzte sich in seiner 1702 verfassten puritanischen Kirchengeschichte Nordamerikas entschieden für die Indianermission ein.

**5.8** A Primer, for the use of the Mohawk children, to acquire the spelling and reading of their own, as well as to get acquainted with the English tongue. London: Buckton, 1786, Frontispiz und Seite 20f.
Göttingen, Niedersächsische Staats- und Universitätsbibliothek: 8 Ling X, 6174 RARA
► Sowohl die katholischen Missionare als auch die der verschiedenen protestantischen Missionsgesellschaften richteten Schulen ein, um die „wilden Indianer" nach europäischen Vorstellungen zu zivilisieren.

**5.9** David Brainerd mit einem indianischen Schamanen, kolorierter Kupferstich, ca. 1840, Reproduktion.
Berlin, ullstein bild: Nr. 30037011

5.9

► Der presbyterianische Theologe David Brainerd (1718–1747) begann 1743 mit seiner Missionsarbeit unter den Housatonic in Kaunameek, einer Missionsstation in New York. Später arbeitete er bei den Delaware in Pennsylvania und New Jersey und fertigte eine Übersetzung der Psalmen an. Er wird hier dargestellt mit einem Maskenträger der False Face Society, einem Bund, der Krankenheilungen vornahm.

**5.10** Jonathan Edwards: The life of Rev. David Brainerd, Missionary to the Indians, From The Society In Scotland For Propagating Christian Knowledge: Who died at Northampton in New England, October 9, 1747, in the 30th Year of his Age. Edinburgh, London: Baynes, 1824.
Halle, Franckesche Stiftungen: BFSt: S/THOL: XIII 070
► Die von Edwards (1703–1758) verfasste Biografie David Brainerds basiert in der Hauptsache auf dessen Tagebuchaufzeichnungen und gilt als Klassiker unter den protestantischen Missionsbiografien.

**5.11** Jonathan Edwards, kolorierte Lithografie/Punktierstich, 19. Jahrhundert, Reproduktion.
Berlin, ullstein bild: Nr. 30008157
► Der kongregationalistische Theologe Edwards war nicht nur eine der wichtigsten Persönlichkeiten des Great Awakening, sondern arbeitete ab 1750 auch als Missionar unter den Housatonic in Stockbridge (Massachusetts) und führte dort die 1736 von dem Puritaner John Sergeant (1710–1749) begonnene Missionsarbeit fort.

**5.12** Johann Gottlieb Ernst Heckewelder: Histoire, Moeurs Et Coutumes Des Nations Indiennes Qui Habitaient Autrefois La Pennsylvanie Et Les États Voisins. Paris: De Bure, 1822.
Halle, Franckesche Stiftungen: BFSt: S/THOL: VI B 044
► Der Herrnhuter Heckewelder (1743–1823) war annähernd 40 Jahre als Missionar tätig und arbeitete gemeinsam mit David Zeisberger. Mit seinen ausführlichen, ursprünglich in Englisch erschienenen Beschreibungen der

5.11

Sitten und Sprache der Delaware und Mohakin leistete er einen bedeutenden Beitrag für die ethnografische Forschung.

**5.13** David Zeisberger predigt den Indianern, Öl auf Leinwand von Christian Schüssele (1826–1879), Philadelphia, 1862, Reproduktion.
232 x 330 cm
Bethlehem/Pa., Moravian Archives Bethlehem: PC 34
► Zeisberger (1721–1808) war einer der bedeutendsten Missionare der Herrnhuter Brüdergemeine. Ab 1740 war er unter den Irokesen und Delaware tätig und lebte bis zu seinem Tod eng mit ihnen zusammen. Der deutsch-amerikanische Historienmaler Christoph Schüssele stellt den predigenden Zeisberger idealisiert dar.
• *Abbildung auf Seite 134f.*

**5.14** David Zeisberger: Grammar of the language of the Lenni Lenape or Delaware Indians […], Philadelphia 1827 (Transactions of the American Philos. Society N.S. 3).
Göttingen, Niedersächsische Staats- und Universitätsbibliothek: 4 LING X, 5893
► Als hervorragender Kenner der Irokesen- und Delaware-Sprachen verfasste Zeisberger Lehrbücher, die nach wie vor grundlegend für diese Sprachen sind.

**5.15** David Zeisberger: Essay of a Delaware Indian Spelling Book for the use of the schools of the Christian Indians on Mofkingum-River. Philadelphia 1776.
Herrnhut, Unitätsarchiv der Evangelischen Brüder-Unität Herrnhut: NB VII. R3 81

**5.16** Taufe von Indianern in Nordamerika im alten Gemeinsaal in Bethlehem, Tuschzeichnung, 1754.
22 x 18 cm
Herrnhut, Unitätsarchiv der Evangelischen Brüder-Unität Herrnhut: TS Mp. 372.5
► Die Zeichnung zeigt die Taufe von drei indianischen

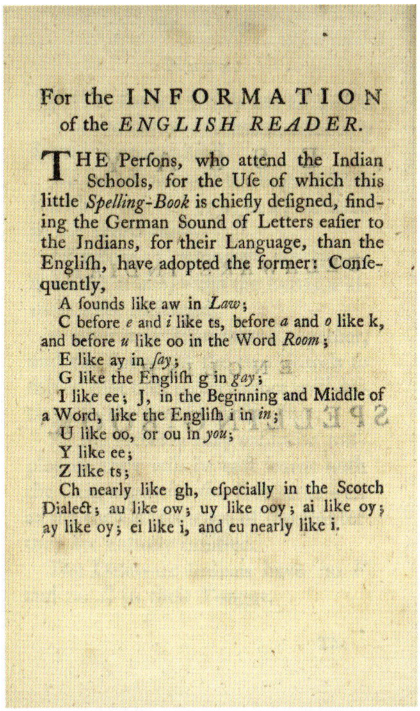

For the INFORMATION of the *ENGLISH READER*.

THE Perſons, who attend the Indian Schools, for the Uſe of which this little *Spelling-Book* is chiefly deſigned, finding the German Sound of Letters eaſier to the Indians, for their Language, than the Engliſh, have adopted the former: Conſequently,

A ſounds like aw in *Law*;
C before *e* and *i* like ts, before *a* and *o* like k, and before *u* like oo in the Word *Room*;
E like ay in *ſay*;
G like the Engliſh g in *gay*;
I like ee; J, in the Beginning and Middle of a Word, like the Engliſh i in *in*;
U like oo, or ou in *you*;
Y like ee;
Z like ts;
Ch nearly like gh, eſpecially in the Scotch Dialect; au like ow; uy like ooy; ai like oy; ay like oy; ei like i, and eu nearly like i.

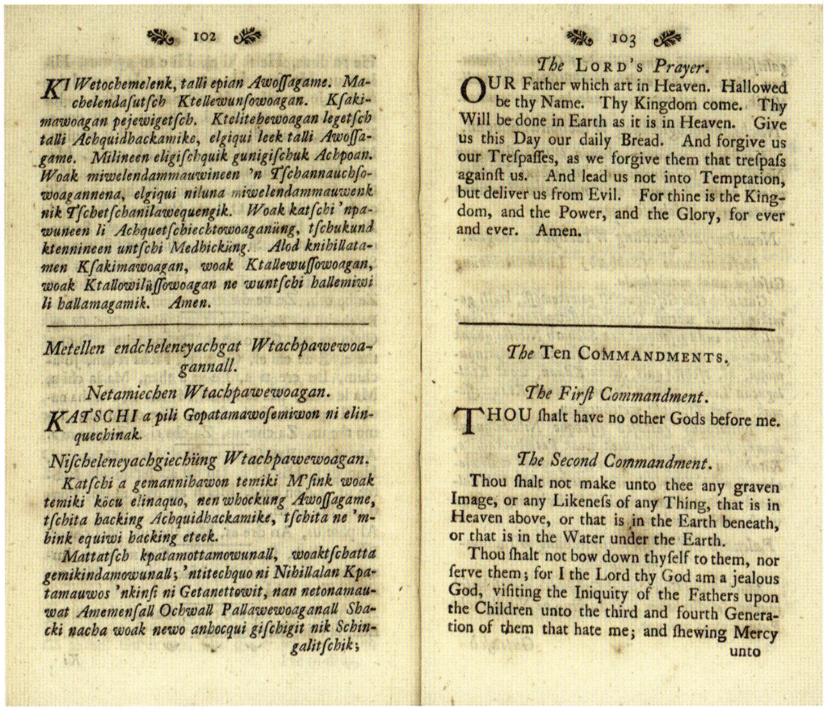

102

*KI Wetochemelenk, talli epian Awoſſagame. Machelendaſutſch Ktellewunſowoagan. Kſakimawoagan pejewigetſch. Ktelitehewoagan legetſch talli Achquidhackamike, elgiqui leek talli Awoſſagame. Milineen eligiſchquik gunigiſchuk Achpoan. Woak miwelendammauwineen 'n Tſchannauchſowoagannena, elgiqui niluna miwelendammauwenk nik Tſchetſchanilawequengik. Woak katſchi 'npawuneen li Achquetſchiechtowoaganüng, tſchukund ktennineen untſchi Medhicküng. Alod knihillatamen Kſakimawoagan, woak Ktallewuſſowoagan, woak Ktallowilüſſowoagan ne wuntſchi hallemiwi li hallamagamik. Amen.*

---

*Metellen endcheleneyachgat Wtachpawewoagannall.*

*Netamiechen Wtachpawewoagan.*

*KATSCHI a pili Gopatamawoſemiwon ni elinquechinak.*

*Niſcheleneyachgiechüng Wtachpawewoagan.*

*Katſchi a gemannihawon temiki M'ſink woak temiki köcu elinaquo, nen whockung Awoſſagame, tſchita hacking Achquidhackamike, tſchita ne 'mbink equiwi hacking eteek.*

*Mattatſch kpatamottamowunall, woaktſchatta gemikindamowunall; 'ntitechquo ni Nihillalan Kpatamauwos 'nkinſi ni Getanettowit, nan netonamauwat Amemenſall Ochwall Pallawewoaganall Shacki nacha woak newo anhocqui giſchigit nik Schingalitſchik;*

103

*The* LORD's *Prayer.*

OUR Father which art in Heaven. Hallowed be thy Name. Thy Kingdom come. Thy Will be done in Earth as it is in Heaven. Give us this Day our daily Bread. And forgive us our Treſpaſſes, as we forgive them that treſpaſs againſt us. And lead us not into Temptation, but deliver us from Evil. For thine is the Kingdom, and the Power, and the Glory, for ever and ever. Amen.

---

*The* Ten COMMANDMENTS.

*The Firſt Commandment.*

THOU ſhalt have no other Gods before me.

*The Second Commandment.*

Thou ſhalt not make unto thee any graven Image, or any Likeneſs of any Thing, that is in Heaven above, or that is in the Earth beneath, or that is in the Water under the Earth.

Thou ſhalt not bow down thyſelf to them, nor ſerve them; for I the Lord thy God am a jealous God, viſiting the Iniquity of the Fathers upon the Children unto the third and fourth Generation of them that hate me; and ſhewing Mercy unto

5.15

Konvertiten durch einen Herrnhuter Prediger. Den Grundsätzen der Herrnhuter Brüdergemeine folgend, wohnen Männer und Frauen der Zeremonie getrennt bei. Die indianischen Frauen tragen bereits europäische Kleider.

• *Abbildung auf Seite 111*

**5.17** Georg Heinrich Loskiel: Geschichte der Mission der evangelischen Brüder unter den Indianern in Nordamerika. Barby: Brüdergemeine; Leipzig: Kummer, 1789.
Halle, Franckesche Stiftungen: BFSt: MISS: G 5

**5.18** Ansicht von Gnadenhütten in Pennsylvania, Tuschzeichnung, 1754.
20 x 28 cm
Herrnhut, Unitätsarchiv der Evangelischen Brüder-Unität Herrnhut: TS Mp. 205.5
► Mit Genehmigung des Gouverneurs von Pennsylvanien gründeten die Herrnhuter 1746 die Missionsstation Gnadenhütten. Innerhalb weniger Jahre wurden hier 500 indianische Konvertiten getauft. Im French and Indian War (1754–1762) wurden hier bei einem von mit den Franzosen verbündeten Indianern verübten Überfall 96 christliche Lenni Lenape und mehrere Herrnhuter Missionare mit ihren Familien umgebracht.

• *Abbildung auf Seite 136*

**5.19** Karte zur Indianermission des 18./19. Jahrhunderts, Farbdruck, Leipzig: Wagner & Debes, 1905.
28,5 x 46 cm
Herrnhut, Unitätsarchiv der Evangelischen Brüder-Unität Herrnhut: TS Mp. 410.6

**5.20** False-Face Maske des östlichen Waldlandes, polychromes Holz, Pferdehaar, Kupfer, 18. Jahrhundert.
28 x 20 cm
Radebeul, Karl-May-Museum: Kat.-Nr. 150
► Solche „Falsch-Gesichter" wurden ursprünglich bei vielen Stämmen des östlichen Waldlandes verwendet. Sie repräsentierten im Wald lebende Dämonen und durften nur von Mitgliedern der sogenannten False Face Society bei Krankenheilungen und zeremoniellen Reinigungen getragen werden. Ihren Ursprung haben die Masken in verschiedenen Mythen, die Bemalung ist rot und schwarz, die tiefliegenden Augen sind in der Regel mit Kupfer oder Weißblech beschlagen, die Kopfbedeckung besteht aus Pferdehaar.

**5.21** Husk Mask, Mohawk-Indianer, Maisstroh, 20. Jahrhundert.
36 x 36 x 12 cm
Radebeul, Karl-May-Museum: Kat.-Nr. 5052
► Die aus Maisstroh gearbeiteten Masken verkörperten Feld- oder Erdgeister. Sowohl die Strohmasken als auch die hölzernen False Face Masken wurden geweiht und wie

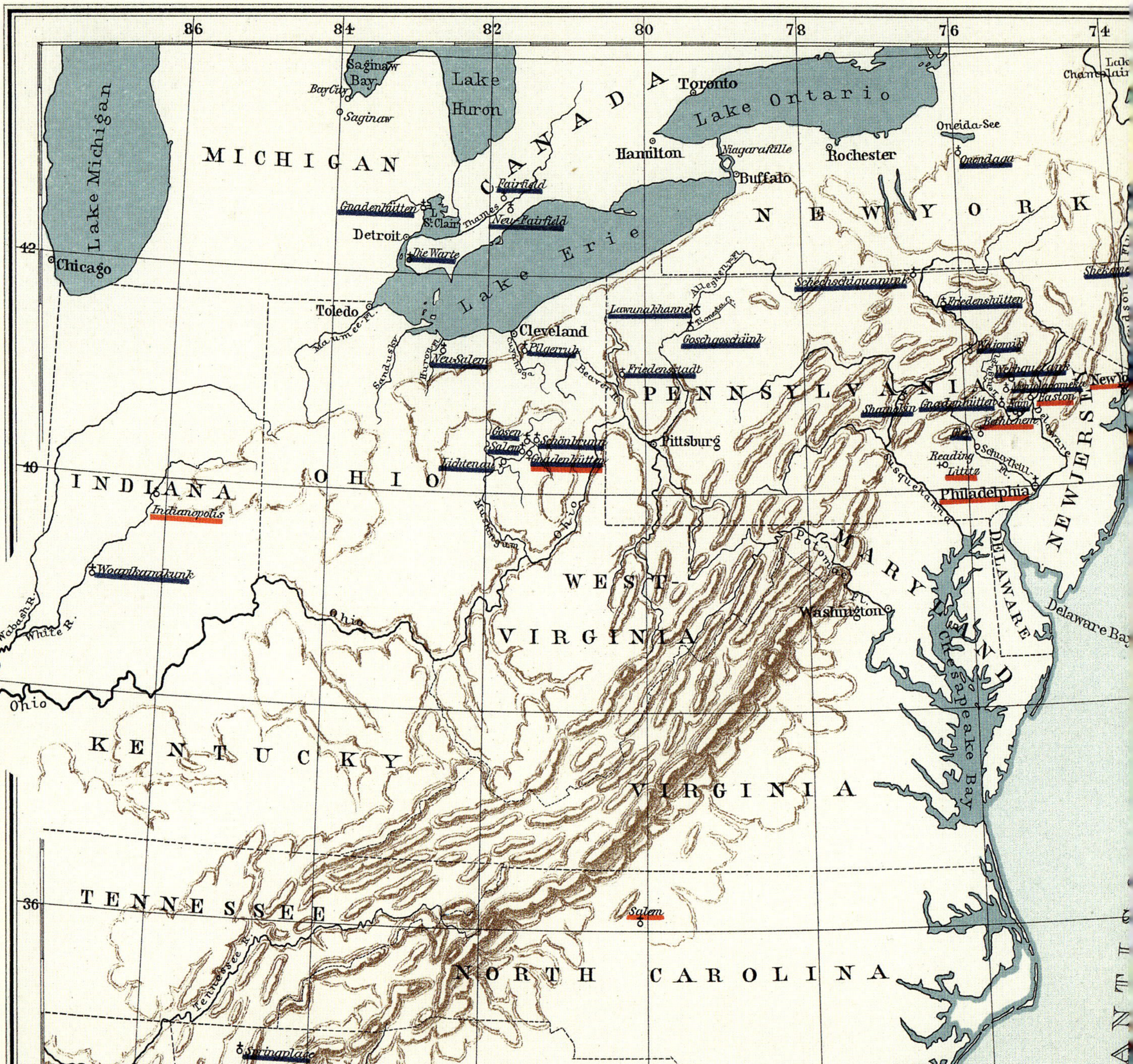


Geograph. Anstalt von Wagner & Debes, Leipzig.

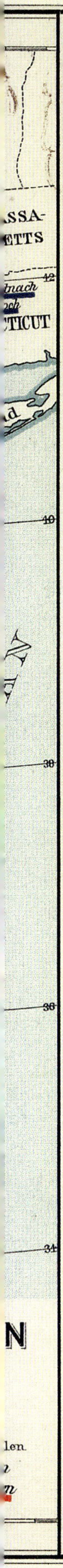

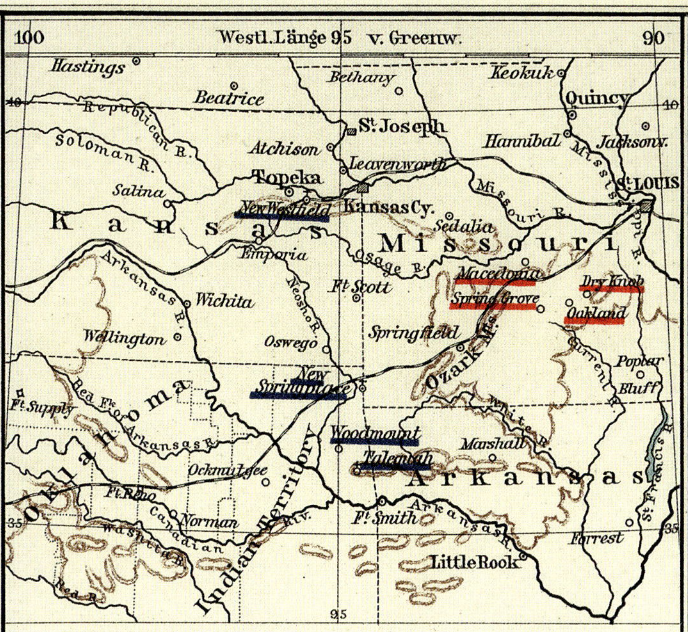


Die früheren Indianerstationen in

**INDIAN TERRITORY UND KANSAS**

Maßstab 1:10.000.000

Kilometer — D. Geograph. Meilen

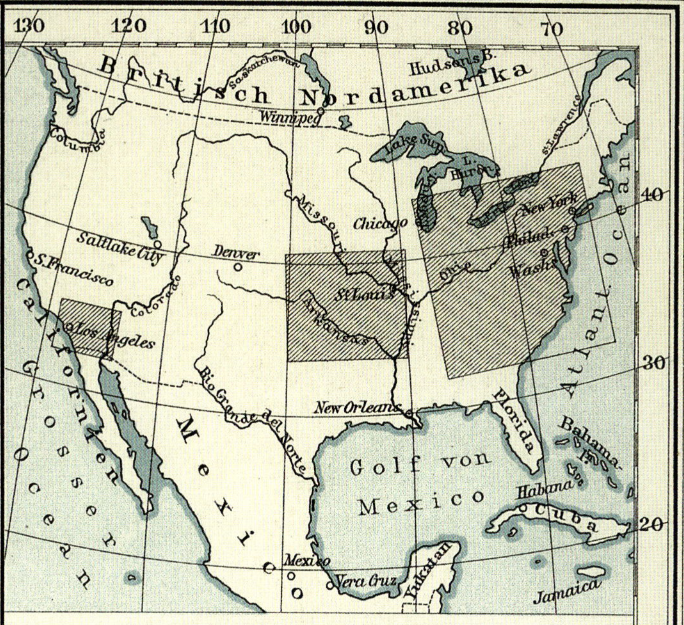


**VEREINIGTE STAATEN**

zur Übersicht

Maßstab 1:56.000.000

Kilometer — D. Geograph. Meilen

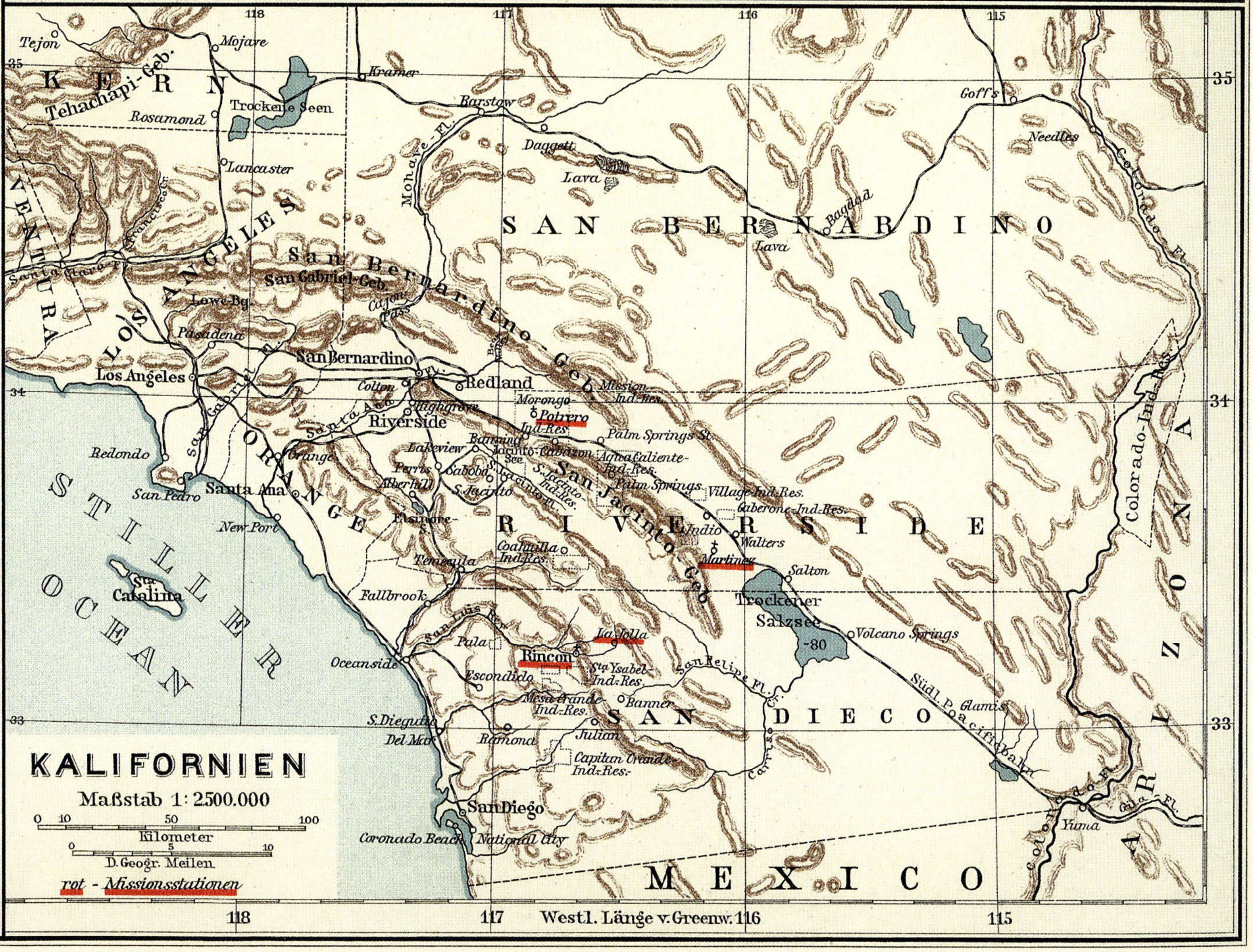


**KALIFORNIEN**

Maßstab 1: 2.500.000

Kilometer — D. Geogr. Meilen

rot - Missionsstationen

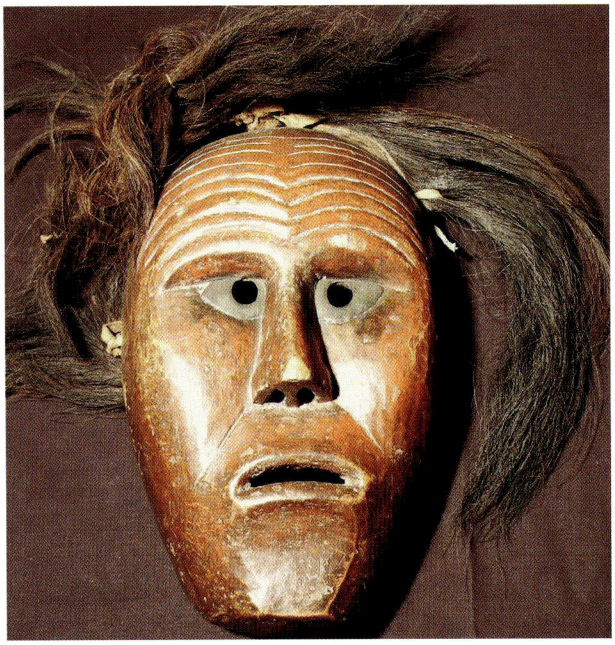

5.20

5.21

lebende Wesen behandelt. Man fütterte sie mit Maisbrei und opferte ihnen Tabak, um dem Geist Kraft und Stärke zu verleihen. Christliche Missionare verurteilten den Maskenbrauch als Götzenanbeterei. Mit der Verbreitung des christlichen Glaubens verloren die Maskenbünde an Einfluss.

**5.22** Pfeife (Ojibwa), roter Catlinit.
59 x 8cm, Kopf: 9cm
Radebeul, Karl-May-Museum: Kat.-Nr. 1129
► Das Rauchen einer Pfeife war für die indianischen Völker ein religiöser Akt, wobei der Tabak als Opfer verbrannt wurde. Demzufolge war die plastische Gestaltung der Pfeifenköpfe aus Stein besonders hoch entwickelt. Im Osten Nordamerikas herrschten neben den mit realistisch gestalteten Tierplastiken verzierten Pfeifenköpfen auch die schlichteren T-förmigen Köpfe vor.

**5.23** Schildkröten-Rassel, Indianer des östlichen Waldlandes, Schildpatt, Kiesel, 18. Jahrhundert.
49,5 x 24 cm
Radebeul, Karl-May-Museum: Kat.-Nr. 276
► Die aus dem Panzer einer Schnappschildkröte (*Chelydra serpentina*) gefertigte Rassel wurde von den Maskentänzern der Falce Face Society bei ihren rituellen Tänzen und Zeremonien verwendet. Der Handgriff der Rassel wird von Hals und Schädel der Schildkröte gebildet.

**5.24** Mokassin, Irokesen, Leder, Glasperlen und Textilbesatz, um 1800.
Länge 20,5 cm
Herrnhut, Völkerkundemuseum, Staatliche Ethnographische Sammlungen Sachsen, Staatliche Kunstsammlungen Dresden: Kat.-Nr. 68174
► Der Name Mokassin ist dem Algonquin entlehnt und bezeichnet die lederne Fußbekleidung der nordamerikanischen Indianer. Die Mokassins der Stämme des östlichen Waldlandes wurden aus einem Stück Leder gefertigt und durch zwei Nähte am Fußrücken und der Ferse zusammengefügt. Mit ihrer weichen Besohlung unterscheiden sie sich von den Mokassins der Prärieindianer, die aus zwei Stücken und mit einer Hartledersohle gefertigt wurden.

**5.25** Mokassin, Indianer östliches Waldland, Leder, Garn und Textil (Innenfutter), vor 1878.
Länge 23 cm
Herrnhut, Völkerkundemuseum, Staatliche Ethnographische Sammlungen Sachsen, Staatliche Kunstsammlungen Dresden: Kat.-Nr. 68180 a, b
► Die farbige florale Stickerei auf den Mokassins und die Verwendung eines textilen Innenfutters zeigen deutlich, wie der Kontakt zu den europäischen Einwanderern, vornehmlich zu Missionaren, den Lebensalltag der Indianer beeinflusste. Die Schuhe gehören seit 1878 zum Bestand des Völkerkundemuseums in Herrnhut.

**5.26** Schmuckstein, Lydit (Kieselschiefer), um 1770.
10 x 5 x 1,5 cm
Herrnhut, Völkerkundemuseum, Staatliche Ethnographische Sammlungen Sachsen, Staatliche Kunstsammlungen Dresden: Kat.-Nr. 68192
► Dieser Schmuckstein wurde von dem Herrnhuter Missionar Johannes Ettwein (1721–1802) erworben und gelangte in das Naturalienkabinett des Theologischen Seminars der Brüder-Unität in Barby. Im dortigen Verzeichnis wird es beschrieben als: „Ein Basalt od. Probirstein, dergl. die Indianer in NordAmerika ehedem am Halse od. in den Ohren getragen."

**5.27a+b**
Jagdszene und auf Titelblatt gemalter Reiter, Zeichnung in: Bibel mit farbigen Zeichnungen eines Sioux Indianers, um 1870, Reproduktionen.
Berlin, Ethnologisches Museum – Staatliche Museen zu Berlin: IV B 1977
► Die in die Sprache der Dakota (östliche Sioux) übersetzte Bibel erschien 1866 bei der Bible Society in New York. Ein unbekannter Krieger der Lakota (westliche Sioux) nutzte die Bibel, um Kampfszenen und Tierdarstellungen zu zeichnen. Die Motive sind im Stil der sogenannten Ledger Drawings ausgeführt, der narrativen Malerei der Plain- oder Prärie-Indianer.

**5.28** Löffel, Shawnee Indianer (nördliches Waldland), geschnitztes Bisonhorn, um 1770.
18,5 x 6,5 cm
Herrnhut, Völkerkundemuseum, Staatliche Ethnographische Sammlungen Sachsen, Staatliche Kunstsammlungen Dresden: Kat.-Nr. 68173
► Die Herrnhuter Missionare sandten ethnografische Ob-

5.24

5.26

5.25

5.28

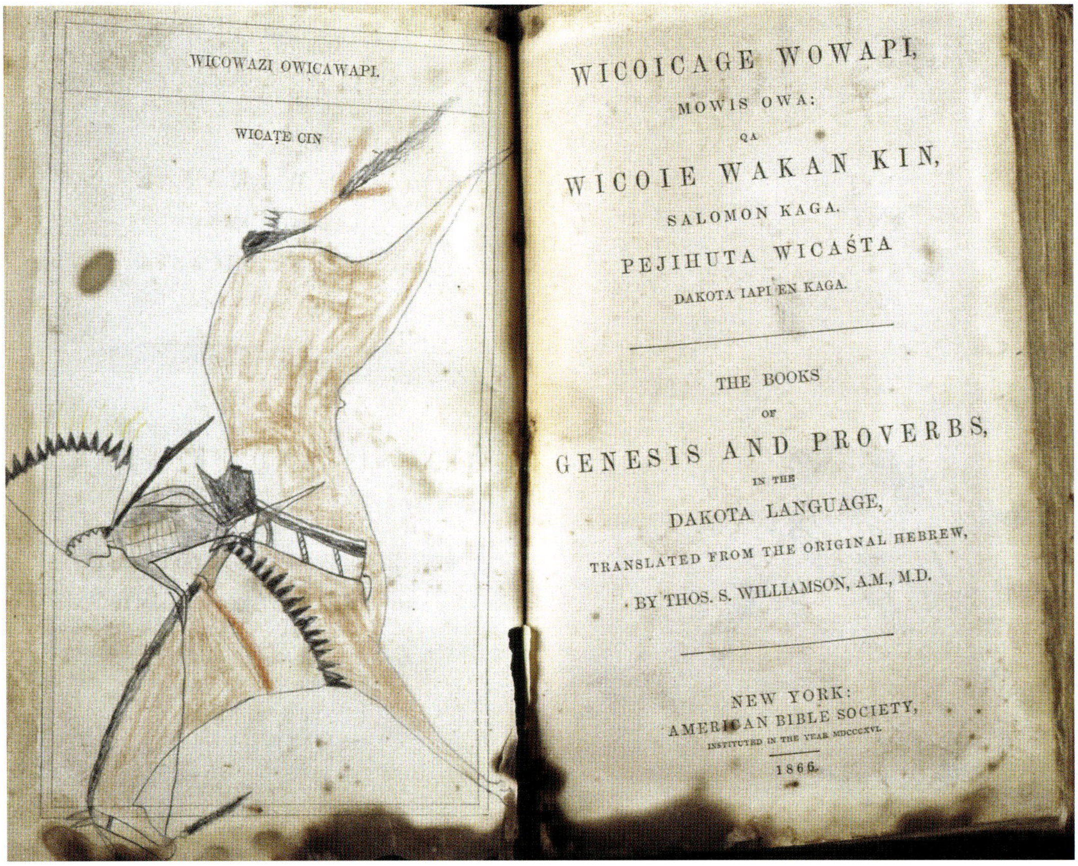

WICOWAZI OWICAWAPI.

WICAṬE CIN

WICOICAGE WOWAPI,
MOWIS OWA;
QA
WICOIE WAKAN KIN,
SALOMON KAGA.
PEJIHUTA WICAŚTA
DAKOTA IAPI EN KAGA.

THE BOOKS
OF
GENESIS AND PROVERBS,
IN THE
DAKOTA LANGUAGE,
TRANSLATED FROM THE ORIGINAL HEBREW,
BY THOS. S. WILLIAMSON, A.M., M.D.

NEW YORK:
AMERICAN BIBLE SOCIETY,
INSTITUTED IN THE YEAR MDCCCXVI.
1866.

5.27 B

5.27 A

5.29

jekte aus allen Gegenden der Welt nach Hause. Gesammelt und aufbewahrt wurden diese in Naturalienkabinetten und fanden auch als Lehrmaterial Verwendung. Der Löffel stammt ursprünglich aus der Sammlung des Theologischen Seminars der Brüder-Unität in Niesky.

**5.29** Wampum-Schnüre, Clam-Muschel, um 1742.
Herrnhut, Unitätsarchiv der Evangelischen Brüder-Unität Herrnhut: Ethn. 404
► Ein Wampum ist die Bezeichnung für ein Perlen- oder Muschelband, das von den amerikanischen Ureinwohnern als Nachweis für eine Vereinbarung überreicht wurde. Graf Nikolaus Ludwig von Zinzendorf (1700–1760) erhielt die Schnüre 1742 bei einer seiner Reisen zu den Stämmen der „Six Nations" von einem Irokesenhäuptling.

**5.30** Maximilian Wied: Reise in das innere Nord-Americas in den Jahren 1832 bis 1834. Atlas. Koblenz: Hoelscher, 1836, Faksimile.
Halle, Franckesche Stiftungen: BFSt: 198 A 8
► Prinz Maximilian zu Wied-Neuwied (1782–1867) engagierte den Schweizer Maler Johann Carl Bodmer (1809–1893) für die Dokumentation seiner Forschungsreise zu den Prärieindianern. Die dort entstandenen kolorierten Landschafts- und Indianerbilder sind nicht nur für die Ethnologie von Bedeutung, sondern inspirierten auch Karl May (1842–1912) zu seinen Indianererzählungen.

**5.31** Sauk-Indianer, Öl auf Leinwand von George Catlin, 1854, Reproduktion.
48 x 66,5 cm
Berlin, Ethnologisches Museum – Staatliche Museen zu Berlin: IV B 12922
► Der amerikanische Maler Catlin (1796–1872) war Zeit seines Lebens von der indianischen Kultur fasziniert. Auf seinen Reisen durch den amerikanischen Westen dokumentierte er das Leben der infolge der fortschreitenden Besiedelung durch die weiße Bevölkerung zum Untergang verurteilten Prärie-Indianerstämme. Catlin betätigte sich auch als Autor: 1841 erschien seine reich bebilderte Geschichte der Indianer Nordamerikas.
• *Abbildung auf Seite 138f.*

**5.32** Crow-Indianer „He Who Jumps Over All" zu Pferd, Öl auf Leinwand von George Catlin, 1854, Reproduktion.
48 x 67 cm

5.30

ABDIH-HIDDISCH.

*Mönnitarri-Chef. Chef Mönnitarri*

*A Minatarre Chief.*

Tab. 28.

Ch. Bodmer pinx. ad nat.

René Rollet sc.

Imp. de Bougeard

PEHRISKA-RUHPA.

*Mœnnitarri Krieger, im Anzuge des Hundetanzes.* *Guerrier Mœnnitarri costumé pour la Danse du Chien.*

MŒNNITARRI WARRIOR IN THE COSTUME OF THE DOG DANSE

5.30

5.33 A

Berlin, Ethnologisches Museum – Staatliche Museen zu Berlin: IV B 12916

► Catlin lebte über drei Jahrzehnte in Europa und stellte sein umfangreiches Werk unter anderem in London und Paris aus. Mit den von ihm organisierten Völkerschauen, in denen Prärieindianer verschiedener Stämme auftraten, bot er den Europäern einen Einblick in indianische Bräuche und Riten.

• *Abbildung auf Seite 140f.*

**5.33 a+b**

a) Indianerdarstellungen;

b) Karte Nordamerikas.

Kupferstiche in:Joseph François Lafitau: Moeurs des sauvages americains. Übers. von Siegmund Jacob Baumgarten. 2 Bde. Halle: Gebauer, 1752f.

Halle, Franckesche Stiftungen: BFSt: 130 C 3a+b

► Das mehrbändige Werk Lafitaus (1681–1746) über die Lebensweise der Irokesen ist die erste umfassende ethnografische Studie über die nordamerikanischen Ureinwohner. Es erschien erstmalig 1722 und wurde unter anderem ins Deutsche und ins Holländische übersetzt.

**5.34** William Bartram: Reisen durch Nord- und Süd-Karolina, Georgien, Ost- und West-Florida [...]. Berlin: Vossische Buchhandlung, 1793.

Halle, Marienbibliothek: Geogr. 8° 3895/1

**5.35** Karl May: Winnetou, der Rote Gentleman. Bd. 1. Freiburg/Breisgau [1901].

Radebeul, Karl-May-Museum: PL261.7

► Die Trilogie um den Apachenhäuptling Winnetou erschien erstmalig 1893 in den *Gesammelten Reiseromanen* und wurde auch unter dem Titel *Winnetou der Rote Gentleman* veröffentlicht. Die wohl bekannteste Romanfigur verkörpert den „edlen Wilden", der um Frieden und Gerechtigkeit für sein untergehendes Volk kämpft.

**5.36** Karl May: Old Surehand. Bd. 1. Freiburg/Breisgau [1901].

Radebeul, Karl-May-Museum: PL261.5

**5.37** James Fenimore Cooper: Lederstrumpf-Erzählungen. Für die Jugend bearbeitet von Franz Hoffmann. 2 Bde. Stuttgart: Schmidt & Spring, 1845.

Dornstadt, Privatbesitz

► Mit seinen zwischen 1823 und 1841 entstandenen fünf Erzählungen gilt Cooper (1789–1851) als der Begründer des historischen Romans in der amerikanischen Literatur. Neben eigenen Erfahrungen nutzte er auch Loskiels und Heckewelders Darstellungen zur Herrnhuter Indianermission als Quelle für seine Erzählungen.

• *Abbildung auf Seite 149*

**5.38** Charles Sealsfield: Das blutige Blockhaus. Weimar: Kiepenheuer, 1961.

Halle, Franckesche Stiftungen: BFSt: S/UNION:541

► Der österreichische Priester Karl Anton Postl (1793–1864) flüchtete 1823 in die USA und arbeitete zunächst als protestantischer Pfarrer, später als Schriftsteller unter dem Pseudonym Charles Sealsfield und verfasste zahlreiche Abenteuerromane.

**5.39 a+b**

Balduin von Möllhausen: Reisen in die Felsengebirge Nordamerikas. 2 Bde. München: Borowsky, um 1979.

Halle, Franckesche Stiftungen: BFSt: S/SELL:2093:1+2

► Möllhausen (1825–1905) unternahm mehrere Reisen nach Nordamerika. Seine Reiseberichte gehören zu den bedeutenden Dokumenten der Erforschung des amerikanischen Westens. Seine Erlebnisse und Erinnerungen verarbeitete er in zahlreichen Romanen.

**5.40** Friedrich Gerstäcker: Reisen. Band 2: Californien. Stuttgart

5.33 B

[u.a.]: Cotta, 1853.
Halle, Franckesche Stiftungen: BFSt: S/LEHR:E 288b
► Als Grundlage für seine zahlreichen ethnografischen Abenteuerromane dienten Gerstäcker (1816–1872) die Tagebuchaufzeichnungen seiner Nord- und Südamerikareisen.
• *Abbildung auf Seite 161*

**5.41** Thomas J. Farnham: Wanderungen über die Felsengebirge in das Oregon-Gebiet. Leipzig: Mayer, 1846.
Halle, Franckesche Stiftungen: BFSt: S/MISS:O 5

**5.42** François-René de Chateaubriand: Atala, René les abencérages: suivis du voyage en Amérique. Paris: Didot Frères, 1844.
Halle, Franckesche Stiftungen: BFSt: S/A: 746
► Die Grundlage für Chateaubriands (1768–1848) Erzählungen bildete die Ausrottung der Natchez-Indianer. Seine Indianer verkörpern das Rousseausche Ideal des natürlichen Menschen und gehören zu dem bereits im 18. Jahrhundert traditionsbildenden Typus des edlen Wilden.

**5.43** Henry Mackenzie: Der Mann von Gefühl. Nach der letzten Londoner Ausgabe übersetzt. 4. Aufl. Berlin, 1794.
Halle, Franckesche Stiftungen: BFSt: 210 H 40
► Das erstmalig 1771 anonym veröffentlichte Werk Mackenzies (1745–1831) gehört zu den moralischen Erzählungen, in denen Weisheit, Edelmut und Opferbereitschaft des indianischen Helden idealisiert wurden, und ist damit ein typischer Vertreter der empfindsamen Literatur des 18. Jahrhunderts.

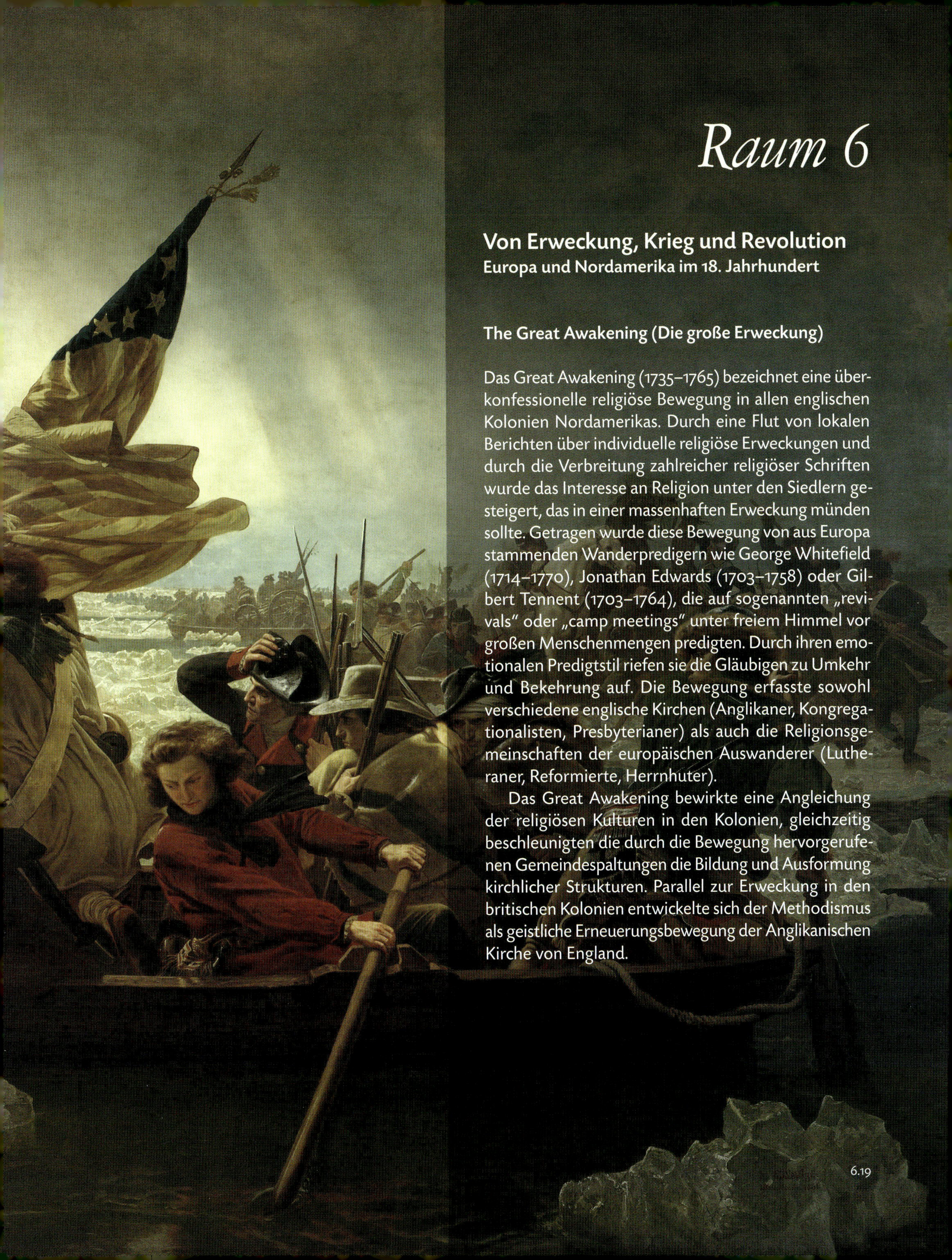

# Raum 6

## Von Erweckung, Krieg und Revolution

**Europa und Nordamerika im 18. Jahrhundert**

### The Great Awakening (Die große Erweckung)

Das Great Awakening (1735–1765) bezeichnet eine überkonfessionelle religiöse Bewegung in allen englischen Kolonien Nordamerikas. Durch eine Flut von lokalen Berichten über individuelle religiöse Erweckungen und durch die Verbreitung zahlreicher religiöser Schriften wurde das Interesse an Religion unter den Siedlern gesteigert, das in einer massenhaften Erweckung münden sollte. Getragen wurde diese Bewegung von aus Europa stammenden Wanderpredigern wie George Whitefield (1714–1770), Jonathan Edwards (1703–1758) oder Gilbert Tennent (1703–1764), die auf sogenannten „revivals" oder „camp meetings" unter freiem Himmel vor großen Menschenmengen predigten. Durch ihren emotionalen Predigtstil riefen sie die Gläubigen zu Umkehr und Bekehrung auf. Die Bewegung erfasste sowohl verschiedene englische Kirchen (Anglikaner, Kongregationalisten, Presbyterianer) als auch die Religionsgemeinschaften der europäischen Auswanderer (Lutheraner, Reformierte, Herrnhuter).

Das Great Awakening bewirkte eine Angleichung der religiösen Kulturen in den Kolonien, gleichzeitig beschleunigten die durch die Bewegung hervorgerufenen Gemeindespaltungen die Bildung und Ausformung kirchlicher Strukturen. Parallel zur Erweckung in den britischen Kolonien entwickelte sich der Methodismus als geistliche Erneuerungsbewegung der Anglikanischen Kirche von England.

Resurrection
Death
Good will
Prom ses
Shame
Peace
Refuge
Election
Temptation
Pardon
Everlas ting Love
Word
God
Spirit
Father
Knock and it shall be open'd
Way
the Broad

6.7

**6.1** Jonathan Edwards: A History Of The Work Of Redemption: Containing The Outlines Of A Body Of Divinity, In A Method Entirely New [...]. Edinburgh: Caw & Elder, 1818.
Halle, Franckesche Stiftungen: BFSt: S/THOL:XV B 138
▸ Der Erweckungsprediger und Indianermissionar Edwards (1703–1758) publizierte seine zahlreichen Predigten, Abhandlungen und Streitschriften mit großem Erfolg.

**6.2** Jonathan Edwards: Glaubwürdige Nachricht von dem herrlichen Werck Gottes, welches sich in Bekehrung vieler hundert Seelen zu Northampton und an anderen Orten in Neu-England geaeussert hat. [...] Nunmehro mit einer kurtzen Einleitung in die Geschichte der Christlichen Gemeinden in obgedachten Americanischen Landen, und einigen Anmerckungen versehen, von Johann Adam Steinmetz, Kön. Preuß. Consistorial-Rath, General-Superint. im Hertzogthum Magdeburg, und Abt zu Berga. Magdeburg: Faber, 1738.
Halle, Franckesche Stiftungen: BFSt: 175 K 11 [2]
▸ Northampton/Massachusetts wurde 1733/34 zum Ausgangspunkt des „First Great Awakening", der ersten großen Erweckungsbewegung in Nordamerika. Diese wurde initiiert durch das Wirken des kongregationalistischen Pfarrers Edwards. Die Bewegung wurde von pietistischen Kreisen in Deutschland mit Interesse verfolgt.

**6.3** George Whitefield, Öl auf Leinwand von John Wollaston (1738–1775), um 1742, Reproduktion.
83 x 66 cm
Berlin, ullstein bild: Nr. 30039966
▸ Der methodistische Prediger Whitefield war ein charismatischer Protagonist der Erweckungsbewegung. Mit seinen wortgewaltigen und inbrünstigen Predigten gewann er zahllose Anhänger in Schottland und Wales, später in Nordamerika. Die auffällige Fehlstellung seiner Augen war die Folge einer Masernerkrankung in der Kindheit.
• *Abbildung auf Seite 107*

**6.4** George Whitefield: The Oxford methodists: being an account of some young gentlemen in that city, in derision so called; setting forth their rise and desings [...]. London: Roberts, 1738.
Halle, Franckesche Stiftungen: BFSt: S/MISS:H 54
▸ Die Abhandlung beschreibt die Anfänge des Methodismus unter Studenten in Oxford Ende der 1720er Jahre. Die geistliche Erneuerungsbewegung in der Anglikanischen Kirche von England und Wales stand unter anderem auch unter dem Einfluss des Halleschen Pietismus und des Herrnhutertums.

**6.5** Nachbau einer klappbaren Feldkanzel, Original: *Portable field pulpit*, American Tract Society, Garland/Texas, Holz, Metall.
Halle, Franckesche Stiftungen (Ausführung: Christoph Manhart)
▸ Charakteristisch für die Erweckungsbewegung in England und Nordamerika waren die Wanderprediger, die unter freiem Himmel (*camp meeting*) predigten. Eine solche Feldkanzel soll auch von George Whitefield auf seinen Evangelisationsveranstaltungen in England und den britischen Kolonien in Nordamerika verwendet worden sein.

**6.6** John Hampson: Leben Johann Wesleys Stifters der Methodisten nebst einer Geschichte des Methodismus. Halle: Waisenhaus, 1793.
Halle, Franckesche Stiftungen: BFSt: 149 G 12
▸ Die Abhandlung über die Geschichte des Methodismus wurde vom Direktor der Glauchaschen Anstalten August Hermann Niemeyer (1754–1828) übersetzt und herausgegeben. Pietismus und Erweckungsbewegung waren verwandte Frömmigkeitsbewegungen.

**6.7** John Wesley (1703-1791) and George Whitefield (1714-1770), english evangelists and founders of Methodism, during sinners to turn from the Broad Way to hell, and to take the path to righteousness who reward is the New Jerusalem, Kupferstich, nach 1800, Reproduktion.
Berlin, ullstein bild: Nr. 13140921
▸ Der Stich ist eine Variation des pietistischen Zwei-Wege-Motivs: Vorn weisen Whitefield und Wesley den durch lasterhaftes Leben zu Höllenqualen Verdammten den Weg zu einem gottgefälligen Leben. Der Baum des Lebens in der Bildmitte verkörpert Christus: seine Wurzeln bilden die Trinität, seine Blätter charakterisieren dessen Leben auf Erden (Leiden, Sterben, Auferstehung) und die Früchte offerieren das Erlösungswerk Christi.

### Soldatenhandel – „Die verkauften Landeskinder"

Zur Niederschlagung des im Sommer 1775 ausgebrochenen bewaffneten Aufstandes der amerikanischen Kolonisten gegen die britische Krone wurden Truppen in Deutschland angeworben. Die Landgrafen von Hessen-Kassel, traditionelle Verbündete Englands, und weitere deutsche Kleinstaaten wie Hessen-Hanau, Waldeck, Braunschweig, Anhalt-Zerbst und Ansbach-Bayreuth stellten insgesamt ca. 30.000 Soldaten zur Verfügung. Die Vermietung von Truppen gegen Zahlung von Subsidien, damals eine übliche Praxis, führte in der europäischen Öffentlichkeit zu scharfer Kritik, die durch Zeitungsartikel und Flugschriften Verbreitung fand. Aufgeklärte Intellektuelle klagten mit ihren

Schriften das Subsidiensystem an, da die eingekauften Truppen gegen die in Europa schnell populär gewordenen Freiheitsideen der amerikanischen Revolution eingesetzt wurden.

**6.8** Die drey vollständigen Subsidien-Tractaten, welche zwischen Sr. Großbritt. Majestät einer Seits, und dem Durchl. Landgrafen v. Hessen-Cassel, dem Durchl. Herzoge v. Braunschweig u. Lüneburg, und dem Durchl. Erbprinzen v. Hessen-Cassel, als reg. Grafen von Hanau andrer Seits geschlossen sind. Frankfurt, Leipzig, 1776.
Marburg, Universitätsbibliothek: K B 577
► Zur Unterstützung der englischen Kolonialarmee wurden etwa 30.000 Soldaten aus deutschen Kleinstaaten angeworben. Etwa zwei Drittel der Truppen stammten aus Hessen, weshalb für die deutschen Soldaten in Amerika die Bezeichnung „The Hessians" üblich wurde.

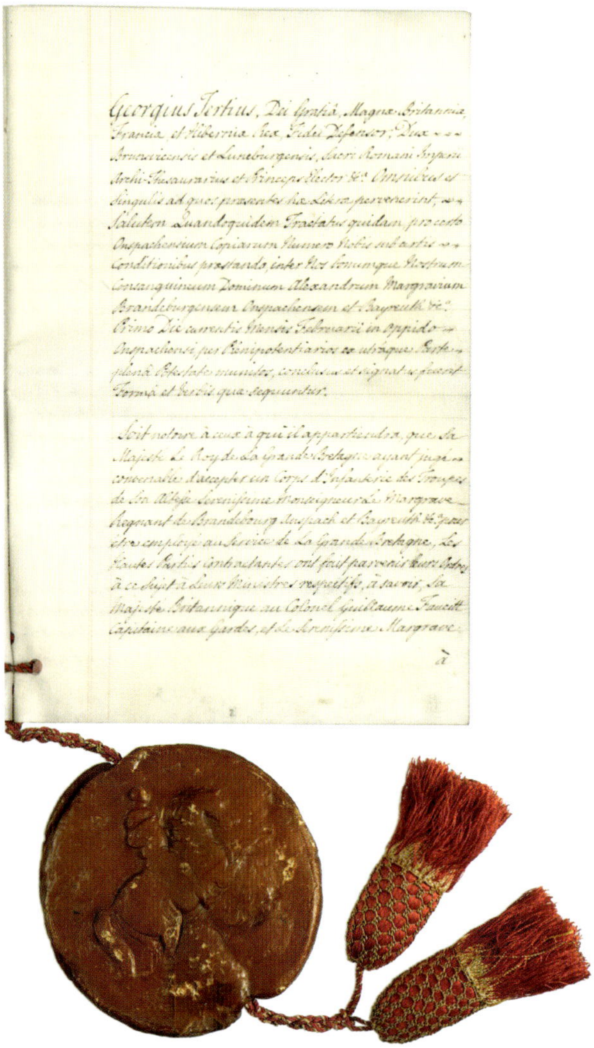

Georgius Tertius, Dei Gratiâ, Magnæ Britanniæ, Franciæ et Hiberniæ Rex, Fidei Defensor; Dux Brunsvicensis et Luneburgensis, Sacri Romani Imperii Archi-Thesaurarius et Princeps Elector &c. Omnibus et singulis ad quos præsentes hæ Literæ pervenerint, Salutem. Quandoquidem Tractatus quidam pro certo Onspachensium Copiarum Numero Nobis sub certis Conditionibus præstando, inter Nos Comunque Nostrum Consanguineum Dominum Alexandrum Marggravium Brandeburgensem Onspachensem et Bayreuth &c. Primo Die currentis Mensis Februarii in Oppido Onspachensi per Plenipotentiarios ex utraque Parte plenâ Potestate munitos, conclusus et signatus fuerit, Formâ et Verbis quæ sequuntur:

Soit notoire à ceux à qui il appartiendra, que Sa Majesté Le Roy de La Grande Bretagne ayant jugé convenable d'accepter un Corps d'Infanterie des Troupes de Son Altesse Serenissime Monseigneur le Margrave Regnant de Brandebourg Anspach et Bayreuth &c. pour être employé au Service de La Grande Bretagne, Les Hautes Parties contractantes ont fait parvenir leurs Ordres à ce sujet à leurs Ministres respectifs, à savoir, Sa Majesté Britannique au Colonel Guillaume Faucitt Capitaine aux Gardes, et le Serenissime Margrave

à

6.9

6.10 A

**6.9** Subsidienvertrag zwischen dem britischen König Georg III. und dem Markgrafen Carl Alexander von Ansbach-Bayreuth, 1. Februar 1777, Ratifikationsurkunde, 21. Februar 1777.
Nürnberg, Staatsarchiv: FS. Ansbach, Verträge mit England Nr. 3
► Für die Bereitstellung von zunächst 1.200 Soldaten erhielt der Markgraf von Ansbach-Bayreuth (1736–1785) 282.400 £. Der Vertrag wurde vom englischen Obristen William Fawcett (1728–1804) und dem ansbachischen Staatsminister Carl Freiherr von Gemmingen (1739–1822) unterschrieben. Der Markgraf nutzte das Geld zum Aufbau einer eigenen Staatsbank.

**6.10 a–c**

a) Offizier und Gemeiner des Regiments Prinz Carl;
b) Fahne des Regiments Prinz Carl;

6.10 B

6.10 C

c) Offizier und Gemeiner des Leib Füsilier Regiments Erbprinz.
Kolorierte Zeichnungen von G. F. Thalmann in: Abbildungen und Beschreibungen des Fürstlichen Heßen-Casselschen Militär Staates, unter der Regierung Landgraf Friedrich des Zweiten, bis zum Jahr 1786. Handschrift.
Je 30 x 19,5 cm
Marburg, Hessisches Staatsarchiv: E 195/2
► Landgraf Friedrich II. von Hessen-Kassel (1720–1785) schloss mit dem englischen Unterhändler Oberst Fawcett (1728–1804) am 15. Januar 1776 einen Vertrag über die Entsendung von 12.000 Mann für den amerikanischen Unabhängigkeitskrieg. Dafür zahlte England ein Werbegeld von 30 Talern pro Mann und jährlich 450.000 Taler an Hessen-Kassel. Die Blätter zeigen die Uniformen von zwei hessischen Regimentern, die im Unabhängigkeitskrieg dienten.

**6.11** Honoré-Gabriel de Riquetti Mirabeau: Rath an die Hessen und die übrigen von ihren Fürsten an England verkauften Völker Deutschlands. Clèves 1777.
Augsburg, Universitätsbibliothek: 02/IV. 25. 8.304-1
► Der Verkauf fürstlicher Landeskinder als Söldner an die britische Krone stieß unter den aufgeklärten Intellektuellen Europas auf heftige Ablehnung. Mit seiner Flugschrift gehörte Mirabeau (1749–1791) zu den ersten Kritikern. Hier stellt er die Fürstenwillkür und die Praxis des Subsidiensystems dem Streben der Kolonisten nach Freiheit gegenüber.

**6.12** Jean-Pierre-Louis de Luchet oder Martin Ernst von Schlieffen: Von den Hessen in Amerika, Ihrem Fürsten und den Schreyern. O.O. 1782.
Göttingen, Niedersächsische Staats- und Universitätsbibliothek: 8 H HAS NASS 1737

► Der Verfasser dieser Verteidigungsschrift gegen Mirabeau ist unklar. Schlieffen (1732–1825) wurde 1772 Hessischer Staatsminister unter Friedrich II. von Hessen-Kassel (1720–1785) und unterzeichnete als Gesandter den Subsidienvertrag mit Georg III. von Großbritannien (1738–1829). Der Franzose Luchet (1740–1792) arbeitete am Hof Friedrich II. als Sekretär und Bibliothekar.

**6.13** Der Einzug der Königlichen Völcker in Neu York, kolorierter Kupferstich von Franz Xaver Habermann (1721–1796), Augsburg, 1776, Reproduktion.
28 x 40cm
Marburg, Hessisches Staatsarchiv: WHK 28, Nr. 24.
► Zum Unabhängigkeitskrieg erschienen zahlreiche Darstellungen, die den Verlauf der Ereignisse, wie hier den Einmarsch der englischen Truppen, wiedergeben. Der Generalstab des hessischen Korps berichtete regelmäßig nach Hause. Die den Berichten beigefügten Karten befinden sich heute im Staatsarchiv Marburg (*Wilhelmshöher Kriegskartensammlung*).

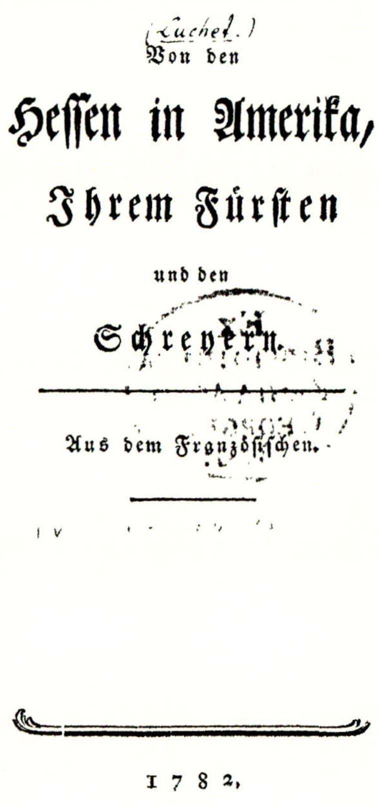
(Luchet.)
Von den
Hessen in Amerika,
Ihrem Fürsten
und den
Schreyern.
Aus dem Französischen.
1782.

6.12

**6.14** Werbeaufsteller, koloriertes Nadelholz, um 1770.
222 x 56 x 30 cm
Marburg, Museum für Kunst- und Kulturgeschichte der Philipps-Universität: 13.210
► Das Militär von Hessen-Kassel verfügte seit dem Dreißigjährigen Krieg über stehende Regimenter, die ab 1677 an Dänemark, Spanien oder die Niederlande vermietet wurden. Ab 1694 wurden auch Subsidienverträge mit England geschlossen. Die ausgestellte Figur eines Soldaten des *Regiments Erbprinz* diente vermutlich als Aufsteller für die Söldnerwerbung.

**6.15** Amerikanisches Flugblatt mit Aufforderung an die Hessen zum Überlaufen, Druck, 1776, Reproduktion.
Marburg: Hessisches Staatsarchiv: 4h, Nr. 3.098
► Bereits kurz nach der Ankunft der ersten hessischen Truppen im Sommer 1776 erließ der Amerikanische Kongress Beschlüsse, in denen Deserteuren die Staatsbürgerschaft und die Zuteilung von Land versprochen wurden. Diese Angebote wurden durch Flugblätter und Zeitungsanzeigen öffentlich gemacht. Trotzdem desertierten nur wenige deutsche Söldner.

**6.16** Hessische Husaren auf Nachtpatrouille, Aquatintablatt von Conrad Ziegler (1770–1810) nach C. Geßner (Zeichner), um 1800, Reproduktion.
Berlin, Bildarchiv Preußischer Kulturbesitz (bpk): 00000643
► Die hessischen Truppen wurden während des Unabhängigkeitskrieges nur selten in Kämpfe verwickelt. Krankheiten und ungewohnte klimatische Bedingungen forderten weit mehr Opfer als Kampfhandlungen mit den amerikanischen Kolonisten. Das Blatt zeigt hessische Truppenteile in einem nächtlichen Einsatz.
• *Abbildung auf Seite 147*

## Amerikanische Revolution und Unabhängigkeitserklärung

Der Ausbruch der Amerikanischen Revolution veränderte das europäische Amerikabild grundlegend. Denn mit der Gründung der Vereinigten Staaten wurde ein politisches System geschaffen, das die Prinzipien von Freiheit und Gleichheit verfassungsrechtlich garantierte und damit Europa den Weg aus seinen absolutistischen Strukturen wies. Schnell wurde dieses neue Bild durch unterschiedliche Medien vermittelt und schon während des Unabhängigkeitskrieges stieg die Zahl der diesbezüglichen Veröffentlichungen sprunghaft an: Landesbeschreibungen, Reiseberichte, akademische Schriften zur Verfassungstheorie, Rechtswissenschaft oder Ökonomie informierten

6.13

ebenso wie Zeitschriften oder Berichte von Heimkehrern. Auch Persönlichkeiten wie Benjamin Franklin (1706–1790) und Thomas Jefferson (1743–1826), die in Europa für die amerikanische Freiheit warben, oder George Washington (1732–1799) prägten die europäische Wahrnehmung.

Andererseits haben Europäer wie Friedrich Wilhelm von Steuben (1730–1794), der Pole Tadeusz Kościuszko (1746–1817) oder der Franzose Marquis de Lafayette (1757–1834), die als Generäle in der Kontinentalarmee dienten, zum Erfolg der amerikanischen Unabhängigkeitsbestrebungen beigetragen.

**6.17** Plakat auf den Widerruf des Stempel-Gesetzes: „Wo des Verächters Netz uns Weg und Pfad bestrickte, Die wehen Knorr'n am Fuss, die uns der Stiefel drückte ...", Anton Armbrüster (Drucker), Philadelphia, 1766, Reproduktion. 41 x 27 cm
Philadelphia, The Library Company of Philadelphia: #Am 1766 Wo des 8960.F

► Der *French and Indian War* in Nordamerika (1754–1762) brachte den Engländern nicht nur beträchtliche Landgewinne, sondern auch immense Staatsschulden. Diese sollten mit Hilfe von Steuergesetzen für die Kolonien getilgt werden. Dagegen widersetzten sich die amerikanischen Kolonisten, die nicht im britischen Parlament vertreten waren, vehement und mit Erfolg.

**6.18** Christian Leiste: Beschreibung des Brittischen Amerika zur Ersparung der englischen Karten: Nebst einer Special-Karte der mittleren Brittischen Kolonien. Braunschweig: Waisenhausbuchhandlung, 1778.
Halle, Franckesche Stiftungen: BFSt: S/CANST:1755
► Der Pädagoge, Theologe und Naturwissenschaftler Leiste (1738–1815) studierte in Halle Mathematik, Theologie, Physik und Philosophie. Von 1761 bis 1766 war er als Lehrer in den Franckeschen Stiftungen tätig. Seine Beschreibung der britischen Kolonien diente Schulzwecken.

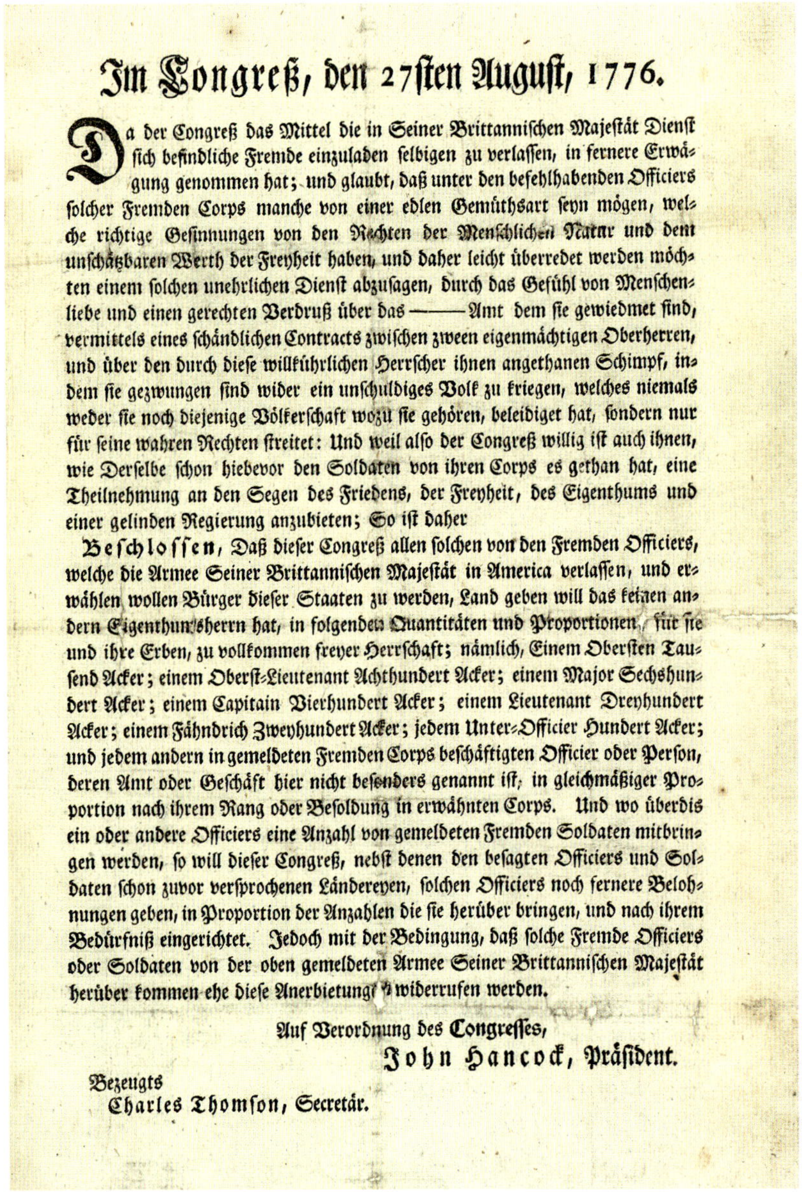

# Im Congreß, den 27sten August, 1776.

Da der Congreß das Mittel die in Seiner Brittannischen Majestät Dienst sich befindliche Fremde einzuladen selbigen zu verlassen, in fernere Erwägung genommen hat; und glaubt, daß unter den befehlhabenden Officiers solcher Fremden Corps manche von einer edlen Gemüthsart seyn mögen, welche richtige Gesinnungen von den Rechten der Menschlichen Natur und dem unschätzbaren Werth der Freyheit haben, und daher leicht überredet werden möchten einem solchen unehrlichen Dienst abzusagen, durch das Gefühl von Menschenliebe und einen gerechten Verdruß über das —— Amt dem sie gewiedmet sind, vermittels eines schändlichen Contracts zwischen zween eigenmächtigen Oberherren, und über den durch diese willkührlichen Herrscher ihnen angethanen Schimpf, indem sie gezwungen sind wider ein unschuldiges Volk zu kriegen, welches niemals weder sie noch diejenige Völkerschaft wozu sie gehören, beleidiget hat, sondern nur für seine wahren Rechten streitet: Und weil also der Congreß willig ist auch ihnen, wie Derselbe schon hiebevor den Soldaten von ihren Corps es gethan hat, eine Theilnehmung an den Segen des Friedens, der Freyheit, des Eigenthums und einer gelinden Regierung anzubieten; So ist daher

**Beschlossen**, Daß dieser Congreß allen solchen von den Fremden Officiers, welche die Armee Seiner Brittannischen Majestät in America verlassen, und erwählen wollen Bürger dieser Staaten zu werden, Land geben will das keinen andern Eigenthumsherrn hat, in folgenden Quantitäten und Proportionen, für sie und ihre Erben, zu vollkommen freyer Herrschaft; nämlich, Einem Obersten Tausend Acker; einem Oberst-Lieutenant Achthundert Acker; einem Major Sechshundert Acker; einem Capitain Vierhundert Acker; einem Lieutenant Dreyhundert Acker; einem Fähndrich Zweyhundert Acker; jedem Unter-Officier Hundert Acker; und jedem andern in gemeldeten Fremden Corps beschäftigten Officier oder Person, deren Amt oder Geschäft hier nicht besonders genannt ist, in gleichmäßiger Proportion nach ihrem Rang oder Besoldung in erwähnten Corps. Und wo überdis ein oder andere Officiers eine Anzahl von gemeldeten Fremden Soldaten mitbringen werden, so will dieser Congreß, nebst denen den besagten Officiers und Soldaten schon zuvor versprochenen Ländereyen, solchen Officiers noch fernere Belohnungen geben, in Proportion der Anzahlen die sie herüber bringen, und nach ihrem Bedürfniß eingerichtet. Jedoch mit der Bedingung, daß solche Fremde Officiers oder Soldaten von der oben gemeldeten Armee Seiner Brittannischen Majestät herüber kommen ehe diese Anerbietungen widerrufen werden.

Auf Verordnung des Congresses,
**John Hancock, Präsident.**

Bezeugts
Charles Thomson, Secretär.

6.15

**6.19** Washington überquert den Delaware, Öl auf Leinwand von Emanuel Gottlieb Leutze (1816–1868), 1851, Reproduktion. 378,5 x 647,7 cm
Berlin, Bildarchiv Preußischer Kulturbesitz (bpk): 50115842
► Das Bild des deutsch-amerikanischen Historienmalers gehört zu den nationalen Ikonen der USA und zeigt General George Washington bei der Überquerung des Flusses, um die Hessischen Truppen bei Trenton (NJ) anzugreifen. Das Original befindet sich im Metropolitan Museum of Art in New York.
• *Abbildung auf Seite 144 (Detail)*

**6.20** Friedrich Wilhelm von Steuben: Regulations for the order and discipline of the troops of the United States. Portsmouth/NH, 1779.
Göttingen, Niedersächsische Staats- und Universitätsbibliothek: 8 H AM II, 1350 RARA
► Der aus Magdeburg stammende preußische Offizier Steuben (1730–1794) trat auf Empfehlung Benjamin Franklins (1706–1790) in die amerikanische Kontinentalarmee ein und übernahm die Organisation und Ausbildung der Armee als Generalinspekteur. Steuben gelang es, die amerikanischen Truppen zu einer schlagkräftigen Armee zu formen.

**6.21** Friederike Riedesel: Die Berufs-Reise nach America: Briefe der Generalin von Riedesel auf dieser Reise und während ihres sechsjährigen Aufenthalts in America zur Zeit des dortigen Krieges in den Jahren 1776 bis 1783 nach Deutschland geschrieben. Berlin: Haude und Spener, 1800.
Halle, Martin-Luther-Universität Halle-Wittenberg, Universitäts- und Landesbibliothek Sachsen-Anhalt: A Weyhe Kga 45
► Friederike Riedesel (1746–1808) folgte ihrem Mann, dem Braunschweig-Wolfenbüttelschen General Friedrich Adolf Riedesel (1738–1800) nach Amerika in den Unabhängigkeitskrieg. Während des Saratoga-Feldzuges 1777 geriet die gesamte Familie in Gefangenschaft. Die Tagebuchaufzeichnungen Friederike Riedesels wurden in mehrere Sprachen übersetzt.
• *Abbildung auf Seite 148*

**6.22** Helden der Revolution, kolorierte Lithografie von Friedrich Girsch, nach 1850, Reproduktion.
Washington/DC, Library of Congress: LC-DIG-pga-01392
► Der Maler Girsch (1821–1895) fand nach der Niederschlagung der Revolution in Deutschland 1848 Asyl in den USA. Das Blatt zeigt George Washington, Peter Gabriel Mühlenberg (1746–1807), Friedrich Wilhelm von Steuben, Johann von Kalb (1721–1780), Marie Joseph Du Motier Marquis de Lafayette (1757–1834) und andere amerikanische Generäle des Unabhängigkeitskrieges.
• *Abbildung auf Seite 146*

**6.23** Benjamin Franklin: Francklins Nachrichten von Nordamerika/ mit Köhlers Anmerkungen begleitet. Göttingen, Gotha: Dieterich, 1767–1769.
Halle, Martin-Luther-Universität Halle-Wittenberg, Universitäts- und Landesbibliothek Sachsen-Anhalt: IZEA AB G 1659 (1,1) und (1,2)

**6.24** Benjamin Franklin, Öl auf Leinwand von James Reid Lambdin, 1880, nach einem Original von David Martin, 1766, Reproduktion.
Philadelphia, The Library Company of Philadelphia: OBJ 180
► Während des Unabhängigkeitskrieges vertrat Franklin die Vereinigten Staaten als Diplomat in Frankreich. Er war an den Verhandlungen über den Frieden von Paris beteiligt, der am 3. September 1783 den Unabhängigkeitskrieg beendete, neben anderen entwarf und unterzeichnete er die Unabhängigkeitserklärung der Vereinigten Staaten.
• *Abbildung auf Seite 127*

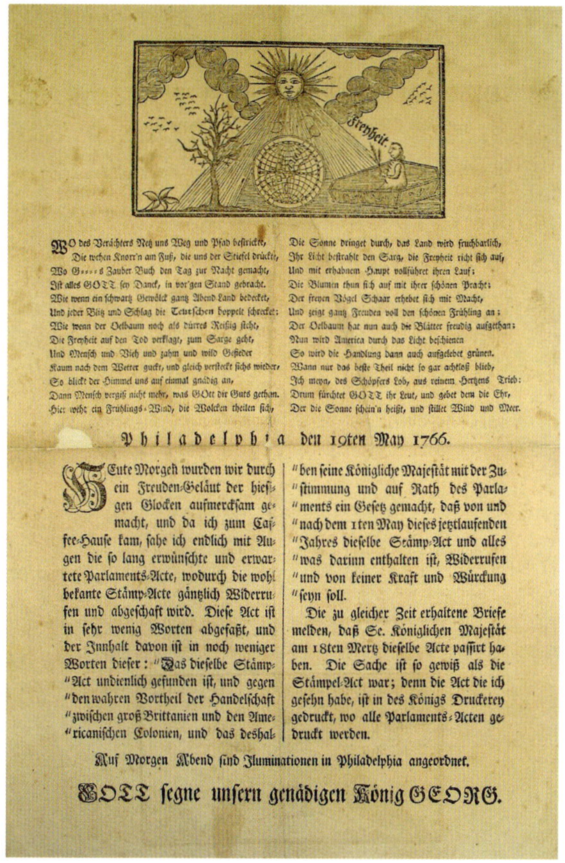

WO des Verächters Netz uns Weg und Pfad bestrickte,
Die wehen Knorr'n am Fuß, die uns der Stiefel drückte,
Wo G****s Zauber-Buch den Tag zur Nacht gemacht,
Ist alles GOTT sey Danck, in vor'gen Stand gebracht.
Wie wenn ein schwartz Gewölck gantz Abend-Land bedecket,
Und jeder Blitz und Schlag die Teutschen doppelt schrecket:
Wie wenn der Oelbaum noch als dürres Reißig steht,
Die Freyheit auf den Tod verklagt, zum Sarge geht,
Und Mensch und Vieh und zahm und wild Gefieder
Kaum nach dem Wetter guckt, und gleich versteckt sichs wieder,
So blickt der Himmel uns auf einmal gnädig an,
Dann Mensch vergiß nicht mehr, was GOtt dir Guts gethan.
Hier weht ein Frühlings-Wind, die Wolcken theilen sich,
Die Sonne dringet durch, das Land wird fruchbarlich,
Ihr Licht bestrahlt den Sarg, die Freyheit richt sich auf,
Und mit erhabnem Haupt vollführet ihren Lauf:
Die Blumen thun sich auf mit ihrer schönen Pracht:
Der freyen Vögel Schaar erhebet sich mit Macht,
Und zeigt gantz Freuden voll den schönen Frühling an;
Der Oelbaum hat nun auch die Blätter freudig aufgethan:
Nun wird America durch das Licht beschienen
So wird die Handlung dann auch aufgelebet grünen.
Wann nur das beste Theil nicht so gar achtloß blieb,
Ich meyn, des Schöpfers Lob, aus reinem Hertzens Trieb:
Drum fürchtet GOTT ihr Leut, und gebet dem die Ehr,
Der die Sonne schein'n heißt, und stillet Wind und Meer.

Philadelphia den 19ten May 1766.

HEute Morgen wurden wir durch ein Freuden-Geläut der hiesigen Glocken aufmercksam gemacht, und da ich zum Caffee-Hause kam, sahe ich endlich mit Augen die so lang erwünschte und erwartete Parlaments-Acte, wodurch die wohlbekante Stämp-Acte gäntzlich Widerrufen und abgeschaft wird. Diese Act ist in sehr wenig Worten abgefaßt, und der Innhalt davon ist in noch weniger Worten dieser: „Das dieselbe Stämp-„Act undienlich gefunden ist, und gegen „den wahren Vortheil der Handelschaft „zwischen groß Brittanien und den Ame-„ricanischen Colonien, und das deshal-„ben seine Königliche Majestät mit der Zu-„stimmung und auf Rath des Parla-„ments ein Gesetz gemacht, daß von und „nach dem 1ten May dieses jetztlaufenden „Jahres dieselbe Stämp-Act und alles „was darinn enthalten ist, Widerrufen „und von keiner Kraft und Würckung „seyn soll.

Die zu gleicher Zeit erhaltene Briefe melden, daß Se. Königlichen Majestät am 18ten Mertz dieselbe Acte passirt haben. Die Sache ist so gewiß als die Stämpel-Act war; denn die Act die ich gesehn habe, ist in des Königs Druckerey gedruckt, wo alle Parlaments-Acten gedruckt werden.

Auf Morgen Abend sind Iluminationen in Philadelphia angeordnet.

GOTT segne unsern genädigen König GEORG.

6.17

**6.25** Erstdruck der amerikanischen Unabhängigkeitserklärung vom 4. Juli 1776 in deutscher Sprache, Philadelphia, Steiner und Cist (Drucker), 1776, Reproduktion.
Berlin, Deutsches Historisches Museum: Do 93/101
► Mit der Unabhängigkeitserklärung (engl. *Declaration of Independence*) proklamierten die dreizehn britischen Kolonien Nordamerikas ihre Trennung von Großbritannien und ihre Eigenständigkeit als souveräner Staatenbund – dies waren: Connecticut, Delaware, Georgia, Maryland, Massachusetts, New Hampshire, New Jersey, New York, North Carolina, Pennsylvania, Rhode Island, South Carolina und Virginia.

**6.26** August Ludwig von Schlözer: Stats-Anzeigen. Göttingen 1782–1793.
Halle, Franckesche Stiftungen: BFSt: 110/16
► Intensiv setzte man sich an der Universität Göttingen mit den politischen Aspekten des Unabhängigkeitskrieges auseinander. Der dort lehrende Staatsrechtler und Historiker Schlözer (1735–1809) publizierte in seinen Staatsanzeigen auch zentrale Texte der Revolution, wie die Unabhängigkeitserklärung oder die Verfassung von 1787.

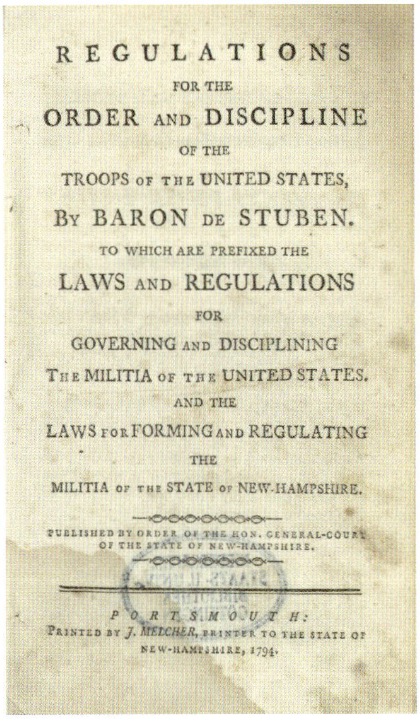
REGULATIONS
FOR THE
ORDER AND DISCIPLINE
OF THE
TROOPS OF THE UNITED STATES,
BY BARON DE STUBEN.
TO WHICH ARE PREFIXED THE
LAWS AND REGULATIONS
FOR
GOVERNING AND DISCIPLINING
THE MILITIA OF THE UNITED STATES.
AND THE
LAWS FOR FORMING AND REGULATING
THE
MILITIA OF THE STATE OF NEW-HAMPSHIRE.
PUBLISHED BY ORDER OF THE HON. GENERAL-COURT OF THE STATE OF NEW-HAMPSHIRE.
PORTSMOUTH:
PRINTED BY J. MELCHER, PRINTER TO THE STATE OF NEW-HAMPSHIRE, 1794.

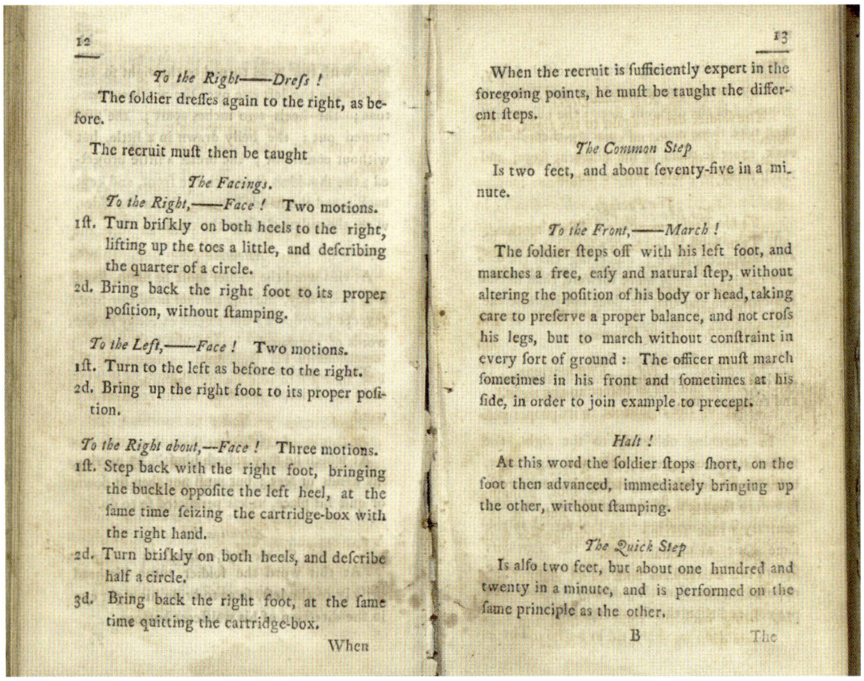
12

*To the Right——Dreſs !*
The ſoldier dreſſes again to the right, as before.

The recruit muſt then be taught

*The Facings.*
*To the Right,——Face !* Two motions.
1ſt. Turn briſkly on both heels to the right, lifting up the toes a little, and deſcribing the quarter of a circle.
2d. Bring back the right foot to its proper poſition, without ſtamping.

*To the Left,——Face !* Two motions.
1ſt. Turn to the left as before to the right.
2d. Bring up the right foot to its proper poſition.

*To the Right about,—Face !* Three motions.
1ſt. Step back with the right foot, bringing the buckle oppoſite the left heel, at the ſame time ſeizing the cartridge-box with the right hand.
2d. Turn briſkly on both heels, and deſcribe half a circle.
3d. Bring back the right foot, at the ſame time quitting the cartridge-box.

When

13

When the recruit is ſufficiently expert in the foregoing points, he muſt be taught the different ſteps.

*The Common Step*
Is two feet, and about ſeventy-five in a minute.

*To the Front,——March !*
The ſoldier ſteps off with his left foot, and marches a free, eaſy and natural ſtep, without altering the poſition of his body or head, taking care to preſerve a proper balance, and not croſs his legs, but to march without conſtraint in every ſort of ground: The officer muſt march ſometimes in his front and ſometimes at his ſide, in order to join example to precept.

*Halt !*
At this word the ſoldier ſtops ſhort, on the foot then advanced, immediately bringing up the other, without ſtamping.

*The Quick Step*
Is alſo two feet, but about one hundred and twenty in a minute, and is performed on the ſame principle as the other.
B The

6.20

**6.27** Thomas Paine: Der gesunde Menschenverstand gerichtet an die Bewohner von Amerika über folgende interessante Gegenstände. Ueber den Ursprung und die Absicht der Regierung überhaupt (englischer Originaltitel: *Common Sense*). In: Materialien für Statistick und neuere Staatengeschichte. Gesammelt von Christian Conrad Wilhelm von Dohm. Lemgo: Meyer, 1777, S. 7–106.
Göttingen, Niedersächsische Staats- und Universitätsbibliothek: 8 H UN III, 3881
► In der 1776 erschienenen revolutionären Schrift forderte Paine (1737–1809) die Unabhängigkeit der amerikanischen Kolonien und die Einführung eines demokratischen Regierungssystems. Mit seinen aufklärerischen Ideen beeinflusste er entscheidend die von Thomas Jefferson (1743–1826) verfasste Unabhängigkeitserklärung.

**6.28** Prosper François Soulès: Vollständige Geschichte der Revolution in Nord-Amerika/ Aus dem Französischen von Karl Hammerdörfer. 2 Bde. Zürich: Orell, Geßner, Füßli und Comp., 1788.
Halle, Martin-Luther-Universität Halle-Wittenberg, Universitäts- und Landesbibliothek Sachsen-Anhalt: IZEA Nu 1858a (1)
► Der französische Notar Soulès (1763–1794) wurde nach dem Sturm auf die Bastille am 14. Juli 1789 und der Ermordung des Kommandanten der Bastille kurzzeitig dessen Nachfolger. Am 17. Juni 1794 wurde er guillotiniert.

**6.29** Matthias Christian Sprengel: Geschichte der Revolution von Nord-America: Mit einer illuminierten accuraten Charte von diesem neuen Freystaate. Frankenthal: Gegel, 1785.
Halle, Martin-Luther-Universität Halle-Wittenberg, Universitäts- und Landesbibliothek Sachsen-Anhalt: IZEA Nu 1854
► Der Historiker und Philosoph Sprengel (1746–1796) war mit August Ludwig von Schlözer befreundet. Er lehrte 1778 in Göttingen Philosophie und hielt Vorlesungen über die Ereignisse in den britischen Kolonien Nordamerikas. 1779 wurde er zum Professor für Geschichte und Statistik an die Universität Halle berufen.

**6.30a+b**
a) Die Americaner widersetzen sich der Stempel-Acte und verbrennen das aus England nach America gesandte Papier zu Boston im August 1764;
b) Der Congress erklärt die 13 vereinigten Staaten von Nord-America für in-dependent am 4ten July 1776.
Kupferstiche von Daniel Nikolaus Chodowiecki, 1783, in: Historisch-genealogischer Kalender: auf d. Gemein-Jahr 1784. Hg. von d. Königlichen Preußischen Kalender-Deputation. Berlin: Kalender-Deputation, 1784.
Halle, Martin-Luther-Universität Halle-Wittenberg, Universitäts- und Landesbibliothek Sachsen-Anhalt: Ma 2151
► Der Kalender enthält eine Geschichte des amerikani-

schen Unabhängigkeitskrieges und ist mit zahlreichen Kupferstichen von Daniel Nikolaus Chodowiecki (1726–1801), einem der populärsten deutschen Kupferstecher des 18. Jahrhunderts, illustriert.
• *Abbildung auf Seite 118*

**6.31** The History of the American Revolution, including the most important events and resolutions of the honourable continental congress during that period and also, the most interesting letters and orders of his exellency general George Washington, commander in chief of the American Forces. Hg. v. Bernhard Hubley. 1. Bd. Northumberland/Pa: Hubley, 1805.
Berlin, Staatsbibliothek zu Berlin – Preußischer Kulturbesitz: 50 MAS 9519
► Die Geschichte der amerikanischen Revolution erschien bereits 1783 und enthält unter anderem die einschlägige Korrespondenz George Washingtons.

**6.32** Johann Jacob Moser: Nord-America nach den Friedensschlüssen vom Jahr 1783: nebst 1. Einem Vorbericht von America überhaupt, 2. einigen Charten, und 3. einem hinlänglichen Register. Leipzig: Junius, 1784/85.
Halle, Martin-Luther-Universität Halle-Wittenberg, Universitäts- und Landesbibliothek Sachsen-Anhalt: Nu 1943 (1-3)
► Der aus Württemberg stammende Staatsrechtler Moser (1701–1785) wurde 1747 Mitglied der Herrnhuter Brüdergemeine. Seine dreibändige Abhandlung zur Geschichte der Amerikanischen Revolution enthält neben Kartenmaterial auch die erste deutsche Bibliografie zu den 13 amerikanischen Bundesstaaten.

**6.33** Adam Heinrich Dietrich von Bülow: Der Freistaat von Nordamerika in seinem neuesten Zustand. Berlin: Unger, 1797.
Halle, Franckesche Stiftungen: BFSt: 209 E 23
► Von Bülow (1757–um 1807) diente in der preußischen Armee, bevor er in die USA auswanderte. Bei dem Versuch, sich als Geschäftsmann eine neue Existenz aufzubauen, verlor er all sein Geld und kehrte verbittert nach Europa zurück. Mit dem Buch übte er herbe Kritik an den amerikanischen Verhältnissen und beschreibt als erster deutscher Autor den amerikanischen „Nationalcharakter".

**6.34** Guillaume Thomas François Raynal: Wilhelm Thomas Raynals philosophische und politische Geschichte der Besitzungen und Handlung der Europäer in beyden Indien (französischer Originaltitel: *Histoire philosophique des deux Indes*). Kempten: Typographische Gesellschaft, 1783–1788.
Jena, Thüringer Universitäts- und Landesbibliothek: 2003 A 967: 1-10
► In dem erstmalig 1770 erschienenen Werk beschreibt

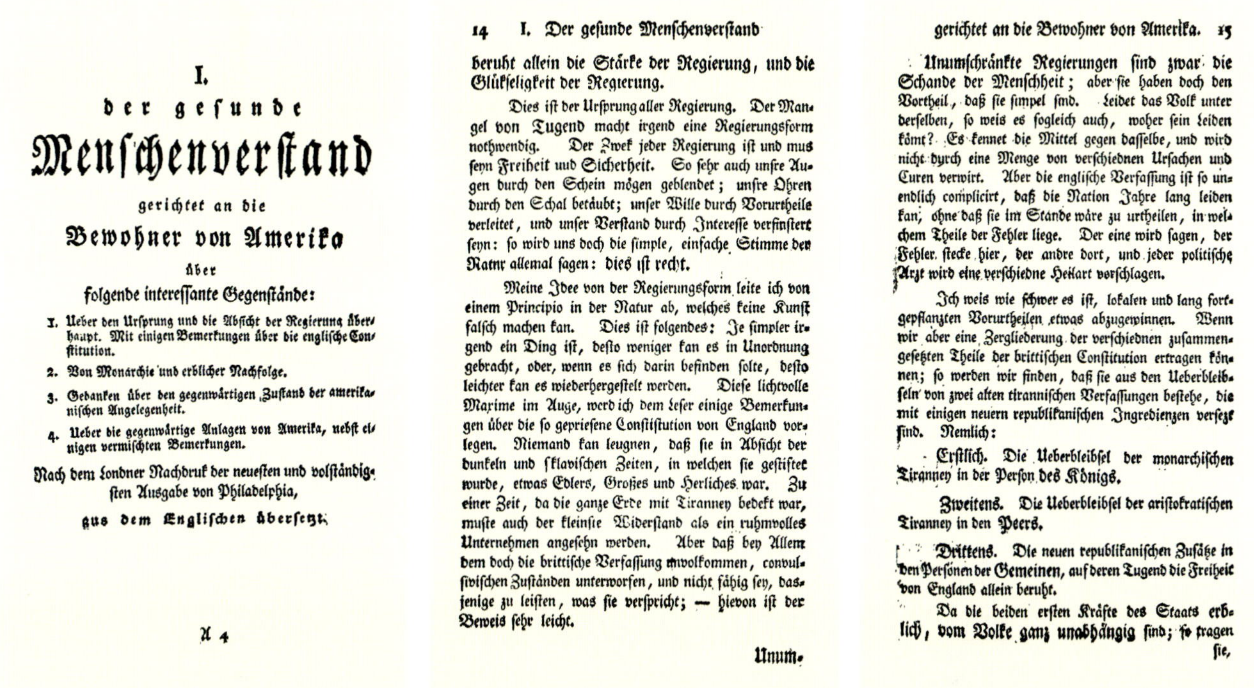

I.
der gesunde
Menschenverstand
gerichtet an die
Bewohner von Amerika
über
folgende interessante Gegenstände:

1. Ueber den Ursprung und die Absicht der Regierung überhaupt. Mit einigen Bemerkungen über die englische Constitution.
2. Von Monarchie und erblicher Nachfolge.
3. Gedanken über den gegenwärtigen Zustand der amerikanischen Angelegenheit.
4. Ueber die gegenwärtige Anlagen von Amerika, nebst einigen vermischten Bemerkungen.

Nach dem Londner Nachdruk der neuesten und vollständigsten Ausgabe von Philadelphia,
aus dem Englischen übersetzt.

A 4

14 I. Der gesunde Menschenverstand

beruht allein die Stärke der Regierung, und die Glükseligkeit der Regierung.

Dies ist der Ursprung aller Regierung. Der Mangel von Tugend macht irgend eine Regierungsform nothwendig. Der Zwek jeder Regierung ist und mus seyn Freiheit uud Sicherheit. So sehr auch unsre Augen durch den Schein mögen geblendet; unsre Ohren durch den Schal betäubt; unser Wille durch Vorurtheile verleitet, und unser Verstand durch Interesse verfinstert seyn: so wird uns doch die simple, einfache Stimme der Natnr allemal sagen: dies ist recht.

Meine Idee von der Regierungsform leite ich von einem Principio in der Natur ab, welches keine Kunst falsch machen kan. Dies ist folgendes: Je simpler irgend ein Ding ist, desto weniger kan es in Unordnung gebracht, oder, wenn es sich darin befinden solte, desto leichter kan es wiederhergestelt werden. Diese lichtvolle Maxime im Auge, werd ich dem Leser einige Bemerkungen über die so gepriesene Consitistution von England vorlegen. Niemand kan leugnen, daß sie in Absicht der dunkeln und sklavischen Zeiten, in welchen sie gestiftet wurde, etwas Edlers, Großes und Herliches war. Zu einer Zeit, da die ganze Erde mit Tirannrey bedekt war, muste auch der kleinste Widerstand als ein ruhmvolles Unternehmen angesehn werden. Aber daß bey Allem dem doch die brittische Verfassung unvolkommen, convulsivischen Zuständen unterworfen, und nicht fähig sey, dasjenige zu leisten, was sie verspricht; — hievon ist der Beweis sehr leicht.

Unum-

gerichtet an die Bewohner von Amerika. 15

Unumschränkte Regierungen sind zwar die Schande der Menschheit; aber sie haben doch den Vortheil, daß sie simpel sind. Leidet das Volk unter derselben, so weis es sogleich auch, woher sein Leiden kömt? Es kennet die Mittel gegen dasselbe, und wird nicht durch eine Menge von verschiednen Ursachen und Curen verwirt. Aber die englische Verfassung ist so unendlich complicirt, daß die Nation Jahre lang leiden kan, ohne daß sie im Stande wäre zu urtheilen, in welchem Theile der Fehler liege. Der eine wird sagen, der Fehler stecke hier, der andre dort, und jeder politische Arzt wird eine verschiedne Heilart vorschlagen.

Ich weis wie schwer es ist, lokalen und lang fortgepflanzten Vorurtheilen etwas abzugewinnen. Wenn wir aber eine Zergliederung der verschiednen zusammengesetzten Theile der brittischen Constitution ertragen können; so werden wir finden, daß sie aus den Ueberbleibseln von zwei alten tirannischen Verfassungen bestehe, die mit einigen neuern republikanischen Ingredienzen versezt sind. Nemlich:

Erstlich. Die Ueberbleibsel der monarchischen Tiranney in der Person des Königs.

Zweitens. Die Ueberbleibsel der aristokratischen Tiranney in den Peers.

Drittens. Die neuen republikanischen Zusäze in den Persönen der Gemeinen, auf deren Tugend die Freiheit von England allein beruht.

Da die beiden ersten Kräfte des Staats erblich, vom Volke ganz unabhängig sind; so tragen sie,

6.27

6.30 A

der Geistliche und Historiograf Raynal (1713–1798) alle europäischen Kolonien, zudem macht er umfangreiche Angaben über die Bevölkerung, Handel und Gewerbe in Nordamerika. Damit gilt das Werk des französischen Aufklärers als erste große Wirtschafts- und Sozialgeschichte der Neuen Welt.

**6.35** Per Kalm: Des Herren Peter Kalms Beschreibung der Reise, die er nach dem noerdlichen Amerika unternommen hat; eine Uebersetzung. Göttingen: Vandenhoeck, 1757 (Sammlung neuer und merkwürdiger Reisen zu Wasser und zu Lande, Theil 10).
Halle, Martin-Luther-Universität Halle-Wittenberg, Universitäts- und Landesbibliothek Sachsen-Anhalt: Ob 194 (10+11)
► Auf Anregung Carl von Linnés (1707–1778) unternahm der schwedische Naturforscher Kalm (1716–1779) zwischen 1748 und 1751 eine Forschungsreise nach Nordamerika. In seinem vielgelesenen Amerikawerk sammelte er statistische Angaben und beschrieb eingehend den amerikanischen Ackerbau und die Lebensweise der Sklaven.

**6.36** Auswanderertafel, Öl auf Holz von Eduard Fröschle, nach April 1846.
94,5 x 71 x 7 cm
Krumbach, Mittelschwäbisches Heimatmuseum Krumbach: 381
► Die große deutsche Wanderungsbewegung des 19. Jahrhunderts nach Amerika begann in den 1840er Jahren. Die Erinnerungstafel benennt zehn junge Männer, die am 17. April 1846 von Krumbach und Hürben nach Amerika aufgebrochen sind. Der Maler Fröschle folgte den Auswanderern 1848.
• *Abbildung auf Seite 151*

Wilhelm Thomas Raynals
philosophische und politische
Geschichte
der
Besitzungen und Handlung
der Europäer
in beyden Indien.

Erster Band.

Nach der neuesten Ausgabe übersetzt,
und mit Anmerkungen versehen.

Kempten
im Verlag der typographischen Gesellschaft
1783.

6.34

RECHTS: 6.25

Im Congreß, den 4ten July, 1776.

# Eine Erklärung durch die Repräsentanten der Vereinigten Staaten von America, im General-Congreß versammlet.

Wenn es im Lauf menschlicher Begebenheiten für ein Volk nöthig wird die Politischen Bande, wodurch es mit einem andern verknüpft gewesen, zu trennen, und unter den Mächten der Erden eine abgesonderte und gleiche Stelle einzunehmen, wozu selbiges die Gesetze der Natur und des GOttes der Natur berechtigen, so erfordern Anstand und Achtung für die Meinungen des menschlichen Geschlechts, daß es die Ursachen anzeige, wodurch es zur Trennung getrieben wird.

Wir halten diese Wahrheiten für ausgemacht, daß alle Menschen gleich erschaffen worden, daß sie von ihrem Schöpfer mit gewissen unveräusserlichen Rechten begabt worden, worunter sind Leben, Freyheit und das Bestreben nach Glückseligkeit. Daß zur Versicherung dieser Rechte Regierungen unter den Menschen eingeführt worden sind, welche ihre gerechte Gewalt von der Einwilligung der Regierten herleiten; daß sobald einige Regierungsform diesen Endzwecken verderblich wird, es das Recht des Volks ist sie zu verändern oder abzuschaffen, und eine neue Regierung einzusetzen, die auf solche Grundsätze gegründet, und deren Macht und Gewalt solchergestalt gebildet wird, als ihnen zur Erhaltung ihrer Sicherheit und Glückseligkeit am schicklichsten zu seyn dünket. Zwar gebietet Klugheit, daß von langer Zeit her eingeführte Regierungen nicht um leichter und vergänglicher Ursachen willen verändert werden sollen; und demnach hat die Erfahrung von jeher gezeigt, daß Menschen, so lang das Uebel noch zu ertragen ist, lieber leiden und dulden wollen, als sich durch Umstossung solcher Regierungsformen, zu denen sie gewöhnt sind, selbst Recht und Hülfe verschaffen. Wenn aber eine lange Reihe von Mißhandlungen und gewaltsamen Eingriffen, auf einen und eben den Gegenstand unabläßig gerichtet, einen Anschlag an den Tag legt sie unter unumschränkte Herrschschaft zu bringen, so ist es ihr Recht, ja ihre Pflicht, solche Regierung abzuwerfen, und sich für ihre künftige Sicherheit neue Gewähren zu verschaffen. Dis war die Weise, wie die Colonien ihre Leiden geduldig ertrugen; und so ist jetzt die Nothwendigkeit beschaffen, welche sie zwinget ihre vorigen Regierungs-Systeme zu verändern. Die Geschichte des jetzigen Königs von Großbrittannien ist eine Geschichte von wiederholten Ungerechtigkeiten und gewaltsamen Eingriffen, welche alle die Errichtung einer absoluten Tyranney über diese Staaten zum geraden Endzweck haben. Dis zu beweisen, wollen wir der unpartheyischen Welt folgende Facta vorlegen:

Er hat seine Einstimmung zu den heilsamsten und zum Oeffentlichen Wohl nöthigsten Gesetzen versagt.

Er hat seinen Guvernörs verboten, Gesetze von unverzüglicher und dringender Wichtigkeit heraus zu geben, es sey dann, daß sie so lange keine Kraft haben solten, bis seine Einstimmung erhalten würde; und wenn ihre Kraft und Gültigkeit so aufgeschoben war, hat er solche gänzlich aus der Acht gelassen.

Er hat sich geweigert andere Gesetze zu bekräftigen zur Bequemlichkeit von grossen Districten von Leuten, wofern diese Leute das Recht der Repräsentation in der Gesetzgebung nicht fahren lassen wolten, ein Recht, das ihnen unschätzbar, und nur Tyrannen fürchterlich ist.

Er hat Gesetzgebende Körper an ungewöhnlichen, unbequemen und von der Niederlage ihrer öffentlichen Archiven entfernten Plätzen zusammen berufen, zu dem einzigen Zweck, um sie so lange zu plagen, bis sie sich zu seinen Maaßregeln bequemen würden.

Er hat die Häuser der Repräsentanten zu wiederholten malen aufgehoben, dafür, daß sie mit männlicher Standhaftigkeit seinen gewaltsamen Eingriffen auf die Rechten des Volks widerstanden haben.

Er hat, nach solchen Aufhebungen, sich eine lange Zeit widersetzt, daß andere erwählt werden solten; wodurch die Gesetzgebende Gewalt, die keiner Vernichtung fähig ist, zum Volk überhaupt wiederum zur Ausübung zurück gekehrt ist; mittlerweile daß der Staat allen äusserlichen Gefahren und innerlichen Zerrüttungen unterworfen blieb.

Er hat die Bevölkerung dieser Staaten zu verhindern gesucht; zu dem Zweck hat er die Gesetze zur Naturalisation der Ausländer gehindert; andere, zur Beförderung ihrer Auswanderung hieher, hat er sich geweigert heraus zu geben, und hat die Bedingungen für neue Anweisungen von Ländereyen erhöhet.

Er ist der Verwaltung der Gerechtigkeit verhinderlich gewesen, indem er seine Einstimmung zu Gesetzen versagt hat, um Gerichtliche Gewalt einzusetzen.

Er hat Richter von seinem Willen allein abhängig gemacht, in Absicht auf die Besitzung ihrer Aemter, und den Belauf und die Zahlung ihrer Gehalte.

Er hat eine Menge neuer Aemter errichtet, und einen Schwarm von Beamten hieher geschickt, um unsere Leute zu plagen, und das Mark ihres Vermögens zu verzehren.

Er hat unter uns in Friedenszeiten Stehende Armeen gehalten, ohne die Einstimmung unserer Gesetzgebungen.

Er hat sich bemühet die Kriegsmacht von der Bürgerlichen Macht unabhängig zu machen, ja über selbige zu erhöhen.

Er hat sich mit andern zusammen gethan uns einer Gerichtsbarkeit, die unserer Landsverfassung ganz fremd ist, und die unsere Gesetze nicht erkennen, zu unterwerfen; indem er seine Einstimmung zu ihren Acten angemaßter Gesetzgebung ertheilt hat, näml.

Um grosse Haufen von bewaffneten Truppen bey uns einzulegen:

Um solche durch ein Schein-Verhör vor Bestrafung zu schützen für einige Mordthaten, die sie an den Einwohnern dieser Staaten begehen würden:

Um unsere Handlung mit allen Theilen der Welt abzuschneiden:

Um Taxen auf uns zu legen, ohne unsere Einwilligung.

Um uns in vielen Fällen der Wohlthat eines Verhörs durch eine Jury zu berauben:

Um uns über See zu führen, für angegebene Verbrechen gerichtet zu werden:

Um das freye System Englischer Gesetze in einer benachbarten Provinz abzuschaffen, eine willkührliche Regierung darin einzusetzen, und deren Grenzen auszudehnen, um selbige zu gleicher Zeit zu einem Exempel sowol als auch zu einem geschickten Werkzeug zu machen, dieselbe absolute Regierung in diese Colonien einzuführen:

Um unsere Freyheitsbriefe uns zu entziehen, unsere kostbarsten Gesetze abzuschaffen, und die Form unserer Regierungen von Grund aus zu verändern:

Um unsere eigenen Gesetzgebungen aufzuheben, und sich selbst zu erklären, als wenn sie mit voller Macht versehen wären, uns in allen Fällen Gesetze vorzuschreiben.

Er hat die Regierung allhier niedergelegt, indem er uns ausser seinen Schutz erklärt hat, und gegen uns Krieg führet.

Er hat unsere Seen geplündert, unsere Küsten verheert, unsere Städte verbrannt, und unser Volk ums Leben gebracht.

Er ist, zu dieser Zeit, beschäftigt mit Herübersendung grosser Armeen von fremden Mieth-Soldaten, um die Werke des Todes, der Zerstörung und Tyranney zu vollführen, die bereits mit solchen Umständen von Grausamkeit und Treulosigkeit angefangen worden, welche selbst in den barbarischsten Zeiten ihres Gleichen nicht finden, und dem Haupt einer gesitteten Nation gänzlich unanständig sind.

Er hat unsere auf der hohen See gefangene Mitbürger gezwungen die Waffen gegen ihr Land zu tragen, um die Henker ihrer Freunde und Brüder zu werden, oder von ihren Händen den Tod zu erhalten.

Er hat unter uns häusliche Empörungen und Aufstände erregt, und gestrebt über unsere Grenz-Einwohner die unbarmherzigen wilden Indianer zu bringen, deren bekannter Gebrauch den Krieg zu führen ist, ohne Unterscheid von Alter, Geschlecht und Stand, alles niederzumetzeln.

Auf jeder Stufe dieser Drangsale haben wir in den demüthigsten Ausdrücken um Hülfe und Erleichterung geflehet: Unsere wiederholten Bittschriften sind nur durch wiederholte Beleidigungen beantwortet worden. Ein Fürst, dessen Character so sehr jedes einen Tyrannen unterscheidendes Merkmal trägt, ist unfähig der Regierer eines freyen Volks zu seyn.

Auch haben wir es nicht an unserer Achtsamkeit gegen unsere Brittische Brüder ermangeln lassen: Wir haben ihnen von Zeit zu Zeit Warnung ertheilt von den Versuchen ihrer Gesetzgebung eine unverantwortliche Gerichtsbarkeit über uns auszudehnen. Wir haben ihnen die Umstände unserer Auswanderung und unserer Niederlassung allhier zu Gemüthe geführt. Wir haben uns zu ihrer angebornen Gerechtigkeit und Großmuth gewandt, und sie bey den Banden unserer gemeinschaftlichen Verwandtschaft beschworen, diese gewaltsamen Eingriffe zu mißbilligen, welche unsere Verknüpfung und unsern Verkehr mit einander unvermeidlich unterbrechen würden. Auch sie sind gegen die Stimme der Gerechtigkeit und Blutsfreundschaft taub gewesen. Wir müssen uns derohalben die Nothwendigkeit gefallen lassen, welche unsere Trennung ankündigt, und sie, wie der Rest des menschlichen Geschlechts, im Krieg für Feinde, im Frieden für Freunde, halten.

Indem wir, derohalben, die Repräsentanten der Vereinigten Staaten von America, im General-Congreß versammlet, uns wegen der Redlichkeit unserer Gesinnungen auf den allerhöchsten Richter der Welt berufen, so Verkündigen wir hiemit feyerlich, und Erklären, im Namen und aus Macht der guten Leute dieser Colonien, Daß diese Vereinigten Colonien Freye und Unabhängige Staaten sind, und von Rechtswegen seyn sollen; daß sie von aller Pflicht und Treuergebenheit gegen die Brittische Krone frey- und losgesprochen sind, und daß alle Politische Verbindung zwischen ihnen und dem Staat von Großbrittannien hiemit gänzlich aufgehoben ist, und aufgehoben seyn soll; und daß als Freye und Unabhängige Staaten sie volle Macht und Gewalt haben, Krieg zu führen, Frieden zu machen, Allianzen zu schliessen, Handlung zu errichten, und alles und jedes andere zu thun, was Unabhängigen Staaten von Rechtswegen zukömmt. Und zur Behauptung und Unterstützung dieser Erklärung verpfänden wir, mit vestem Vertrauen auf den Schutz der Göttlichen Vorsehung, uns unter einander unser Leben, unser Vermögen und unser geheiligtes Ehrenwort.

Unterzeichnet auf Befehl und im Namen des Congresses,

John Hancock, Präsident.

Bescheiniget,

Carl Thomson, Secretär.

[Philadelphia: Gedruckt bey Steiner und Cist, in der Zweyten-strasse.]

## Personenregister

## Ortsregister

## Bildnachweis

Allentown (PA, USA), The Martin Art Gallery, Muhlenberg College: 119

Augsburg, Hotel Steigenberger Drei Mohren (Klaus Lipa): 44, 206f.

Berlin, Bildarchiv Preußischer Kulturbesitz (bpk): 20f., 144, 147, 153, 156, 188f., 202 (Dietmar Katz), 205, 250f.

Berlin, Deutsches Historisches Museum: 263

Berlin, Ethnologisches Museum – Staatliche Museen zu Berlin: 138-141, 244

Berlin, Staatsbibliothek zu Berlin – Preußischer Kulturbesitz, Kartenabteilung: 221

Berlin, ullstein bild: 107, 159, 162f., 166–168, 171, 198f., 235, 237f., 252

Bethlehem (PA, USA), The Moravian Archives: 134f.

Dornstadt, Privatbesitz: 149 (Klaus E. Göltz)

Göttingen, Niedersächsische Staats- und Universitätsbibliothek: 32–35, 37f., 42, 49, 52f., 133, 137 (links), 160, 190, 200f., 212f., 214, 215 (rechts), 228 (unten), 234, 236, 256, 260f., 262 (unten)

Göttingen, Privatbesitz: 23, 204

Großhennersdorf, Evangelisch-Lutherische Kirchgemeinde Großhennersdorf-Rennersdorf: 223 (Foto Schmorrde, Herrnhut)

Halle, Franckesche Stiftungen: 2f., 24f., 63f., 67, 74–76, 79f., 87, 180, 218f., 222, 224, 231; Klaus E. Göltz: 72f., 77, 161, 178, 186f., 192f., 226f., 232f., 246–249

Halle, Marienbibliothek: 215 (links)

Halle, Martin-Luther-Universität Halle-Wittenberg, Universitäts- und Landesbibliothek Sachsen-Anhalt: 18f., 46f., 65, 118, 148, 158, 182–184, 262 (oben)

Herrnhut, Unitätsarchiv der Evangelischen Brüder-Unität Herrnhut: 104, 109–111, 136, 209, 239, 240f., 245

Herrnhut, Völkerkundemuseum Herrnhut, Staatliche Ethnographische Sammlungen Sachsen, Staatliche Kunstsammlungen Dresden: 243

Kopenhagen (DK), Det Kongelige Bibliotek – Nationalbibliotek og Københavens Universitetsbibliotek: U1, 70, 81, 181, 216f.

Krefeld, Museum Burg Linn: 58

Krumbach, Mittelschwäbisches Heimatmuseum Krumbach: 151

Lancaster (PA, USA), The Phillips Museum of Art, Franklin & Marshall College: 125

Leipzig, Grassi Museum für Angewandte Kunst: 130

Limerick (PA, USA), Glenn Holcombe (Fotograf): 91–93, 225

London (GB), The British Library: 137 (rechts)

London (GB), The British Museum: 40f., 196f.

Marburg, Hessisches Staatsarchiv Marburg: 254 (oben), 255, 257f.

München, Bayerische Staatsbibliothek München: 195

München, Ludwig-Maximilians-Universität, Universitätsbibliothek München: 191

Newport (RI, USA), The Preservation Society of Newport County (John Corbette): 84

New York (USA), New-York Historical Society: 48, 50f., 120

Nürnberg, Germanisches Nationalmuseum: 17

Nürnberg, Staatsarchiv Nürnberg: 254 (unten)

Philadelphia (PA, USA), American Philosophical Society: 112f.

Philadelphia (PA, USA), Germantown Historical Society: 98

Philadelphia (PA, USA), The Historical Society of Pennsylvania: 108, 211, 228 (oben), 230

Philadelphia (PA, USA), The Library Company of Philadelphia: 88, 101, 127, 259

Philadelphia (PA, USA), The Lutheran Theological Seminary at Philadelphia: 229

Philadelphia (PA, USA), The Pennsylvania Academy of Fine Arts: 57

Providence (RI, USA), The John Carter Brown Library, Brown University: 60, 208

Radebeul, Karl-May-Museum: 242

Stuttgart, Institut für Auslandsbeziehungen, Bibliothek: 97

Washington (DC, USA), Library of Congress: 146

Washington (DC, USA), National Portrait Gallery, Smithsonian Institution: 62, 121, 124

Weimar, Klassik Stiftung Weimar, Herzogin Anna Amalia Bibliothek: 31

Weimar, Klassik Stiftung Weimar, Museen, Graphische Sammlungen: 12, 14f., 174–177

Wolfenbüttel, Herzog August Bibliothek: 28, 194

Wilmington (DE, USA), Winterthur Museum: 54f.

York (PA, USA), York County Heritage Trust: 116

Zeitz, Museum Schloss Moritzburg (Carlo Böttger): 8, 179

## Leihgeber

Augsburg, Hotel Steigenberger Drei Mohren

Augsburg, Universität Augsburg, Universitätsbibliothek

Berlin, Bildarchiv Preußischer Kulturbesitz (bpk)

Berlin, Deutsches Historisches Museum

Berlin, Ethnologisches Museum – Staatliche Museen zu Berlin

Berlin, Staatsbibliothek zu Berlin – Preußischer Kulturbesitz

Berlin, ullstein bild

Bethlehem (PA, USA), The Moravian Archives

Bünde, Tabakwarengeschäft Carl Pollner & Sohn

Dornstadt, Privatbesitz

Gotha, Universitäts- und Forschungsbibliothek Erfurt/Gotha, Forschungsbibliothek Gotha

Göttingen, Niedersächsische Staats- und Universitäts-bibliothek

Göttingen, Privatbesitz

Großhennersdorf, Evangelisch-Lutherische Kirchgemeinde Großhennersdorf-Rennersdorf, Kirche Großhennersdorf

Halle, Deutsche Akademie der Naturforscher Leopoldina – Nationale Akademie der Wissenschaften, Bibliothek

Halle, Marienbibliothek

Halle, Martin-Luther-Universität Halle-Wittenberg, Universitäts- und Landesbibliothek Sachsen-Anhalt

Halle, Zentralmagazin Naturwissenschaftlicher Sammlungen der Martin-Luther-Universität Halle-Wittenberg, Zoologische Sammlung

Herrnhut, Unitätsarchiv der Evangelischen Brüder-Unität Herrnhut

Herrnhut, Völkerkundemuseum Herrnhut, Staatliche Ethnographische Sammlungen Sachsen, Staatliche Kunstsammlungen Dresden

Jena, Thüringer Universitäts- und Landesbibliothek Jena

Kopenhagen (DK), Det Kongelige Bibliotek – Nationalbibliotek og Københavens Universitetsbibliotek

Krefeld, Museum Burg Linn

Krumbach, Mittelschwäbisches Heimatmuseum Krumbach

Leipzig, Grassi Museum für Angewandte Kunst

London (GB), The British Library

London (GB), The British Museum

Marburg, Hessisches Staatsarchiv Marburg

Marburg, Museum für Kunst und Kulturgeschichte der Philipps Universität

Marburg, Universitätsbibliothek Marburg

München, Bayerische Staatsbibliothek München

München, Ludwig-Maximilians-Universität, Universitätsbibliothek München

Newport (RI, USA), The Preservation Society of Newport County

New York (USA), New-York Historical Society

Nienburg/Weser, Privatbesitz

Nürnberg, Germanisches Nationalmuseum

Nürnberg, Staatsarchiv Nürnberg

Osterode am Harz, Frank Dietrich

Philadelphia (PA, USA), American Philosophical Society

Philadelphia (PA, USA), Germantown Historical Society

Philadelphia (PA, USA), The Historical Society of Pennsylvania

Philadelphia (PA, USA), The Library Company of Philadelphia

Philadelphia (PA, USA), The Lutheran Theological Seminary at Philadelphia

Philadelphia (PA, USA), The Pennsylvania Academy of Fine Arts

Providence (RI, USA), The John Carter Brown Library, Brown University

Radebeul, Karl-May-Museum

Stuttgart, Institut für Auslandsbeziehungen, Bibliothek

Washington (DC, USA), Library of Congress

Washington (DC, USA), National Portrait Gallery, Smithsonian Institution

Weimar, Klassik Stiftung Weimar, Herzogin Anna Amalia Bibliothek

Weimar, Klassik Stiftung Weimar, Museen, Graphische Sammlungen

Wolfenbüttel, Herzog August Bibliothek

Wilmington (DE, USA), Winterthur Museum

York (PA, USA), York County Heritage Trust

Zeitz, Museum Schloss Moritzburg

Der Katalog erscheint anlässlich der Ausstellung

**Freiheit, Fortschritt und Verheißung. Blickwechsel zwischen Europa und Nordamerika seit der frühen Neuzeit**

Jahresausstellung der Franckeschen Stiftungen
vom 1. Mai bis 3. Oktober 2011
in den Franckeschen Stiftungen zu Halle

Kataloge der Franckeschen Stiftungen 27

**Herausgeber**
Claus Veltmann, Jürgen Gröschl und Thomas Müller-Bahlke

**Wissenschaftliche Mitarbeit**
Dorothea Hornemann

**Konzeption der Ausstellung**
Claus Veltmann und Dorothea Hornemann

**Ausstellungsgestaltung und Realisierung**
KOCMOC.NET GmbH, Leipzig

**Ausstellungsbüro**
Claus Veltmann (Leitung)

**Katalogbeiträge und Objektlisten**
Die Katalogbeiträge sind namentlich gekennzeichnet.
Die Einleitungstexte und Objektbeschreibungen stammen von Claus Veltmann (Raum 1 bis 4) und Dorothea Hornemann (Raum 4 bis 6).

**Redaktion**
Metta Scholz und Stefan Selbmann

**Kataloggestaltung**
Klaus E. Göltz

**Umschlaggestaltung**
Joachim Dimanski

**Umschlagmotiv**
Kat.-Nr. 4.12 (Detail) © Det Kongelige Bibliotek Kopenhagen – Nationalbibliotek og Københavens Universitetsbibliotek (DK)

**Öffentlichkeitsarbeit**
Kerstin Heldt (Leitung)



Bibliografische Information der Deutschen Nationalbibliothek:
Die Deutsche Nationalbibliothek verzeichnet diese Publikation in der Deutschen Nationalbibliografie; detaillierte bibliografische Daten sind im Internet über http://dnb.d-nb.de abrufbar.
Bibliographic information published by the Deutsche Nationalbibliothek:
The Deutsche Nationalbibliothek lists this publication in the Deutsche Nationalbibliografie; detailed bibliographic data are available in the Internet at http://dnb.d-nb.de.



**Lithografie**
ScanColor Leipzig GmbH, Leipzig

**Druck und Bindung**
Grafisches Centrum Cuno GmbH & Co.KG, Calbe

Verlag der Franckeschen Stiftungen zu Halle 2011
http://www.francke-halle.de und http://www.harrassowitz-verlag.de

ISBN 978-3-447-06476-7

Gefördert aus Mitteln des Beauftragten der Bundesregierung für Kultur und Medien und aus Mitteln des Landes Sachsen-Anhalt sowie durch den Arbeitskreis selbständiger Kultur-Institute e.V. – AsKI.